Geschichtsbuch 2

Die Menschen und ihre Geschichte in Darstellungen und Dokumenten

Das Mittelalter und die Frühe Neuzeit

Herausgegeben von Dr. Hans-Georg Hofacker und Dr. Thomas Schuler

Neue Ausgabe

Cornelsen

Geschichtsbuch – Neue Ausgabe
Die Menschen und ihre Geschichte in Darstellungen und Dokumenten
Herausgegeben von: Prof. Dr. Hilke Günther-Arndt, Dr. Hans-Georg Hofacker, Prof. Dr. Jürgen Kocka, Prof. Dr. Jochen Martin, Prof. Dr. Bernd Mütter, Dr. Falk Pingel, Dr. Thomas Schuler, Norbert Zwölfer

Band 2
Neue Ausgabe: Das Mittelalter und die Frühe Neuzeit
Herausgegeben von: Dr. Hans-Georg Hofacker, Stuttgart
Dr. Thomas Schuler, Chemnitz

Erarbeitet von: Prof. Dr. Gerhard Brunn, Siegen
Wolfgang Emer, Bielefeld
Dr. Hans-Georg Hofacker, Stuttgart
Dr. Uwe Horst, Bielefeld
Dr. Thomas Schuler, Chemnitz
Marlene Schütte, Bielefeld
Prof. Dr. Hanna Vollrath, Bochum
Dr. Rainer Walz, Siegen
Elisabeth Zwölfer, Freiburg
Norbert Zwölfer, Freiburg

Redaktion: Birgit Hackfeld
Götz Schwarzrock

Herstellung: Christina Scheuerer
DTP-Werkstatt, München
Repro: LOW, München

Grafiken und Karten: Klaus Becker
Christa Scheibner
Matthias Scheibner
Günter Wiesler

1. Auflage – 2. Druck 1995
Alle Drucke dieser Auflage können, weil untereinander unverändert, im Unterricht nebeneinander verwendet werden.

Druck: Cornelsen Druck, Berlin

ISBN 3-464-64202-X broschiert
3-464-64212-7 gebunden

Bestellnummer 642020 broschiert
642127 gebunden

Inhalt

Europa im Mittelalter – Was ist das? ... 6–9

1. Bauern und Adlige im Mittelalter ... 10–31
Leben und Arbeiten auf dem Land ... 12
Darstellungsteil ... 12
Arbeitsteil ... 16
Adel und Lehnswesen ... 19
Darstellungsteil ... 19
Arbeitsteil ... 20
Die Welt der Ritter und Edelfrauen ... 21
Darstellungsteil ... 21
Arbeitsteil ... 24
Die mittelalterliche Ständeordnung ... 26
Darstellungsteil ... 26
Arbeitsteil ... 28
Zusammenfassung und Spiele ... 30

2. Hinter den Stadtmauern: Eine neue Welt? ... 32–51
Die Entstehung der Städte ... 34
Darstellungsteil ... 34
Arbeitsteil ... 35
Arbeit und Handel in der Stadt ... 37
Darstellungsteil ... 37
Arbeitsteil ... 39
Gesellschaft und Herrschaft in der Stadt ... 40
Darstellungsteil ... 40
Arbeitsteil ... 43
Zentren des Fernhandels in Europa ... 45
Darstellungsteil ... 45
Arbeitsteil ... 48
Zusammenfassung und Spiele ... 50

3. Königreiche im mittelalterlichen Europa ... 52–71
Die deutschen Könige: Auftrag und Herrschaft ... 54
Darstellungsteil ... 54
Arbeitsteil ... 58
Die Königreiche England und Frankreich ... 61
Darstellungsteil ... 61
Arbeitsteil ... 64
Polen und Deutsche im Mittelalter ... 66
Darstellungsteil ... 66
Arbeitsteil ... 68
Zusammenfassung und Spiele ... 70

4. Das Christentum durchdringt die Gesellschaft ... 72–95
Das christliche Weltbild im Mittelalter ... 74
Darstellungsteil ... 74
Arbeitsteil ... 76
Ein Kloster hat viele Gesichter ... 78
Darstellungsteil ... 78
Arbeitsteil ... 81
Die religiöse Frauenbewegung ... 83
Darstellungsteil ... 83
Arbeitsteil ... 85
Weltliche und geistliche Macht im Mittelalter ... 87
Darstellungsteil ... 87
Arbeitsteil ... 91
Zusammenfassung und Spiele ... 94

5. Das Christentum und die anderen ... 96–123
Das Byzantinische Reich ... 98
Darstellungsteil ... 98
Arbeitsteil ... 100
Das islamische Weltreich ... 101
Darstellungsteil ... 101
Arbeitsteil ... 105
Die Kreuzzüge ... 107
Darstellungsteil ... 107
Arbeitsteil ... 109
Spanien: Christen und Muslime ... 112
Darstellungsteil ... 112
Arbeitsteil ... 113
Juden und Christen ... 115
Darstellungsteil ... 115
Arbeitsteil ... 117
Die Kirche grenzt aus ... 119
Darstellungsteil ... 119
Arbeitsteil ... 120
Zusammenfassung und Spiele ... 122

6. Europa um 1500: Krise und Neubeginn ... 124–155
Wirtschaft und Gesellschaft zwischen Mittelalter und Neuzeit ... 126
Darstellungsteil ... 126
Arbeitsteil ... 131
Der Staat zwischen Mittelalter und Neuzeit ... 134
Darstellungsteil ... 134
Arbeitsteil ... 138

Vom Alltag des Volkes ... 140
Darstellungsteil ... 140
Arbeitsteil ... 143
Humanismus und Renaissance ... 145
Darstellungsteil ... 145
Arbeitsteil ... 148
Ein neues Bewußtsein von Zeit und Raum ... 151
Darstellungsteil ... 151
Arbeitsteil ... 153
Zusammenfassung und Spiele ... 154

7. Reformation und Glaubenskriege ... 156–189
Wie aus der Unzufriedenheit über die Kirche die Glaubensspaltung entsteht ... 158
Darstellungsteil ... 158
Arbeitsteil ... 161
Die Reformation und die Gesellschaft ... 164
Darstellungsteil ... 164
Arbeitsteil ... 169
Calvinismus, Gegenreformation und Glaubensspaltung in Europa ... 172
Darstellungsteil ... 172
Arbeitsteil ... 175
Die Niederlande ... 177
Darstellungsteil ... 177
Arbeitsteil ... 179
Der Dreißigjährige Krieg ... 182
Darstellungsteil ... 182
Arbeitsteil ... 185
Zusammenfassung und Spiele ... 188

8. Europa und die Welt: Entdeckungen, Eroberungen, Kolonialherrschaft ... 190–211
Reiche und Hochkulturen in anderen Kontinenten ... 192
Darstellungsteil ... 192
Arbeitsteil ... 195
Die Europäer entdecken und erobern die Welt ... 197
Darstellungsteil ... 197
Arbeitsteil ... 202
Die Europäer und die anderen ... 205
Darstellungsteil ... 205
Arbeitsteil ... 208
Zusammenfassung und Spiele ... 210

9. Längsschnitt: Arbeit und Freizeit in der Geschichte ... 212–224

Arbeit und Freizeit in der Steinzeit ... 214
Darstellungsteil ... 214
Arbeitsteil ... 215

Arbeit und Freizeit im alten Rom ... 216
Darstellungsteil ... 216
Arbeitsteil ... 217

Arbeit und Freizeit im Mittelalter und der frühen Neuzeit ... 218–219

Industrialisierung und Arbeit im 19. Jahrhundert ... 220
Darstellungsteil ... 220
Arbeitsteil ... 221

Aus fremder Sicht: Arbeit und Freizeit heute ... 222–224

Lexikon wichtiger Begriffe ... 225–232

Sach- und Personenverzeichnis ... 233–236

Tips zum Weiterlesen ... 237–239

Tabelle wichtiger Daten ... 240

Hinweise zur Benutzung

Zum Aufbau des Buches

Der Band 2 des „Geschichtsbuchs“ hat eine Einleitung und enthält acht Kapitel, die aus jeweils drei Teilen bestehen. Das neunte Kapitel ist als „Längsschnitt“ aufgebaut, d. h. zwei wichtige Themen, Arbeit und Freizeit, werden dort zusammenhängend von der Steinzeit bis in die heutige Zeit betrachtet.

Auftaktseiten

Jedes Kapitel beginnt mit einer Doppelseite, die auf grünem Farbton gedruckt ist. Diese „Auftaktseiten“ mit Bildern und Karten und einem Einleitungstext sollen dir eine erste Vorstellung von dem geben, was in dem jeweiligen Kapitel behandelt wird.

Darstellende Teile

Nach den Auftaktseiten folgen in jedem Kapitel die Darstellungen, die Autoren dieses Schulbuchs geschrieben haben. Sie stellen die wichtigsten Entwicklungen und Zeitabschnitte so dar, daß du sie zusammenhängend lesen und bearbeiten kannst. Die darstellenden Teile eines Kapitels kannst du immer an den gelben Farbstreifen am oberen Rand erkennen.

Arbeitsteile

Schließlich gehören zu jedem Kapitel mehrere Arbeitsteile, die mit blauen Farbstreifen gekennzeichnet sind. Sie enthalten zu einem Thema schriftliche Quellen (durch **Q** gekennzeichnet), Bilder, Karten, Tabellen, Schaubilder und Ausschnitte aus wissenschaftlichen Darstellungen (durch **D** gekennzeichnet). Die schriftlichen Quellen sind in der Regel unserer heutigen Schreibweise angepaßt, manchmal haben wir sie aber wie im Original belassen. Nur so wird deutlich, daß selbst die Sprache sich ständig verändert. Aus den Quellen könnt ihr nicht nur etwas über die Zeit und die Menschen erfahren, sondern auch über die Methode, wie Historiker zu Kenntnissen und Urteilen kommen. Und sie zeigen vielleicht auch, wie ihr selbst die Geschichte an eurem Ort oder Kreis in Archiven und Museen erforschen könnt.

Zusammenfassungen

Jedes Kapitel endet mit einer Doppelseite, die auf rotem Farbton gedruckt ist. Hier findest du einen Text, der das Wichtigste des vorhergehenden Kapitels zusammenfaßt. Außerdem wird dir Material für **Spiele, Rätsel** u. ä. geboten.

Hilfen beim Lesen und Untersuchen

Lexikon wichtiger Begriffe

In den darstellenden Teilen sind manche Wörter unterstrichen. Dabei handelt es sich um Begriffe, die im **„Lexikon wichtiger Begriffe“** zusammenfassend erklärt sind. Wörter, die durch *schrägen* (= kursiven) Druck hervorgehoben sind, spielen in den darstellenden Teilen eine besondere Rolle und helfen dir, den Text zu gliedern und Zusammenhänge leichter zu verstehen.

Namen- und Sachregister

Das alphabetische **Namen- und Sachregister** am Ende des Buches kann dir helfen, Informationen über Personen, Ereignisse und wichtige Begriffe im Buch schnell zu finden.

Querverweise

Damit du beim Lesen und Untersuchen Zusammenhängendes schneller finden kannst, sind in den darstellenden Teilen und Arbeitsteilen und im Lexikon manchmal Querverweise (siehe S.) aufgenommen worden.

Tabelle wichtiger Daten

Damit du dir über die wichtigsten Ereignisse in den fast 1000 Jahren, die dieser Band behandelt, einen Überblick verschaffen kannst, enthält das Buch am Ende eine Tabelle wichtiger Daten.

Europa im Mittelalter – Was ist das?

Wie erfahren wir, was war?

Europa im Mittelalter – da denken wir zuerst an Klöster und Kathedralen, Ritterburgen und alte Städte. Die Menschen, die all dies gebaut haben, sind Fremde für uns; ihr steinernes Erbe weckt jedoch unser Interesse.

Eine Burgruine macht neugierig

Wenn wir auf einer Wanderung oder einer Ferienreise auf die Ruine einer Burg stoßen, dann schlendern wir etwas ratlos herum. Lassen wir aber unsere Phantasie schweifen, dann kommen viele Fragen auf: Wie sah es hier im Mittelalter aus? Konnten sich die Bewohner in den finsteren, feuchten und kalten Gemäuern wohl fühlen? Warum bauten sie so mächtig und wehrhaft? Und wieso ist nur noch eine Ruine übriggeblieben? Die Mauern allein geben keine Antworten.
Manchmal hilft ein kleines Burgmuseum weiter, das uns mit Texten, Grundrissen und Bildern die Geschichte der Burg erzählt. Dort finden wir auch Gegenstände, die die Bewohner einst benutzt haben. Urkunden, Geldstücke, Schmuck und Geschirr zeugen vom Alltag in Friedenszeiten. Rüstungen, Spieße, Armbrüste und Kanonen berichten von Krieg und Gewalt. Doch je mehr wir sehen und lesen, desto mehr Fragen drängen sich auf: Warum waren die Fenster nicht verglast? Wo lagen Bad und Toilette? Warum hat der Burgherr die Urkunde nicht persönlich unterschrieben? Welches Spielzeug besaßen die Kinder? Und wieso sind denn die Rüstungen so klein?

Die durchschnittliche Körpergröße in Deutschland seit dem 7. Jahrhundert

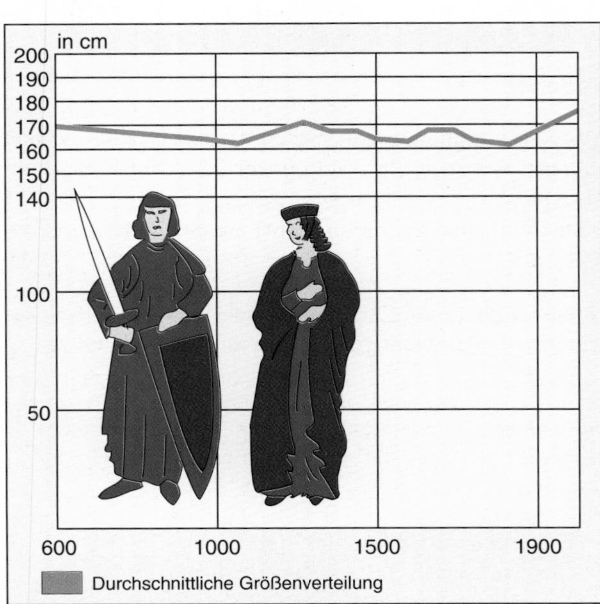

Waren die Ritter klein?

Damals wurde die Größe der Menschen nicht gemessen. Hätte man es getan, wären vermutlich die Zahlen nicht notiert worden, denn schreiben konnten nur wenige, und Schreibmaterial kostete viel. Selbst wenn es damals schon Personalausweise gegeben hätte, so wären nur wenige bis heute erhalten geblieben. Und selbst wenn wir bei einer Ausgrabung ein dickes Bündel von Ausweisen finden würden, bliebe es immer noch schwierig, etwas über die Körpergröße der Menschen herauszubekommen: Buchstaben und Zahlen schrieb man damals anders als heute, und außerdem benutzte jede Gegend ihr eigenes Längenmaß.
Doch ein Geschichtsforscher gibt nicht so leicht auf, oft führt ihn erst ein Umweg ans Ziel. Die Größe der Menschen läßt sich z. B. aus der Länge der Gebeine erschließen. Wir sind darüber gut informiert, denn immer wieder entdecken Bauern beim Pflügen ein altes Gräberfeld, stoßen Bauarbeiter beim Ausschachten oder Planieren auf menschliche Gebeine. Die Archäologen, die diese Funde wissenschaftlich untersuchen, wissen es daher genau: Die Menschen im Mittelalter waren tatsächlich etwas kleiner.
Warum veränderte sich die Körpergröße im Laufe der Jahrhunderte? Biologen und Mediziner vermuten, daß sie von der Umwelt und insbesondere von der Ernährung beeinflußt wird. Manche meinen, daß z. B. Milch und Eier das Wachstum fördern. Doch wenn wir die Wissenschaftler weiterfragen, ob denn die Menschen damals zuwenig Milch getrunken hätten, dann zucken alle mit den Achseln – der Biologe und der Mediziner ebenso wie der Archäologe und der Geschichtsforscher. Zu dieser Frage

gäbe es – so bekommen wir zu hören – keine Zeugnisse aus dem Mittelalter, und ohne „Quellen" sei kein Forschen möglich.

Das Mittelalter im Schulbuch

Willst du die Menschen und ihre Geschichte besser verstehen, dann genügt es nicht zu wissen, was sie gebaut, wie sie gewohnt und wie sie ausgesehen haben. Vieles, was das Leben der Menschen geprägt hat, hinterließ keine so sichtbaren Spuren wie Burgen und Rüstungen. Dieses Buch wird also auch davon berichten, wie die Könige regiert haben, wie die Menschen um den rechten Glauben stritten und wie es um Freiheit, Frieden, Gerechtigkeit und Gleichheit bestellt war. Vieles wird dir fremd und überholt vorkommen, doch manches, was im Mittelalter neu erdacht und geschaffen wurde, prägt unser Leben bis heute.

Ein Schulbuch darf auch nicht nur von den Menschen berichten, die in Gebäuden aus dauerhaftem Stein wohnten oder die durch ihre geistigen Leistungen lebendig blieben. Zur Geschichte gehören auch die Unzähligen, von denen wir als Einzelpersonen nichts wissen, z. B. die Bauern und Bäuerinnen auf dem Lande, die Mägde, Knechte und Gesellen in der Stadt und die Krüppel, Musikanten und Künstler, die durch die Lande zogen. Auch sie sind unsere Vorfahren. Ohne die Arbeit, den Fleiß und die Kunstfertigkeit von vielen uns unbekannten Männern und Frauen könnten wir heute keine mittelalterlichen Burgen, Dome und Stadttore bewundern.

Was ist das: Mittelalter?

Schon mehrfach haben wir das Wort „Mittelalter" benutzt, um den Zeitraum vom Ende der Völkerwanderung (6. Jahrhundert) bis zum Beginn der Neuzeit (15./16. Jahrhundert) zu bezeichnen.

Vor 1000 Jahren hätten sich die Menschen jedoch sehr gewundert, wenn man ihnen gesagt hätte, daß sie im „Mittelalter" lebten, denn sie fühlten sich nicht in der „Mitte" der Zeiten. Manche dachten, das Jüngste Gericht stünde unmittelbar bevor. Einige betonten die Verbindung mit der Vergangenheit und schlugen neue Brücken zum Römischen Reich der Antike. Andere sahen in den germanischen Reichen, die in der Völkerwanderungszeit entstanden waren, einen Neubeginn.

Vor 500 Jahren dagegen, da hätte man gewußt, was mit der Epoche „Mittelalter" gemeint war. Die Antike galt als Gipfel menschlicher Kultur, auf diese ferne Epoche wollte man direkt zurückgreifen. Die unkultivierten „dunklen" Jahrhunderte dazwischen, das „Mittelalter", wollte man überspringen und vergessen. Aus diesem Grundgedanken entwickelte sich die weitverbreitete Einteilung der europäischen Geschichte in Antike, Mittelalter und Neuzeit.

Heute sehen viele die Zusammenhänge wieder anders. Zwar hat sich einiges im 15. und 16. Jahrhundert verändert, aber viel tiefgreifender – meinen wir heute – war der Wandel im 18. und 19. Jahrhundert. Dieser Band behandelt daher Mittelalter und frühe Neuzeit als Einheit, er reicht etwa von 750 bis 1750. Natürlich blieb in diesen 1000 Jahren nicht alles beim alten, der Wandel vollzog sich jedoch nicht in großen Sprüngen, sondern in vielen kleinen Schritten.

Was ist das: Europa?

Daß Amerika und Australien Erdteile sind, zeigt ein kurzer Blick auf die Weltkarte. Europa jedoch – ist das nicht bloß eine „Halbinsel" am riesigen Kontinent Asien? Wenn wir Europa dennoch als eigenen Erdteil begreifen, so hat das nicht nur geographische, sondern vor allem historische Ursachen.

Der Begriff Europa stammt zwar aus der Antike, aber weder für die Griechen noch für die Römer war diese geographische Einheit von Bedeutung. Für beide Völker bildete vielmehr das Mittelmeer Zentrum und Drehscheibe.

Auch im Mittelalter war Europa nie eine politische Einheit, und doch verband die Menschen viel. Zuerst einmal sahen sich die verschiedenen Völker und Länder, die jeweils zusammen Europa bildeten, als Erben der römischen Kultur. Das war nicht selbstverständlich, denn mit dem Zusammenbruch des Weströmischen Reiches im 5. Jahrhundert schien dort das Ende gekommen zu sein. Die schriftlosen germanischen Wandervölker, die auf dem Boden des Römischen Reiches ihre Königreiche gründeten, waren kaum in der Lage, dessen Kultur zu verstehen. Diese Völker nahmen jedoch bald den christlichen Glauben an. So vermittelte die westliche Kirche, deren Sprache das Lateinische blieb, den barbarischen

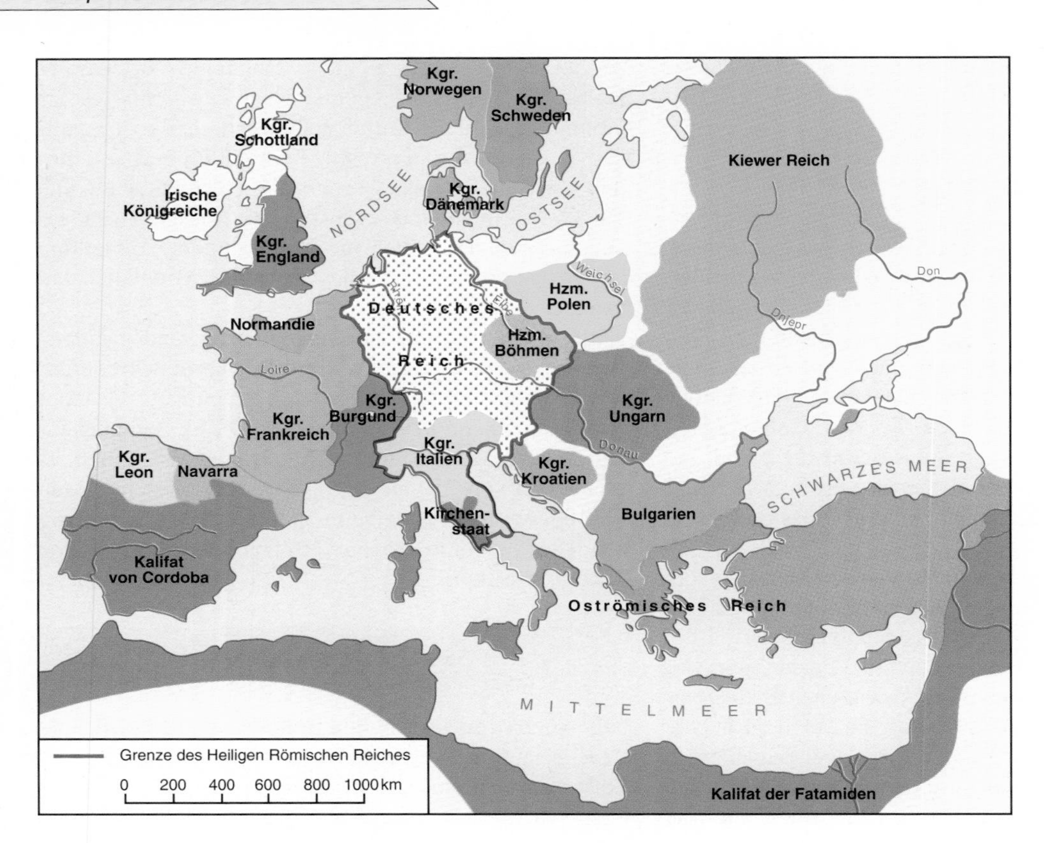

Europa im 9. und 10. Jahrhundert

Völkern mit dem neuen Glauben auch immer ein Stück der untergegangenen Antike.

Zu Beginn des Mittelalters verehrten die neubekehrten Völker nördlich der Alpen vor allem die Grabstätten der Apostel Petrus und Paulus in Rom. Der Himmelspförtner Petrus – so glaubten sie – würde ihnen das Tor zum Paradies öffnen. Sein Nachfolger als Bischof von Rom, der Papst, galt als höchste Autorität. Das Römische Reich und seine Kultur waren zwar untergegangen, aber als Mittelpunkt der Christenheit blieb „Rom“ doch das „Haupt der Welt“.

Neben dem Erbe der Antike und dem Christentum entwickelten sich im Laufe des Mittelalters aber noch mehr Gemeinsamkeiten: Überall kämpften und herrschten Könige und Adel auf ähnliche Weise, überall wurden neue Städte gegründet; Kunststile und neue Ideen verbreiteten sich rasch und über ganz Europa. Die Menschen begannen sich auch seit dem 12. Jahrhundert immer mehr als Angehörige einer Nation zu fühlen. Herkunft und Lebensweise, Sprache und Gesetze – darin sah man übergreifende Bande der Einheit.

Nicht nur in Politik, Kultur und Religion war die Einheit Europas im Mittelalter erfahrbar. Auch bei der Ordnung der Gesellschaft blieben trotz aller regionaler Eigenart gemeinsame Grundzüge sichtbar. Die Gliederung in drei Stände – Geistliche, Adlige und Bauern – gehörte ebenso dazu wie die Trennung der Rollen von Mann und Frau.

Europa und die Nachbarn

Europa – das waren im Mittelalter die Völker, die das Christentum übernommen hatten und sich in die Tradition der Antike stellten: die Franken, Goten und Langobarden, die Angelsachsen und Iren, die Polen und Böhmen. Nicht alle ließen sich rasch in die neue Ordnung

Staaten und Religionen in Europa um 1200

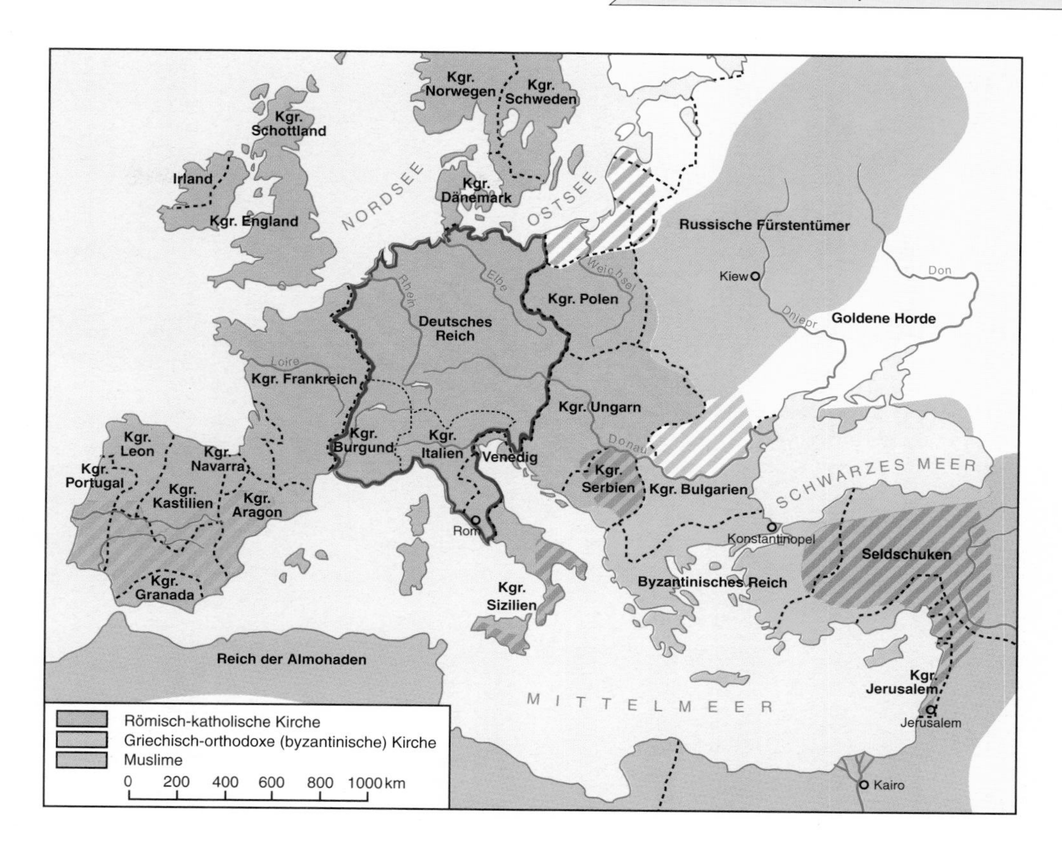

einbinden, so z. B. die Völker Skandinaviens, die als Nor(d)mannen im 9. Jahrhundert in die bereits christianisierten Länder eingefallen waren, oder das aus der mittelasiatischen Steppe kommende Reitervolk der Ungarn, das Europa bis zur Schlacht auf dem Lechfeld im Jahre 955 immer wieder in Schrecken versetzte. Doch auch sie wurden später christianisiert und in das mittelalterliche Europa eingegliedert.

Das Oströmische Kaiserreich mit seiner Hauptstadt Konstantinopel, dem heutigen Istanbul, gehörte zunächst ebenfalls zu Europa. Von dort aus gelangte das Christentum auf den Balkan und nach Rußland. Die endgültige Trennung der lateinisch-römischen von der griechischen Kirche im Jahre 1054 ließ jedoch die Vorstellung aufkommen, daß unter Europa nur noch das Gebiet der lateinischen Christenheit zu verstehen sei.

Die Araber dagegen, die nicht nur die Gebiete entlang der nordafrikanischen Küste, sondern auch große Teile Spaniens beherrschten, gehörten nicht dazu. Die arabische Kultur bewahrte zwar auch griechische Wissenschaft und Philosophie – es waren z. B. die Araber, durch die der lateinische Westen im 12. Jahrhundert die Werke des Aristoteles kennenlernte. Da die Araber jedoch Muslime waren, zählte man sie nicht zur europäischen Völkerfamilie, die in der christlichen Religion eine gemeinsame geistige Grundlage hatte.

Mehrfach sah sich Europa von Einfällen und erobernden Heeren fremder Völker bedroht. Doch auch Europa war keineswegs ein friedlicher Kontinent, der hin und wieder von Nachbarn überfallen wurde, in dem aber die europäischen Völker ohne Konflikte zusammenlebten. Die Fehden und Kriege der Europäer untereinander kann man nicht mehr zählen. Und in dem Jahrhundert der Kreuzzüge zeigte sich sehr deutlich, daß die christlichen Ritter nicht weniger grausam, gebiets- und beutehungrig waren als ihre Gegner.

1. Bauern und Adlige im Mittelalter

Eine Hirschjagd, eine Siedlung und ein pflügender Mann, der ins Schwitzen kommt – scheinbar zusammenhangslos schildert dieses Bild Szenen des Landlebens. Doch wenn wir genauer hinsehen, dann können wir erkennen, daß es Grundelemente der mittelalterlichen Gesellschaft enthält.

Adlige und Bauern gehen den für ihren Stand typischen Tätigkeiten nach: Auf die Jagd zu gehen zählte zu den Vorrechten des Adels. Das Land zu bestellen war die Aufgabe der Bauern, denn die Adligen sahen körperliche Arbeit als unstandesgemäß an. Die prächtige Kleidung und die Eleganz, mit der die Ritter und die Damen der Jagdgesellschaft dargestellt sind, betonen die große Kluft, die im Mittelalter zwischen höfischer Lebensweise und dem Arbeitsleben auf dem Land bestand.

Doch zwischen Adel und Bauern gab es nicht nur ein großes wirtschaftliches und soziales Gefälle. Auch politisch und rechtlich existierten unüberbrückbare Trennlinien und vor allem Abhängigkeiten: Die einen herrschten, die anderen waren Untertanen. Die Burg liegt – schützend und bedrohend zugleich – über dem Dorf.

Daß der Künstler auch den dritten mittelalterlichen Stand, die Geistlichen, ins Bild gebracht hat, fällt nicht gleich auf. Doch an der kleinen Kirche am Dorfplatz ist zu erkennen, daß er diesen Stand nicht vergessen hat.

Die Lebensbereiche der Stände sind sorgsam abgegrenzt: die Burg mit Mauern, Türmen und Zugbrücke, die Kirche mit Mauer und Portal, das Dorf mit Zaun und Schlagbaum. Die Felder werden vom Wald sogar durch Jagdnetze und Flechtwerk doppelt getrennt. Welche Stände über das bessere Baumaterial verfügten und mehr für den Unterhalt der Absperrungen sorgen konnten – darüber läßt das Bild keinen Zweifel.

Wenn man ganz genau hinsieht, erkennt man auch, daß der Maler sogar Menschen ins Bild gebracht hat, die außerhalb der Gesellschaft standen: den Müller und den Verbrecher. Die Mühle war außerhalb des Dorfes gebaut, weil die Arbeit des Müllers als „unehrlicher Beruf" galt. Noch weiter außerhalb der Gesellschaft „standen" die „landschädlichen Leute" – Gebannte, Geächtete und Verbrecher. Entsprechend weit draußen auf einem Hügel war der Galgen errichtet, dort wurden Verbrecher hingerichtet.

Die Hirschjagd. Kolorierte Zeichnung, entstanden um 1480

Leben und Arbeiten auf dem Land

Die Bauern im frühen Mittelalter

Um das Jahr 800 lebten in Westeuropa nicht mehr als einige Millionen Menschen. Seit der Römerzeit war in großen Städten wie Köln, Trier oder Lyon die Zahl der Einwohner so sehr zurückgegangen, daß innerhalb der Stadtmauern Vieh weidete und Äcker bestellt wurden. Immerhin hatte sich hier noch etwas von der antiken Kultur erhalten.
Jenseits von Rhein und Donau jedoch gab es keine Städte. Die Menschen lebten in Einzelhöfen oder kleinen Dörfern, umgeben von urwaldähnlichen Wäldern. Dort hausten nicht nur Bären und Wölfe, sondern auch – davon war man überzeugt – böse Geister.
Die wenigen Familien, die in diesen Dörfern lebten, wußten alles voneinander. Was aber nur 30 Kilometer – also eine Tagesreise – entfernt geschah, kannten sie nicht. Da niemand lesen und schreiben konnte, beschränkte sich ihr Wissen auf das, was sie selbst sahen oder aus Erzählungen von Fremden hörten. Neuigkeiten erfuhren nur diejenigen, die Waren oder Abgaben über weite Strecken transportieren mußten, an einem Kriegszug teilgenommen oder eine Pilgerreise unternommen hatten.

Der Alltag der Bauern

Der Lebensbereich einer Bauernfamilie bestand aus der Siedlung mit den umliegenden Äckern und den Weiden für das Vieh. Die Männer arbeiteten vor allem auf den Feldern, die Frauen im Stall, Haus und Garten. Sie mußten Brot backen, das Geflügel versorgen und die Schafe scheren. Auch die lichteren Wälder in der näheren Umgebung wurden genutzt: Die Männer trieben das Vieh, Frauen und Kinder sammelten Holz und Beeren und mästeten Schweine mit Eicheln.
Vom Düngen wußte man wenig. Häufig wurde ein Acker nur jedes zweite Jahr bestellt, damit er sich erholen konnte und nicht völlig auslaugte. Dieses Verfahren nennt man *Zweifelderwirtschaft*. Die Ernte war dabei gering und reichte oft nicht zum Überleben. Da man keine Vorräte anlegen konnte, brachten ein verregneter Sommer, Hagelschlag oder Dürre Hunger, Krankheit oder Tod.
Nicht nur bei den Nahrungsmitteln war eine Familie auf ihre eigene Arbeit angewiesen. Die Frauen webten die Kleider, und die Männer stellten die Ackergeräte her. Nur die eisernen Pflugscharen und Sicheln für die Getreideernte wurden bei einem Schmied erworben. Auch ihre einfachen strohgedeckten Hütten mit Wänden aus Flechtwerk und Lehm konnten sie selbst bauen. Das Geld hatte

Rekonstruktion einer frühmittelalterlichen Siedlung

Bauern bei der Fronarbeit: Buchmalerei aus dem 15. Jahrhundert

für die Menschen kaum eine Bedeutung. Was man brauchte und nicht selbst herstellen konnte, wurde im Tauschhandel erworben.

Die Bauern und die Grundherren

Bauern verlieren ihre Freiheit

Könige, Adlige und die Kirche besaßen das meiste Land. Schon in der Germanenzeit hatte es ausgedehnten adligen Grundbesitz gegeben, der dann aber im 7. und 8. Jahrhundert auf Kosten der freien Bauern noch einmal kräftig vergrößert wurde. Denn große Not, Belastungen durch Kriege oder auch brutaler Zwang brachten viele freie Bauern dazu, sich und ihren Hof dem Schutz eines mächtigen Herrn oder eines Klosters zu unterstellen. Als Gegenleistung für den Schutz schuldeten die dann abhängigen Bauern (Hörige) dem Grundherrn Abgaben und oft auch Dienste.

Die Erträge aus dem Großgrundbesitz befreiten die Grundherren von der Notwendigkeit, selbst arbeiten zu müssen. Körperliche Arbeit galt bei den Adligen als unehrenhaft und verachtenswert, mit der Waffe in der Hand zu kämpfen dagegen als ehrenvoll. Zwar mußten alle freien Männer das Land verteidigen, und in Notzeiten zogen auch die Bauern in den Krieg. Tatsächlich aber wurde das Kämpfen immer mehr Angelegenheit des Adels. So unterschieden sich Adel und Bauern im frühen Mittelalter nicht nur durch die Größe ihres Besitzes und die Herkunft, sondern auch durch die Tätigkeit: Der adligen Kriegerschicht, die von den Abgaben der Bauern lebte, stand die Masse der Landbevölkerung gegenüber.

Herrenhof und bäuerliche Hofstelle

Ein Großgrundbesitz bestand aus zwei unterschiedlich bewirtschafteten Teilen: dem Herrenhof, auch Salland genannt, und den Hofstellen der abhängigen Bauern, den sogenannten Hufen. Zum Salland gehörten der Fronhof mit den Wirtschaftsgebäuden für Vieh und Geräte, die Gesindehäuser, in denen die unfreien Knechte und Mägde lebten, sowie Äcker, Weiden und Wald. Das Salland hatte meistens den Umfang eines größeren Bauernhofes, der von dem Grundherrn oder einem von ihm eingesetzten Verwalter geführt wurde.

Der andere Teil des Großgrundbesitzes war in selbständige bäuerliche Hofstellen aufgeteilt, die Haus, Vieh, Äcker und Weiden umfaßten. Wer eine solche Hufe bewirtschaftete, mußte einen Teil der Ernte an den Grundherrn abführen und außerdem Frondienste, d. h. festgelegte Arbeiten, auf dem Herrenhof leisten.

Bei den Abgaben und Diensten gab es riesige Unterschiede, denn die Bauern hatten die Hufen zu sehr unterschiedlichen Bedingungen erhalten: Waren sie früher Sklaven auf dem Herrenhof gewesen, so überließen ihnen seit dem 8. Jahrhundert immer mehr Grundherren eigene Hufen zur Bewirtschaftung. Dafür wurden hohe Abgaben und vor allem zahlreiche Frondienste verlangt. Es gab aber auch ehemals freie Bauern, die sich und ihren Hof dem Schutz eines Adligen unterstellt hatten. Dafür hatten sie dann wesentlich geringere Abgaben und keine Frondienste zu leisten. Diese einmal festgesetzten Verpflichtungen galten als unveränderbar.

Der Grundherr übernahm für seine abhängigen Bauern manche Aufgaben, die heute der Staat wahrnimmt, denn die damalige Staatsgewalt, der König, war fern und kaum zu erreichen. Sicherung der Ordnung, militärische Verteidigung, Gericht, Unterstützung bei Hungersnöten und Seelsorge in den Pfarreien – dies alles wurde von den Grundherren organisiert. Weil sie gegenüber ihren Bauern Herrschaftsrechte ausübten, bezeichnet man heute den mittelalterlichen Großgrundbesitz als Grundherrschaft.

Genossenschaftliche Selbsthilfe und Fehden

Ob Bauer oder Adliger – wer in Not geriet, konnte mit der Hilfe seiner Verwandten rechnen. Neben der „natürlichen", der „Blutsverwandtschaft", gab es die „künstliche Verwandtschaft", die Genossenschaft, die durch gegenseitigen Eid als „Gilde" oder „Freundschaft" gestiftet wurde. Auch sie umfaßte alle Bereiche des Lebens; sie äußerte sich bei gegenseitigem Schutz genauso wie bei Leichenfeiern und Totengebeten für verstorbene Gildegenossen. Von den bäuerlichen Schwurbünden wissen wir heute jedoch wenig, denn die schriftunkundigen Laien konnten uns keine Selbstzeugnisse und Dokumente hinterlassen.

Auch beim Rechtsstreit haben wohl die Gilden eine große Rolle gespielt. Heute schreiten Polizei und Gerichte ein, wenn Gesetze verletzt werden. Im frühen Mittelalter mußte dagegen jeder selbst dafür sorgen, daß seine Rechte von anderen geachtet und daß seine Familie geschützt wurde. Wer Unrecht erlitt, nahm die Vergeltung in die eigenen Hände und begann gegen den Schädiger eine Fehde, einen „Privatkrieg". Verwandte und Schwurgenossen hatten dabei Hilfe zu leisten. Gewalttaten gehörten daher im Mittelalter zur Tagesordnung. Schon bei geringen Rechtsverletzungen traten die Verwandten und „geschworenen Freunde" auf den Plan, um Rache zu üben und Leben, Hab und Gut des Gegners und seiner Freunde nach Kräften zu zerstören. Oft wurden ganze Landstriche verwüstet, und viele Menschen verloren ihr Leben. Immer wieder gab es deshalb Bemühungen, die Fehden durch Gerichtsverhandlungen zu ersetzen.

Der Wandel des bäuerlichen Lebens im Hochmittelalter

Fortschritte in Technik und Landwirtschaft

Seit der Mitte des 11. Jahrhunderts gab es einige allgemeine Veränderungen, die auch das Leben der Bauern tiefgreifend beeinflußten. Zuerst einmal wissen wir heute, daß es wärmer wurde. Die Temperaturen stiegen zwar nur um ein bis zwei Grad im Jahresdurchschnitt. Dieser geringe Temperaturanstieg genügte aber, um die Ernteerträge steigen zu lassen.

Das Landschaftsbild um 1100

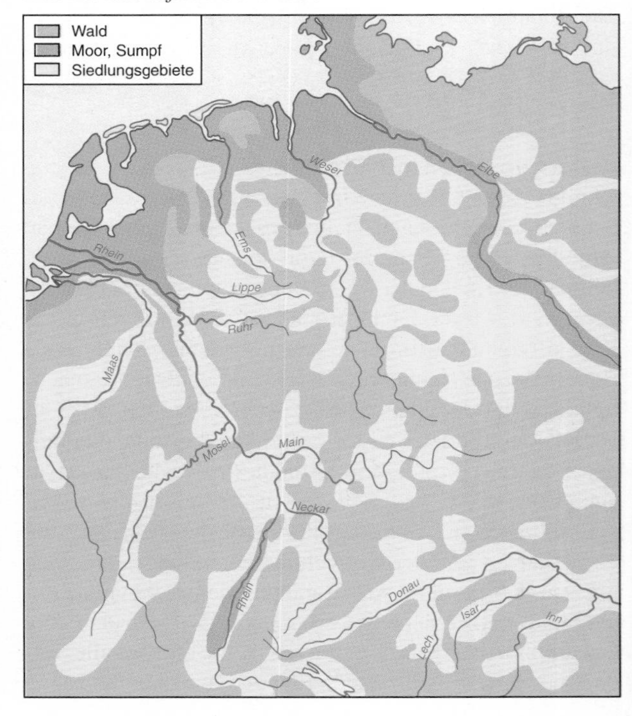

Bessere Ernten wurden jetzt aber auch dadurch erzielt, daß neue Techniken des Ackerbaus angewandt wurden: Mit dem Räderpflug, dem „Kummet" für Pferde und Stirnjoch für Ochsen konnte der Boden nicht nur besser für die Aussaat vorbereitet, sondern auch neues Land für den Getreideanbau gewonnen werden. Ein Teil des Landes, meist Wiesen und Wälder, wurde gemeinsam benutzt, die *Allmende*. Die Felder hingegen teilte man in drei Hauptfluren auf und bewirtschaftete sie im dreijährigen Wechsel. Auf Wintergetreide folgte im nächsten Jahr Sommergetreide, und im Jahr der Brache konnte sich das Feld wieder erholen (Dreifelderwirtschaft).

Arbeiten auf einem Bauernhof. Handschrift um 1515

Bevölkerungswachstum und Landesausbau

Langsam nahm auch die Bevölkerung zu, die Besiedlung wurde dichter. Neues, bislang landwirtschaftlich ungenutztes Land mußte erschlossen werden, um die Menschen zu ernähren. Ortsnamen mit Endungen wie -rath oder -rode, -rieth oder -reith lassen heute noch erkennen, daß diese Orte nicht zum alten Siedlungsland gehörten, sondern im hohen Mittelalter durch Rodung dazugewonnen worden sind. In den großen Waldgebieten von Eifel, Hunsrück, Harz und Schwarzwald entstanden neue Dörfer. An den Nordseeküsten und in den sumpfigen Flußniederungen gewann man Weideland, indem Deiche gebaut und Entwässerungsgräben gezogen wurden. Gleichzeitig drangen Siedler nach Osten vor.
Durch die Zunahme der Bevölkerung und die Erschließung neuen Landes ergaben sich oft für die Söhne mit ihren Familien neue Möglichkeiten: Sie wurden als Siedler zu günstigen Bedingungen angeworben. Diese Angebote verbesserten auch die Lebensbedingungen in den alten Siedlungen. Jetzt konnten Bauern leichter als früher den Hof wechseln, die Grundherren mußten versuchen, sie zu halten.

Der Wandel der Grundherrschaft

Bevölkerungswachstum und die Veränderungen in der Landwirtschaft hatten auch Folgen für die Herrschaftsverhältnisse auf dem Lande. Die Grundherren gaben jetzt häufig ihre Eigenwirtschaft auf dem Salland auf, und die Frondienste wurden in feste Abgaben umgewandelt. Die Bauern erhielten ihre Hofstellen – weiterhin abhängig von den Grundherren – als vererbbare Einzelbetriebe. In manchen Gegenden wurde es üblich, die Höfe für eine bestimmte Zeit zu verpachten. Die Abgaben mußten nun nicht mehr überall in Naturalien abgeliefert werden, sondern die Grundherren gingen zur Geldwirtschaft über.
Auch die rechtliche Situation der Bauern änderte sich seit dem 12. Jahrhundert. Man unterschied nicht mehr – wie im frühen Mittelalter – zwischen freien, halbfreien und unfreien Landbewohnern. Die Bauern wurden vielmehr zu einem eigenen Stand von Untertanen. Das Waffentragen – einst das Vorrecht der Freien – wurde ihnen zunehmend verwehrt. Und je genauer die Bauern als Stand abgegrenzt wurden, desto genauer wurden auch ihre Rechte und Pflichten festgelegt.
Das Leben und Arbeiten im Dorfverband erforderte jetzt auch neue Formen der Selbstverwaltung. Die Genossenschaft der Dorfbewohner war nun die bestimmende Lebensgemeinschaft. Sie wählte das Dorfoberhaupt (Schultheiß) und regelte die Angelegenheiten des Alltags. Zwischen den Dorfbewohnern hatten sich große wirtschaftliche und soziale Unterschiede entwickelt. Nur die großen Bauern verfügten über ein volles Pferdegespann, kleine Bauern konnten nur in guten Erntejahren vom Ertrag des Landes ohne Hunger leben.

1 Arbeiten auf dem Land

Tätigkeiten von Bäuerinnen und Bauern in den zwölf Monaten des Jahres. Darstellung aus einer französischen Handschrift um 1480

1. *Stelle eine Liste der Tätigkeiten in der Landwirtschaft nach den zwölf Monaten eines Jahres zusammen.*
2. *Wie hingen diese Tätigkeiten von den natürlichen Bedingungen ab? Wie ist das heute?*
3. *Welche landwirtschaftlichen Geräte und Werkzeuge benutzten die Bäuerinnen und Bauern bei ihrer Arbeit? Woran kannst du dabei erkennen, daß es sich nicht um eine Abbildung aus dem frühen Mittelalter handeln kann?*
4. *Welche Unterschiede zwischen der Arbeit der Frauen und der Arbeit der Männer auf dem Lande kannst du auf der Abbildung erkennen? Ziehe dazu auch das Bild S. 15 heran. Was sagen diese Unterschiede über die Rolle der Frauen auf dem Land im Mittelalter aus?*

2 Eine mittelalterliche Siedlung

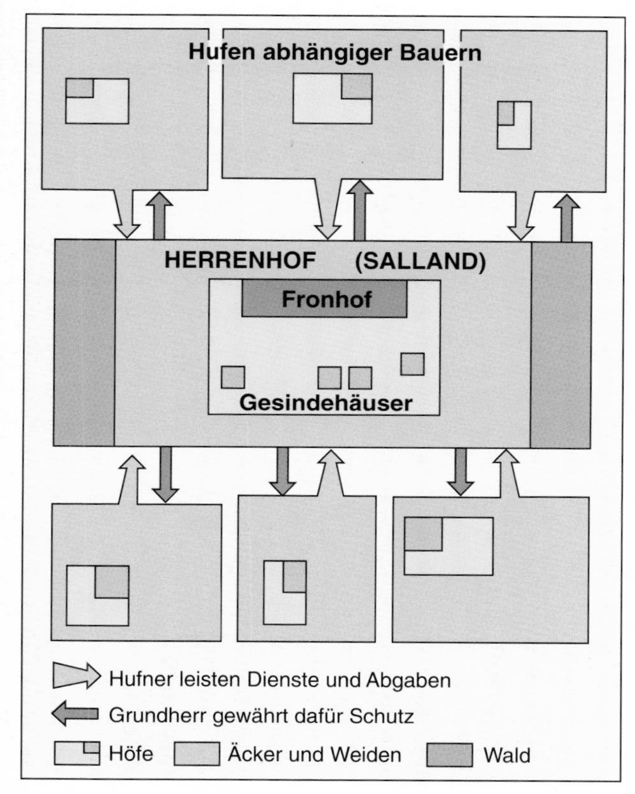

1. Worin unterscheiden sich Herrenhof und die Höfe der Hufner in dieser mittelalterlichen Siedlung?

2. Schildere das Verhältnis von Grundherr und Hufner. Vergleiche dazu auch die Darstellung S. 13.

3 Abgaben und Dienste

3a *In dem Güter- und Abgabenverzeichnis (= Urbar) des Grafen von Ravensberg, dem sogenannten „Ravensberger Urbar" aus dem Jahr 1556, ist über den Besitzer eines alten und großen Hofes in der Nähe von Bielefeld folgendes ausgeführt:*

Q Johann Meier zu Selhausen ist ein Vollspänner[1], er ist meinem Gnädigen Herrn[2] zu eigen, aber Weib und Kinder gehören dem Stift Schildesche[3] zu eigen. Die Abgaben bei Erbteilung und Besitzwechsel stehen also meinem Gnädigen Herrn (des Mannes wegen) und dem Jungfrauenstift von Schildesche (der Frau wegen) zu. Die Hofstelle umfaßt Haus, Hof, Garten und einen Graben um das Haus.
Saatland: 2 große, 6 mittlere und 6 kleine Felder von insgesamt 22 Molt[4] Roggen.
Mast[5]: Wenn es gut wächst, hat er für 50 Schweine Mast im Eichenwald; im Buchenwald hat er, wenn es voll trägt, für 200 Schweine Mast. Sieben Männer haben das Recht, zur Mastzeit jeweils sieben Schweine in den Berg der Buchenmast zu treiben, nämlich Johann zur Westerheide … Dieselben dürfen auch im Berg abgestorbenes und herumliegendes Holz zum Feuern sammeln …
Wiese: Eine Wiese von 6 Fuder Heu.
Teiche und Weiher: Alter Hofteich und Backhausteich sowie zwei Wasserlöcher von geringem Wert.
Sonstiger Grundbesitz: 3 Waldstücke.
Jährliche Abgaben: Gibt meinem Gnädigen Herrn 7 Goldgulden[6] und 10 Schillinge, 4 Scheffel Roggen, 1 Molt Hafer, 3 Schuldschweine, 1 Schlachtkuh, 1 Schaf, wenn er es hat, 3 Paar Hühner; dem Jungfrauenstift zu Schildesche gibt er 3 Molt Gerste, 8 Molt Hafer minus 3 Scheffel, 3 Scheffel Weizen, gibt ihnen auch den 9. Teil von einem Faß Butter, 16 Schillinge Opfergeld, 2 Paar Hühner, 4 Schafe. Deshalb zahlt er keinen Zehnten; von den obengenannten sieben Köttern[7] nimmt er den Zehnten.
Dienst: Tut meinem Gnädigen Herrn jede Woche einmal mit dem Gespanne Dienst.

[1] Hof mit vollständigem Pferdegespann, d. h. vier Pferden
[2] Graf von Ravensberg
[3] Damenstift bei Bielefeld
[4] Das Hohlmaß „Molt", dem 12 Scheffel entsprachen, wird hier als Flächenmaß benutzt. Weil es für eine bestimmte Menge Getreide zur Aussaat notwendig war, hat man früher häufig Hohlmaße auch als Flächenmaße benutzt, 1 Scheffel = ca. 41 Liter.
[5] Die Schweine wurden mit Eicheln und Bucheckern der Wälder gefüttert, d. h. „gemästet".
[6] 1 Gulden = 18 Schilling; zur Orientierung: 1 Pferd war 3 Gulden, 1 Kuh 2 Gulden und 1 Molt Roggen ebenfalls ca. 2 Gulden wert.
[7] Bewohner eines kleinen Bauernhauses (Kotten); die sieben Kötter (siehe Quelle 3b) hatten zusammen ca. 15 Molt Saatland.

3b *Ein Kötter des Johann Meier zu Selhausen:*

Q Johann zur Westerheide ist ein Kötter, gehört mit Weib und Kindern meinem Gnädigen Herrn zu eigen. Seine Fürstliche Gnade[1] hat an dem Kotten die Abgabe bei Besitzwechsel. Die Hofstelle umfaßt Haus, Hof und Garten.
Saatland: 1 mittleres und ein kleines Feld von insgesamt 4 Molt Roggen.

Mast: Für 2 Schweine Buchenwaldmast.
Sonstiger Grundbesitz: Ein Stück von 2 Scheffel Roggen und einen Teich auf dem Hof.
Jährliche Abgaben: Gibt meinem Gnädigen Herrn 10 Schillinge, 2 Hühner, gibt auch dem Meier zu Selhausen für sein Ackerland jährlich 12 Schillinge, wie das von altersher Brauch ist, gibt ihm 2 Hühner.
Dienst: Dient jede Woche einen Tag meinem Gnädigen Herrn mit seiner Arbeitskraft, und in der Ernte dient er dem oben genannten Meier zwei Tage, die gehen meinem Gnädigen Herrn vom Wochendienst ab.
Zehnt: Gibt von all seinem Lande den Zehnten an den Hof zu Selhausen.

[1] Graf von Ravensberg, siehe auch Anmerkungen zu Quelle 3a

3c *Ein Bauer aus Lämmershagen:*

Q Johann auf dem Sand wohnt in einem geringen Kotten. Er gehört mit Weib und Kindern meinem Gnädigen Herrn zu eigen, hat aber weder Garten noch Land. Gibt meinem Gnädigen Herrn nur 1 Huhn.

Quelle 3a bis 3c: Das Urbar der Grafschaft Ravensberg von 1556; hg. v. F. Herberhold, Münster 1960, S. 48f. und 52. Bearbeitung d. Verf.

1. *Stelle eine Liste der in Quellen 3a bis 3c erwähnten Personen zusammen. Versuche, die Beziehungen zwischen den Personen in einem Schema darzustellen.*
2. *Vergleiche Besitzgröße und Abgaben in den Quellen.*
3. *Wie wurden die Abgaben begründet?*

3d *Wohnen auf dem Land. Winterliche Temperaturen in einem niederdeutschen Hallenhaus*

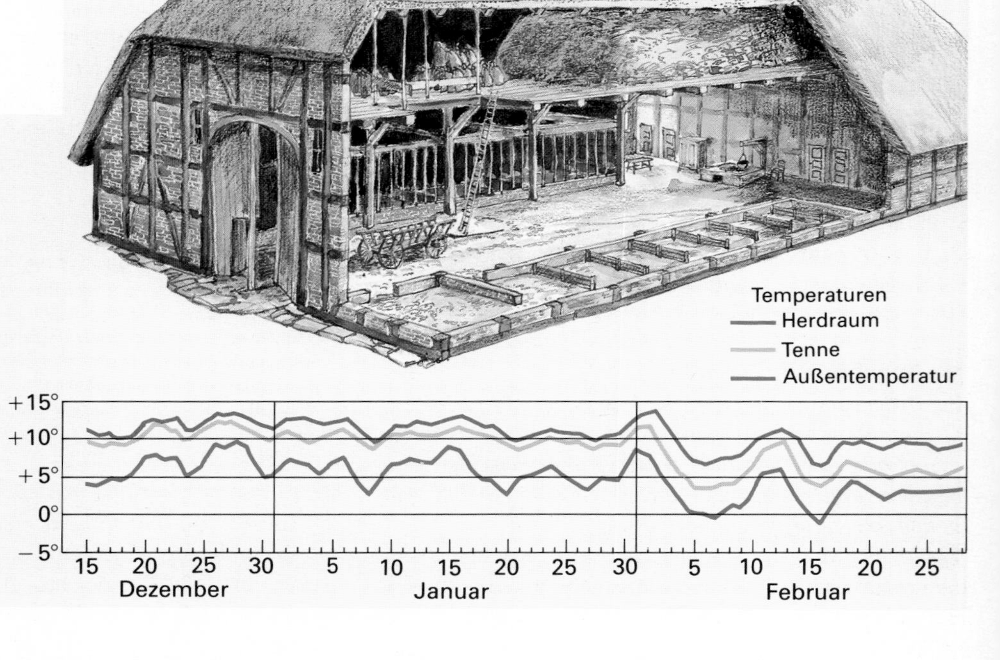

Die Bauernhöfe sahen früher in einzelnen Gegenden Deutschlands sehr unterschiedlich aus. In Norddeutschland war es üblich, ein einziges Gebäude zu errichten, in dem die Menschen, die Tiere und die Vorräte Platz finden konnten. Ein solches Bauernhaus zeigt die nebenstehende Rekonstruktion.
Im Freilichtmuseum von Cloppenburg hat man 1974/75 versucht, die damaligen Temperaturen innerhalb und außerhalb eines solchen Bauernhauses im Winter herauszufinden. Die Temperaturkurven zeigen die Ergebnisse.

1. *Welche Wärmequellen gab es im Bauernhaus?*
2. *Vergleiche die drei Kurven miteinander.*
3. *Warum war es in dem Haus so kalt?*
4. *Schildere das Leben im Winter in diesem Haus.*

Adel und Lehnswesen

Heute wirkt „der Staat" durch seine Beamten bis in das kleinste Dorf hinein. Im frühen Mittelalter hatten die Könige aber keine Beamten, um ihr Reich zu regieren. Auch wenn sie fast dauernd unterwegs waren, um in ihrem Herrschaftsbereich für Recht und Ordnung zu sorgen, so brauchten sie doch die Unterstützung von den adligen Großgrundbesitzern vor Ort. Diese selbstbewußten und auf ihre Unabhängigkeit bedachten Herzöge, Grafen, Bischöfe und Äbte sahen sich jedoch nicht als Beauftragte des Königs. Er mußte deshalb versuchen, sie an sich zu binden und mehr Einfluß auf sie zu gewinnen. Etwa seit dem 8. Jahrhundert geschah dies mit Hilfe des Lehnswesens. Worum ging es dabei?

Ein persönliches Treueverhältnis: Lehnsherr und Vasall

Nach alter Tradition konnte ein Adliger sein Land auf zweierlei Weise besitzen: als ererbtes „Eigengut" oder als von einem höheren Herrn verliehenes Land, d. h. als Lehen. Der Geber des Lehnsgutes, der Lehnsherr, und der Empfänger des Lehens, der in der Sprache der damaligen Zeit Vasall genannt wurde, waren durch einen feierlichen Treueeid miteinander verbunden. Der Lehnsmann schwor, seinen Herrn mit „Rat und Hilfe" zu unterstützen, d. h. ihm zu gehorchen und Dienste, vor allem berittenen Kriegsdienst, zu leisten. Der Lehnsherr schuldete seinerseits dafür seinem Vasallen „Schutz und Schirm". Mit dieser Eidformel war nicht nur gemeint, daß der Herr seinen Lehnsmann zu beschützen hatte. Er verpflichtete sich dadurch auch dazu, dem Lehnsmann ein Leben ohne Sorgen für den eigenen Lebensunterhalt zu ermöglichen. Praktisch geschah dies, indem er dem Vasallen Grund und Boden mit allen dazu gehörenden Rechten eines Grundherrn als Lehen, also leihweise gab. Der Lehnsmann konnte so von der Arbeit und den Abgaben der zu seinem Lehen gehörenden Bauern leben und sich ganz dem Dienst seines Herrn widmen.
Nach dem Tod des Lehnsmannes fiel das Lehen eigentlich zurück an den Herrn. Auch bei einer groben Treueverletzung des Vasallen durfte der Lehnsherr das Land wieder an sich ziehen. Die Rücknahme eines Landes ließ sich jedoch nur schwer durchsetzen. Immer häufiger wurden die Lehen von Generation zu Generation vererbt. Damit schwand der Einfluß des Lehnsherrn, aus dem geliehenen Land wurde schließlich auch erblicher Besitz.

Die Lehnspyramide

Anfänglich konnte nur der König Lehen an die Großen des Reiches vergeben. Seit etwa dem Ende des 8. Jahrhunderts forderten die Könige ihre Vasallen, die *Kronvasallen*, immer häufiger auf, daß auch sie wiederum andere, weniger begüterte Männer als Lehnsleute in gegenseitiger Treue an sich binden sollten. Die bisherige lokale Zersplitterung der Grundherrschaften sollte so durch eine Lehnskette überwunden werden. Jeder Adlige sollte einen Lehnsherrn haben, dem er verbunden war.
Neben der Grundherrschaft entstand daraus als zweite Grundlage der Adelsherrschaft im Mittelalter schließlich eine lehnsrechtliche Abhängigkeit, die man mit dem Aufbau einer Pyramide vergleichen kann: An ihrer Spitze stand der König, ihren Fuß bildeten die einfachen Ritter und Dienstmannen.

Die Lehnspyramide

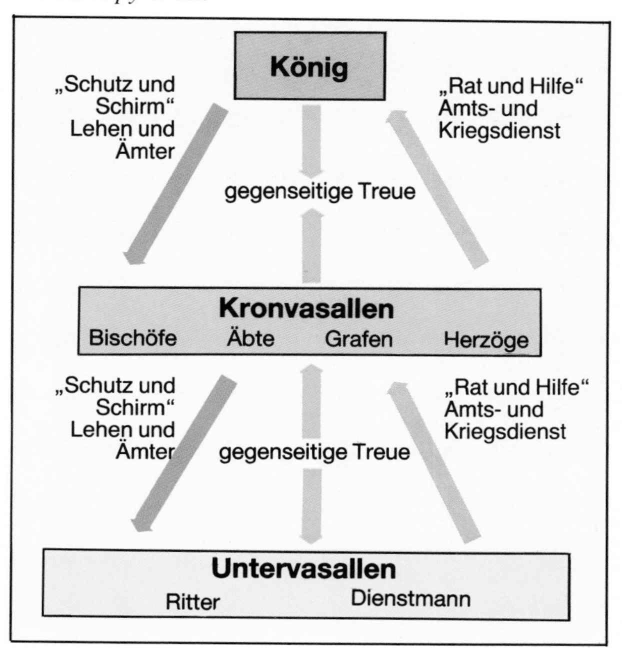

1 Eine Fehde im frühen Mittelalter

Der Bischof Gregor von Tours schilderte folgenden Fall aus seinem Bistum am Ende des 6. Jahrhunderts:

Q Ein Mann mit Namen Sichar feierte Weihnachten mit Austregisil und anderen Bewohnern des Gaues: da sandte der Priester des Orts einen Knecht aus, um einige von ihnen zu einem Gelage in sein Haus zu bitten. Als der Knecht kam, zog einer der Eingeladenen sein Schwert und schlug nach ihm. Der Knecht sank sogleich um und starb. Als dies Sichar, der mit dem Priester in Freundschaft lebte, hörte, daß nämlich dessen Knecht erschlagen worden sei, nahm er seine Waffen, ging zur Kirche und erwartete Austregisil. Dieser aber rüstete sich, da er solches vernahm, ebenfalls mit seinen Waffen und ging auch dorthin. Sie gerieten alle ins Handgemenge, und während man einander Schaden tat, stahl sich Sichar unter dem Schutz der Geistlichen fort und entfloh auf seinen Hof, ließ aber im Hause des Priesters sein Silber, seine Kleider und vier seiner Knechte, die verwundet waren, zurück. Nach Sichars Flucht brach Austregisil erneut ein, tötete die Knechte und nahm das Gold, Silber und die übrigen Sachen Sichars mit sich. Danach erschienen sie im Gericht der Bürger, es wurde entschieden, daß Austregisil zu der gesetzlichen Buße zu verurteilen sei, weil er die Knechte getötet und danach die Sachen ohne richterlichen Entscheid an sich gebracht hatte. In diesem Sinne kam es zu einer Einigung.
Als Sichar aber nach einigen Tagen hörte, daß die Sachen, die Austregisil geraubt hatte, bei Auno und seinem Sohn sowie bei seinem Bruder Eberulf aufbewahrt wurden, schob er den Vertrag beiseite, tat sich mit Audin zusammen, brach den Frieden und überfiel sie mit Bewaffneten bei Nacht. Er brach in das Haus ein, wo sie schliefen, tötete den Vater mit dem Sohn und den Bruder, erschlug die Knechte und nahm alle ihre Sachen und Herden mit sich fort.

Gregor von Tours. Zehn Bücher Geschichten VII., 47. Übers. d. Verf.

1. *Was war der Anlaß für die Fehde?*
2. *Stelle die einzelnen Phasen der geschilderten Fehde dar.*
3. *Welche Taten stehen in unserer heutigen Rechtsordnung unter Strafe?*
4. *Warum erkannte Sichar den Gerichtsspruch nicht an?*
5. *Schreibe einen Bericht in Form eines Zeitungsartikels über diese Fehde.*

2 Bußgeldkataloge zur Eindämmung von Fehden

2a *Zusammenstellung von Bußgeldern[1] nach dem Volksrecht der Rheinfranken (in Schillingen):*

Totschlag von Männern		Verstümmelungen von freien Franken	
freier Franke	200	Ohr	100
fränkischer Knecht	36	Auge	100
anderer freier Germane	160	Fuß	100
Römer	100	Hand	100
Priester	600	Daumen	50
Bischof	900	Zeigefinger	36

Totschlag von freien fränkischen Frauen:	
Mädchen	200
Frau, die Kinder gebären kann	600
schwangere Frau	700
Frau über 40 Jahre	200

[1] In der Regel wurde mit Naturalien bezahlt. Ein Ochse war 2, eine Kuh 12, eine Stute 3 und eine komplette Rüstung 33 Schillinge wert.

zusammengestellt nach: Lex Ribuaria. MGH III, 2.

2b *Aus dem Langobardenrecht des Königs Rothari aus dem Jahre 643:*

Q Bei all den oben beschriebenen Hieb- und Stichwunden, die unter freien Männern sich ereignen, haben wir deshalb eine höhere Buße festgesetzt als unsere Vorfahren, damit die Fehde nach Empfang der oben bezeichneten Buße aufgegeben werde und auch kein böser Vorsatz zurückbleibe, sondern die Sache beendet sei und Freundschaft walte.

Edictum Rothari, 74. Übers. d. Verf.

1. *Nach welchen Gesichtspunkten wurden die Strafgelder festgesetzt?*
2. *Was wird dagegen heute bei der Bemessung der Strafe berücksichtigt?*
3. *Was sagen die Bußgeldbestimmungen über das Ansehen und die Stellung der Frau in der fränkischen Gesellschaft aus?*
4. *Was sollte mit der Bestimmung des Langobardenrechts (Quelle 2b) erreicht werden?*
5. *Welcher Zusammenhang bestand zwischen Fehde und Buße?*
6. *Warum konnten im frühen Mittelalter Bußgeldzahlungen nur schwer durchgesetzt werden?*

Die Welt der Ritter und Edelfrauen

Wer heute zwischen Bonn und Koblenz das Rheintal entlangfährt, der entdeckt rechts und links auf den Bergen zahlreiche Burgruinen. Manche sind restauriert und dienen wegen ihrer schönen Lage und Aussicht als Ausflugslokale. Dachten die Ritter im Mittelalter auch an den weiten Blick über das Rheintal? Vielleicht, aber vor allem sollte durch die Burgen eine der wichtigsten Verkehrsstraßen im mittelalterlichen Deutschland geschützt, überwacht und kontrolliert werden, insbesondere um Zölle zu erheben. Im Mittelalter gab es in Deutschland schätzungsweise 15 000 bis 20 000, in Frankreich sogar 40 000 Burgen.

Das Leben auf der Burg

Entstehung der Burgen

Warum haben die Menschen damals so viele Burgen gebaut? Lange Zeit haben die Adligen in den Siedlungen auf großen befestigten Höfen neben ihren Bauern gewohnt. Von der Mitte des 11. Jahrhunderts an begannen dann die Adligen, ihre Wohnsitze auf die Berge zu verlegen. Das bedeutete größere Sicherheit, aber auch erhöhtes Ansehen: Die Adligen lebten jetzt klar getrennt und weit abgehoben von den Bauern. Diese Burgen eigneten sich auch sehr gut dazu, ein umstrittenes Gebiet zu kontrollieren und einen Landstrich zu verwalten. So entstanden vom 12. Jahrhundert an Burgen zur Sicherung und Verwaltung der Herrschaftsgebiete von Grafen und Herzögen, ebenso von Äbten und Bischöfen; auch der König bediente sich dieses Mittels. Bewohnt und beschützt wurden die Burgen von Ministerialen, die von den Abgaben und Diensten der Bauern der zur Burg gehörenden Höfe und Dörfer lebten. Auch notwendige Bauarbeiten an der Burg mußten diese Bauern in Frondienst ausführen.

Die Burg als Wohnsitz

Auf den meisten dieser Burgen spielte sich keineswegs das romantische Ritterleben ab, das wir aus Filmen oder Romanen kennen. Oft waren die Burgen sehr klein: Der Ritter mit seiner Familie, einige Mägde und Knechte, insgesamt nicht mehr als 15 bis 20 Personen lebten dort. Auf den Höhenburgen war es – besonders im Winter – zugig und kalt, die Fensterhöhlen konnte man nur notdürftig mit Holzläden verschließen, Heizungen gab es oft nur in einem Raum, der Kemenate, wo die Frauen und Kinder lebten und arbeiteten.

Vielfach ging es auf der Burg kaum anders zu als auf einem Bauernhof. Die Versorgung war auch in Friedenszeiten ein besonderes Problem. Jeder Sack Getreide, jedes Stück Brennholz, oft auch das Wasser mußten mühsam den Berg hinaufgeschleppt werden. „Überall stinkt es nach Pulver, dazu kommen die Hunde mit ihrem Dreck – eine liebliche Angelegenheit, wie sich denken läßt, und ein feiner Duft," beklagte sich der Ritter Ulrich von Hutten um 1500.

Diese schwierigen Lebensbedingungen wurden jedoch in Kauf genommen, weil die Burg in erster Linie nicht als Wohnung, sondern als militärische Anlage geplant und gebaut war. Die Lage war danach ausgesucht, den Zugang so schwer wie möglich zu machen, die Herrschaft im umliegenden Land zu sichern und möglichst hohe Einkünfte aus Zoll- und Geleitrechten zu erhalten.

Wirtschaftliche Grundlagen für das Leben auf einer Burg um 1300

In Eigenwirtschaft werden die zur Burg gehörenden Äcker, Wiesen, Wälder und Fischteiche genutzt.

Der Burgherr verleiht als Grundherr Höfe an Bauern.
Dafür leisten die Bauern:

Abgaben

- Naturalabgaben (Käse, Hühner, Eier, Schweine, Öl)
- Zehntabgaben (Getreide, Gemüse, Vieh)
- Abgaben beim Tod eines Hintersassen (das beste Stück Vieh und das beste Kleid)
- Abgaben für Mühlen, Kelterei, Badestuben, Schmiede

Frondienste

- Felddienste auf den zur Burg gehörenden Äckern und Wiesen
- Wegebaudienst
- Dienste für Bauarbeiten an der Burg
- Transportdienste für Getreide, Wein, Baumaterial
- Botendienste
- Treiberdienste bei der Jagd
- Brennholzschlagen für Burg

Geld- oder Naturaleinkünfte aus Zoll- und Geleitrechten, soweit dem Burgherrn verliehen.

Rekonstruktion einer Burg

Kleines Burgenlexikon

① **Bergfried:** Hauptturm und letzter Zufluchtsort bei Belagerungen; deshalb hochgelegener und nur über eine einziehbare Leiter erreichbarer Eingang; im unteren Teil oft Gefängnis.

② **Graben:** Überall, wo die Burg durch ihre Lage nicht genügend geschützt ist, werden Mauern errichtet und Gräben ausgehoben. Der Halsgraben erlaubt den Zugang nur über die Zugbrücke. Wasserburgen umgibt oft ein doppelter Wassergraben.

③ **Kapelle:** Dient den Burgbewohnern für Gottesdienste und kirchliche Feste; oft oberhalb des Tores errichtet, so daß ein Angreifer bei gewaltsamem Vorgehen leicht den Kirchenbau zerstört und damit Kirchenstrafen auf sich zieht.

④ **Kasematte:** Durch dicke Mauersteine und Erdaufwurf besonders gut geschütztes Gewölbe, das vor allem zur Lagerung von Waffen, Munition und Vorräten dient.

⑤ **Kemenate:** Zunächst der einzige heizbare Raum, dann auch die Aufenthalts- und Arbeitsräume der Rittersfrau, Kinder und weiblichen Bediensteten.

⑥ **Mauern:** Wichtigste Schutz- und Verteidigungsbauten der Burg. An der Angriffsseite befindet sich die besonders verstärkte und hohe Schildmauer. Die Verteidiger auf den Mauern sind durch Zinnen, Brustwehr oder gedeckten Wehrgang geschützt, durch Gießerker (siehe Tor) und Schießscharten können Angreifer bekämpft werden. In die Mauer sind oft halbrunde, nach innen offene Türme, sogenannte Schalentürme, eingefügt. In die Mauer ist oft auch der erkerartige Abort eingebaut.

⑦ **Palas:** Herrenhaus; das größte und am reichsten geschmückte Gebäude; im Erdgeschoß liegen Wirtschafts- und Vorratsräume, im Obergeschoß für Feste und Versammlungen ein großer Saal, der vom Hof durch eine Freitreppe erreichbar ist.

⑧ **Tor:** Eingang zur Burg, daher besonders gesichert: durch Zugbrücke über den Burggraben, mit Eisen beschlagene Torflügel, ein Fallgitter; über dem Eingang liegen Gießerker, aus denen z. B. heißes Pech (daher: Pechnasen) gegossen werden kann.

⑨ **Vor-/Unterburg:** Liegt vor und oft unterhalb der Haupt- oder Kernburg. Hier befinden sich Ställe für Pferde und Vieh, Wirtschaftsgebäude und Wohnungen für Knechte und Mägde. Angreifer werden bereits hier durch Mauern, Palisaden und Tore aufgehalten.

⑩ **Zisterne:** Sammelbecken für Regenwasser; Brunnen waren bei Höhenburgen oft nicht möglich oder zu aufwendig (über 100 m Tiefe!).

Die Ritterkultur

Das Idealbild

Das Bild, das wir uns auch heute von der Welt des Rittertums machen, ist ein durch überlieferte Prachthandschriften geprägtes Ideal. Danach kämpfte der faire, mutige Ritter in einer glänzenden Rüstung, während sich die tugendsame, fein gekleidete Edelfrau auf der Burg der Dichtung widmete. Nach diesem Ideal war der Ritter aktiv und bestimmend, die adlige Frau passiv und erduldend: Der Ritter schützte die Kirche und bekämpfte die Heiden, er bot den Schwachen und Armen, besonders den Witwen und Waisen, Schutz. Die vornehme Hofdame ließ sich vom Ritter verehren und in Minneliedern besingen, sie wartete auf seine Rückkehr aus dem Kampf, um ihn zu pflegen und mit Gesang und Lautenspiel zu unterhalten.
Die Wirklichkeit sah sicherlich sowohl für den Ritter als auch für die adlige Frau anders aus. Und dennoch erfahren wir aus diesem Idealbild, das im 12. und 13. Jahrhundert entstand und uns von den mittelalterlichen Dichtern überliefert ist, etwas Wichtiges: Zum ersten Mal im Mittelalter entstand hier eine von der Kirche unabhängige weltliche Kultur.

Die Erziehung der jungen Ritter und adligen Mädchen

Die Ausbildung des Sohnes eines Adligen begann meist schon im 8. Lebensjahr, wenn der junge Ritter als Edelknabe an einen befreundeten Hof geschickt wurde. Dort lernte er den ritterlichen Kampf zu Pferd mit Schwert, Speer und Schild, lernte zu pirschen und zu jagen. Ebenso standen Lesen, Lautenspiel und Gesang auf dem Programm. Durch den ständigen Umgang am Hofe übernahm er das „höfische" Benehmen, zu dem auch die Körperpflege gehörte.
Die Töchter der Ritter wurden bis zu ihrem 14. Lebensjahr auf der elterlichen Burg in strenger Abgeschiedenheit erzogen. „Erziehung" bedeutete dabei vor allem Vorbereitung auf die Aufgaben als Ehefrau eines Ritters, wenn nicht – wie bei vielen adligen Mädchen – die Eltern für die Tochter ein Leben im Kloster bestimmt hatten. Mehr noch als bei Jungen wurde bei den Mädchen auf die Erziehung zum rechten Glauben und ein gesittetes Leben geachtet. Hierzu gehörten das fehlerfreie Sprechen der eigenen und die Kenntnis der französischen Sprache ebenso wie Lesen, Schreiben und Gesang. Um die Aufgaben der Hausfrau an der Seite eines Adligen zu beherrschen, erlernten die Mädchen aber auch viele praktische Tätigkeiten für die zukünftige Haushaltsführung.
Mit 14 Jahren ging der adlige Sohn als Knappe zu einem anderen Herrn. Jetzt lebte er in der Welt der Erwachsenen und nahm am Alltag des Ritters teil: Er begleitete seinen Herrn, wenn dieser in einem seiner Dörfer Streit schlichtete, die Abgaben und Dienstleistungen der Bauern kontrollierte und auf Jagd ging. Bei einer Fehde oder einem Kriegszug hatte sich der Knappe stets in der Nähe seines Herrn aufzuhalten, um ihn zu unterstützen und notfalls herauszuhauen. Erreichte der Knappe das 21. Lebensjahr und hatte er sich in allen ritterlichen Tugenden hervorgetan, dann erhielt er in einer kirchlichen Feier den Ritterschlag. Jetzt konnte er das Erbe seines Vaters antreten, oder er ritt umher, bis er sich zum Dienst bei anderen Herren verdingte. Manche zogen auch von Burg zu Burg als fahrende Sänger.
Um die Chancen auf eine vorteilhafte Heirat zu erhöhen, wurden die Mädchen nicht selten mit 14 Jahren an einen auswärtigen Hof gebracht, wo sie sich im Gesellschaftsspiel, dem Benehmen bei Hof und im Lesen von ritterlicher Dichtung üben sollten. Etwa vom 16. Lebensjahr an wurde von einem adligen Mädchen erwartet, daß sie alle gesellschaftlichen Pflichten als Rittersfrau übernehmen konnte.

Der Niedergang des Rittertums

Mit der Einführung der Söldnerheere und der Feuerwaffen im 14. Jahrhundert hatte die ritterliche Kampfesweise ausgedient. Die einstmals sicheren Burgen wurden von den Kanonen zusammengeschossen. Die Ritter waren überflüssig geworden. Trotzdem hielten sie an ihrer Lebensform und an ihrer Kampfesweise fest. So fanden auch noch Turniere statt, als kein Ritter mehr auf diese Weise kämpfte (siehe S. 24).
Der Niedergang des Rittertums hatte aber auch noch andere Ursachen. Im 14. Jahrhundert stiegen die Preise, die Einkünfte der Ritter aber waren festgelegt und veränderten sich kaum. Viele Ritter verarmten und konnten die aufwendige Lebensführung nicht mehr bezahlen. Sie wußten sich nicht anders zu helfen, als daß sie Kaufleute überfielen und Dörfer plünderten. Sie wurden Raubritter, erbittert bekämpft von Städten und Landesherren.

1 Vom Abschied bis zur Heimkehr: Ritter im Turnier

Buchmalerei aus der Manessischen Liederhandschrift, Anfang des 14. Jahrhunderts

1. *Beschreibe den Ablauf eines Turniers.*
2. *Was sagen die Bilder über das ritterliche Leben aus?*
3. *Was sagen diese Bilder über das Leben der Frau im Hochmittelalter aus?*

2 Verteidigung einer Burg

Die französische Schriftstellerin Christine de Pisan schrieb über die Techniken der Verteidigung einer Burg Ende des 14. Jahrhunderts:

Q In der Burg muß ausreichend Öl, Pech und Schwefel gelagert sein, um die Belagerungsmaschinen des Gegners in Brand zu setzen, außerdem eiserne und hölzerne Geschosse und Speere, Bogen, Armbrüste und aller Art von Verteidigungswaffen. Man braucht auch große Mengen von festen Steinen, die man auf den Mauern und in den

Türmen bereithält. Dort hält man auch große Behälter mit ungelöschtem Kalk bereit. Wenn man diesen auf angreifende Feinde herunterschüttet und er ihnen in die Augen gerät, werden sie blind gemacht ...
Diejenigen in der Burg müssen von der Spitze des höchsten Gebäudes nach Anzeichen Ausschau halten, wie zum Beispiel Abtransporte von Erde, was auf das Graben von unterirdischen Gängen hinweisen kann; und sie müssen an den Wänden lauschen, ob entsprechende Geräusche zu hören sind. Wenn sie so etwas wahrnehmen, müssen sie ihrerseits Gänge graben, bis sie diejenigen der Feinde erreichen ... Am Eingang ihres Tunnels haben sie große Behälter mit Wasser und Urin bereit. Wenn sie Feindberührung haben, täuschen sie die Flucht vor, laufen schnell zurück, und wenn sie wieder oben sind, werden das Wasser und der Urin in die Röhre geschüttet, wodurch die anderen ertrinken.
Es gibt genügend Methoden, einer Belagerung standzuhalten. Gegen den Rammbock wurde eine andere Maschine erfunden, der Wolf. Die Verteidiger brauchen dazu ein gebogenes Eisen mit scharfen und starken Zähnen. Es wird an Seile gebunden, und mit ihm wird der Rammbock eingefangen, hochgezogen und festgezurrt, daß damit nicht mehr die Mauern beschädigt werden können. Gegen hölzerne Türme können die Verteidiger glühend heißes Eisen einsetzen.

Christine de Pisan, Le Livre des fais et bonnes meurs du sage roy Charles V., hg. v. J.F. Michaud und J.J.F. Poujoulat, Paris 1866, S. 58ff. Übers. d. Verf.

1. *Stelle die Maßnahmen zur Verteidigung einer Burg zusammen. Welche Mittel zum Angriff einer Burg werden genannt?*
2. *Berichte über das Leben in einer Burg in normalen Zeiten und während einer Belagerung.*
3. *Welche Unterschiede in der Schilderung könntest du dir vorstellen, wenn sie nicht eine Frau, sondern ein berühmter Ritter geschrieben hätte?*

3 Erziehung junger Ritter und adliger Mädchen

3a *Über die Erziehung zu einem Ritter im 13. Jahrhundert erfahren wir aus Gottfried von Straßburgs „Tristan und Isolde" folgendes:*

Q Nachdem das Kind getauft, nach christlicher Sitte des Heils teilhaftig, nahm die tüchtige Marschallin ihren lieben Sohn wieder in liebevolle Pflege ... So hielt sie es mit ihm, bis er sein siebentes Jahr erreichte, wo er in Rede und Umgangsformen genügend verständig war. Da führte ihn sein Vater, der Marschall, zu einem gebildeten Mann. Mit diesem sandte er ihn der Sprachen wegen in fremde Länder. ... Neben seinem Studium der Bücher und Sprachen beschäftigte er sich viel mit allen Arten des Saitenspiels. ... Daneben lernte er auch nach ritterlicher Sitte mit Schild und Speer recht reiten. ... Fechten, schweren Ringkampf, Weitsprung, Um-die-Wette-laufen, Speerwerfen, all das konnte er mit seiner Kraft vorzüglich. Auch sagt uns die Geschichte, daß niemand so meisterlich wie er pirschen und jagen konnte. Die höfischen Gesellschaftsspiele kannte er gut und beherrschte sie ... Er kam in sein 14. Jahr, da ließ ihn der Marschall wieder heimkehren und ständig fahren und reiten, damit er Land und Leute und dessen Sitten kennenlernte.

3b *Über die Erziehung adliger Mädchen erfahren wir am Beispiel Isoldes aus derselben Quelle:*

Q Das schöne Mädchen beherrschte die Sprache von Develin, Französisch und Latein und konnte auf welsche Art ganz vorzüglich Fiedel spielen. Ihre Finger konnten, wann immer sie begann, die Leier wunderbar rühren, ... auch sang das begabte Mädchen mit einer süßen Stimme. In allem, was sie sonst konnte, half ihr der Lehrer und förderte sie nach Kräften.
Daneben unterwies er sie in einem Gegenstand, den wir die Sittenlehre nennen, die Kunst, die feinen Anstand lehrt. Damit sollten sich alle Frauen in ihrer Jugend befassen. ... Diese Lehre umfaßt die Welt und Gott zugleich. Sie lehrt in ihren Geboten, Gott und der Welt zu gefallen; sie ist die Nährmutter aller edlen Herzen, damit sie Kraft und Leben in dieser Lehre finden. Denn weder Gut noch Ehre können sie besitzen, wenn es die Ethik sie nicht lehrt. Damit beschäftigte sich die junge Königin am meisten. ... Sie wurde dadurch wohlgebildet, schönen und reinen Sinnes und ihr Benehmen war lieblich.

Quellen 3a und 3b: Gottfried von Straßburg, Tristan und Isolde, hg. v. G. Kramer, Berlin 1974, S. 94ff. u. S. 199ff.

1. *Welche Fähigkeiten müssen ein Ritter und eine adlige Frau besitzen? Wie werden diese erworben?*
2. *Wie unterscheidet sich die Erziehung der Jungen von denen der Mädchen?*
3. *Wie unterscheidet sich diese Erziehung von der Erziehung heute?*

Die mittelalterliche Ständeordnung

Wollen wir herausfinden, was unsere Mitmenschen verbindet und was sie trennt, dann bilden wir Gruppen: Wir reden z. B. von Arbeitern, von Städtern, von Außenseitern. Wer im Mittelalter die Unterschiede zwischen den Menschen beschrieb, der benutzte gern einfache Gegensätze: Arm und reich, alt und jung, Mann und Frau, Herr und Knecht, frei und unfrei.

Die Gelehrten – meistens Geistliche –, die über den Sinn der Weltordnung nachdachten, benutzten ein anderes Denkmuster. Nach ihrer Meinung setzte sich die Gesellschaft aus drei Ständen zusammen: den Geistlichen, den Adligen und den Bauern. Jedem Stand hatte der Plan des Schöpfers einen speziellen Dienst zugewiesen: das Beten, das Schützen und das Arbeiten. In dieser gottgewollten Ordnung der Menschheit „stand" jeder auf dem Platz, der ihm durch Geburt oder Berufung zugewiesen war. Daß die drei Stände nicht von gleichem Rang und gleicher Macht waren, daß Adel und Klerus über die große Masse der Landbevölkerung herrschten und von deren Abgaben lebten, darin zeigte sich Gottes Wille.

Die Geistlichen

Der geistliche Stand, der Klerus, war nicht den landesüblichen Gesetzen, sondern dem Kirchenrecht unterworfen. Das ehelose Leben, die Kleidung und der Haarschnitt (die Tonsur) hoben die Kleriker ebenso von ihren Mitmenschen ab wie die lateinische Sprache, die sie in den Dokumenten, bei der wissenschaftlichen Arbeit und in den Gottesdiensten benutzten.

Die höheren geistlichen Ämter standen weitgehend den Adligen zu: Söhne der Herzöge und Grafen wurden zu Bischöfen ernannt, die Kinder der Ritter konnten in Klöster eintreten. Die Söhne der Bauern und Handwerker konnten nur einfache Seelsorg-Priester werden. Neben den in Kirchenverwaltung und Pfarreien Tätigen gab es die Ordensleute: die Mönche und Nonnen, die eigene Lebensregeln befolgten.

Die Adligen

Die Aufgabe, ja der Lebenszweck der Adligen war der Kampf. Ihre Ideale verpflichteten sie zum Kampf für Christus und für die Kirche. Und trotz aller Vielfalt der Herkunft und der Sprache zeigten sich viele Gemeinsamkeiten, sowohl bei den Waffen wie bei den Regeln des Kampfes. Auch im Frieden konnte man Ritter an ihren Idealen und ihrer Lebensführung erkennen: „Ehre" und „Tugend" als höchste Ziele, das Leben auf den Burgen, die Turniere, die Wappen, verfeinerte Umgangsformen („Höflichkeit") und Minnesang – all dies wies sie als Mitglieder des adligen Standes aus.

Der Adel bildete jedoch keinen völlig einheitlichen Stand. Seit dem Ende des 11. Jahrhunderts begann man zu unterscheiden zwischen dem *Hochadel* (Könige, Herzöge, Grafen), der auf eine lange Abstammung zurückblicken konnte, und den *Rittern*, die zum Teil unfreier Herkunft waren und als Dienstleute (Ministerialen) der Fürsten eine herausgehobene Stellung erlangt hatten.

Die Bauern

Nach der Ständelehre war es Aufgabe des Bauernstandes, zu arbeiten. Die Bauern hatten das Land zu bestellen, von ihrer Arbeit lebten der Adel und der Klerus. „Die Bauern führen gar ein schlecht und niederträchtig Leben. Ihre Häuser sind von Kot und Holz gemacht, auf das Erdreich gesetzt und mit Stroh gedeckt. Ihre Speise ist schwarzes, trockenes Brot, Haferbrei oder gekochte Erbsen und Linsen. Diese Leute haben nimmer Ruh." Mit diesen Worten beschreibt eine mittelalterliche Quelle das Leben der Bauern. Trotz aller Fortschritte in der Landwirtschaft und der Technik blieb ihr Leben im gesamten Mittelalter sehr hart. Im Überfluß zu leben, konnten sich die meisten Bauern kaum vorstellen.

Doch auch innerhalb des Bauernstandes bestanden große Unterschiede. Zwar waren fast überall die Bauern ein eigener Stand von Untertanen geworden, das Waffentragen wurde ihnen zunehmend verwehrt, und von den politischen Angelegenheiten wurden sie ausgeschlossen. Fast alle hatten an ihren Grundherrn Abgaben und Dienste zu leisten. Doch in der Höhe der Abgaben waren die Belastungen sehr unterschiedlich. Es kam vor, daß ein Bauer mit viel fruchtbarem Land nur wenig Abgaben und gar keine Dienste zu leisten hatte, während der Grundherr von einem einfachen Hufner kaum erfüllbare Leistungen verlangte. Zum Bauernstand gehörten außerdem Leibeigene, die kein Eigentum besaßen und wie das Vieh als Zubehör des Herrenhofes galten.

Und die anderen?

Mit den drei Ständen erfaßt man nicht die ganze Gesellschaft. Da diese Lehre aus dem frühen Mittelalter stammte, war für die Stadtbewohner noch kein Platz vorgesehen. Durch die groben Maschen dieses Netzes fallen auch alle Außenseiter: Wer vom Aussatz befallen war, wer einen „unehrlichen" Beruf (z. B. Henker, Totengräber, Schäfer und Müller) oder keinen festen Wohnsitz hatte. Denn viele zogen von Ort zu Ort: Bettler, Musiker, Gaukler, entlaufene Mönche, Hausierer, Ärzte, Gauner und Lehrer. Manche trieb einfach die Lust am Vagantenleben. Jedem, der aus der räumlichen Enge und dem begrenzten Horizont ausbrechen wollte, bot sich außerdem die Möglichkeit, als Pilger einen Wallfahrtsort zu besuchen.

Die Frauen

In der Drei-Ständelehre hatten auch Frauen keinen Platz: Sie „standen" außerhalb dieser männlich geprägten Lebensordnung. Es ist deshalb wohl kein Zufall, daß Frauen in den meisten Schriften der Gelehrten gar nicht erwähnt werden. Geschah dies jedoch, so wurden sie als eigener Stand bezeichnet, der sich z. B. nach den Nonnen der verschiedenen Orden auf der einen Seite und der weltlichen Frauen andererseits – von der Königin über die adlige Edelfrau bis hin zur Magd – untergliederte. Auch eine Unterteilung des „Frauenstandes" nach ledig, verheiratet oder verwitwet ist überliefert.

Über die wirkliche Stellung der Frau in der mittelalterlichen Gesellschaft sagt diese von Männern entworfene Ständeordnung wenig aus. Natürlich war das Leben der Frauen stark davon geprägt, zu welchem Stand sie gehörten: Die adlige Frau, die sich dem Lesen von Büchern widmen konnte, lebte ganz anders als die Bäuerin, die wie ihr Mann für den Grundherrn Frondienste zu leisten hatte. Gemeinsam war ihnen jedoch, daß sich während des Mittelalters eine fortschreitende Einschränkung ihrer Rechte entwickelte und sie von öffentlichen Angelegenheiten fast ausgeschlossen waren.

Ständegesellschaft und Feudalismus

Wenn wir die soziale und politische Ordnung des Mittelalters mit einem Begriff kennzeichnen wollen, dann bieten sich zwei Wege an. Wir können uns an der zeitgenössischen Sicht orientieren und von einer *Ständegesellschaft* sprechen. Wir können uns aber auch auf das zentrale Element der Adelsherrschaft berufen, das *Lehen* (lateinisch: „feudum").

„Als Adam grub und Eva spann, wo war denn da der Edelmann?" Holzschnitt 1479

Mittelalter und frühe Neuzeit werden heute vielfach als Epoche des *Feudalismus* bezeichnet. Darunter versteht man jedoch nicht nur das Lehnswesen, d. h. das Beziehungsgeflecht zwischen Lehnsherr und Lehnsmännern. Man benutzt diesen Begriff in einem weiteren Sinn und versteht darunter den Grundaufbau der damaligen Gesellschaft: die Herrschaft einer kleinen feudalen Oberschicht über die nicht lehnsfähigen Bauern. Die weltlichen und geistlichen Großgrundbesitzer verfügten über das Obereigentum an Grund und Boden, herrschten über „Land und Leute" und übten die politische Führung aus. Die „kleinen Leute" ließen sich Standeslehre und feudale Herrschaft nicht ohne Gegenwehr überstülpen. Die Bauern pochten auf ihre alten Rechte, und kritische Geister erinnerten daran, daß nach der Bibel alle Menschen vor Gott gleich seien.

1 Bildbetrachtung und Bildvergleich

Eine methodische Bemerkung zum Umgang mit Bildern als historische Quellen:

D Wir leben heute in einer Welt, in der durch Fernsehen, Video und Illustrierte unser Bewußtsein fast mehr durch Bilder als durch die Schrift bestimmt wird. Auch im Mittelalter, als die meisten Menschen nicht lesen konnten, spielten Bilder eine ganz besondere Rolle.

Daß Bilder in einem Geschichtsbuch nicht nur schöne Beigaben, sondern auch wichtige historische Quellen sind, hast du im Laufe des bisherigen Geschichtsunterrichts schon häufig erfahren. Du wirst dabei auch festgestellt haben, daß Bilder auf den ersten Blick oft anschaulicher als schriftliche Quellen sind und leicht verständlich erscheinen, daß sie aber oft schwieriger zu erschließen sind als Quellentexte. Vor allem wenn Künstler abstrakte Themen – wie z. B. auf diesen Seiten „Gleichheit" oder „Ungleichheit" – darstellen wollen, muß man sich jede Einzelheit auf den Bildern genau ansehen, um herauszubekommen, welche Absicht der Künstler mit seiner Darstellung verfolgte.

Folgende Fragen können dir bei der Interpretation der Bilder auf dieser Doppelseite helfen:

- Was bedeuten die einzelnen Bildelemente?
- Sind die Bildelemente gleichwertig dargestellt oder werden einzelne Elemente betont?
- Soll die räumliche Anordnung (vorne–hinten, oben–unten, rechts–links) etwas Besonderes bedeuten, z. B. eine Rangordnung anzeigen?
- Welche Absichten des Künstlers kann man den manchmal beigefügten Inschriften entnehmen?

Obwohl man schon viel durch die Interpretation eines einzelnen Bildes erfahren kann, ist es oft noch ergiebiger, mehrere Bilder zu vergleichen. Bei einem Bildvergleich können dir folgende Fragen helfen:

- Wird dasselbe Thema dargestellt?
- Welche Abweichungen vom Üblichen lassen die spezielle Bildaussage hervortreten?
- Welche Bildelemente wiederholen sich, welche sind nur auf einem Bild dargestellt?
- Welche unterschiedlichen Meinungen der Künstler kommen zum Ausdruck?

Die Bilder in diesem Arbeitsteil und das Bild „Als Adam grub und Eva spann" auf S. 27 können dir zeigen, wie unterschiedlich Künstler das Thema „Gleichheit und Ungleichheit der Menschen" darstellen können.

2 Die mittelalterliche Ständeordnung in zeitgenössischen Bildern

2a *Ein Ständebild aus dem Jahr 1492*

Tu supplex ora = Du bete inständig!
Tu protege = Du schütze!
Tu (que) labora = Und du arbeite!

1. *Welche Stände sind dargestellt? Beschreibe die Merkmale, durch die der Künstler die einzelnen Stände bildlich gekennzeichnet hat.*
2. *Welche Pflichten wurden den einzelnen Ständen zugewiesen? Worauf beruhte diese Einteilung der Pflichten?*
3. *Wie sind die drei Stände einander zugeordnet?*
4. *Welche Einstellung hatte der Künstler zur Ständegesellschaft?*

2b *Eine Gedenkmünze, geschaffen von G. Hohenreuter in Joachimsthal in den Jahren 1573/78*

Morte aequamur = Im Tode werden wir gleich

1. *Welche Stände sind auf dieser Münze dargestellt?*
2. *Vergleiche mit Bild 2a. Worin unterscheiden sich die Abbildungen in der Aussage über die Stände?*

2c *In einer französischen Chronik aus dem Jahr 1387 wird der Aufruf eines englischen Priesters an die Bauern folgendermaßen wiedergegeben:*

Q Ihr braven Leute, die Dinge können nicht gutgehen in England und werden nicht gutgehen, bis es soweit ist, daß aller Besitz gemeinsam wird und es weder Bauern noch Edelleute gibt und wir alle eins sind. Aus welchem Grund sind die, die wir Herren nennen, größere Meister als wir? Womit haben sie das verdient? Warum halten sie uns in Knechtschaft? Und wenn wir alle von einem Vater und einer Mutter, Adam und Eva, abstammen, inwiefern können sie behaupten und beweisen, daß sie mit besserem Grund als wir Herren sind? Höchstens damit, daß sie uns erbringen und erpflügen lassen, was sie ausgeben.

J. Froissart, Croniques II, 212, hg. v. G. Raynaud, Paris 1897, S. 94ff. Übers. v. W. Schwartzkopff.

1. *Welche Forderungen wurden erhoben? Wie wurden sie begründet?*
2. *Wie unterscheidet sich diese Auffassung von den Aussagen der Bilder?*

2d *„Der Ständebaum" des Petrarca-Meisters, um 1520*

1. *Woran sind die einzelnen Stände hier zu erkennen?*
2. *Vergleiche mit Bild 2a. Welche Unterschiede kannst du feststellen?*
3. *Welche Einstellung hatte dieser Künstler zur Ständegesellschaft?*

Zusammenfassende Arbeitsfragen:

1. *Vergleiche die Bilder 2a, 2b, 2d und das Bild auf S. 27. In welchen Abbildungen wird die Ungleichheit, in welchen die Gleichheit betont?*
2. *Wie wurden die unterschiedlichen Auffassungen von Gleichheit und Ungleichheit in den Bildern und der Quelle begründet?*

Bauern und Adlige im Mittelalter

Die Adligen besaßen das meiste Land, sie waren die Großgrundbesitzer, **Grundherren** genannt. Ihnen stand die Masse der bäuerlichen Bevölkerung gegenüber, von denen sich die meisten als abhängige Bauern, sogenannte **Hörige**, unter den Schutz eines Grundherrn begeben hatten.
Einen Teil ihrer Ernte mußten sie an den Grundherrn abführen und festgelegte Arbeiten **(Frondienste)** auf dem Herrenhof leisten. Weil der Grundherr Herrschaftsrechte – z. B. Vertretung vor Gericht und Sicherung der Ordnung – ausübte, bezeichnen wir heute dieses Verhältnis von Adligen zu abhängigen Bauern als **Grundherrschaft**. Sie bildete die Grundlage des wirtschaftlichen und sozialen Lebens auf dem Land im gesamten Mittelalter.
Die zweite Säule der Adelsherrschaft im Mittelalter war das **Lehnswesen**. Es handelt sich dabei um eine Treueverpflichtung zwischen zwei Adligen unterschiedlichen Ranges: Der **Lehnsherr** gab dem Lehnsempfänger, **Vasall** genannt, leihweise Grund und Boden mit allen dazugehörenden Rechten, damit dieser ihm dienen, z. B. Kriegsdienst leisten, und von der Arbeit der abhängigen Bauern leben konnte. Ursprünglich konnte nur der König Lehen an **Kronvasallen** vergeben, bald entwickelte sich die lehnsrechtliche Abhängigkeit aber zu einer Lehnspyramide: Jeder Adlige sollte einen Lehnsherrn haben, dem er verbunden war. An der Spitze dieses Lehnssystems stand der König.
Das alltägliche Leben der Bauern in den Dörfern war durch harte Arbeit in der Landwirtschaft geprägt. Technische Neuerungen (z. B. Räderpflug) und neue Formen der landwirtschaftlichen Nutzung **(Dreifelderwirtschaft)** verbesserten nur langsam die Lebensbedingungen. Das Leben der Adligen auf ihren Burgen war ebenfalls oft nicht so glanzvoll, wie es uns das überlieferte **Ideal der Ritterkultur** erscheinen läßt.
Nach den Vorstellungen der damaligen Zeit hatte der Plan des Schöpfers jedem Menschen seinen Stand zugewiesen. Nach dieser mittelalterlichen **Ständeordnung** war der Klerus (Geistliche) der erste Stand und hatte zu beten. Aufgabe des Adels als zweiter Stand war der Kampf. Die Masse der bäuerlichen Bevölkerung als dritter Stand hatte zu arbeiten.

Frauenarbeit im Mittelalter

Schreibe zu diesem Bild aus dem „Jungfrauenspiegel" (Ende des 12. Jahrhunderts) einen Artikel für eine Frauenzeitschrift. Ziehe dazu auch die Bilder auf Seite 15 und 16 heran.

Was gehört wozu?

Ordne folgende Begriffe der Lebenswelt der Bauern bzw. der Adligen im Mittelalter zu Paaren:

1	Minne	a	Fehde
2	Frondienste	b	Hufner
3	Salland	c	Turnier
4	Ritterschlag	d	Edelfrau
5	Dreifelderwirtschaft	e	Knappe
6	Rüstung	f	Grundherr
7	Vasall	g	Allmende
8	Friede	h	Lehnsherr

Die Mühle – die wichtigste Maschine des Mittelalters

Für die Versorgung der Bevölkerung mit Brot, Brei und Öl hatte die Aufbereitung von Getreide und Körnern durch Mühlen eine wichtige Bedeutung. Das Prinzip der Wassermühle war bereits seit der Antike bekannt. Zur häufig benutzten Antriebsmaschine wurde das Wasserrad jedoch erst im Verlauf des Mittelalters, wo es neben der menschlichen und tierischen Muskelkraft eine zunehmend wichtigere Rolle spielte.
Auf dieser Federzeichnung aus dem Jahr 1476 ist im Hintergrund eine Wassermühle zu sehen, deren Mahlstein zum Schärfen vor die Mühle gerollt wurde. Die Frau im Vordergrund preßt an einer handbetriebenen Spindelpresse die zerquetschten Körner (z. B. Leinsamen oder Sonnenblumenkerne) zu Öl.

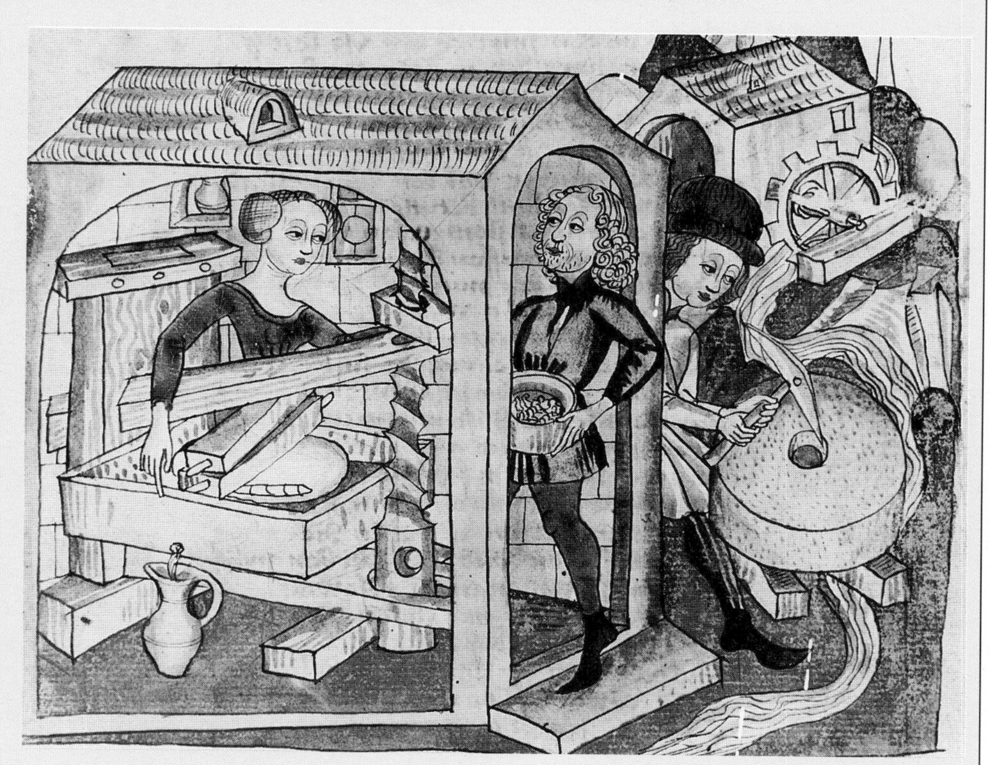

Vornehme Ritter?

Folgende Regeln für das gute Benehmen an einer ritterlichen Tafel stammen aus dem 13. Jahrhundert:

Kein edler Mann soll mit einem Löffel trinken noch mit Schüsseln. Auch soll sich niemand während des Essens über die Schüssel legen und dabei wie ein Schwein schnaufen und schmatzen. Gar mancher beißt von seinem Brotstück ab, taucht es dann wieder nach bäurischer Sitte in die Schüssel; ja, mancher legt den Knochen, den er benagt hat, wieder in die Schüssel zurück. Man soll nicht gleichzeitig reden und essen wollen. Niemand trinke, wenn er den Mund noch voll hat. Ehe man trinkt, wische man den Mund ab, damit nicht Fett an den Trank komme. Man stochere nicht mit dem Messer in den Zähnen herum und schiebe nicht die Speise mit den Fingern auf den Löffel. Auch lockere niemand bei Tisch den Gürtel. Man schneuze nicht die Nase mit der Hand, auch sollen nicht alle zugleich in die Schüssel greifen; man esse nicht so gierig, daß man sich in die Finger beißt. Man reibe sich auch nicht die Augen, noch greife man sich in die Ohren.

Eine neue Welt?

Augsburg vor rund 450 Jahren: Die Stadt war damals eine der größten und reichsten Städte in Deutschland. Ihre Kaufleute beherrschten den europäischen Kupferhandel, sie führten große Mengen Gold und Silber aus Übersee nach Europa ein, ihre Kredite finanzierten den deutschen Kaiser. Gehen wir 450 Jahre in der Geschichte zurück, ungefähr in das Jahr 1100, dann finden wir in Deutschland kaum Städte. Städte waren also etwas Neues im Mittelalter – und zugleich entwickelte sich dort unsere heutige Art zu leben und zu arbeiten. Warum entstanden überall in Deutschland in dieser Zeit Städte, wozu brauchte man sie überhaupt? Was bedeutete es für die Menschen, in einer Stadt zu leben?
Einige Antworten kann man aus dem Bild aus dem Jahr 1530 ablesen, das die Monate Oktober bis Dezember in einer Folge von vier Gemälden zu den Jahreszeiten darstellt: Es wird beherrscht vom geschäftigen Treiben auf dem Markt. Er war typisch für die Stadt, ja die ganze Stadt war eigentlich ein Markt. Denn anders als auf dem Lande hatten sich zur damaligen Zeit die Stadtbewohner schon spezialisiert: Der Schlachter, der Getreidehändler, die Kaufleute und die Handwerker – sie alle waren aufeinander angewiesen und tauschten ihre Produkte und Waren. Dazu benötigten sie als Tauschmittel Geld: Warenproduktion für den Markt, Handel und Geldwirtschaft entstanden mit den Städten.
Und noch etwas Neues läßt das Bild erkennen: Ratsherren verlassen das Rathaus der Stadt. In vielen Städten waren die Bürger nicht mehr Hörige wie auf dem Lande, sondern frei. Deshalb wählten sie auch ihre Ratsherren und Bürgermeister: Persönliche Freiheit und Mitwirkung an der Stadtregierung erkämpften sich die Bürger in langen Auseinandersetzungen von ihren Stadtherren.
Innerhalb der Stadtmauern ging es nicht immer so friedlich zu, wie es auf diesem Bild dargestellt ist. Augsburg hatte heftige Unruhen zwischen den verschiedenen sozialen Gruppen der Stadtbewohner erlebt. Denn auch wenn die Masse der Bürger frei war, so hieß das nicht, daß alle Einwohner gleiche Rechte hatten. Das Bild verschweigt uns z. B., daß die Ratsherren nur aus der kleinen Schicht der Patrizier stammten und daß die Zünfte hartnäckig um mehr politischen Einfluß kämpften.

Der Marktplatz von Augsburg um 1530. Gemälde von Jörg Breu

Die Entstehung der Städte

Jahrhundertelang waren die Menschen in Deutschland ohne Städte ausgekommen, auch wenn wir uns das nur schwer vorstellen können. Manches von dem, was die Städte heute dem Land voraus haben, gab es im frühen Mittelalter noch nicht, z. B. Einkaufszentren, Universitäten, Hotels oder zoologische und botanische Gärten. Sogar eine Hauptstadt war entbehrlich. Doch ganz ohne zentralen Ort ging es auch damals nicht. Königliche Pfalzen, Burgen und Klöster erfüllten deshalb Aufgaben, die später von den Städten übernommen wurden.

Gewachsene und gegründete Städte

Im frühen Mittelalter gab es noch einige Städte, die schon seit der Römerzeit bestanden, z. B. Köln, Trier, Straßburg und Regensburg. Ihre Einwohnerzahlen waren allerdings seit der Völkerwanderungszeit stark zurückgegangen, sie „überwinterten" die Jahrhunderte hindurch, bis das Interesse an Städten wieder erwachte. Dann aber zählten diese alten *Römerstädte* zu den ersten, die sich zu lebensfähigen Städten entwickelten.
Die anderen frühen Städte entstanden auch nicht auf freier Flur oder in der Wildnis. Meist lehnten sie sich an die bisherigen zentralen Orte an. Aus einer kleinen Niederlassung im Schutz einer Burg entstand eine selbständige und immer mächtiger werdende Stadt, die meist den alten Siedlungskern an Bedeutung überflügelte. Wenn eine Stadt auf diese Weise entstanden ist, sprechen wir heute von einer gewachsenen Stadt.
Die wieder aufblühenden Römerstädte und die gewachsenen Städte waren für manchen Herrscher ein Beweis, daß die neue städtische Wirtschafts- und Lebensform Vorteile hatte. Sie gingen deshalb daran, neue Städte bewußt und planmäßig zu gründen. Man suchte sich Plätze aus, die militärisch vorteilhaft waren und günstig an Handelswegen lagen. Kaufleute und andere Bürger wurden durch ein günstiges Stadtrecht angelockt. Bald wurden so viele Städte gegründet, daß es sich lohnte, einen Beruf daraus zu machen, das Stadtgelände zu vermessen oder Siedler anzuwerben. Von einem solchen Werber erzählt z. B. die Sage vom Rattenfänger zu Hameln.

Stadtgründungen und Bevölkerungsentwicklung in Mitteleuropa von 1150 bis 1600

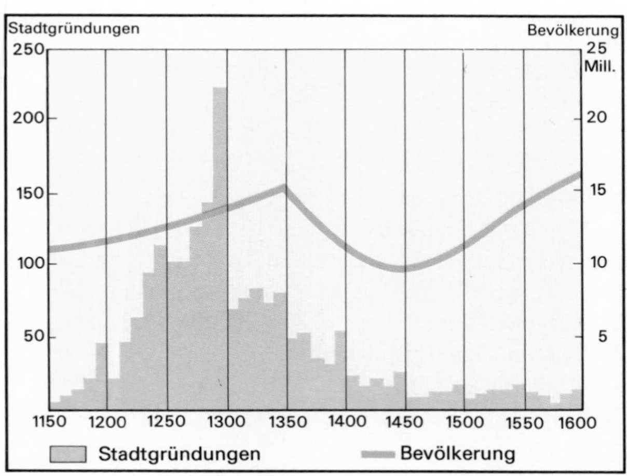

Vorteile der Stadt

Die neue Siedlungsform konnte sich nur deshalb so rasch durchsetzen, weil sie allen Beteiligten Vorteile versprach:

- Die Kaufleute fanden Sicherheit und politische Mitsprache.
- Den Handwerkern boten die Zünfte viele Vorteile.
- Die Hörigen auf dem Lande erhofften sich ein freieres und besseres Leben.
- Die Adligen waren für ein standesgemäßes Leben auf Luxusgüter angewiesen, die Kaufleute von fernen Ländern her importierten oder die spezialisierte Handwerker in den Städten herstellten.
- Der Landesherr konnte viel mehr Steuern einziehen als früher; zudem festigte sich seine Macht über das Land mit jeder neuen Stadt.

Eine gute Idee, die zu häufig nachgeahmt wird, verliert rasch an Wert. So war es auch mit den Stadtgründungen. Die Bevölkerung wuchs zwar weiter an, aber die Zahl der Städte stieg noch rascher. Immer mehr Stadtgründungen mißlangen; die Städte wurden wieder zu Dörfern oder wurden verlassen. Die wenigen Neugründungen der späteren Zeit, die sich halten konnten, blieben klein und hatten wenig Einwohner. Die Bewohner dieser Ackerbürgerstädte lebten meist von der Landwirtschaft auf den umliegenden Feldern.

1 Münster und Lippstadt im Kartenvergleich

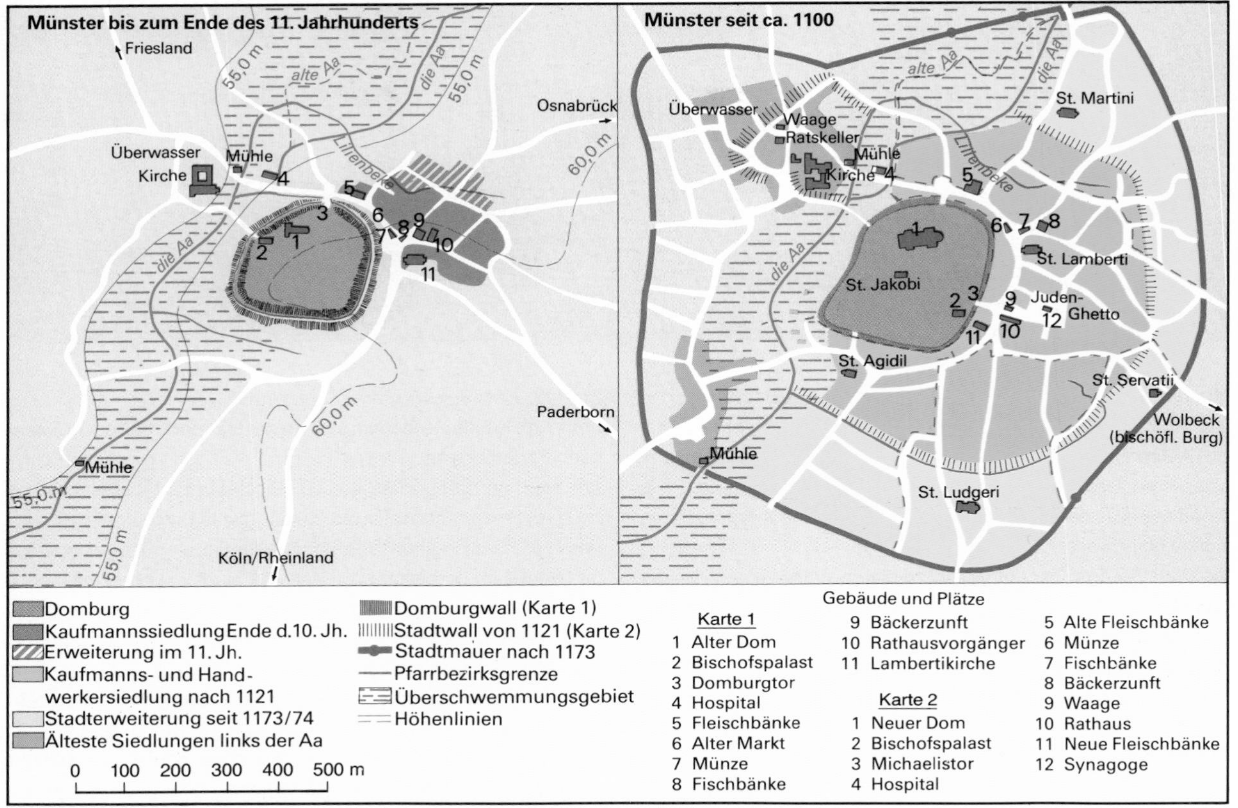

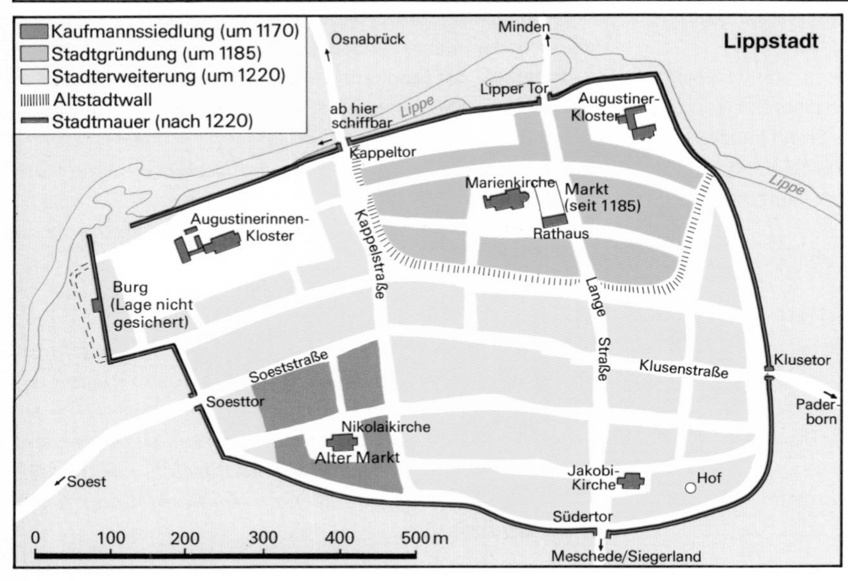

1. *Welche unterschiedlichen Gründe für die Stadtgründungen kannst du aus den Karten ablesen?*
2. *Beschreibe die Phasen der Stadtentwicklung von Münster und Lippstadt.*
3. *Welche Unterschiede in der Stadtanlage von Münster und Lippstadt kannst du aus den Karten ablesen?*

2 Die Entwicklung von Münster und Lippstadt im Mittelalter

2a *Ansicht von Münster um 1550*

2b *Die Entwicklung der Bischofsstadt Münster:*

um 800: Der Friesenmissionar Liudger läßt als erster Bischof an der Aafurt eine Kirche (Dom) und Gebäude für das gemeinsame Leben der Geistlichen („monasterium" = Münster) bauen. Hier wohnen außer den Geistlichen auch bischöfliche Kriegsmannen, hörige Handwerker, Knechte und Mägde.

bis 950: Vor dem Tor der Domburg bieten Wanderkaufleute den Geistlichen während der großen Kirchenversammlungen im Frühjahr und Herbst ihre Waren an. Um den Markt entsteht auf bischöflichem Boden eine Kaufmannssiedlung.

um 975: Der Kaiser verleiht dem Bischof Markt- und Münzrecht.

um 1000: Die Kaufleute errichten eine eigene Kirche. Der Schutzpatron, der Hl. Lambert, stammt aus Lüttich; in dieser Gegend werden wichtige Handelswaren der Kaufleute hergestellt.

um 1040: Auf dem anderen Ufer der Aa („Überwasser") gründet der Bischof eine Kirche.

um 1121: Domburg und Kaufmannssiedlung brennen nieder. Kaufleute und Handwerker schließen sich zu einer Eidgenossenschaft („coniuratio") zusammen. Nach dem Brand bauen sie mit Zustimmung des Bischofs eine weitere Siedlung.

1173/74: Die Siedlung wird noch einmal erweitert, neue Pfarrkirchen und -bezirke werden eingerichtet.

um 1240: Der Bischof läßt sich die Burg Wolbeck (10 km östlich von Münster) als Residenz bauen.

1278: Die Eidgenossenschaft der Kaufleute und Handwerker erkämpft sich gegen den Bischof die Selbstverwaltung. Ein Vertrag zwischen Bischof (als Stadtherrn) und Rat (als Vertreter der Bürger) garantiert die weitgehende Selbständigkeit.

1309: Im „Großen Landesprivileg" sichert der Bischof die Freiheit aller Bürger zu.

im 14. Jahrhundert: Aufstieg zum Handelszentrum, Mitglied der Hanse, seit 1494 Vorort für Westfalen.

2c *Die Entwicklung von Lippstadt:*

um 1170: Kaufleute siedeln sich an der Handelsstraße von Soest nach Paderborn an.

um 1177: Vorgängerbau von St. Nicolai brennt wahrscheinlich infolge von Kämpfen mit Köln, dem Sitz des Erzbischofs, ab.

um 1185: Der Edelherr Bernhard II. zur Lippe gründet Lippstadt und trägt dem Erzbischof von Köln die Stadt zu Lehen auf.

1185/90: Das Augustinerinnen-Kloster wird gegründet.

1186: Kaiser Friedrich I. (Barbarossa) räumt der Stadt Sonderrechte und Privilegien ein.

1220: Das erste Stadtrecht wird besiegelt. In den folgenden Jahren wird die Stadt erweitert und durch eine Mauer befestigt.

1253: Zusammen mit Soest, Dortmund und Münster gründet Lippstadt den Westfälischen Städtebund.

1275: Nach Streit mit den Bürgern bestätigt der Bischof von Paderborn die Rechte der Stadt.

1314: Der Rat der Stadt erhält das Recht, auch über Streitfälle zwischen Stadtherren und Stadt zu entscheiden.

1. *Welche Gründe für die Stadtentstehung nennen die Tabellen? Vergleiche mit den Karten.*
2. *Wie entwickelte sich das Verhältnis von Stadtherr zu Bürgern in den beiden Städten?*

Zusammenfassende Arbeitsfragen:

1. *Vergleiche die Entwicklung von Münster und Lippstadt. Welches sind die wichtigsten Unterschiede? Wo gibt es Gemeinsamkeiten?*
2. *Worauf mußte bei der Gründung einer Stadt geachtet werden, damit die Gründung erfolgreich sein konnte?*
3. *Stelle in einer Liste Merkmale einer mittelalterlichen Stadt zusammen.*

Arbeit und Handel in der Stadt

Der Markt

Im Mittelalter war der Markt das Zentrum der Stadt. Hier boten Handwerker und Kaufleute an Ständen, Buden oder in Kaufhallen Fleisch, Brot, Töpfe und Wolltuche, sogar feine Seide und teure Gewürze an. Am Markt lag meist auch das Rathaus und die größte Kirche der Stadt; in vielen Städten gab es sogar mehrere Märkte für die unterschiedlichen Waren.

Warum war der Markt für die Stadt so wichtig? Die Bauern auf dem Land stellten ihre Nahrungsmittel, ihre Kleidung und ihre Arbeitsgeräte noch weitgehend selbst her. Sie benötigten keinen Markt. In der Stadt war das anders: Ein Handwerker – nehmen wir einen Kannengießer – mußte Brot und Kleidung kaufen, weil er sich auf die Herstellung von Zinngefäßen spezialisiert hatte. Das war eine besondere Kunst, die nur er beherrschte. Seine Gefäße konnte er deshalb gut verkaufen, sogar in anderen Städten. Weil er nicht auch noch beschwerliche Reisen unternehmen wollte, übernahm dies ein Kaufmann. Der brachte auch die Waren, die den Stadtbewohnern fehlten, von seinen Reisen mit – vom Salz bis zu teuren Luxusgütern. Die Menschen in der Stadt brauchten also den Markt als einen Platz, von dem alle wußten, daß man dort die eigenen Produkte verkaufen und Waren, die man brauchte, erwerben konnte.

Der Austausch führte dazu, daß sich einzelne Handwerker immer mehr spezialisierten, d. h. die Arbeitsteilung fortschritt, und daß der Handel der Kaufleute zunahm. Und während die Bauern auf dem Land noch lange mit Naturalien wie Korn, Hühnern oder Eiern bezahlten, war das in der Stadt bei dem regen gegenseitigen Austausch nicht mehr möglich. Die Stadtbewohner zahlten mit Geld; sie betrieben *Geldwirtschaft* und nicht mehr Naturalwirtschaft wie die Bauern.

Das Handwerk und die Zünfte

Meister, Gesellen und Lehrlinge

„Das ist zünftig“, sagen wir noch heute manchmal, wenn eine Sache nach unserem Geschmack ist. Diese Redewendung stammt aus dem Mittelalter: Die meisten Handwerkszweige in der mittelalterlichen Stadt waren in einer Zunft zusammengeschlossen. Mitglieder waren nur die Handwerksmeister, die in ihrer Zunft die Angelegenheiten ihres Gewerbes regelten.

Wenn ein Vater seinen Sohn ein Handwerk in einem Meisterbetrieb erlernen lassen wollte, verlangte der Meister oft ein Eintrittsgeld. Der Lehrling – das konnte schon ein zwölfjähriger Junge sein – wohnte und aß im Haus des Meisters. Die Arbeitszeit war im Sommer und im Winter unterschiedlich lang, denn solange es hell war, wurde gearbeitet. Sonntags und an zahlreichen kirchlichen Feiertagen wurde nicht gearbeitet, dafür gab es aber auch keinen Urlaub. Zwischen drei und sieben Jahre dauerte die Lehrzeit, dann mußte der Lehrling zeigen, was er gelernt hatte: Er fertigte sein Gesellenstück an. Selbst einen neuen Handwerksbetrieb als Meister zu eröffnen, verbot die Zunft. Durch den Zunftzwang wachten die Meister darüber, daß die Zahl der Betriebe und sogar die Anzahl der Lehrlinge und Gesellen gleich blieb.

Der einzelne Meister und sein Betrieb hatten so ein gesichertes Auskommen. Außenstehende aber hatten keine Chance, einen eigenen Handwerksbetrieb zu eröffnen. Ein schlechter Ruf – und dazu gehörte auch, wenn man unehelich geboren war – verhinderte, daß man in die Zunft aufgenommen wurde. Oft blieben die Gesellen ihr Leben lang von ihrem Meister abhängig, ohne Aussicht auf besseren Verdienst, beruflichen Aufstieg und die Gründung einer eigenen Familie. Seit dem 14. Jahrhundert führte diese Abhängigkeit dazu, daß sich die Gesellen in eigenen Verbänden – ähnlich den Zünften – zusammenschlossen, um wirksamer Lohnforderungen stellen und größere Selbständigkeit erreichen zu können.

Die Aufgaben der Zünfte

Die Meister der Zunft trafen sich regelmäßig in ihrem Zunfthaus oder ihrer Zunftstube. Dort berieten sie, wie sie durch gemeinsamen Einkauf günstig Rohstoffe beschaffen konnten oder welche Messe sie beschicken sollten. Sie setzten dort auch die Preise fest und bestimmten, wie gut ihre Produkte sein mußten, um als „Kaufmannsgut“ das Gütezeichen der Stadt zu erhalten. Ein solches Zeichen förderte den Verkauf, ganz besonders natürlich in

anderen Städten und auf Messen gegenüber der Konkurrenz. In der eigenen Stadt gab es dagegen durch den Zunftzwang und die Absprachen und Kontrollen innerhalb der Zunft kaum Konkurrenz.
Die Zunftmeister berieten aber nicht nur über wirtschaftliche Fragen: Ein krankes Zunftmitglied erhielt Unterstützung, und im Todesfall sorgten die Zunftgenossen für ein angemessenes Begräbnis. Für ihren Schutzpatron in der Stadtkirche stifteten die Zünfte Altäre, sonntags in der Messe saßen die Mitglieder der Zunft auf ihrer Zunftbank, am Jahrestag der Zunft feierten sie ein großes Fest. Die Zünfte hatten aber auch Aufgaben für alle Stadtbewohner zu übernehmen. Gemeinsam waren sie für die Instandhaltung und aufmerksame Bewachung eines Abschnitts der Stadtmauer verantwortlich, bei Belagerungen mußten sie diesen Abschnitt verteidigen. Nicht nur die Arbeit, sondern auch das alltägliche Zusammenleben wurde gemeinsam – in Genossenschaften – geregelt und organisiert.

Eine Kaufmannsfamilie. Holzschnitt auf der Titelseite einer Erziehungslehre aus dem Jahr 1473

Die Kaufleute

Neben den Handwerkern sind es vor allem die Kaufleute und Händler, die für uns heute zum Leben in der mittelalterlichen Stadt gehören. Wir denken dabei meistens gar nicht an die große Zahl der Kleinhändler, die Erzeugnisse der Bauern aus der nahen Umgebung der Stadt verkauften, sondern an die reichen Fernhändler, die den Handel mit Luxuswaren aus fernöstlichen und arabischen Ländern nach Europa organisierten und von ihren Reisen abenteuerliche Dinge zu berichten wußten.
Die meisten größeren Städte des Mittelalters lagen am Meer oder an einem Fluß – so konnten die Kaufleute ihre Waren auf Schiffen transportieren. Denn die Straßen entsprachen damals meist dem, was wir heute einen Feldweg nennen würden. Die Karren oder Lasttiere konnten auf solchen „Straßen" pro Tag höchstens 30 Kilometer zurücklegen. Für viele Güter lohnte sich ein längerer Transport über Land nicht, weil sich der Preis durch die Kosten für Beförderung, Zölle und Brückengelder rasch verdoppelte. Das Recht der Grundherren, bei einem Wagenbruch heruntergefallene Güter zu behalten, und Raubüberfälle taten ein übriges, um den Landverkehr zu erschweren. Transporte auf dem Wasser waren billiger, weil die Schiffe mehr laden konnten. Allerdings war die Fahrt über das Meer auch gefährlich. Zum Schutz gegen Risiken schlossen sich die Fernhandelskaufleute einer Stadt – ähnlich wie die Zünfte – zu Genossenschaften zusammen.
Mit der zunehmenden Bedeutung der Kaufleute wuchs auch ihr Ansehen. Der Adlige, Handwerker oder gar Bauer war anfangs mißtrauisch gegenüber dem fremden und oft abenteuerlich aussehenden Kaufmann. Hatte er seine Waren nicht vielleicht in fernen Ländern geraubt – was tatsächlich vorkam –, war der geforderte Preis überhaupt gerechtfertigt? Auch Priester und Mönche waren mißtrauisch gegenüber Menschen, die ihren Lebensunterhalt nicht durch ihrer Hände Arbeit verdienten. Mit dem christlichen Grundsatz vom gerechten Preis war es unvereinbar, wenn ein Kaufmann versuchte, möglichst billig einzukaufen und möglichst teuer zu verkaufen. Gerade das brachte ihm aber Gewinn, dafür nahm er Gefahren auf sich. Geldgeschäfte lohnten sich natürlich nur, wenn sie Zinsen einbrachten. Das verstieß jedoch gegen das kirchliche Zinsverbot. Der Kaufmann oder Bankier half sich mit einem Kniff: Auf dem Schuldschein trug er eine höhere als die tatsächlich ausgeliehene Summe ein. Aber das schlechte Gewissen schlug: Italienische Bankiers richteten ein „Konto für den Herrgott" ein, damit er mitverdiene und sie nicht strafe.

1 Kampf zwischen den Geschlechtern?

1a *Eine Eingabe der Heilbronner Leineweber an den Rat der Stadt Anfang des 16. Jahrhunderts, den Frauen das Weben zu verbieten, macht die Konkurrenz zwischen Frauen und Männern in den Zünften deutlich. Die Leineweber konnten ihre Familien nur noch ernähren, indem sie auch wollenes Tuch webten. Da dieses Handwerk jedoch entgegen früheren Jahren inzwischen auch von 60 Frauen ausgeübt wurde, ging der Absatz der Leineweber stark zurück. Sie forderten deshalb den Rat der Stadt auf, allen Ehefrauen von Handwerkern das Weberhandwerk zu verbieten. Gegen dieses Verbot wehrte sich ein betroffener Handwerker mit folgender Eingabe an den Rat der Stadt Heilbronn, die von mehreren Frauen unterstützt wurde:*

Q Und es ist weiter vorgebracht worden, daß meine Ehefrau das Leinenwerk treibt und ausübt. Darauf antwortete ich: Das stimmt. Sie hat es in ihrer Jugend gelernt und hat damit auch ihren Vater und ihre Mutter während deren Krankheit und im Alter unterhalten und ernährt, und es ist ihr nie verboten worden. Nun hat sie einen Mann, nämlich mich, geheiratet und mich dieses auch gelehrt ... Da nun meine Frau das ihrige, das sie gelernt und von Jugend an ohne Widerspruch ausgeübt hat, glaube ich kaum, daß jemand so schlechten Sinnes ist, daß er es als unrechtens und strafbar empfindet und erachtet, wenn sie mir, was billigerweise geschieht, hilft, meine kleinen Kinder ehrlich zu ernähren. Denn es ist nicht bekannt, daß jemals in Heilbronn einer Frau solches verboten worden ist.

1b *Die Entscheidung des Heilbronner Rates im Streit zwischen Woll- und Leinewebern lautete im Jahre 1511:*

Q Wenn ein Wollweber eine Frau hat, die Leinenes weben kann und will, die darf es tun, doch in einem gesonderten Raum. Dazu darf sie aber weder einen Knecht noch eine Magd dingen, anstellen, gebrauchen, noch in irgendeiner Weise halten.

Quelle 1a und 1b: Urkundenbuch der Stadt Heilbronn, Bd. 3, S. 162f. und S. 164. Bearb. d. Verf.

1. *Welche Argumente nennt der Handwerker, damit seine Frau weiter Leineweberin bleiben kann?*
2. *Wie beurteilst du die Entscheidung des Rates?*
3. *Vergleiche sie mit der heutigen Auffassung von Frauen im Berufsleben. Gibt es Parallelen?*

2 Das Los der Meisterwitwen

2a *Der Rat der Stadt Leipzig entschied über das Schicksal der Fleischerwitwen im Jahr 1466:*

Q Stirbt ein Meister aus dem Handwerk und hinterläßt er eine Ehefrau, so darf diese, seine Frau, nach dem Tode ihres Mannes nicht weiter im Handwerk arbeiten. Da diese Satzung wider die redliche Vernunft und vor allem wider die Meister des genannten Handwerks ist, denn ein verständiger und überlegter Mann bemerkt sehr wohl, daß dadurch fromme und redliche Frauen und Witwen, die sich und ihre Kinder mit redlicher Arbeit und durch Betreibung ihres Handwerks wohl ernähren könnten, an ihrer Nahrung verhindert werden. Es wären auch die Meister oder ihre Söhne, welche sie haben, selten oder niemals zu einer wohlhabenden Frau gekommen, was durchaus bekannt ist. Es besteht kein Grund daran zu zweifeln und deshalb und anderer redlicher Ursachen halber, stellen die Räte einstimmig diese vorgenannte Bestimmung ganz ab und bestimmen, daß fortan eine jede Witwe des eben genannten Handwerks, so lange sie ihren Witwenstand unverändert hält oder sie einen anderen Mann desselben Handwerks nach dem Tode ihres ersten Mannes nimmt, ihr Handwerk frei und unbehindert von jedermann gleich einem anderen Meister desselben Handwerks treiben darf.

Urkundenbuch der Stadt Leipzig [218], Bd. 1, S. 335f. Bearb. d. Verf.

2b *Die Ordnung der Lübecker Kistenmacher von 1508 sah für den Tod des Meisters folgende Regelung vor:*

Q Und wenn einer Frau des vorgenannten Amtes (Zunfthandwerk) ihr Mann stirbt, ist sie dann alt oder von Krankheit befallen, so kann sie einen Gesellen desselben Amtes (Zunft) halten und das Amt bis an ihr Lebensende gebrauchen ... Und eine junge Frau, die nicht von schwerer, langer Krankheit befallen ist, soll sich innerhalb von zwei Jahren wiederverheiraten oder des Amtes entbehren. Wenn eine Witwe einen Sohn hat und gedenkt, das Amt zu gebrauchen, so kann die Frau das Handwerk mit ihrem Sohn aufrechterhalten, bis er selbständig geworden ist.

K. Wehrmann: Die älteren Lübeckischen Zunftordnungen, S. 256ff.

1. *Welche unterschiedlichen Möglichkeiten für Witwen werden in Quelle 2a und 2b erwähnt?*
2. *Stelle die Vorteile und Nachteile der verschiedenen Lösungen zusammen.*

Gesellschaft und Herrschaft in der Stadt

Kirchenglocken läuteten, Trompeten erschollen, dicht gedrängt standen die Menschen in den Straßen. Der Kaiser zog in die Stadt ein! Schon weit vor den Toren hatten ihn Ratsherren begrüßt, am Stadttor überreichte ihm ein vornehmer Bürger die Schlüssel der Stadt – symbolische Übergabe der Stadt an den Kaiser, der als Förderer der Städte galt. Dann geleiteten die beiden Bürgermeister den kaiserlichen Schimmel durch die Straßen, Ratsherren trugen den roten Baldachin, die Kaiserin und die Großen des Reiches folgten. Der Zug ging vorbei an den festlich gekleideten Damen der vornehmen Familien. Erst dahinter, im Schatten der Häuser, standen die ärmeren Handwerker, die Gesellen, Knechte und Mägde, Bettler und Tagelöhner, die Masse der städtischen Bevölkerung. Ein Besuch des Kaisers war für die Stadt ein großes Ereignis. Alle Stadtbewohner waren daran beteiligt, allerdings in sehr unterschiedlicher Weise.

Die Patrizier

Ratsherren und Bürgermeister empfingen – trotz der hohen Bewirtungskosten – den Kaiser gern, denn er war es, der die städtischen Freiheiten und Herrschaftsrechte bestätigte oder sogar erweiterte. Diese angesehensten Kaufleute in der Stadt, weitgereist und durch Reichtum stolz und selbstbewußt, nannten sich *Patrizier* und fühlten sich den Adligen ebenbürtig. Wie die meisten Menschen im Mittelalter waren ihre Vorfahren Hörige des Grundherrn ihres Stadtgebietes gewesen. Dann aber hatten sie sich zusammengeschlossen und ihre Rechte auf Kosten des städtischen Grundherrn ausgeweitet. Besonders wichtig für die Patrizier war die freie Verfügung über ihren Besitz und die Möglichkeit, Handelsreisen zu unternehmen. Schließlich hatten sie auch die Verwaltung der Stadt und das Gericht übernommen. Nicht selten war der städtische Grundherr gewaltsam vertrieben worden, meist ließ er sich seinen Rückzug aus der Stadt mit festen Abgaben und Zöllen bezahlen.
So hatten die Patrizier die Macht in der Stadt selbst übernommen und waren – wie sich bei Aufständen der Zünfte gegen ihre Herrschaft zeigen sollte – nicht bereit, sie mit anderen Stadtbewohnern zu teilen. Zwar waren alle Einwohner frei und keinem Herrn mehr unterworfen, doch daß die Unterschiede an Besitz, Einkommen und Einfluß erhalten blieben, darauf achteten die Patrizier streng. Die Kinder der reichen Kaufmannsfamilien sollten untereinander heiraten, höchstens Adlige oder ein zu großem Reichtum gelangter Bürger konnten manchmal noch Aufnahme in ihren Kreis finden.
Die Herrschaft der Patrizier führte dazu, daß sie allein aus ihrer Mitte jährlich die Ratsherren bestimmten, die wiederum einen oder zwei Bürgermeister wählten, die den Vorsitz im Rat führten. Die Festsetzung der städtischen Steuern und Abgaben war die wichtigste Aufgabe des Rates. Damit finanzierte die Stadt die dem Kaiser für die Gewährung der Stadtrechte schuldigen Steuern, aber auch die Ausgaben für Bau und Erhaltung der Stadtbefesti-

Eine Ratssitzung. Darstellung aus der Bilderhandschrift des Hamburger Stadtrechts 1497

Bürgerkämpfe in Braunschweig

Die Hansestadt Braunschweig war im 14. Jahrhundert mit 17 000 Einwohnern nach Lübeck die größte Stadt Norddeutschlands. Sie bestand aus fünf fast selbständigen Stadtteilen, die einen eigenen Rat und Bürgermeister hatten. Als höchstes gemeinsames Entscheidungsgremium aller Stadtteile gab es aber auch den „gemeinen Rat". Die wohlhabende Fernhändlerschicht der Patrizier, die hauptsächlich in der Altstadt wohnte, bestimmte weitgehend die Geschicke der Stadt. Davon ausgeschlossen waren auch die erst später reich gewordenen Kaufleute und vermögenden Handwerksmeister.
Zur Sicherung ihrer Handelswege gab die Stadt große Summen für Burgen und Söldner aus, manchmal mußten aber auch Stadtbewohner und selbst Patrizier mitkämpfen. Bei einem solchen Kampf im Jahr 1374 wurden einige Patrizier gefangengenommen, und die Stadt sollte ein hohes Lösegeld zahlen. Um die geforderte Summe aufzubringen, wollte der „gemeine Rat" den Kornzins erhöhen, eine Sondersteuer, die das Brot für alle Einwohner verteuert hätte. Um möglichem Widerstand vorzubeugen, lud der „gemeine Rat" die Zunftmeister aus den verschiedenen Stadtteilen zu einer Beratung ein.
Als während der Beratungen am 17. April 1374 Klagen der Handwerker über die bisherige Finanzpolitik des Rates aufkamen und sich das Gerücht verbreitete, die Zunftmeister seien bedroht worden, zogen bewaffnete Einwohner aus den Stadtteilen der Handwerker vor das Altstadtrathaus. Angestachelt vom Zorn über die neue Steuer entlud sich lang angestauter Unmut gegen die führenden Patrizier: Ihre Häuser wurden geplündert und niedergebrannt, acht Bürgermeister und Ratsherren erschlagen, viele Patrizier flohen in andere Hansestädte.
Der neue Rat setzte sich zunächst aus den Anführern des Aufstandes zusammen. Die Finanzprobleme der Stadt wurden aber immer größer, denn die geflohenen Patrizier erreichten, daß Braunschweig aus der Hanse ausgeschlossen wurde. 1380 fand die Versöhnung statt: Die geflohenen Patrizier kehrten zurück, die Stadt wurde wieder in die Hanse aufgenommen, die Aufständischen leisteten Abbitte. Und dennoch bewirkte der Aufstand Veränderungen, wie die neue Verfassung von 1386 zeigt: Zwar behielten die Patrizier entscheidenden Einfluß im Rat, aber die ihnen an Reichtum und wirtschaftlicher Macht ebenbürtigen Kaufleute und Handwerker saßen jetzt ebenfalls im Rat. Die breite Masse der Einwohner blieb von den Entscheidungen der Stadt ausgeschlossen.

gung. Außerdem mußten davon die Beamten bezahlt werden, die auf dem Markt für Sauberkeit sorgten, Maße und Gewichte überprüften, beim Hausbau auf die Brandschutzbestimmungen achteten, Brunnen und Abwasserbeseitigung kontrollierten. Die Ratsherren selbst arbeiteten ohne Bezahlung, sie mußten daher reich genug sein, um Zeit für ihre Sitzungen zu haben. Gegen ihre Interessen konnte allerdings in der Stadt auch nichts geschehen, zumal sie auch im Stadtgericht als Schöffen (Richter) tätig waren.

Die Handwerker und einfachen Kaufleute

Anläßlich eines Kaiserbesuchs wurden die Standesunterschiede zwischen den Patriziern und den Zünften sowie weniger reicher Kaufleute besonders deutlich: Es waren die Patrizier, die die Stadt gegenüber dem Kaiser vertraten. Lange Zeit waren die Zünfte auch vom Rat und damit von allen wichtigen Entscheidungen vollständig ausgeschlossen. Sie hatten keinen Einfluß darauf, was mit ihren Steuergeldern geschah. Immer wieder hatte der Rat Beschlüsse gefaßt, die nur zum Vorteil der Patrizier waren und die Interessen der Handwerker unberücksichtigt ließen.
Im 14. Jahrhundert war es in vielen Städten zu blutigen Auseinandersetzungen zwischen Patriziern und den Gruppen der Stadtbewohner gekommen, die bisher von den politischen Entscheidungen ausgeschlossen waren.

Die anderen Einwohner der Stadt

Für die anderen Einwohner der Stadt war der Kaiserbesuch zwar ein prächtiges Schauspiel. Sie selbst durften jedoch nur als Zuschauer teilnehmen. Solche Festlichkeiten, aber noch mehr die Aussicht, besser und freier leben zu können, hatten viele hörige Bauern dazu gebracht, ihrem Grundherrn zu entfliehen und in die Stadt zu ziehen. „Stadtluft macht frei", sagte man, und viele Stadtrechte enthielten die Bestimmung, daß der Grundherr seinen Hörigen verlor, wenn dieser ein Jahr unangefochten in der Stadt gelebt hatte. Doch auch wenn die Masse der städtischen Bevölkerung frei war und alle Stadtbewohner demselben Richter unterstanden, so gab es doch einen wesentlichen Unterschied: Da sie wegen ihres geringen

Besitzes gar keine oder nur wenig Steuern zahlten, besaßen sie auch kein Bürgerrecht.
Im Gegensatz zu den zum Kaiserbesuch festlich geschmückten Häusern der Patrizier an der Hauptstraße wohnten die ärmeren Handwerker in kleinen Häusern in den Seitengassen. Die Gesellen, Knechte und Mägde hatten ihr Quartier entweder bei ihrem Meister oder wohnten zur Miete. Das enge Zusammenleben, die mangelnde Hygiene – es gab weder Wasserleitungen noch Abwassersysteme – und die geringen medizinischen Kenntnisse führten besonders in diesen Vierteln der Stadt zu Seuchen und einer hohen Sterblichkeit.
Noch unter diesen Stadtbewohnern standen die sogenannten unehrlichen Berufe wie Henker, Totengräber, aber auch Musikanten, Schauspieler oder Bader (Bademeister), die zugleich Bartscherer und Zahnarzt sein konnten. Daneben gab es in der Stadt Bettler, alte und kranke Menschen, die auf Almosen und das kirchliche Armenwesen angewiesen waren.

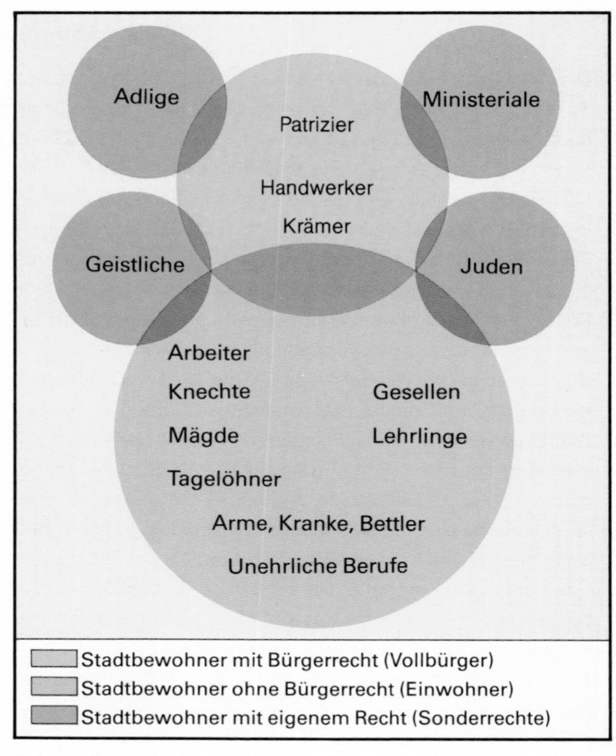

Die soziale Gliederung der Stadt im Mittelalter

Die Frauen

Beim Kaiserempfang spielten die Patrizierfrauen eine Rolle in der Öffentlichkeit. Im täglichen Leben waren die meisten Frauen jedoch an das Haus gebunden, zogen die Kinder auf und versorgten zusammen mit den Mägden die Familie, zu der auch die Lehrlinge und Gesellen gehörten. Kaufmannsfrauen führten oft auch die Geschäfte, während ihre Männer auf Handelsreisen waren. Handwerkerwitwen konnten den Betrieb ihres Mannes weiterführen. Heiratete die Witwe einen Gesellen, so hatte dieser die Möglichkeit, den Betrieb als Meister zu übernehmen. Die meisten unverheirateten Frauen lebten als Mägde oder Arbeiterinnen. Von allen politischen Entscheidungen waren die Frauen ausgeschlossen: Keine Frau war an der Wahl des Rates beteiligt, keine Frau konnte in den Rat gewählt werden.

Die Geistlichen

Eine besondere Stellung in der Stadt hatten die Geistlichen sowie die Mönche und Nonnen. Entscheidungen des Stadtrates galten für sie nicht, sie unterstanden einem eigenen, geistlichen Richter. Und sie bezahlten auch keine Steuern, da der gesamte Grundbesitz der Kirche als ein Bezirk galt, in dem die Stadt keinerlei Rechte besaß (Immunität). Durch Schenkungen vergrößerte sich dieser Grundbesitz, und manche Stadt, die um ihr Steuereinkommen fürchtete, verbot den kirchlichen Grunderwerb. Zu Spannungen zwischen Kirche und Stadt kam es auch, weil die Handwerker der Kirchen und Klöster ebenfalls Steuerfreiheit genossen und besonders als Bäcker und Bierbrauer ihre Waren billiger anbieten konnten.

Die Juden

Ausgeschlossen von allen Feierlichkeiten am Tag des Kaiserbesuchs waren die Juden der Stadt. Sie unterstanden zwar dem besonderen Schutz des Kaisers oder der Städte. Seit dem 12. Jahrhundert war es jedoch immer wieder zu Judenverfolgungen gekommen (siehe S. 107). Wie andere Gruppen der Stadt – z. B. die Gerber – wohnten die Juden oft zusammen in einer Gasse. In manchen Städten wurden sie von der Stadtregierung gezwungen, in einem geschlossenen Stadtviertel, dem Ghetto, zu leben. Getrennt von den Christen waren sie auch durch ein besonderes Recht und einen eigenen Bürgermeister.

1 Bauen im Mittelalter

Wie man damals einen Turm baute, zeigt die Abbildung aus der Weltchronik des Rudolf von Ems, um 1383.

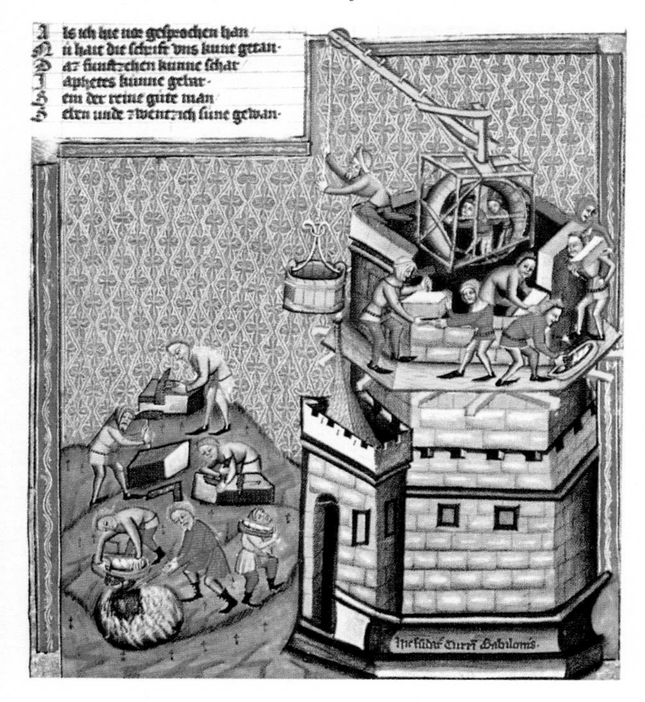

1. *Beschreibe die Tätigkeiten der einzelnen Personen.*
2. *Welche Werkzeuge und technischen Hilfsmittel hatten sie zur Verfügung?*
3. *Schreibe einen Bericht über Bautechniken im Mittelalter. Ziehe dazu auch ein Lexikon heran.*

2 Bau des Ulmer Münsters

2a *In einer Chronik aus dem Jahr 1488 heißt es über den Bau des Ulmer Münsters, der 1377 begonnen wurde:*

Q Sie wählten einen Platz zur Errichtung der neuen Kirche fast im Zentrum und der Mitte der Stadt, wo schon lange ein Badehaus gebaut war mit mehreren anderen Häusern. Diese Häuser kauften die Bürger, rissen sie ab und richteten den Platz her, um die Fundamente zu legen. Für den Kirchhof kauften sie das Haus der Schwestern von Beuron[1] und wiesen ihnen einen neuen Platz am Stadtrand zu. Weil die Kirche, die sie bauen wollten, groß werden sollte, nahmen sie den größten Teil des Gartens der Minoriten[2] dazu, um die Fundamente der Kirchtürme zu legen und nachher vor der Kirche einen freien Platz zu haben ... Als nun auf dem geebneten und gereinigten Platz die Größe, Länge und Breite der zu erbauenden Kirche bezeichnet war ... gruben sie die Fundamente der Mauern bis aufs Wasser und schlugen in den Schlamm Pfähle aus dem stärksten Ulmenholz ein, um darauf die Grundsteine und große Felsblöcke zu legen, die eine so gewaltige Masse tragen sollten. Es war aber schauderhaft anzusehen die Tiefe, die Größe und der ringsherum geführte gewaltige Kreis des Grabenwerks. Denn dieser Kreis beträgt ringsherum 464 Schritt[3]. Als nun der Platz zum Fundament bereit stand, kündigten die Werkmeister den Ratsherren an, daß die Fundamente zu legen seien. Da dies das Werk der Ratsherren war, mußten mit Recht die Vornehmeren von ihnen die ersten Steine legen. Sie beabsichtigten nämlich, dieses große Gebäude auf Kosten ihrer Stadt anzufangen, zu vollenden und abzuschließen. So beschlossen sie, daß niemand außerhalb Ulms um Mithilfe gebeten und keine besonderen Ablässe für den Kirchenbau erlangt werden sollten und daß sie keine Fürsten um Hilfe angehen wollten, mit Ausnahme des edlen Grafen von Württemberg, dem ein Teil des Baugrundes zu gehören schien. Wer aber wissen will, wie groß die Gaben sind, die täglich von den Ulmern am Opferstock oder Opferbecken für ihren Bau dargebracht werden, der erwäge die Kosten der Bauleute, die täglich arbeiten und von entfernten Orten die Steine herbeiführen. Der Kauf und Transport der Steine erfordert eine unglaubliche Summe, weil sie nicht aus Ulm, sondern von entfernten Orten herbeigeführt werden.

[1] fromme Frauengemeinschaft
[2] Kloster eines Bettelordens
[3] ca. 375 m

F. Fabri, Abhandlungen über die Stadt Ulm, hg. v. K. D. Haßler. In: Ulm-Oberschwaben, Heft 13–15, Ulm 1908/09, S. 24ff.

1. *Was erfährst du über Vorbereitung und Durchführung des Baus?*
2. *Welche Probleme mußten gelöst werden? Vergleiche dazu auch, was du über die Bautechnik im Mittelalter weißt.*

2b *Grundsteinlegung zum Ulmer Münster, gemalt 1633 nach dem Bericht von F. Fabri (Quelle 2a) aus dem Jahre 1488*

1. *Schreibe einen Bericht über die Feier der Grundsteinlegung zum Ulmer Münster, wie sie sich nach diesem Bild abgespielt haben könnte.*
2. *Welche Gruppen der Stadtbevölkerung sind auf dem Bild dargestellt?*
3. *Was sagt die Darstellung der verschiedenen Gruppen der Stadtbevölkerung über die soziale Gliederung der Stadt aus?*
4. *Das Bild ist über 250 Jahre nach der Grundsteinlegung gemalt worden. Warum hat der Maler gerade die Grundsteinlegung als Bild gemalt? Was wollte der Maler mit seiner Darstellung bezwecken?*

2c *In einer Bauabrechnung für das Jahr 1386/87 werden folgende Einnahmen aufgeführt:*[1]

	Pfund	Schilling	Pfennig
Steuern	570	–	–
Opfergeld	611	10	7
Erlös aus den Spenden von Kleidern und Harnischen	94	18	3
Eidgelder, Schenkungen			
Erlös aus Holz-, Ziegel- und Steinresten und Fundsachen	246	2	7
Wachsspenden	48	19	–
Strafgelder für Fluchen	2	11	5
insgesamt	1574	1	10

Die Bürger spendeten außerdem für die Ausstattung der Kirche Altäre, Bänke, Bilder und Fenster.

[1] 1 Pfund = 20 Schillinge; 1 Schilling = 12 Pfennige

2d *In derselben Bauabrechnung werden ohne genaue Aufschlüsselung folgende Ausgaben genannt:*

- Gehalt an den Werkmeister
- Wochenlöhne an Maurer, Steinmetze, Zimmerleute, Schmiede, Wagenbauer und Knechte
- Materialkosten (Mauersteine, Kalk, Eisen, Hafer, Heu, Holz, Hanf)
- Zinszahlungen

Ausgaben insgesamt	1952 Pfund	1 Schilling	1 Pfennig

2e *Wochenlöhne der am Kirchenbau beteiligten Handwerker im Jahr 1392:*[1]

	Pfund	Schilling	Pfennig
Baumeister	1	4	–
jeder Maurer- oder Zimmermeister	1	–	–
ein einfacher Bauhelfer	–	10	–

[1] Für ein Kilogramm Brot zahlte man ungefähr 2 Pfennig.

1. *Wie finanzierten die Stadtbewohner den Kirchenbau? Wer bezahlt heute den Bau von Kirchen und öffentlichen Gebäuden?*
2. *Welche wirtschaftliche Bedeutung hatte der Kirchenbau für die Stadtbewohner?*

Zentren des Fernhandels in Europa

Die oberitalienischen Städte

Marco Polo

Als Siebzehnjähriger zog Marco Polo im Jahre 1271 mit seinem Vater, einem angesehenen Kaufmann aus Venedig, über Persien und Innerasien nach China. Im Dienst des dortigen Herrschers durchquerte er das gesamte Reich. Erst 24 Jahre später kehrte er zurück. In seinem Gepäck befanden sich Pfeffer, Ingwer, Zimt, Muskat, Seide, Weihrauch und andere Kostbarkeiten aus China, Java, den Molukken und Indien.
Für zahlreiche andere, heute unbekannte italienische Kaufleute war der Weg nach China in den folgenden Jahrhunderten eine „Geschäftsreise" von ungefähr einem Jahr. Wenn sie die Durststrecken durch die Wüsten, die Überfälle der Straßenräuber und Piraten und manche andere Gefahr überstanden hatten, kehrten sie reich beladen nach Venedig oder Genua zurück.

Europäisches Handels- und Bankenzentrum

Als Vorbilder in allen Handels- und Geldangelegenheiten galten die Kaufleute der oberitalienischen Städte. Schon zur Zeit der Kreuzzüge, als es nördlich der Alpen kaum Handel von überregionaler Bedeutung gab, hatten die oberitalienischen Städte nach damaligen Vorstellungen „Welthandel" betrieben.
Für die Fahrt ins Heilige Land hatten die Hafenstädte Venedig, Genua und Pisa den Kreuzfahrern Schiffe vermietet und die Versorgung der Heere und den Transport der Pilger übernommen. Dadurch waren riesige Summen in die Kassen der Seestädte geflossen. Bald gründeten sie an der gesamten nordafrikanischen Küste, in allen wichtigen Städten an den Küsten des östlichen Mittelmeers und sogar am Schwarzen Meer Niederlassungen. Zahllose Steuer- und Zollvorrechte begünstigten ihren Handel. Auch die Binnenstädte in Oberitalien wie Florenz, Mailand oder Siena beteiligten sich an dem einträglichen Geschäft.
Schon im 14. Jahrhundert waren hier Aktiengesellschaften bekannt. Auch im Bankwesen, das sich langsam von den Handelsgeschäften trennte, waren die italienischen Kaufleute führend. Eine der größten Schwierigkeiten im Fernhandel bestand nämlich in der Verrechnung der verschiedenen Währungen in Europa. Die italienischen Kaufleute und ihre Bankhäuser benutzten deshalb bereits den „bargeldlosen Zahlungsverkehr" und arbeiteten mit Schecks und Wechseln. Solche Geschäfte erforderten eine genaue Buchführung; auch sie ist von den Italienern entwickelt worden.
Reichtum und Macht hatten Auswirkungen auf die inneren Verhältnisse in den oberitalienischen Städten. Adelsfamilien zogen in die Städte und beteiligten sich am Handel. Die Städter selbst hatten das umliegende Land erworben, und Stadtstaaten (Republiken) waren entstanden. Zwischen den konkurrierenden Kaufmannsfamilien gab es bald blutige Kriege. Die verfeindeten Geschlechter bauten ihre Häuser zu burgartigen Stadtpalästen mit immer höheren Türmen aus, von denen sie sich gegenseitig bekämpften. Parteienkämpfe und Familienfehden bestimmten lange Zeit das Leben der Städter, auch zwischen den Stadtstaaten kam es häufig zu Kriegen. Trotz dieser politischen Wirren behielten die oberitalienischen Städte bis ins 16. Jahrhundert im Mittelmeerhandel eine beherrschende Stellung.

Marco Polo, sein Vater und sein Onkel überreichen dem chinesischen Großkahn das päpstliche Sendschreiben. Handschrift aus dem 14. Jahrhundert

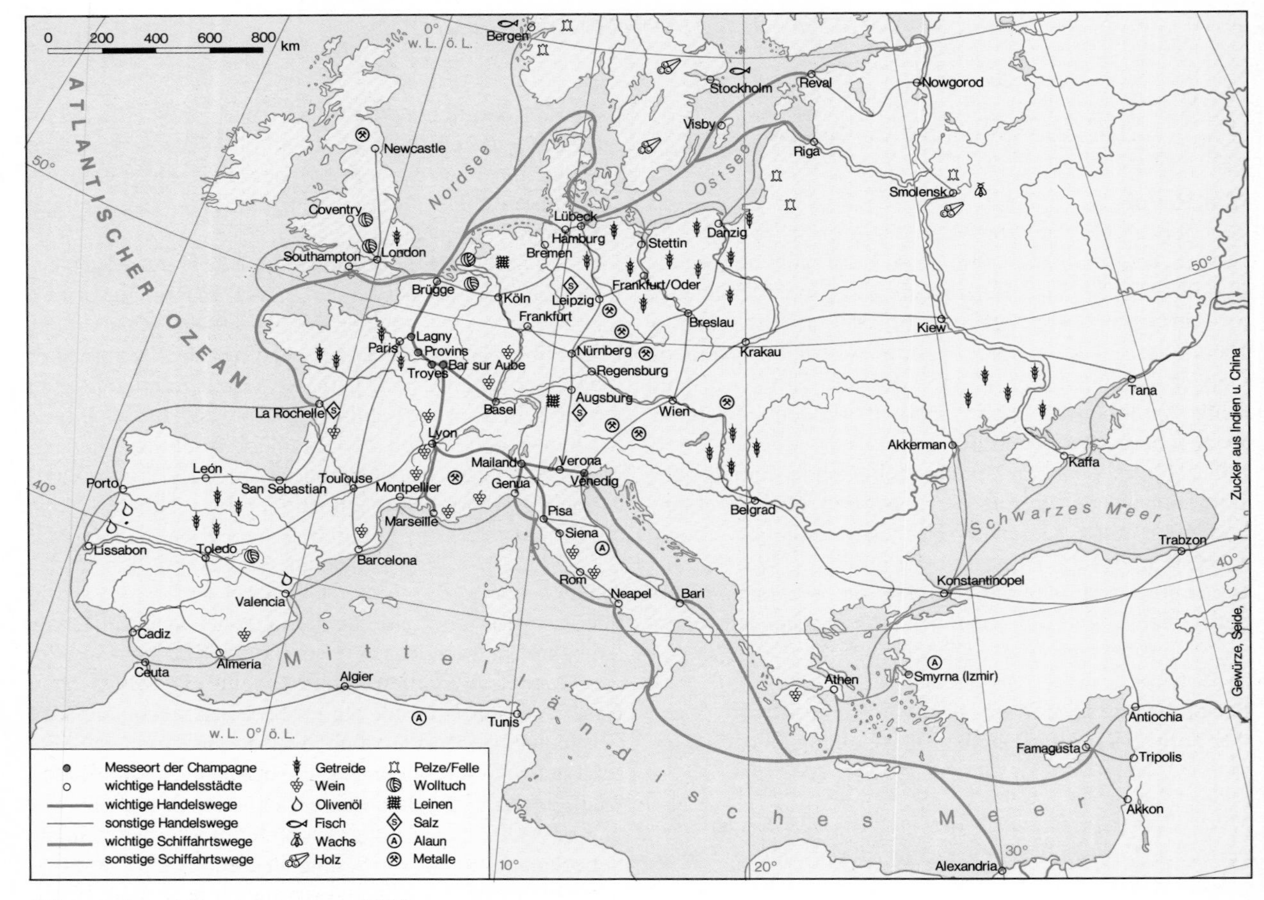

Wirtschaft und Handelswege um 1300

Handelszentren in Europa nördlich der Alpen

Messestädte

Mit dem aufblühenden Handel in Europa erlangten einige Städte besondere Bedeutung. Während die Kaufleute anfangs von Ort zu Ort gezogen waren, trafen sie sich etwa von 1200 an regelmäßig zu Messen in bestimmten Städten. Für einige Wochen kamen in den Messestädten, z. B. in der Champagne, Kaufleute aus ganz Europa zusammen, boten ihre Waren an, kauften auf Kredit, tauschten Nachrichten über gewinnträchtige Geschäfte aus, wechselten die verschiedensten europäischen Währungen und stellten Schuldbriefe aus. In ihrer Heimat verkauften sie dann auf den Märkten die Tuche aus Flandern, den Pfeffer aus Java, den Safran aus Spanien und Italien. Als Messestädte wurden Orte ausgewählt, die für Kaufleute aus ganz Europa besonders günstig zu erreichen waren.

Die Städte in Flandern

Was heute Tokio, New York oder London für die Geschäftswelt bedeutet, das stellte um 1400 Brügge dar: Nahe am Meer gelegen, mit günstigen Landverbindungen nach Frankreich und Deutschland war es der Brennpunkt des europäischen See- und Landhandels. In Flandern und Brabant wurden seit dem 11. Jahrhundert Tuche aus englischer Wolle produziert. So entstand das erste Industrie-

gebiet und der am dichtesten besiedelte Landstrich mit den meisten Städten nördlich der Alpen.
Seit dem 14. Jahrhundert zogen die Kaufleute von Brügge nicht mehr selbst von Messe zu Messe, um Tuch zu verkaufen und andere Waren einzukaufen – sie waren seßhaft geworden, schickten ihre Vertreter in andere Städte und ließen die Kaufleute Europas in ihre Stadt kommen. Die wiederum gründeten in Brügge ihre Kontore und ließen ihre Geschäfte durch ständige Vertreter besorgen. Im Schatten des riesigen Turms der Tuchhalle von Brügge lebten um 1400 deshalb Kaufleute aus vielen Ländern.

Siegel der Stadt Lübeck aus dem Jahr 1280

Die Hansestädte

Neben den italienischen Kaufleuten genossen in Brügge um 1400 vor allem die Kaufleute aus Lübeck großes Ansehen. Als „Vorort" der Hanse hatte Lübeck den Ruf, mächtigste Handelsstadt im Norden zu sein. Wie war es dazu gekommen?
Heinrich der Löwe hatte die Stadt 1159 gegründet, um den Ostseehandel zu fördern, dessen Zentrum zu dieser Zeit in Visby auf Gotland lag. Mit bauchigen Koggen, die mehr laden konnten und seetüchtiger waren als die Ruderschiffe der nordischen Konkurrenten, wurden Pelze, Felle, Heringe und Holz aus den Ostseeländern und der Nordsee nach Mitteleuropa gebracht. Um sich gegen Raub, Übergriffe und Gefahren der rauhen See besser zu schützen, hatten sich die Gotlandfahrer zu Fahrtgemeinschaften, zu sogenannten Hansen (= Schar), zusammengeschlossen.
Der Strom deutscher Siedler in den Osten und die Eroberungen des Deutschen Ordens (siehe S. 67) begünstigten diesen Handel und den Aufstieg Lübecks als Umschlagplatz im Ost-West-Handel und als Auswandererhafen in die Ostgebiete. Bald fuhren die Kaufleute bis nach Nowgorod. Dort und an den wichtigsten Zielorten, in Bergen, London oder Brügge, gründeten sie Kontore mit großen Warenlagern.
Als sich die Städte der verschiedenen Fahrtgemeinschaften 1358 zum Städtebund der deutschen Hanse zusammenschlossen, wurde Lübeck als die Stadt bestimmt, in der die Hansetage – die Versammlung, auf der die obersten Beschlüsse gefaßt wurden – stattfinden sollten. Obwohl es keine festen Statuten gab, hatte sich allmählich eine Ordnung herausgebildet, in der die Städte nach ihrer Lage in sogenannte Quartiere mit Vororten eingeteilt waren. Jeder Kaufmann unterstand zwar der Kontrolle und auch der Gerichtsbarkeit der Hanse; wie er seinen Handel aber bewerkstelligte und mit welchen Kaufmannskollegen er sich zusammentat, das war seine eigene Entscheidung. Auf den Hansetagen wurden Beschlüsse über den Stapelzwang (Warenvorlage) für Fremde, Stapelrechte für eigene Schiffe oder die „Verhansung" (Boykottierung) einer Stadt gefaßt.
Die deutsche Hanse, zu der zeitweise über 150 Städte gehörten, stellte schon bald nach ihrer Gründung nicht nur eine wirtschaftliche, sondern auch politische Macht in Nord- und Mitteleuropa dar. Das bekam besonders der dänische König, der Hauptgegner der Hanse, zu spüren. Im Frieden von Stralsund mußte er 1370 zugestehen, daß zukünftig der dänische König nur mit Zustimmung der Hanse gewählt werden durfte.
Um für Frieden und Schutz ihrer Kaufleute im Nord- und Ostseeraum zu sorgen, mußte sich die Hanse auch lange Zeit gegen einen anderen Gegner wehren: Die Vitalienbrüder – so genannt, weil sie das belagerte Stockholm mit Viktualien (Lebensmitteln) versorgten – kaperten Koggen und plünderten Hansestädte. Gegen die Vitalienbrüder führten die betroffenen Städte mit ihren „Friedensschiffen" einen jahrelangen Kleinkrieg, bis sie schließlich die Anführer Klaus Störtebeker und Gödecke Michels samt ihrem Gefolge gefangengenommen und 1402 in Hamburg hingerichtet hatten.

1 Messen in der Champagne

1a *In einem Brief aus dem Jahr 1265 schilderte der italienische Kaufmann Andrea de Tolomei seiner Handelsgesellschaft in Siena die Neuigkeiten, die er bei der Messe im französischen Troyes erfahren hatte:*

Q Andrea grüßt seinen Herrn Tolomei und die anderen Teilhaber des Handelshauses. Nach Beendigung der vorangegangenen Messe von Provins haben die hier anwesenden Kaufleute aus Siena – wie üblich – einen gemeinsamen Boten mit einem Bündel von Briefen nach Siena abgeschickt …

Ich habe von Federico Doni, unserem Vertreter in England, einen Brief erhalten, daß er heil und gesund in London angekommen ist und gleich einen Boten nach Coventry geschickt hat, der aber noch nicht zurückgekehrt war. Ich glaube aber, daß unsere Schuldner in Coventry, wenn es Gott gefällt, zahlen werden … Der Briefbote aus Siena ist hier immer noch nicht eingetroffen – es dauert zu lang! Sobald er ankommt, werde ich Eure Briefe durchsehen und Eure Aufträge nach besten Kräften ausführen!

Der Kardinal Simon bemüht sich, hier in Frankreich große Geldsummen für den von König Karl von Anjou geplanten Kriegszug gegen Sizilien einzusammeln … Wenn der König dann dieses französische Geld in Rom oder in der Lombardei in italienische Münzen eintauscht, werden die französischen Währungen im Preis fallen. Ich glaube, daß jetzt schon Leute dieses Landes, die den König unterstützen, in der Lombardei sind und einen großen Bestand an Geld und Wechsel bei sich haben. Da sie viel davon ausgeben werden, müßten die französischen Währungen ganz billig zu haben sein. Falls Ihr eine Möglichkeit seht, aus diesen Wechselgeschäften Gewinn zu ziehen, versucht es sofort! …

Gewürze gehen hier schlecht: Das Angebot ist groß und es gibt kaum Käufer.

Lettere volgari del secolo XIII scritte da Senesi, hg. v. C. Paoli u. a., Bologna 1871, S. 49ff. Übers. d. Verf.

1. *Stelle die in dem Brief genannten Orte, Länder und Waren zusammen und suche sie auf der Karte S. 46. Welche Gründe für die Bedeutung der Messen in der Champagne ergeben sich daraus?*
2. *Welche verschiedenen Aufgaben hatte der Kaufmann für seine Handelsgesellschaft auf den Messen in der Champagne zu erledigen?*

1b *Die Reihenfolge der Messen in der Champagne*

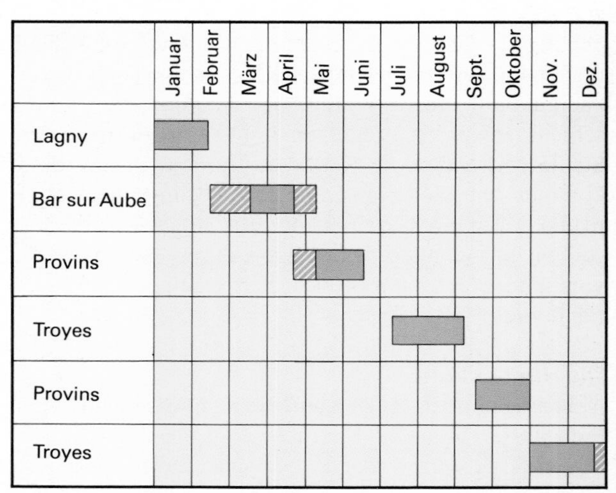

Anmerkung: Anfang und Ende einiger Messen schwankten, da sie sich nach den beweglichen kirchlichen Feiertagen richteten.

1. *Welche Gründe hatte es, daß die Messen nicht zu einem Zeitpunkt und an einem Ort stattfanden?*
2. *Welche Folgen hatte es für Fernhändler, z. B. aus Italien, daß das ganze Jahr über Messen in der Champagne stattfanden?*

1c *König Philipp II. von Frankreich stellte 1209 folgenden Messeschutzbrief aus:*

Q Ihr sollt wissen, daß wir allen Kaufleuten aus Italien und aus anderen Ländern, die zur Messe unserer geliebten Gräfin von Troyes kommen, auf dem Hin- und Rückweg Schutz und Geleit gewähren – so wie wir es den Kaufleuten unseres Landes gewähren, die nach Gewohnheit und Schuldigkeit ihre richtigen Abgaben zahlen. Wenn wir aber nicht wollen, daß sie weiterhin zu der Messe kommen, lassen wir es ihnen auf der Messe verbieten, und nach unserem Verbot haben sie drei Monate Zeit, mit ihren Waren in ihre Länder zurückzukehren.

Recueil des Actes de Philippe Auguste, hg. v. M. J. Monicat und M. J. Boussard, Paris 1966, S. 192. Übers. d. Verf.

1. *Warum stellte der König einen Schutzbrief aus?*
2. *Welche Rechte und Pflichten ergaben sich aus dem Schutzbrief für den König und für ausländische Kaufleute?*

1d *Aus dem Messerecht der Champagne-Messen:*

1. Meßschulden müssen von den Kaufleuten vor anderen Schulden bezahlt werden.
2. Die Festnahme eines Kaufmanns darf die Messeaufsicht nur mit Erlaubnis des Messerichters vornehmen.
3. Rechtsstreitigkeiten werden vom Messegericht ohne Verzögerung entschieden.
4. Säumigen Schuldnern droht Haft im Messegefängnis.
5. Die Messeaufsicht bewacht Tag und Nacht die Waren.
6. Bei flüchtigen Schuldnern wendet sich der Marktrichter an das Heimatgericht des Schuldners. Kann dieses die Schulden nicht eintreiben, ergeht für die Kaufleute der betroffenen Stadt ein Messeverbot, bis die Schulden bezahlt sind.
7. Alle Waren müssen auf der Messewaage gewogen werden.

zusammengestellt nach: F. Bourquelot, Etudes sur les Foires de Champagne, 2. Bd., Paris 1865, S. 321ff. Übers. d. Verf.

1e *Der Bischof auf der Messe. Aus einer Bilderhandschrift um 1450*

1f *Ablauf der Messe in Troyes:*

Tage	Messeablauf		
1. bis 8.	Vorwoche: Transport von vorangegangener Messe, Aufbau der Stände, Auspacken der Waren		
9. 10. 11. 12. 13. 14. 15. 16.	TUCHMESSE Tuche werden besichtigt, geprüft und Preise festgesetzt	GEWÜRZMESSE Besichtigung und Verkauf aller Waren, die nach Gewicht verkauft werden, vor allem Gewürze und Wachs	MESSE für VIEH, PFERDE, GETREIDE, WEIN und SALZ Besichtigung und Verkauf, vor allem für nähere Umgebung von Bedeutung
17. 18. 19.	Verkaufstage für Tuche		
20. 21. 22. 23. 24. 25. 26. 27. 28. 29.	LEDER- und PELZMESSE Leder und Lederwaren werden besichtigt, geprüft und Preise festgesetzt		
30. 31. 32.	Verkaufstage für Lederwaren		
	Ende der Zahlzeit: Frühere Kredite und Einkäufe auf dieser Messe müssen bezahlt sein		
33. bis 46.	Bankgeschäfte: Kaufleute können Währungen wechseln, Kredite aufnehmen und andere Geldgeschäfte erledigen		
47. bis 50.	Schlußtage: Messebehörde stellt Briefe gegen säumige Schuldner aus, Abbau der Stände		

1. *Schildere anhand der Materialien 1d – 1f den Ablauf einer Messe in Troyes.*
2. *Wie wurden die Ordnung und der Ablauf der Messe gesichert?*
3. *Mit welchen Gefahren und Schwierigkeiten mußte ein Kaufmann auf der Messe rechnen?*
4. *Welche Bedeutung hatte der Bischof (Bild 1e) für die Messe?*

Zusammenfassende Arbeitsfragen:

1. *Stelle Gründe zusammen, warum sich Kaufleute aus ganz Europa gerade auf den Champagne-Messen getroffen haben.*
2. *Informiere dich über heutige Messen. Was unterscheidet sie von den mittelalterlichen Messen in der Champagne?*
3. *Seit dem 14. Jahrhundert sank die Bedeutung der Champagne-Messen. Welche Gründe kann es dafür gegeben haben?*

Die mittelalterliche Stadt

Im frühen Mittelalter gab es in West- und Mitteleuropa nur wenige, auf die Römerzeit zurückgehende Städte. Doch seit dem 11. Jahrhundert verließen immer mehr Menschen das Land. Die alten **Römer- und Bischofsstädte** blühten auf, neue Städte entstanden oder wurden planmäßig gegründet.
Handel und Handwerk bestimmten das wirtschaftliche Leben in der mittelalterlichen Stadt. Der zunehmende Austausch führte dazu, daß sich die Arbeit immer mehr spezialisierte, d. h. die **Arbeitsteilung** fortschritt, und von der Naturalwirtschaft zur **Geldwirtschaft** übergegangen wurde.
Die meisten Handwerkszweige in der Stadt waren in **Zünften** zusammengeschlossen, die die Belange des Handwerks (Ausbildung, Preise der Waren u. ä.) regelten und für die Zunftmitglieder sorgten. Hierzu gehörte z. B. auch, daß beim Tod eines Meisters häufig seine Witwe den Handwerksbetrieb weiterführen konnte, obwohl generell Frauen von der Mitverantwortung für das öffentliche Leben ausgeschlossen waren.
An der Spitze der städtischen Gesellschaft standen die reichen Kaufleute **(Patrizier)**. Sie übten die Herrschaft in der Stadt aus; sie wählten die Bürgermeister und Ratsherren, die – zusammengeschlossen im **Rat der Stadt** – die Stadtregierung bildeten. Gegen diese Herrschaft der Patrizier kam es seit dem 14. Jahrhundert häufig zu **Bürgerkämpfen**, in denen Handwerker und Gesellen politische Mitbestimmung forderten.
Im Unterschied zu den hörigen Bauern auf dem Land waren alle Stadtbewohner persönlich frei. Bürger war allerdings nur, wer einer Zunft oder Gilde angehörte und Steuern zahlen konnte. Die Masse der Stadtbevölkerung (Tagelöhner, Gesellen, Knechte, Mägde) sowie Minderheiten (z. B. die Juden) blieben von der politischen Mitsprache ausgeschlossen.
Mit dem Aufblühen der Städte nahm auch der Fernhandel zu, so daß **Messe- und Handelszentren** entstanden. Neben den oberitalienischen Städten und den Städten in Flandern erreichten die **Hansestädte** eine besondere Bedeutung. Als Fahrtgemeinschaft zum Schutz des Ostseehandels gegründet, entwickelte sich dieser Städtebund im 14. und 15. Jahrhundert zu einer politischen Macht in Nord- und Mitteleuropa.

Im Freiburger Münster

①

②

③

④

Im Freiburger Münster kannst du auch heute noch diese schönen Glasfenster aus der Zeit um 1330 bewundern.

Um was handelt es sich bei den Darstellungen? Warum wurde die Kirche auch mit weltlichen Motiven geschmückt?

Stadtspiel

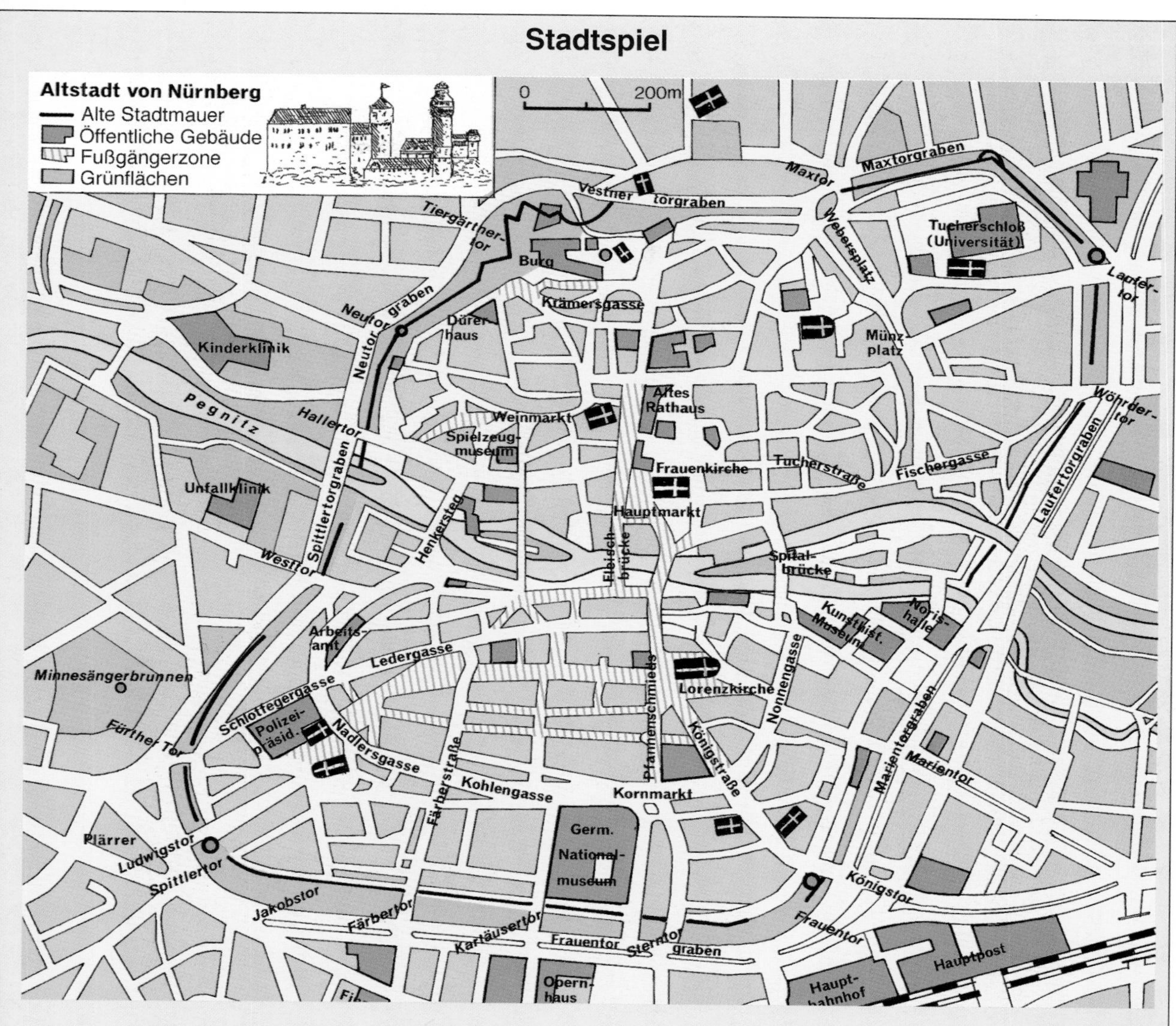

Auf dem abgebildeten modernen Stadtplan von Nürnberg findest du viele Merkmale, die auf eine mittelalterliche Stadt hinweisen. Versuche folgende Fragen zu beantworten:

1. *Wodurch wird die mittelalterliche Stadt heute markiert? Wie groß ist die Stadt damals gewesen?*
2. *Sammelt die Straßennamen, die im mittelalterlichen Stadtkern vorkommen und zieht Schlußfolgerungen daraus, wer dort gewohnt hat.*
3. *Wo wurden welche Märkte abgehalten?*
4. *Wo lagen die wichtigsten Gebäude für das mittelalterliche Stadtleben?*

Wenn du in der Nähe einer mittelalterlichen Stadt wohnst, kannst du diese Fragen auch für deine Stadt beantworten. Ein richtiges Stadtspiel wird daraus, wenn ihr in Gruppen versucht, außerdem folgende Fragen herauszubekommen:

1. *Wann wurde die Stadt gegründet und von wem?*
2. *Wie hieß die Stadt im Mittelalter? Wie ist ihr Name zu erklären?*
3. *Wieviele Menschen wohnten früher in der Stadt? Überprüft euer Ergebnis, indem ihr euch im Archiv oder im Museum erkundigt.*
4. *Gibt es in der Stadt noch einen Brauch, der auf das Mittelalter zurückgeht?*

3. Königreiche im mittelalterlichen Europa

England und Spanien, die skandinavischen Länder Norwegen, Schweden und Dänemark sowie Belgien und die Niederlande – all diese Staaten in Europa sind heute Königreiche. Als Staatsoberhäupter haben die Königinnen und Könige dieser Länder auch heute noch eine besondere Stellung. Wie schon im Mittelalter verdanken sie ihr Amt der Abstammung. Doch keiner würde wohl heute auf die Idee kommen, das Königtum so abzuleiten, wie es auf dem nebenstehenden, um die Jahrtausendwende entstandenen Bild zum Ausdruck kommt: Einer Christusdarstellung gleich thront der von Gottes Hand gekrönte König über der Welt, umgeben von vier Figuren, die die Evangelisten symbolisieren. Für das Mittelalter ist eine solche Darstellung des Königtums jedoch nicht ungewöhnlich, leiteten doch alle mittelalterlichen Könige ihre Herrschaft von Gottes Gnaden und aus der von Gott gesetzten Weltordnung ab.
Erstaunlicher auf dieser Abbildung ist eher, daß zwei Könige huldigend die Oberherrschaft eines anderen anerkennen. Dies gibt einen Hinweis darauf, daß es sich bei dem Bild um eine Interpretation des Königtums aus deutscher Sicht handeln muß. Denn in der Nachfolge des Frankenkönigs Karl der Große, der im Jahr 800 vom Papst zum Kaiser gekrönt wurde, verstanden sich die deutschen Könige seit der Kaiserkrönung Ottos I. im Jahr 962 als Erben des römischen Kaisers und Herren der Christenheit. Sie beanspruchten deshalb ein Vorrecht gegenüber den Königen anderer Länder Europas.
Widerspruchslos wurde die Sonderrolle, die die deutschen Herrscher beanspruchten, jedoch nicht hingenommen. Ein Engländer wetterte z. B. im 12. Jahrhundert: „Wer hat denn die Deutschen zu Richtern der Nationen bestellt? Wer hat diesen plumpen und wilden Menschen das Recht gegeben, nach Willkür einen Herren über die Häupter der Menschenkinder zu setzen?“
Keinen Streit hätte es allerdings über die Stellung der zwei Ritter und der zwei Geistlichen gegeben, die unten auf dem Bild zu sehen sind. Denn in allen Königreichen Europas sollten weltliche Lehnsmänner und geistliche Herren die Stützen der königlichen Herrschaft sein. In der Praxis waren es aber gerade sie, die die Macht und Herrschaft der Könige immer wieder in Frage stellten.

Krönung Ottos III. durch die Hand Gottes. Titelbild einer Bilderhandschrift um 1000

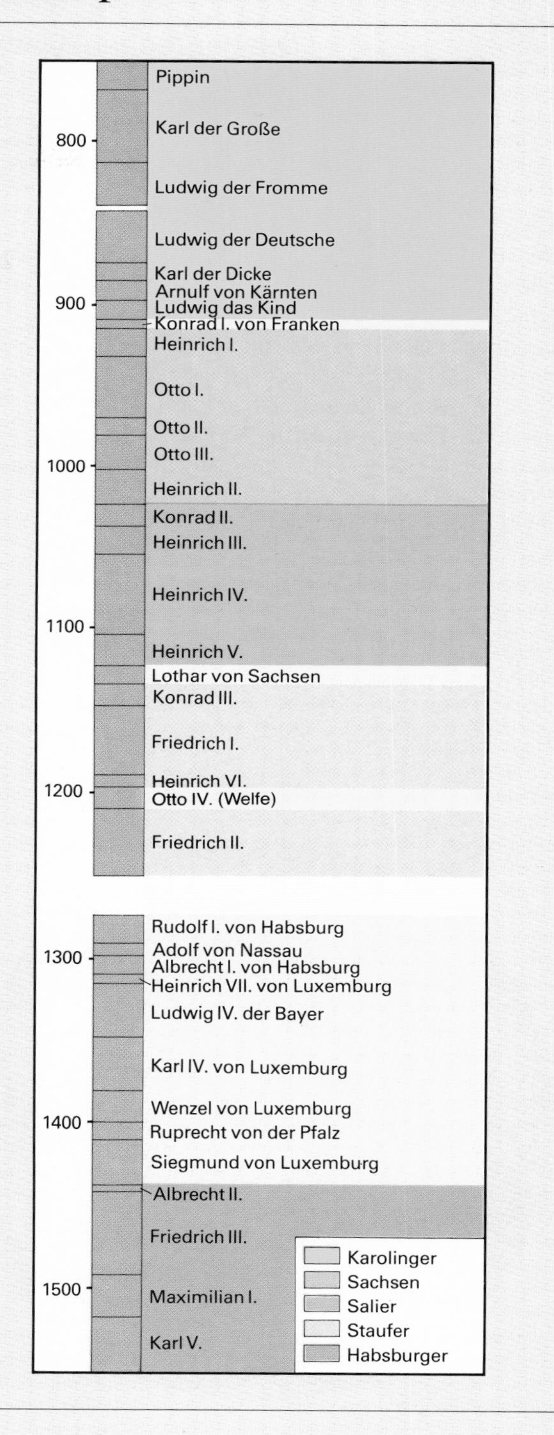

Die deutschen Könige: Auftrag und Herrschaft

Von Karl dem Großen bis zu Karl IV.

Karl der Große

Der fränkische König Karl hatte in langen Herrschaftsjahren sein Reich gefestigt und in mehreren Kriegen die benachbarten Sachsen unterworfen und zur Annahme des christlichen Glaubens gezwungen. Als die Langobarden, ein damals in Oberitalien ansässiges Germanenvolk, Rom erobern wollten, rief der Papst den mächtigsten Herrscher Europas zu Hilfe, Karl den Großen. Der zog nach Italien, besiegte die Langobarden und setzte sich in deren Hauptstadt Pavia selbst die Langobardenkrone auf, um in Zukunft jede Gefahr für den Papst auszuschließen. Am Weihnachtstag des Jahres 800 wurde er dann vom Papst in Rom zum Kaiser gekrönt.
Wie nach über 300 Jahren der Titel des weströmischen Kaisers wieder zu Ehren gekommen war, so sollte auch die Kultur der christlichen Spätantike im Karolingerreich erneuert werden. Königshof und Klöster wurden zu Zentren der Dichtung, der Musik und des Kunsthandwerks.

Kaiser Karl der Große, Münze aus dem Jahr 804

Recht und Schulen wurden reformiert. In den Schreibstuben wurden die aus der Antike überlieferten Bücher kopiert und mit Buchmalereien geschmückt.
Karl der Große vereinte die christlichen Völker West- und Mitteleuropas mit Ausnahme Englands und Irlands in einem Reich, das fast die Ausdehnung des alten Weströmischen Reiches hatte. Das römische Kaiserreich war als christliches Kaiserreich wiedererstanden. Germanisch-fränkische Lebensweise, christlicher Glaube und römisches Erbe verbanden sich in seinem Reich und bestimmten die Zukunft Europas.

Vom Frankenreich zum Reich der Deutschen

Die Enkel und Urenkel Karls teilten das große Reich mehrfach untereinander auf. Als im Jahr 911 der letzte ostfränkische Karolinger noch als unmündiges Kind starb, entschieden sich die Großen des Ostreichs für die Eigenständigkeit und den Wechsel. Sie wählten einen der ihren, den Frankenherzog. Das Ostfränkische Reich wurde später „Reich der Deutschen" genannt. Diese Wahl gilt als ein wichtiges Ereignis in der Geschichte der Entstehung eines deutschen Staates.
Wer waren diese Franken, Sachsen, Schwaben und Bayern, die Quellen als Wähler nennen? Es waren Völkerschaften, die im karolingischen Großreich Untereinheiten gebildet hatten und an deren Spitze jeweils ein Herzog stand. Sehr viel Einfluß aber mochten die Herzöge den neuen Königen in ihren Herzogtümern nicht zugestehen. Erst dem außenpolitisch erfolgreichen und mächtigen Otto I. gelang es, die Bischöfe und adligen Großgrundbesitzer im Dienst des Reiches an sich zu binden. Nachdem er 955 auf dem Lechfeld über die heidnischen Ungarn einen Sieg errungen hatte, galt er als mächtiger Schutzherr der Christenheit. Als Zeichen dieses besonderen Ranges wollte auch er die Kaiserkrone aus den Händen des Papstes in Rom empfangen. Otto der Große war dann auch der erste deutsche König, der im Jahr 962 zum Kaiser gekrönt wurde. Er begründete damit die Tradition des römischen Kaisertums der deutschen Könige, die das ganze Mittelalter hindurch bestand.

Staufer und Welfen

Mit dem Großneffen Ottos erlosch das Königsgeschlecht

der Ottonen. Die Macht ging an eine verwandte fränkische Grafenfamilie über, die man später *Salier* nannte und deren Güter vor allem um Worms und Speyer lagen, wo heute noch die Dome an sie erinnern.
Im Jahr 1125, als der letzte Salier starb, gab es im Reich zwei sehr mächtige Familien, die Staufer (Herzöge von Schwaben) und die Welfen (Herzöge von Bayern). Über Jahrzehnte rangen sie um die Vormachtstellung. Erst 1152 bot sich beim Tod eines staufischen Königs die Chance auf einen Ausgleich. Die Großen des Reiches wählten nicht den unmündigen Sohn, weil sie ihm die Befriedung des Reiches nicht zutrauten, sondern Friedrich, den Neffen des Verstorbenen.
Von ihm, dem Sohn eines staufischen Vaters und einer welfischen Mutter, erhofften sie den Ausgleich zwischen den beiden verfeindeten Geschlechtern. Friedrich, den die Italiener später Barbarossa, d. h. Rotbart, nannten, gelang es rasch, Frieden herzustellen. Der welfische Vetter, Heinrich der Löwe, unterstützte seine Ziele, das Kaisertum und die alten Reichsrechte in Italien wieder zur Geltung zu bringen. Friedrich ließ ihm dafür freie Hand im Nordosten des Reiches. Er gründete dort die Städte Lübeck und Schwerin und warb Bauern an für die dünn besiedelten Gebiete östlich der Elbe (siehe S. 66).
Doch 1167 verweigerte Heinrich die weitere Unterstützung. „Habt acht, daß Euch die Kaiserkrone nicht vor die Füße fällt," soll ein Gefolgsmann Heinrichs des Löwen dem Kaiser Friedrich Barbarossa höhnisch zugerufen haben, als dieser sich in Chiavenna vor seinem Vetter demütig verneigte, um ihn umzustimmen. Doch Heinrich forderte mit der Überlassung der Reichsstadt Goslar einen so großen Preis, daß Friedrich es vorzog, ohne dessen Truppen die Schlacht gegen die oberitalienischen Städte aufzunehmen. Die Schlacht ging verloren.
Nun boten Friedrich die bisher überhörten Klagen über das rücksichtslose Vorgehen des Herzogs den willkommenen Anlaß, ihn 1180 vor das Königsgericht zu laden. Als Heinrich nicht erschien, wurde über ihn die Reichsacht verhängt. Friedrich konnte das Urteil jedoch nur durchsetzen, weil er sich der Unterstützung der meisten Großen im Reich sicher sein konnte. Die eingezogenen Reichslehen Heinrichs wurden nicht Reichsgut, sondern der König mußte sie wieder verleihen.
Der König sah sich immer mehr der geschlossenen Gruppe der „Reichsfürsten" gegenüber, die ihre Fürstentümer als Lehen direkt erhalten hatten. Hier konnte der König kaum noch eingreifen, denn die Fürsten banden den niederen Adel an sich. Dem König blieb nur die Möglichkeit, seine eigenen Besitzungen, das Reichsgut und das Hausgut seiner Familie, zu möglichst geschlossenen Gebieten zusammenzufassen.

Friedrich II. und sein Modellstaat

Wie schwach die Stellung des Königtums in Deutschland war, zeigte sich an den Verträgen, die Kaiser Friedrich II. mit den geistlichen Fürsten 1220 und den weltlichen Fürsten 1232 schloß: Er verzichtete zu ihren Gunsten auf die Ausübung alter königlicher Rechte wie das Münz-, Zoll- und Marktrecht in ihren Gebieten. Gleichzeitig versprach er, keine weiteren Städte zu gründen, Burgen zu bauen und Münzstätten einzurichten. Damit gab er die Mittel aus der Hand, mit denen seine Vorgänger ihren Hausbesitz, vor allem in Südwestdeutschland, ausgebaut hatten. Deutschland blieb ein Lehnreich. Die Zukunft gehörte aber den fürstlichen Territorialstaaten.
Was Friedrich II. in Deutschland durch die Schwächung der Königsgewalt nicht erreichen konnte, das versuchte er in seinem ererbten Königreich Sizilien: den Aufbau eines Staates, der vom Königshof und seinen Regierungsbeamten gelenkt wurde. Zum Aufbau seines sizilianischen „Modellstaates" benötigte er ausgebildete und weisungsgebundene Beamte, die ein Gehalt bezogen und „zum Nutzen des Allgemeinwohls" den Willen der königlichen Majestät im Land durchsetzten. In alle Lebensbereiche sollte der König durch Gesetze und durch seine Verwaltung eingreifen können – nicht gebunden durch verpflichtende Treue und Wahrung adliger Standesrechte, sondern allein durch die Vernunft.

Karl IV.

Nach Friedrich II., dem letzten mächtigen Stauferkaiser, begann eine Schwächephase des Königtums. Für viele Jahre gab es überhaupt keinen anerkannten König. Die Schwäche der Zentralmacht und die Anarchie im Reich übertrafen die schlimmsten Zeiten des staufisch-welfischen Konfliktes. Doch da den Fürsten wichtige Herrschaftsrechte übertragen worden waren, waren sie nicht an einem starken König interessiert. Dennoch profilierten sich drei neue Geschlechter, die die deutsche Geschichte im Spätmittelalter prägten: die Habsburger, die Wittelsbacher und die Luxemburger.
Karl IV. war der bedeutendste König aus luxemburgi-

Krönung Karls IV. und seiner Frau. Bilderhandschrift aus der 2. Hälfte des 14. Jahrhunderts

schem Geschlecht. Seine Macht beruhte nicht mehr auf dem weiterhin schwindenden Reichsgut, sondern auf der Hausmacht, d. h. den eigenen Territorien. Vom Vater, dem Grafen von Luxemburg, und von der Mutter, der Erbtochter des Königs von Böhmen, hatte er zwei weit auseinanderliegende Herrschaftsschwerpunkte übernommen. Er konnte sie ausbauen und miteinander verbinden. Kein anderer König des Spätmittelalters war in seiner Hausmachtpolitik so erfolgreich. Sein Territorium umfaßte schließlich ein Viertel des Reiches. Karl IV. stützte seine Macht auf eine funktionsfähige Kanzlei mit Verwaltungsfachleuten. 1348 gründete er in Prag auch die erste Universität im Reich. Sein Erfolg beruhte mehr auf Politik und Diplomatie als auf Kriegsführung.

Wie die Könige herrschten

Die Wahl

Wenn im frühen Mittelalter ein König gewählt wurde, so hieß das nicht, daß zwischen mehreren Kandidaten frei entschieden werden konnte. Die Ordnung der Welt wurde als Werk Gottes betrachtet, Gott hatte deshalb zu bestimmen, wer König sein sollte.
Hatte der König einen Sohn, so war der Wille Gottes offensichtlich: Er hatte durch die Geburt des Sohnes gezeigt, daß das Königtum in der Familie fortgesetzt werden sollte. Doch wenn ein männlicher Erbe fehlte, dann kam es zu schweren Konflikten. Meist wurde derjenige König, der die Zustimmung der wichtigsten Männer im Reich gewann. Wenn man sich nicht einigen konnte, wählte jede Partei ihren König – der Wille Gottes würde sich im Kampfesglück und im Erfolg des siegreichen Bewerbers erweisen. Solche Doppelwahlen und die daraus oft entstehenden Bürgerkriege führten später zu der Einsicht, daß der Kreis der Wahlberechtigten festgelegt und Mehrheitsentscheidungen von der Minderheit akzeptiert werden müßten. Das Ringen um eine sichere Wahlordnung kam im Deutschen Reich aber erst im Jahr 1356 zum Abschluß. Die „Goldene Bulle" bestimmte, daß der deutsche König in der Reichsstadt Frankfurt von der Mehrheit der sieben Kurfürsten zu wählen sei.

Der Amtsantritt

Erst die Salbung und die Krönung durch einen Erzbischof machten unwiderruflich klar, daß der neue Herrscher im Auftrag Gottes regierte. Ein Neugewählter mußte also die Krone und die anderen königlichen Insignien in seinen Besitz bringen, nach Aachen reisen und sich dort krönen lassen. Danach mußte er seine Herrschaft „vor Ort" antreten. Er reiste im Reich umher und ließ sich von Fürsten, Bischöfen und Städten huldigen.
Vom deutschen König wurde außerdem erwartet, daß er sich – wie viele seiner Vorgänger – in Rom vom Papst zum Kaiser krönen ließ. Dies war nur möglich, wenn er auch die alten Herrschaftsrechte in Oberitalien ausübte und wenn er bereit war, dem Papst militärisch zu Hilfe zu kommen.

Der Reisekönig

Mit dem ersten Umritt hatte bereits das normale Regieren begonnen, denn das Reich wurde nicht von einer Hauptstadt aus verwaltet. Bei diesen Reisen bildeten sich Regeln heraus. So verbrachten die karolingischen Könige den Winter in einer ihrer Lieblingspfalzen, z. B. Aachen, hielten dort zu Ostern eine Heeresversammlung ab, zogen in den Sommermonaten in den Krieg, erholten sich im Herbst bei der Jagd und kehrten spätestens zum Weihnachtsfest wieder in die Winterpfalz zurück.
Auch bei der Wahl der Reisewege waren die Könige nicht ganz frei. Zwar hatte der König Anspruch darauf, überall kostenlos verpflegt und beherbergt zu werden. Meistens wurde die Reise jedoch nach der Lage der königlichen Güter geplant, und der König mit seinem Gefolge machte Quartier in den Königshöfen und Pfalzen. So zogen sie durch die Lande, machten oft für mehrere Tage Station und legten an einem Reisetag keinesfalls mehr als 30 Kilometer zurück.

Regieren mit Schwert und Siegel

Die Könige trugen die Verantwortung für den Frieden. Sie mußten gegen äußere Feinde des Reiches das Heer anführen. Nur sie durften im Namen des Reiches Verträge abschließen.
Auch im Innern hatten die Könige dafür zu sorgen, daß der Friede gewahrt wurde. Doch die Fehden (siehe S. 20) stellten sie vor eine kaum lösbare Aufgabe. Immer wieder versuchten die deutschen Könige, Fehdeverbote auszusprechen. Doch nur wenn ein Geschädigter darauf vertrauen konnte, daß er vor einem Gericht klagen und sein Recht erhalten würde, war er bereit, auf private Rache zu verzichten. Die Könige hätten also für funktionsfähige Gerichte und Behörden sorgen müssen, die über die Einhaltung der Gesetze wachten.
Der ranghöchste Reichsfürst, der Erzbischof von Mainz, trug als Reichskanzler die Hauptverantwortung für die königliche Kanzlei. Diese begleitete den König auf seinen Reisen. Wenn dann z. B. ein Abt den König um die Bestätigung eines alten Rechtes bat, mußte er als Beleg eine frühere Urkunde vorlegen und erhielt dafür eine neue. Dieses Verfahren öffnete Fälschungen Tür und Tor. Dennoch brauchte es Jahrhunderte, bevor die Kanzlei begann, Abschriften der Urkunden aufzubewahren. Da die meisten Könige nicht schreiben konnten, wurde die Richtigkeit des Textes nicht mit der Unterschrift bestätigt, sondern durch die Nennung der anwesenden Zeugen und durch das Wachssiegel des Königs.

Familienpolitik und Nachfolge

Die Macht eines Königs gründete sich auch auf die seiner Familie. Darunter verstand man im Mittelalter nicht nur Eltern und Kinder, sondern auch Vorfahren und Verwandte. Familienbesitz, typische Vornamen („Friedrich"), eine namensgebende Stammburg („Staufen") und ein Grab in einem Hauskloster – diese Kennzeichen der adligen Familien galten auch für den König.
Die Könige bemühten sich, die Macht ihrer Familie zu erhalten und zu mehren. Ein Mittel dazu bot die Heiratspolitik. Durch eine geschickte Wahl der Heiratspartner für die Söhne und Töchter konnten politische Verbindungen gestärkt und der Familienbesitz erweitert werden.
Im Zentrum des Familieninteresses lag die Regelung der Nachfolge. Meist hatten die Könige ihr Amt von Familienmitgliedern übernommen und versuchten, es an den Sohn weiterzugeben. War der Erbe beim Tod des Vaters noch unmündig, so übernahm die Mutter die Regentschaft. Die Königinnen waren darauf vorbereitet, denn sie hatten ja auch zu Lebzeiten des Mannes Anteil an der königlichen Herrschaft. Sie wurden ebenfalls gekrönt, begleiteten den König zuweilen auf seinen Reisen und griffen gelegentlich aktiv in die Politik ein. Eine noch wichtigere, allerdings passive Rolle spielten die Frauen bei der Heiratspolitik.

Tod und Verklärung

Nach dem Tod fiel auf manche Könige ein verklärendes Licht. In der Erinnerung verblaßten politischer Streit und menschliche Fehler. Manche wurden sogar als Heilige verehrt. In ihnen wurde das ideale Bild des Königs sichtbar: Der König sollte fromm, gerecht, mildtätig und gnädig sein.
Das ideale Bild vom König hat im Volk eine breite Wirkung entfaltet. Der ferne König, den man nie oder nur ganz selten bei feierlichen Anlässen zu Gesicht bekam, war gut. Für die Bedrückungen im Alltag machte man die Vertreter des Königs vor Ort verantwortlich. Auf diesem Volksglauben beruht auch die Sage von Friedrich Barbarossa, nach der er im Kyffhäuserberg südlich des Harzes in einer Höhle nach seinem Tode ruhen und darauf warten soll, in die Welt zurückzukehren und alles zum Besseren zu wenden.

1 Otto I. oder: Vom Herzog zum König

Über die Krönung Ottos I. zum König am 7. August 936 schrieb Widukind von Corvey in seiner Geschichte der Sachsen:

Q Als man dorthin (nach Aachen) gekommen war, versammelten sich die Herzöge und die Ersten der Grafen mit der Schar der vornehmsten Ritter in dem Säulenhof, der mit der Basilika Karls des Großen verbunden ist, und sie setzten den neuen Herrscher auf einen hier aufgestellten Thronsessel. Hier huldigten sie ihm, gelobten ihm Treue und versprachen ihm Hilfe gegen alle seine Feinde und machten ihn so nach ihrem Brauche zum Könige. Während dies die Herzöge und die übrigen Amtsträger taten, erwartete der Erzbischof mit der gesamten Priesterschaft und dem ganzen Volk innen in der Basilika den Aufzug des neuen Königs. Als dieser eintrat, ging ihm der Erzbischof entgegen … und schritt dann vor bis in die Mitte des Heiligtums, wo er stehen blieb. Dann zum Volke gewandt … sprach er: „Sehet, hier bringe ich euch den von Gott erkorenen und einst vom großmächtigen Herrn Heinrich bestimmten, nun aber von allen Fürsten zum Könige gemachten Otto. Wenn euch diese Wahl gefällt, so bezeugt dies, indem ihr die rechte Hand zum Himmel emporhebt." Darauf hob alles Volk die Rechte in die Höhe und wünschte mit lautem Zuruf dem neuen Herrscher Heil. Sodann schritt der Erzbischof mit dem König, der nach fränkischer Art mit enganliegendem Gewande bekleidet war, hinter den Altar, auf dem die Abzeichen des Königs lagen: das Schwert mit dem Wehrgehenk, der Mantel mit den Spangen, der Stab mit dem Zepter und das Diadem[1] … (Der Erzbischof) trat an den Altar, nahm hier das Schwert mit dem Wehrgehenk und sprach zum König gewendet: „Empfange dieses Schwert und treibe mit ihm aus alle Widersacher Christi …" Sodann nahm er die Spangen und den Mantel und bekleidete ihn damit, indem er sagte: „Die bis auf den Boden herabreichenden Zipfel deines Gewandes mögen dich erinnern, von welchem Eifer im Glauben du entbrennen und in Wahrung des Friedens beharren sollst bis in den Tod." Darauf nahm er Zepter und Stab und sprach: „Diese Abzeichen sollen dich ermahnen, mit väterlicher Zucht deine Untertanen zu leiten und vor allem den Dienern Gottes, den Witwen und Waisen die Hand des Erbarmens zu reichen" … Alsbald (wurde der König) mit dem heiligen Öle gesalbt und mit dem goldenen Diadem gekrönt von den Bischöfen Hildebert und Wichfrid, und als nun die rechtmäßige Weihe vollzogen war, wurde er von eben denselben Bischöfen zum Thron geführt.

[1] Krone

Quellen zur Geschichte der sächsischen Kaiserzeit, hg. v. A. Bauer u. R. Rau, Darmstadt 1971, S. 87ff.

1. *Dieser Bericht beschreibt eine genau festgelegte Zeremonie. Fasse den Ablauf in Stichworten zusammen. In welche Abschnitte kannst du die Zeremonie unterteilen?*
2. *Welche Pflichten wurden dem König übertragen? Welche Symbole standen dafür?*

2 Friedrich I. oder: Ein König beginnt zu regieren

2a *Aus der Lebensbeschreibung Friedrich I., verfaßt von Bischof Otto von Freising:*

Q Nach Vollzug aller Krönungszeremonien zog sich der König in die Privatgemächer der (Aachener) Pfalz zurück. Er berief aus der Zahl der Fürsten besonders erfahrene und bedeutende zu sich, beriet mit ihnen über die Lage des Reiches und ordnete an, daß Gesandte an Papst Eugen, an die Stadt Rom und ganz Italien geschickt würden, die seine Wahl zum König anzeigen sollten … Dann kehrte er rheinaufwärts zurück und feierte Ostern in Köln. Darauf zog er durch Westfalen und Sachsen …
Nachdem der König in Sachsen alles aufs beste geordnet und alle Fürsten dieses Landes sich willfährig gemacht hatte, ging er nach Bayern und trug in Regensburg, der Hauptstadt des Herzogtums Bayern, am Tag der Apostel (Peter und Paul) im Kloster St. Emmeram – die Domkirche war nämlich nebst einigen Gassen der Stadt abgebrannt – die Krone. Auf diesem Reichstag kehrten auch die an Papst Eugen nach Rom und den übrigen Städten Italiens abgeordneten Gesandten mit froher Botschaft zurück. Nachdem nun im eigenen Reich alles nach seinen Wünschen geordnet war, beabsichtigte der König, seine Tüchtigkeit, die er im Inland bewiesen hatte, ins Ausland zu übertragen, und wollte den Ungarn den Krieg erklären und sie zur Anerkennung der höchsten Herrschaft zurückführen. Da ihm aber aus unbekannten Gründen die Fürsten ihre Zustimmung dazu versagten, konnte er sein Vorhaben damals nicht durchsetzen.

Otto von Freising, Die Taten Friedrichs, hg. von F. J. Schmale, Darmstadt 1965, S. 289ff.

2b *Aus einem Brief des Kaisers Friedrich I. an Bischof Otto von Freising:*

Q (Im Jahr 1154) haben wir einen Zug nach Rom unternommen und sind mit einem starken Aufgebot in die Lombardei einmarschiert. Da diese wegen der langen Abwesenheit des Kaisers unbotmäßig geworden war und im Vertrauen auf ihre Stärke sich heftig aufzulehnen begonnen hatte, haben wir, darüber empört, fast alle ihre Festungen zerstören lassen …

Nach der Zerstörung Tortonas luden uns die Bürger von Pavia in ihre Stadt ein, um uns nach dem Sieg einen glorreichen Triumph zu bereiten. Dort haben wir mit der Krone (der Langobarden) auf dem Haupt unter gewaltigem Jubel und größter Dienstwilligkeit der Stadt drei Tage verbracht. Darauf marschierten wir auf direktem Wege … bis Sutri. Dort kam uns der Herr Papst mit dem ganzen römischen Klerus freudig entgegen, bot uns väterlich die Weihe an und beklagte sich über die Unbilden, die er vom römischen Volke erduldet hatte. So zogen wir nun täglich zusammen weiter, herbergten zusammen und gelangten unter freundlichen Gesprächen nach Rom.

Die Römer schickten ihre Boten an uns und verlangten von uns für ihre Treue und Dienstwilligkeit eine große Summe Geldes und dazu noch drei eidliche Versicherungen. Aber wir wollten die Kaiserkrone nicht kaufen und brauchten dem Volke keinen Eid zu leisten. Um nun alle ihre Listen und Machenschaften zunichte zu machen, rückte nach Beratung mit Papst und Kardinälen der größte Teil unseres Heeres unter Führung des Kardinals Octavian in der Nacht durch ein kleines Tor bei St. Peter in Rom ein und besetzte überraschend den Petersdom.

Am nächsten Morgen zog der Herr Papst mit der gesamten Geistlichkeit vor uns zur Basilika des heiligen Petrus und geleitete uns in großer Prozession zu den Stufen. Nach der Messe goß er … in reichem Maße den Segen der Krone des römischen Reiches auf unser Haupt aus.

Als dies dem Brauch gemäß vollzogen war, … stürmten die Römer von der Tiberbrücke heran, erschlugen zwei unserer Kriegsknechte, plünderten mehrere Kardinäle aus und wollten den Papst in der St. Peterskirche gefangennehmen. Als wir aber draußen das Getümmel hörten, stürmten wir bewaffnet durch die Mauer der Stadt; wir kämpften den ganzen Tag mit den Römern, fast tausend töteten wir oder stürzten sie in den Tiber oder führten sie gefangen ab, bis uns die Nacht trennte. Da es uns an Lebensmitteln fehlte, verließen wir am folgenden Morgen froh über den errungenen Sieg zusammen mit dem Papst und den Kardinälen die Stadt.

Otto von Freising, Die Taten Friedrichs, hg. von F. J. Schmale, Darmstadt 1965, S. 83ff.

2c *Bereiste Herrschaftsgebiete Friedrichs I.*

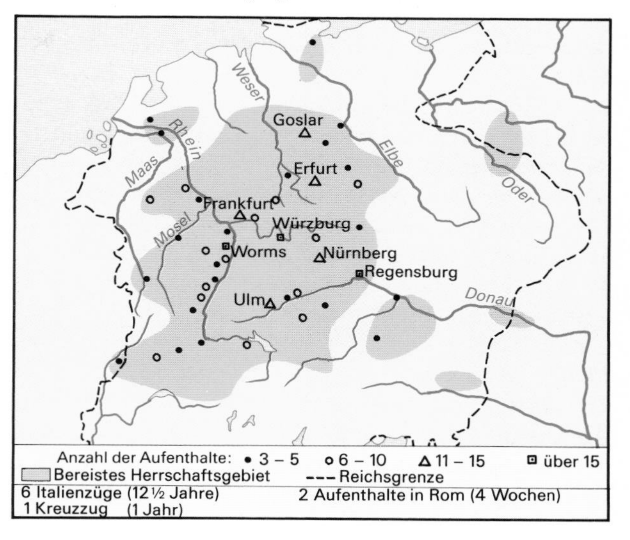

1. *Bei welchen Anlässen trug der König in Quelle 2a und 2b die Krone? Wann und wo fanden diese Zeremonien statt? Welche Bedeutung hatten sie?*
2. *Stelle die politischen Kräfte zusammen, mit denen Friedrich I. in Quelle 2a und 2b zu tun hat. Wie verhielten sie sich ihm gegenüber?*
3. *Welche politischen Ziele verfolgte Friedrich I. in seinen ersten drei Regierungsjahren?*
4. *Was kannst du aus den bereisten Gebieten (Karte 2c) über die Herrschaft Friedrichs I. schließen?*

3 Karl IV. oder: Die Jugend eines Königs

3a *Wenzel, der Sohn des Königs von Böhmen und spätere Kaiser Karl IV., wurde mit sieben Jahren 1323 von seinem Vater an den Hof des französischen Königs gegeben. 1346 beschrieb er seine Jugend folgendermaßen:*

Q Der französische König ließ mich durch einen Bischof firmen und gab mir seinen eigenen Namen Karl. Außerdem vermählte er mich (1324) mit der Tochter seines Onkels Karl. Sie hieß Margareta, wurde aber Blanca

5 genannt … Dieser König liebte mich sehr. Er vertraute mich seinem Kaplan an, damit dieser mir ein wenig Unterricht erteile, obwohl er selbst keine solche Ausbildung genossen hatte …
Zwei Jahre blieb ich nach dem Tode Karls noch am Hofe
10 König Philipps. Nach diesen zwei Jahren (1330) schickte mich der König mit meiner Frau Blanca, seiner Schwester, zu meinem Vater, König Johann von Böhmen, nach der Stadt Luxemburg. Diese Grafschaft gehörte meinem Vater …
15 In jener Zeit schickte mein Vater nach mir … Am Karfreitag (1331) kam ich nach Pavia, das mein Vater innehatte. Am Ostersonntag, also drei Tage nach meiner Ankunft, wurde mein Gefolge vergiftet. Geschützt durch die göttliche Gnade entging ich diesem Anschlag …
20 Von Parma aus gelangten wir am Katharinentag (25. 11. 1332) vor die Burg (San Felice) … Wir begannen mit 1200 Helmen und 6000 Mann Fußtruppen den Kampf gegen die Feinde. Die Schlacht dauerte von der neunten Stunde bis Sonnenuntergang. Auf beiden Seiten wurden
25 fast alle Streitrosse und einige Pferde getötet. Wir befanden uns am Rande einer Niederlage. Auch das Streitroß, das wir ritten, wurde getötet. Zwar wurden wir von unseren Leuten wieder aufgehoben, doch als wir so dastanden und bemerkten, daß wir im Grunde besiegt waren, fühlten
30 wir uns alsbald der Verzweiflung nahe. Aber siehe, im selben Augenblick begannen die Feinde mit ihren Feldzeichen zu fliehen … (Nach dem unerwarteten Sieg) erhielten wir zusammen mit 200 tapferen Männern den Ritterschlag …
35 Als unser Vater nun sah, daß ihm die Mittel ausgingen und er nicht weiter Krieg gegen die Herren der Lombardei führen könne, dachte er an seinen Rückzug und wollte uns die Städte und den Krieg überlassen. Wir verweigerten, was wir mit Würde nicht behaupten konnten. Da
40 gab er uns die Erlaubnis zum Rückzug … Schließlich kamen wir nach Böhmen, von dem wir elf Jahre abwesend waren. Hier erfuhren wir, daß unsere Mutter Elisabeth vor einigen Jahren gestorben war … Und so fanden wir bei unserer Ankunft in Böhmen weder Vater noch Mutter,
45 weder Bruder noch Schwester, noch irgendeinen Vertrauten. Auch die böhmische Sprache hatten wir völlig verlernt. Wir erlernten sie aber gleich wieder … Durch göttliche Gnaden aber konnten wir nicht nur böhmisch, sondern auch französisch, italienisch, deutsch und latei-
50 nisch so sprechen, schreiben und lesen, daß die eine wie die andere dieser Sprachen uns beim Schreiben, Lesen, Sprechen und Verstehen verfügbar war.
Damals zog unser Vater in die Grafschaft Luxemburg wegen einer Fehde … Für die Zeit seiner Abwesenheit übertrug er uns die Herrschaftsgewalt in Böhmen. 55
Dieses Königreich trafen wir derart verwahrlost an, daß wir keine einzige freie Burg fanden, die nicht schon mit allen königlichen Gütern verpfändet war. So hatten wir keine andere Bleibe außer in Stadthäusern, wie jeder andere Bürger auch. Die Prager Burg aber war verwahrlost, 60 verfallen und heruntergekommen … An ihrer Stelle ließen wir unter hohen Kosten von Grund auf einen großen und schönen Palast errichten, wie er noch heute dem Betrachter erscheint.

Die Autobiographie Karls IV., hg. v. E. Hillenbrand, Stuttgart 1979, S. 81-87 und 110-119.

3b *Bereiste Herrschaftsgebiete Karls IV.*

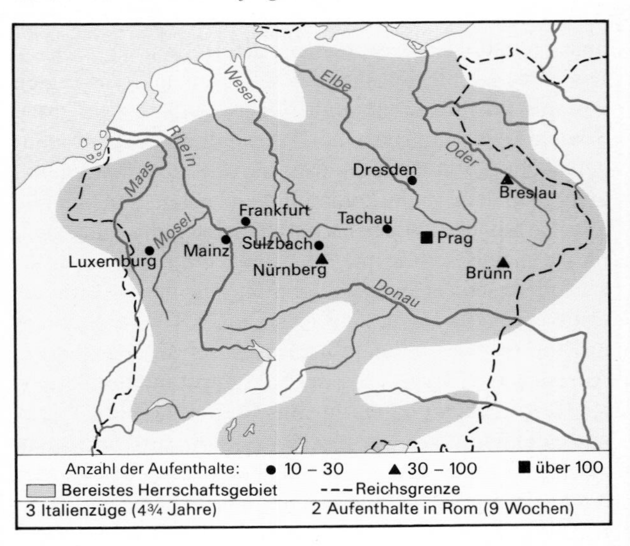

1. *Stelle in einer Tabelle die wichtigsten Ereignisse im Leben des jungen Karl zusammen. Vergleiche mit den bereisten Herrschaftsgebieten (Karte 3b).*
2. *Was war für den König rückblickend an seiner Jugend wichtig? Was würdest du aus deinem Leben berichten, wenn du so ein Buch schreiben würdest?*
3. *Wo war Karl IV. wirklich „zu Hause"?*

Die Königreiche England und Frankreich im Mittelalter

England: Ein „modernes" Königreich?

Vom Normannenstaat zum westeuropäischen Königreich

Als der englische König Richard Löwenherz Ende 1189 zur Teilnahme am dritten Kreuzzug aufbrechen wollte, führte ihn sein Weg zunächst von Dover über den Ärmelkanal in die Normandie und von dort in Etappen nach Bayonne in Südwestfrankreich. Überall hatte er vor der Abreise wichtige Angelegenheiten zum Schutz seines Reiches zu regeln. Auch als er schließlich im Sommer in Tours offiziell den Pilgerzug begann, befand er sich noch in seinem Land.

Neben dem Kaiser war er der mächtigste Herrscher Europas. Von der schottischen Grenze bis an die Pyrenäen reichte der Befehl des englischen Königs. Dabei waren er und fast der gesamte englische Adel selbst Franzosen. Sie sprachen französisch, viele von ihnen waren auf dem Festland aufgewachsen und erzogen. Auch viele kirchliche Würdenträger hatten Ämter auf dem Kontinent innegehabt, bevor sie Bischöfe in England wurden.

England wurde durch diese Bindung an Frankreich zu einem Teil des westeuropäischen Staatensystems. Die jahrhundertelange Prägung durch die skandinavischen Eroberer verblaßte. Doch auch die neuen Herren Englands stammten von skandinavischen Seefahrern ab. 911 hatte der westfränkische Karolingerkönig den Wikingern das Land um die Seinemündung überlassen. Deren Herzog Rollo ließ sich taufen, und innerhalb weniger Generationen nahmen die „Nordmänner" Religion, Sprache und Sitten der neuen Umgebung an. Der Name der neuen Siedler übertrug sich auf ihr Land: die Normandie (siehe Karte S. 63).

Die normannischen Ritter, die im September 1066 über den Ärmelkanal nach Südengland segelten, kamen nicht wie ihre Vorfahren als Seeräuber, die die Küsten unsicher machten. Ihr Anführer, Herzog Wilhelm, beanspruchte nicht zu Unrecht die englische Krone. Vom Anfang 1066 kinderlos gestorbenen König Eduard dem Bekenner, der in der Normandie etliche Jahre verbracht hatte, war Wilhelm die Nachfolge versprochen worden. Auf dem Totenbett übergab er dann aber sein Reich an den Grafen Harold von Wessex, der auch sofort von den Großen als König anerkannt wurde. Wie meist im Mittelalter gab es in einer solchen Lage keine friedliche Lösung – die Waffen entschieden. Harold zog zunächst nach Nordengland und besiegte einen dritten Bewerber; währenddessen waren die Normannen gelandet. Das in Eilmärschen nach Süden geführte Heer unterlag in der Schlacht von Hastings. Wilhelm, von nun an der Eroberer genannt, empfing am Weihnachtsfest die Krone in der von Eduard erbauten Westminster Abbey. Der Vasall des französischen Königs war nun seinem Lehnsherrn dem Rang nach gleich.

Doch mit einer Schlacht war das alte England nicht völlig unterworfen. Die angelsächsischen Adligen im Südwesten und die skandinavischen Siedler, die Nordengland beherrschten, lehnten sich gegen den neuen König auf. In den Jahren bis 1071 wurden die Aufstände unterdrückt, der alte Landadel weitgehend beseitigt.

Aufbau einer staatlichen Verwaltung

Die neuen Herrscher sicherten ihre Position, indem sie das Lehnssystem im ganzen Land durchsetzten. Alle Herrschaftsrechte und Lehnspflichten wurden schriftlich erfaßt. Diese nach Grafschaften angelegte Übersicht („Domesday Book") diente als Gerichtsbuch und war eine Vorstufe zu der im 12. Jahrhundert entstehenden zentralen Staatsverwaltung. Die bedeutendste dieser Einrichtungen war die Geldeinnahmebehörde („Exchequer"), bei der die *sheriffs* der Grafschaften die gesammelten Steuern abzurechnen hatten. Das Dezimalsystem war in Europa damals noch unbekannt; die einfachste Rechenmethode bestand darin, auf einem schachbrettartig gescheckten Tuch Spielsteine zu bewegen. Alle Zahlungen wurden laufend notiert, wichtige Schriftstücke schrieb man vor dem Versenden ab und verwahrte die Abschriften im Archiv. England wurde zum ersten europäischen Staat mit einer geordneten Verwaltung.

Dieses Herrschaftssystem war bald so gefestigt, daß ihm auch die unsicheren Zeiten um 1200 nichts anhaben konnten. Richard Löwenherz war fünf seiner neun Regierungsjahre auf einem Kreuzzug und in Gefangenschaft des österreichischen Herzogs. Der Nachfolger, sein Bruder Johann „Ohneland", verlor das normannische Fest-

König Eduard I. (1272–1307) im englischen Parlament

landerbe, und als er sich weigerte, den päpstlichen Kandidaten für das Erzbistum Canterbury ins Land zu lassen, wurde er gebannt. Johann mußte sich schließlich Innozenz III. unterwerfen und sein Land als päpstliches Lehen zurücknehmen. Im Jahr 1214 folge eine noch schwerere Niederlage: Seine Truppen und die des Welfenkönigs Otto IV. unterlagen bei Bouvines in Flandern den Truppen des Staufers Friedrich II. und des französischen Königs. Diese Ritterschlacht verschob das politische Gewicht erheblich: Während im Deutschen Reich die staufische Herrschaft wiederhergestellt wurde, konnte sich Frankreich die meisten englischen Festlandbesitzungen aneignen. Nur Südwestfrankreich blieb englisch.

Die erste europäische Verfassung

Nach Jahren ständiger Kriegssteuern und dem Verlust der Festlandslehen revoltierte der Adel in England und stellte dem König ein Ultimatum: Thronverzicht oder Anerkennung der Adelsrechte. Im Juni 1215 lenkte Johann ein und bestätigte die Rechte in einem Dokument. Sein Nachfolger versuchte mehrmals, den Einfluß des Adels auszuschalten, mußte aber am Ende doch die Urkunde Johanns anerkennen. Diese *Magna Charta Libertatum*, diese große Urkunde der Freiheiten, legte z. B. fest, daß der Adel das Recht hat, die Steuern zu bewilligen. In der Praxis hatte jetzt der Adel ein Mitberatungsrecht. Im Gerichtswesen wurde festgesetzt, daß kein freier Mann, d. h. Adliger, gefangengenommen oder verurteilt werden durfte, wenn nicht ein Gericht von Geschworenen desselben Standes dies beschlossen hatte. Das waren neue und wichtige Grundsätze. Sie gelten noch heute – aber für alle Bürger. Die Magna Charta ist eine Keimzelle der englischen Verfassungsentwicklung. Die königliche Regierungsgewalt wurde nicht abgeschafft, aber durch das Gegengewicht des Adelsrates, *parliamentum* (= Parlament), ergänzt. Im 14. Jahrhundert schließlich erhielten auch Ritter und Bürger Gelegenheit, sich zu beteiligen; daraus entwickelte sich das „Unterhaus", das getrennt vom Adel beriet.

Frankreich: Die Schwierigkeiten eines mittelalterlichen Lehnsstaates

England und Frankreich im Konflikt

Wenn König Philipp Augustus sich um 1200 König von Frankreich nennen ließ, dann bedeutete das nicht, daß er der tatsächliche Herr der ganzen Westhälfte des ehemaligen karolingischen Frankenreiches war. Die Könige aus dem Hause der Kapetinger – es war 987 auf die Karolinger gefolgt – konnten sich nur auf die kleine, aber zusammenhängende Krondomäne stützen. Im 12. Jahrhundert reichte dieser ungefähr 200 km lange und 80 km breite Gebietsstreifen vom Pariser Becken bis über die Loire. Die Vasallen standen nur in einem losen Abhängigkeitsverhältnis zur Krone. Auf die Gebiete am Ärmelkanal, Atlantik und Mittelmeer hatte der König kaum Einfluß.
Die französischen Könige versuchten, ihren Machtbereich zu erweitern, indem sie freigewordene Lehen nicht mehr vergaben, oder indem sie Heiraten planten, aus denen sich Erbansprüche ergeben konnten. Doch nicht sie, sondern einer ihrer Lehnsleute hatte den großen Erfolg mit der Heiratspolitik. Heinrich Plantagenet, Herzog der Normandie und Graf von Anjou, erbte den ganzen französischen Westen von der Loire bis zu den Pyrenäen. Als er 1154 auch englischer König wurde, standen sich in Frankreich zwei ganz ungleiche Machtblöcke gegenüber:

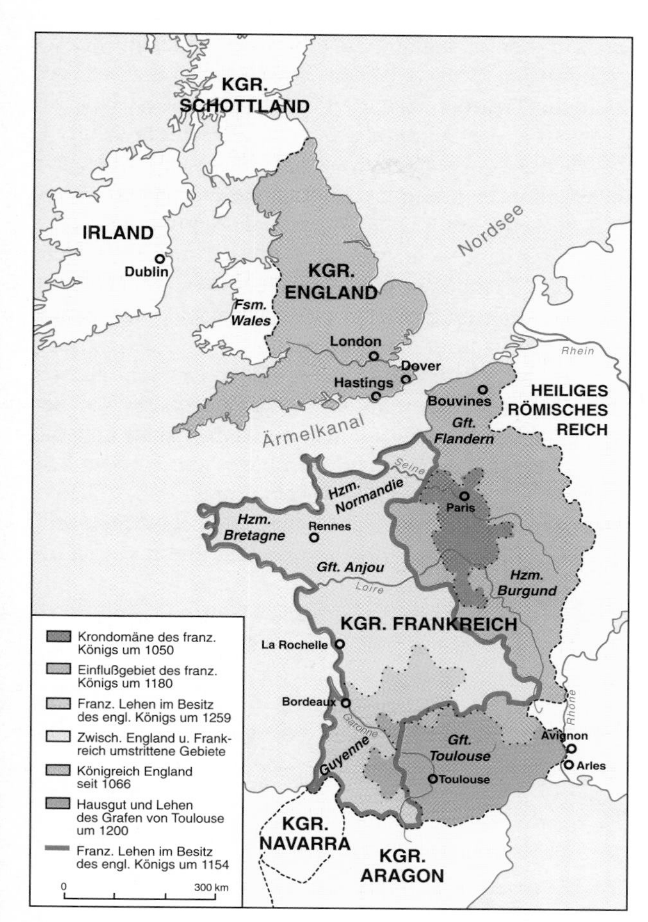

England und Frankreich vom 11. bis 13. Jahrhundert

Der englische König mit seinen riesigen Besitzungen im Norden und Westen sowie der französische König mit seiner kleinen Herrschaft um Paris.

Das Verhältnis der beiden Königreiche litt für Jahrhunderte an einem Hauptproblem: Der englische König war für seine Festlandsbesitzungen zwar lehnsabhängig vom französischen König, versuchte aber immer wieder, sich seinen Verpflichtungen zu entziehen. Besonders heikel war, daß manche Untervasallen an beide Könige gebunden waren. Konflikte konnten auch entstehen, wenn Adlige sich gegen Unrecht, das ihnen der englische König als ihr unmittelbarer Herr angetan hatte, wehrten und das königliche Gericht anriefen. So zitierte der französische König Philipp Augustus im Jahre 1200 den englischen König Johann vor sein Gericht. Als der nicht erschien, wurde er aller seiner Lehen in Frankreich verlustig erklärt. Der französische König holte zu einem entscheidenden Schlag gegenüber Johann aus. Von einem großen Teil seiner Anhänger verlassen, mußte er die Normandie räumen.

Der Konflikt zwischen den beiden Königreichen war damit jedoch nicht beigelegt. Der englische König verfügte weiterhin im Südwesten Frankreichs über Festlandbesitz. Im sogenannten Hundertjährigen Krieg (1339 bis 1453) versuchte England später zum letzten Mal, die Macht über Frankreich zu gewinnen.

Ausweitung der königlichen Herrschaft

Für den französischen König gab es zu Beginn des 13. Jahrhunderts nicht nur den englischen Rivalen. Auch im Süden Frankreichs gab es mächtige Vasallen, die seiner Herrschaft gefährlich werden konnten. Als der Papst im Jahre 1209 einen Kreuzzug gegen die Sekte der in Südfrankreich lebenden Katharer ausrief (siehe S. 120), sah der König eine Gelegenheit, seinen Einfluß auszudehnen. Die Grafen von Toulouse, die die Ketzer geduldet hatten, wurden zur Zielscheibe der Angriffe. Die Sekte wurde zwar trotz der Verfolgungen nicht vollständig vernichtet, aber der Graf von Toulouse mußte 1229 einen Teil seines Besitzes an den König abtreten, den Rest für den Erbfall zusagen. Der König war somit Herr über Frankreich vom Ärmelkanal bis ans Mittelmeer.

Die Eingliederung der südfranzösischen Grafschaft Toulouse in das Königreich Frankreich hatte noch eine weitere wichtige Auswirkung. Eine jahrhundertealte Verbindung von Katalonien im Süden und dem Languedoc im Norden der Pyrenäen wurde getrennt. An sie erinnert heute nur noch die Verwandtschaft der einheimischen Dialekte. Der Pyrenäenkamm wurde zur Grenze zwischen Frankreich und den im Süden neu aufstrebenden Königreichen in Spanien.

1 Christine de Pisan

1a *Ihr Leben und ihre Familie:*

1365	geboren in Venedig
1366/67	Vater wird von König Karl V. nach Paris berufen, Frau und Tochter bleiben in Bologna
1368	Familie zieht nach Frankreich um
1380	Heirat
1390	Ehemann stirbt; langwierige Prozesse um Witwenbesitz
1394	die beiden Brüder Christines kehren nach Bologna zurück
1394–1413	Arbeit als Schriftstellerin
1418–1431	wohnt im Kloster (vermutlich Poissy)
1429	Loblied auf Jeanne d'Arc
1431 (?)	im Kloster gestorben
Vater:	Tommaso di Benvenuto di Pizzano (gestorben 1385)
Mutter:	Tochter des Tommaso di Mondini da Forli (gestorben nach 1405)
Ehemann:	Etienne de Castel, Notar und Sekretär des Königs (1355–1390)
Kinder:	1. Kind: eine Tochter (geb. 1381); Nonne in Poissy 2. Kind: ein Sohn (geb. 1382, bald gestorben) 3. Kind: Sohn Jean (1383–1426); 1397–1400 in England beim Grafen von Salisbury aufgewachsen, seit 1418 Sekretär des französischen Thronfolgers Karl

1b *1399 griff Christine de Pisan, die selbst Schriftstellerin war, ein damals berühmtes Buch, den sogenannten „Rosenroman", an:*

Q Viele Schriftsteller setzen die Frauen herab ... verweisen auf Adam, David, Samson und Salomon, die von Frauen getäuscht und verführt worden sind ... Andere sagen, viele Frauen seien hinterhältig und verschlagen, falsch und wenig wert. Andere sagen, viele seien verlogen, wechselhaft, unbeständig und leichtsinnig.
(In den Evangelien und in der Apostelgeschichte) sind keine solchen Schlechtigkeiten bezeugt, sondern viel Gutes: große Tüchtigkeit, Klugheit, Vernunft und Standhaftigkeit, vollkommene Liebe, fester Glaube ... Nach seinem Tode war Jesus von allen verlassen ... außer von den Frauen ... Und große Ehre erwies Gott Vater der Frau, die er zu seiner Gemahlin und Mutter machte ... Niemals hat Gott jemanden, abgesehen von Jesus, von ähnlicher Würde erschaffen ... Überhaupt hat Gott die Frauen bei der Schöpfung bevorzugt, denn er schuf sie aus dem vornehmeren Material. Nicht aus irdischem Lehm sind sie geformt, sondern aus der Rippe des Mannes, dessen Körper ja das Edelste der Schöpfung war ... Eva hat Adam nicht getäuscht, sie hat nur das falsche Wort des Feindes in gutem Glauben weitergegeben ... Und wer nicht die Absicht zu täuschen hat, dem kann man nicht vorwerfen, er habe getäuscht.
Aus diesen gerechten und wahren Beweisen schließe ich, daß alle vernünftigen Männer die Frauen preisen, lieben und nicht herabsetzen sollen ... Es ist doch natürlich, daß die Männer ohne Frauen nicht froh werden: Sie sind doch ihre Mütter, Schwestern und Freundinnen.
Denn jeder Mann muß der Frau gegenüber zärtlich sein; sie ist Mutter eines jeden Mannes, ist ihm nicht widrig und feindlich gesinnt, sondern zart und liebevoll, mitfühlend und hilfsbereit – so viele Dienste tat und tut sie ihm. Ihre Handlungen sind nützlich für den Körper des Mannes. Sie ernähren ihn liebevoll. Bei seiner Geburt, im Leben und im Sterben sind die Frauen hilfreich, mitfühlend und dienstbar. Wer dies abstreitet, ist sehr undankbar!

L'Epistre au Dieu d'Amours, hg. v. M. Roy, Œuvres poetiques, Bd. 2. Paris 1891, S. 1–27. Übers. d. Verf.

1c *König Karl VI. von Frankreich war geistesgestört; das Land wurde von seinen Verwandten regiert. Als der Streit zwischen seinem Bruder, dem Herzog von Orléans, und seinem Onkel, dem Herzog von Burgund, sich immer mehr verschärfte, wandte sich Christine de Pisan am 5. Oktober 1405 in einem Brief an die Königin Isabeau:*

Q Ihr sitzt, von Ehrungen umgeben, in Majestät auf dem königlichen Thron; nur vom Hörensagen kennt Ihr die allgemeinen Nöte ...
Zwei sehr große und schreckliche Gefahren liegen in dem Streit der beiden hohen Fürsten von gemeinsamem Blut. Erstens wird es nicht lange dauern, bis das Königreich zerstört sein wird ..., zweitens wird ein ewiger Haß zwischen den Erben und Kindern ausbrechen.
Drei große Vorteile können jedoch durch einen von Ihnen erreichten Frieden eintreten. Erstens werden ... das Blutvergießen, die Raserei und Verwirrung enden; zweitens

werden Sie als Wiederherstellerin des Friedens bei den treuen Untertanen gelten; drittens wird dieser Ruhm durch die Geschichtsschreiber auch in ewiger Erinnerung 15 bleiben. Wenn Mitleid, Liebe, Milde und Güte sich nicht bei einer so hohen Fürstin finden – wo sonst? Diese weiblichen Tugenden müssen doch in einer adligen Dame ganz besonders hervortreten! ...

Eine Mutter mag so hart sein, wie sie will – sie müßte ein 20 Herz aus Stein haben, wenn sie zusähe, wie ihre Kinder sich gegenseitig töten ... Und wenn die Dinge, was Gott verhüten möge, so weitergehen, dann zweifle ich nicht, daß die Feinde des Königreichs angreifen werden ... O Gott, welch ein Schmerz wäre es, wenn das edle Königreich untergeht und die Ritter vernichtet werden. Wehe, 25 was wird dann das arme Volk die Sünden zu büßen haben, an denen es unschuldig ist. Die Säuglinge und Kinder werden nach ihren zu Witwen gewordenen Müttern schreien und vor Hunger sterben.

M. D. Legge, Anglo-Norman Letters and Petitions, Oxford 1941, S. 144–148. Übers. d. Verf.

1d *Christine überreicht der Königin Isabeau eines ihrer Werke. Widmungsbild um 1420*

1. *Was sind die Hauptthemen der Texte? Was wollte Christine de Pisan mit diesen Werken erreichen?*
2. *Welches Bild von der Frau, vom Mann und von den Beziehungen zwischen den beiden Geschlechtern entwarf Christine?*
3. *Was warf Christine den Männern vor?*
4. *Welche Gründe könnten sie veranlaßt haben, über die Verteidigung einer Burg zu schreiben (siehe S. 24)?*
5. *Vergleiche das Leben Christine de Pisans mit dem Leben religiöser Frauen (siehe S. 83–86). Wie unterschied es sich? Worin bestanden Gemeinsamkeiten?*

Polen und Deutsche im Mittelalter

Mit dem polnischen Nachbarvolk verbindet uns eine lange und gemeinsame, aber leidvolle Geschichte. Durch den deutsch-polnischen Grenzvertrag und den Vertrag über gute Nachbarschaft, die nach dem Wandel in Polen im Jahr 1991 abgeschlossen wurden, haben sich die Grundlagen der Beziehungen entscheidend verbessert. Warum die Beziehungen der beiden Völker bisher so schwierig waren, darüber geben nicht nur die Ereignisse in unserem Jahrhundert Aufschluß. Schon über die ersten Kontakte im frühen Mittelalter gab es lange Zeit sehr unterschiedliche Auffassungen.

Slawen und Deutsche im frühen Mittelalter

So wurde von deutscher Seite betont, daß die Siedlungsgebiete der Polen zwischen Oder und Weichsel in der Völkerwanderungszeit von germanischen Stämmen bewohnt gewesen seien. Erst nach deren Abzug seien die Slawen, zu denen auch die Polen gehören, in diese Räume vorgedrungen. Die Polen dagegen verwiesen auf Funde, die belegen, daß schon vorher slawische Siedlungen im heutigen Polen bestanden hätten.
Unumstritten ist, daß die slawischen Völker ursprünglich aus dem Stromgebiet des Dnjepr kamen und bis um das Jahr 800 die Elbe, die Alpen und die Adria erreicht hatten. In den Grenzgebieten des Frankenreiches fand diese Wanderung der slawischen Völker ein Ende.
Im 10. Jahrhundert begann das polnische Volk aus verschiedenen slawischen Stämmen zusammenzuwachsen. Der wichtigste von ihnen wurde Polanen, d. h. „Bewohner der Ebene“, genannt: Ihnen verdankt Polen seinen Namen. Deren Herzog aus dem Geschlecht der Piasten faßte um 960 erstmals die zahlreichen kleinen Herrschaften zu einem polnischen Herzogtum zusammen. Mit seiner Frau, einer böhmischen Prinzessin, kam das Christentum nach Polen, und als Gnesen, der Sitz der Piasten, durch Kaiser Otto III. im Jahre 1000 zum Erzbistum erhoben wurde, besaß Polen ein eigenes kirchliches Zentrum. Schon bald wurde diese Kirchenorganisation zur wichtigsten Klammer für Polen, das vom 12. Jahrhundert an in mehrere Teilherzogtümer ohne gemeinsames Oberhaupt zerfiel. Außerhalb der Herrensitze und der wenigen Städte lebten die Menschen in den weiten Waldgebieten zwischen Weichsel und Oder in zerstreuten Siedlungen. Sie arbeiteten und lebten als hörige Bauern eines Grundherrn.
In der Zwischenzeit – vom 9. bis 11. Jahrhundert – waren deutsche Fürsten über die militärisch gesicherten Grenzgebiete des Frankenreiches, sogenannte Grenzmarken, hinaus nach Osten vorgedrungen, hatten die zum Teil von Slawen bewohnten Gebiete zwischen Elbe und Oder in Besitz genommen und missioniert und neue Marken und Bistümer errichtet. Das 968 gegründete Erzbistum Magdeburg war dabei der wichtigste Stützpunkt. In großen Aufständen hatten die Slawen sich zeitweise von der deutschen Herrschaft befreit. Der polnische Piastenherzog und der deutsche Kaiser kämpften dabei anfangs gemeinsam gegen die aufständischen heidnischen Slawen. Zum Bruch kam es, als beide Herrscher Gebietsansprüche stellten und die Piasten sich einer vom Kaiser angestrebten Unterordnung widersetzten.

Die Ostsiedlung

Im Deutschen Reich war die Bevölkerung vom 9. bis 12. Jahrhundert so stark angestiegen, daß viele dem Ruf der deutschen Fürsten in die Gebiete zwischen Elbe und Oder als Siedler gefolgt waren. Vom 12. Jahrhundert an riefen auch polnische Fürsten immer mehr Deutsche in ihr Land. Sie beauftragten Siedlungsunternehmer mit der Anwerbung. Durch den Bevölkerungsdruck waren viele Bauern gezwungen, auch schlechtere, bisher nicht genutzte Böden zu bearbeiten. Verschuldung und Bedrückung durch die Grundherren waren weitere Gründe, warum Hörige aus ihrer Heimat abwanderten. Oft kamen auch Bauern, deren Vorfahren bereits in die Gebiete zwischen Elbe und Oder gewandert waren.
Unter der Führung der Siedlungsunternehmer wurden planmäßig Dörfer angelegt. Die Neuankömmlinge lebten als Freie, erhielten eigenen Landbesitz und waren in den ersten Jahren von Abgaben und Diensten befreit. Mit der neuen Dreifelderwirtschaft und dem eisernen Räderpflug konnten sie schnell zum wirtschaftlichen Aufschwung beitragen. Da die polnischen Bauern im Gegensatz zu den Siedlern noch lange unfrei blieben, ohne eigenen Besitz und mit hohen Abgaben und Diensten belastet, war das Verhältnis zwischen Deutschen und Polen vielfach gespannt.

Mit Hilfe der Siedlungsunternehmer gründeten die polnischen Fürsten über die bereits bestehenden Großsiedlungen hinaus zahlreiche Städte, für die sie Handwerker und Kaufleute aus dem Deutschen Reich anwarben. Vom 12. bis zum 15. Jahrhundert wurden so zwischen Elbe und Dnjepr ungefähr tausend Städte gegründet. Dieser Teil der Ostsiedlung verlief meist friedlich. Da das günstige Recht der Siedler aus Deutschland stammte, nannte man es auch einfach „deutsches Recht", obwohl vielfach auch Polen danach in Dörfern und Städten angesiedelt wurden.

Der Deutsche Orden

Ganz anders und vielfach gewaltsam verliefen die Eroberungen des Deutschen Ordens. Nach dem Verlust des Heiligen Landes suchten seine Mitglieder, die sich neben den Mönchsgelübden zum Kampf gegen die Heiden verpflichtet hatten, nach neuen Aufgaben. 1224 hatte Konrad von Masowien, Herzog eines polnischen Teilgebiets, den Orden gerufen, um ihm gegen Einfälle der heidnischen Pruzzen zu helfen. Dafür schenkte er den Rittern Land. Vom deutschen Kaiser Friedrich II. erhielten sie das Recht, alle noch heidnischen Gebiete ihrer Herrschaft zu unterwerfen.
Nach schweren Kämpfen waren sie Herren über Preußen und das Baltikum (Estland, Livland, Kurland). Planmäßig besiedelten sie das Land mit Deutschen. Der Ordensstaat wurde vom gewählten Hochmeister mit Sitz auf der Marienburg straff geführt. Mächtige Burgen beherrschten das Land. Aus der Sicht der Untertanen war es eine harte Herrschaft. Wenn die Polen vom Deutschen Orden sprechen, so heben sie blutige Unterdrückung und unerbittliche Ausbeutung hervor: „Kreuzritter" ist bis heute in Polen ein Schimpfwort.
Im 14. Jahrhundert endete die Ostsiedlung. Aus dem Deutschen Reich kamen wegen Pest und Bevölkerungsrückgang keine Siedler mehr. 1386 wurde das heidnische Litauen christlich und mit Polen zu einem mächtigen Reich vereint. Der Ordensstaat hatte seine letzte Missionsaufgabe verloren und wurde von dem polnisch-litauischen Großreich immer weiter zurückgedrängt. Er mußte schließlich – als die eigenen Bewohner gegen die hohen Abgaben rebellierten – die polnische Oberhoheit anerkennen und große Gebietsabtretungen hinnehmen. 1525 wandelte der Hochmeister den Ordensstaat in ein weltliches Herzogtum um, das 1618 als Herzogtum

Der Staat des Deutschen Ordens 1224–1466

Preußen an den Kurfürsten von Brandenburg fiel. Einer seiner Nachfolger krönte sich zum König in Preußen. Jahrhundertelang lebten Deutsche und Polen zusammen. Dadurch waren ursprüngliche Gegensätze zwischen ihnen manchmal überwunden, zuweilen sogar gemeinsamen Interessen von Bauern oder Adligen gewichen. Immer wieder aber brachen auch wirtschaftliche Gegensätze auf, ließen sich die Unterschiede von Sprache und Kultur nicht überbrücken.

1 Die Entwicklung von Polen und Deutschen im Mittelalter

1a *Wanderungen der Slawen*

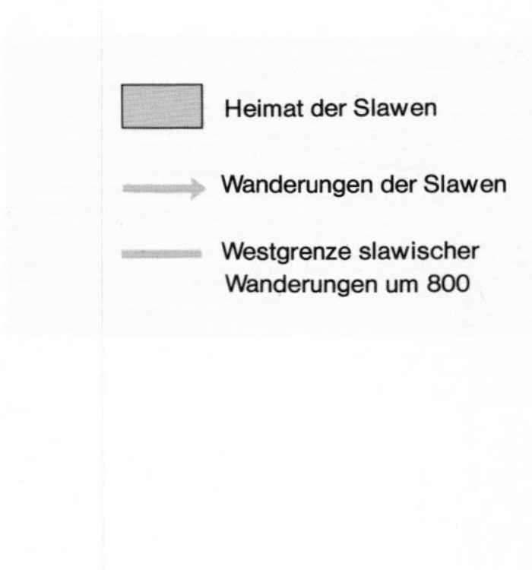

1. *Beschreibe die Wanderungen der slawischen Völker.*
2. *In welche heutigen Staaten sind damals slawische Völker eingewandert?*

1b *Polen und Deutsche im 10. und 11. Jahrhundert*

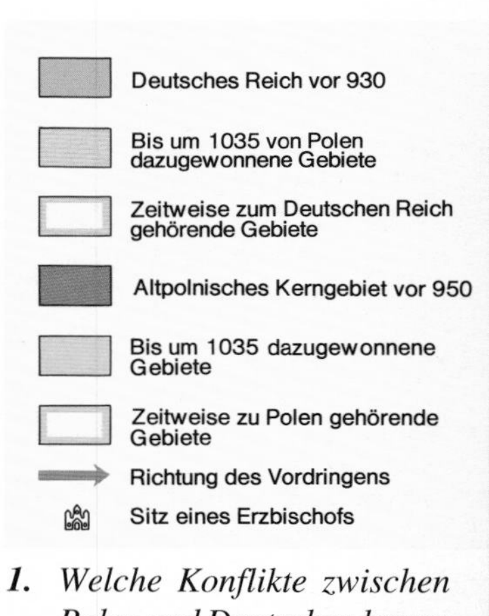

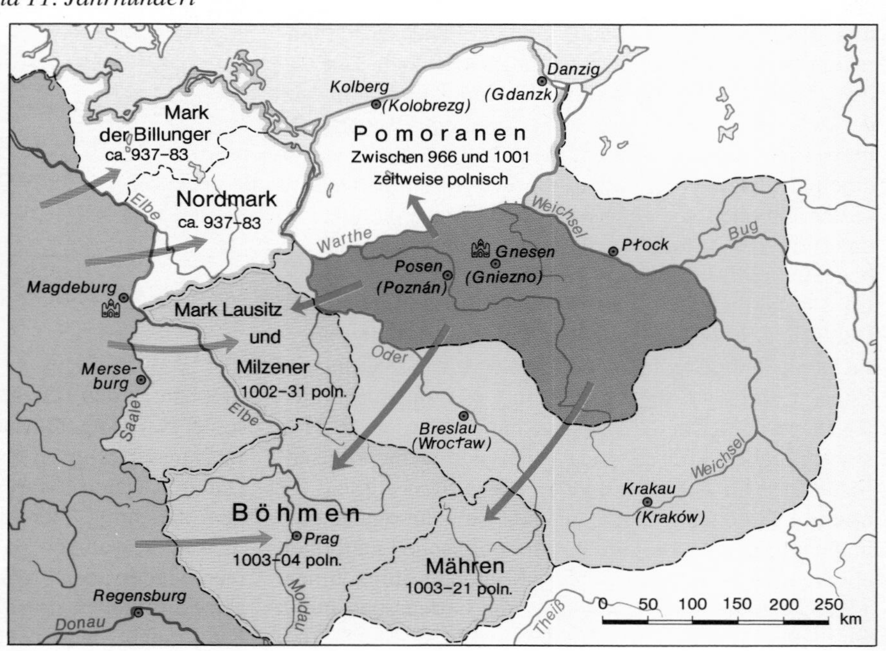

1. *Welche Konflikte zwischen Polen und Deutschen lassen sich aus der Karte ablesen?*
2. *Vergleiche mit Karte 1a. Welche Völker lebten in den Gebieten, in die Polen und Deutsche vordrangen?*

1c *Polen und Deutsche im 12. und 13. Jahrhundert*

Deutsches Reich um 1100

Bis um 1250 dazugewonnene Gebiete

Polen um 1250

Zeitweise zu Polen gehörende Gebiete

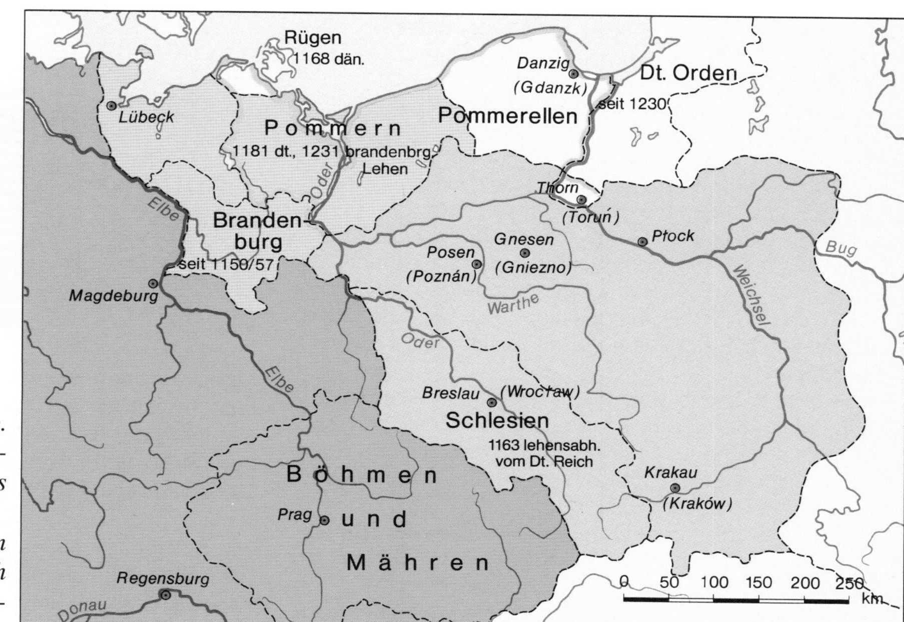

1. *Vergleiche mit Karte 1b. Wie hat sich die Ausdehnung des Deutschen Reichs und Polens verändert?*
2. *Stelle die zwischen Polen und dem Deutschen Reich umstrittenen Gebiete zusammen.*

1d *Die deutsche Ostsiedlung*

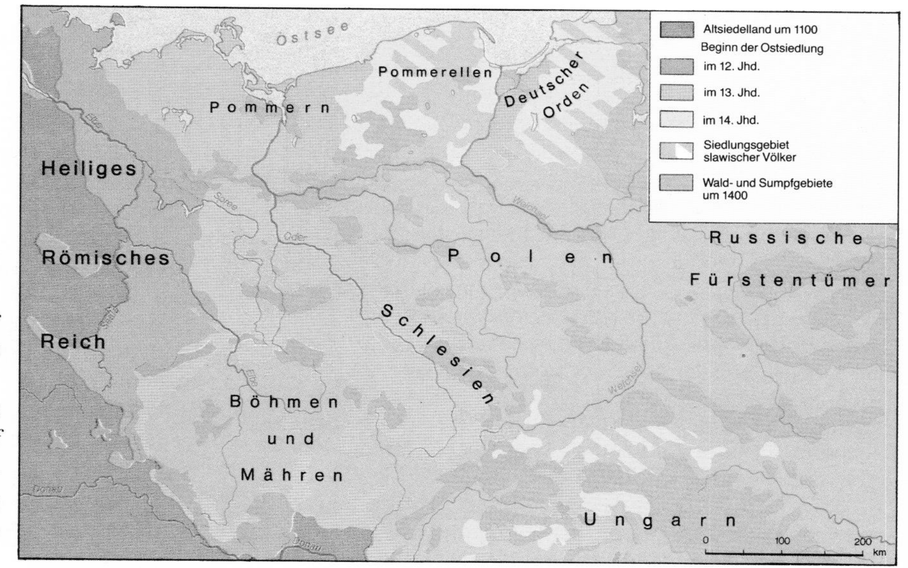

1. *Beschreibe die Phasen der mittelalterlichen deutschen Ostsiedlung.*
2. *Vergleiche mit den Karten 1b, 1c und der Karte auf S. 67. Welcher Zusammenhang zwischen Ostsiedlung und politischer Entwicklung läßt sich erkennen?*

Zusammenfassende Arbeitsfragen:

1. *Welche Probleme zwischen Deutschen und Polen lassen sich aus den Karten 1a bis 1d ablesen?*
2. *Vergleiche mit der Darstellung auf S. 66–67. Worüber sagen die Karten nichts aus?*

Königreiche im mittelalterlichen Europa

Fast alle Völker Europas wurden im Mittelalter von Königen regiert. Lehnswesen und Grundherrschaft sowie das christliche Weltbild, nach dem der durch Gottes Willen eingesetzte König die weltliche Herrschaft innehatte, waren fast überall die Basis der Königreiche. In fast allen Staaten standen die Könige auch vor ähnlichen Grundproblemen:

- Mächtige Fürsten, Herzöge, Grafen – als **Kronvasallen** eigentlich vom König abhängig – versuchten, auf Kosten der Könige ihre Macht zu erweitern.
- Weil eine königliche Zentralverwaltung fehlte, war das Regieren fast überall schwierig.
- Obwohl es eine der wichtigsten Aufgaben der Könige war, Frieden zu wahren, ließ sich diese gegen die Fehden der adligen Großen kaum erfüllen.

Trotz vieler Gemeinsamkeiten verlief die Entwicklung in den verschiedenen Königreichen dennoch sehr unterschiedlich. Die **deutschen Könige** nahmen eine Sonderstellung ein, weil sie sich in der Nachfolge vom Frankenkönig Karl dem Großen, der im Jahr 800 vom Papst zum Kaiser gekrönt worden war, als **Erben des römischen Kaisers** und Herren der Christenheit verstanden. Sie beanspruchten deshalb ein **Vorrecht** gegenüber den anderen Königen. Aus der Kaiserwürde entstanden aber auch Schwierigkeiten im eigenen Reich: Die Abwesenheit durch Romaufenthalte und ständige Kriege um die Durchsetzung der Oberherrschaft in Oberitalien konnten die Fürsten im Reich zum Ausbau ihrer **Territorien** nutzen. Da die Wahl des deutschen Königs bis zum Erlaß der **„Goldenen Bulle“** durch Karl IV. im Jahr 1356 nicht klar geregelt war, kam es häufig zur Erhebung von Herzögen aus konkurrierenden Geschlechtern zu Gegenkönigen.

Eine andere Entwicklung nahmen England und Frankreich. In **England**, wo der König im 12. Jahrhundert eine zentrale Staatsverwaltung aufgebaut hatte, konnte der Adel den König durch die **Magna Charta Libertatum** im Jahr 1215 zur Anerkennung seiner Mitberatungsrechte zwingen. Die königliche Regierungsgewalt wurde dadurch nicht abgeschafft, aber durch das Gegengewicht eines Adelsrates **(Parlament)** ergänzt. Und in **Frankreich** ging aus einem Jahrhunderte dauernden Konflikt um den englischen Festlandsbesitz und die Unterwerfung mächtiger Kronvasallen die königliche Zentralgewalt gestärkt hervor.

Wer war's?

Manche warten, wenn man einer Sage glauben darf, immer noch auf ihn. Das hängt mit seinem Bart zusammen, der den einen zum Gespött, den anderen zur Freude und Zuversicht wurde. In einem späteren Gedicht über ihn heißt es:

„… Spielt gar ein eigenes Lüftchen
dem Alten in seinem Bart.
Er streicht ihn mit den Händen,
besinnt sich und erwacht.
'Mich dünkt, ich hab geschlafen
gar eine lange Nacht“

In seinen Adern floß das Blut von zwei seit langem verfeindeten Geschlechtern. Von ihm erwartete man, daß er den alten Streit beenden würde. Seine Biographen sind über ihn geteilter Meinung. Die einen zeichnen von ihm das Bild eines tapferen, großzügigen, wohlgestalteten, kurz eines vollkommenen Ritters. Sie loben u. a. auch das Fest, das er Pfingsten ausrichten ließ, als seine Söhne zu Rittern geschlagen wurden. Andere heben seine Grausamkeit und Unerbittlichkeit gegenüber den italienischen Städten hervor, die sich gegen seine Machtansprüche auflehnten.

Auf dem Höhepunkt seines Ruhmes schließt er sich noch einmal einer großen Bewegung seiner Zeit an. Nachdem er mit den aufständischen Städten zu einem Kompromiß gefunden, die deutschen Fürsten der kaiserlichen Gewalt unterworfen und seinen Sohn mit einer sizilianischen Prinzessin verheiratet hat, bricht er mit vielen Gleichgesinnten in ein fernes Land auf. Eines Tages sucht er nach der Anstrengung und Hitze Erfrischung, wie du auf dem Bild sehen kannst. Das Ende kommt rasch. Er ertrinkt im Fluß.

„Hohe Mathematik“

Gerechnet wurde im frühen Mittelalter mündlich oder aber mit Hilfe von Gesten. Die in der Antike entwickelte Methode des Rechnens mit Fingern wurde nach wie vor angewendet. Der englische Mönch Beda verfaßte ein klassisches Handbuch, auf das man nicht mehr verzichten konnte. Hierin erklärte er, daß die letzten drei Finger der linken Hand, mehr oder weniger nach innen gebogen, die Einerzahlen bedeuten, während Daumen und Zeigefinger in verschiedenen Stellungen die Zehner repräsentieren. Es geht weiter mit der rechten Hand, deren Finger, verschieden gekrümmt, Hunderter und Tausender anzeigen. Für die Zehntausender und Hunderttausender benutzte man die linke bzw. die rechte Hand, jetzt ausgestreckt, wobei durch jeweiliges Berühren von Brust, Bauch oder Oberschenkel schließlich sogar die Million erreicht werden kann.

Kleine Rechenprobleme wurden den Kindern wie eine Art Rätsel vorgelegt. Zum Beispiel: Drei Brüder sind, jeder mit seiner Schwester, unterwegs. Die sechs Reisenden kommen an einen Fluß, aber das einzige vorhandene Boot faßt nur zwei Personen. Die Schicklichkeit verlangt, daß jede Schwester mit ihrem Bruder zusammen übersetzt. Wie machen sie das?

Oder: Sechs Handwerker werden angestellt, um ein Haus zu bauen. Fünf davon sind Meister, einer ist nur Lehrling. Die fünf Meister teilen sich den Tagelohn von 25 Pfennigen, doch muß davon auch der Lehrling bezahlt werden, der halb soviel erhält wie ein Meister. Wieviel erhält jeder?

Ein klassisches Beispiel ist der Fall des von einer Schlange gebissenen Kindes: Ein Junge geht auf die Wildschweinjagd, tötet einen Keiler, tritt dabei aber auf eine Schlange und erhält einen tödlichen Biß. Seine Mutter klagt: „Mein Sohn, hättest du doppelt so lange gelebt, wie du gelebt hast, dann nochmals so lange und dazu noch die Hälfte, und dann noch ein einziges Jahr, dann wärst du 100 Jahre alt geworden“ (Lösung: 16,5 x 2 = 33; 33 x 2 = 66; 66 + 33 + 1 = 100 Jahre). Dhuoda[1] kannte derartige Aufgaben, denn sie schrieb an ihren Sohn: „Du hast viermal vier Jahre vollendet. Wenn du doppelt so viele Jahre und dazu noch die Hälfte der Hälfte zähltest, würde ich anders mit dir reden“ (Lösung: 16 + 16 + 4 = 36).

[1] Die gelehrte Dhuoda, Gattin des Grafen von Barcelona, schrieb im 9. Jahrhundert für ihren Sohn eine Anleitung zum richtigen Verhalten.

Zusammengestellt nach: P. Richet, Die Welt der Karolinger, Stuttgart 1981, S. 261f.

Monogramme deutscher Kaiser – und deins?

Jeder deutsche Kaiser hatte genauso wie alle Könige ein eigenes Monogramm. Dieses Monogramm wurde unter Urkunden gemalt. Da die Kaiser und Könige nicht schreiben konnten, versahen sie ihr Monogramm mit einem Strich. Hier sind die drei Monogramme von Karl dem Großen (KAROLUS), Otto dem Großen (OTTHO) und Heinrich IV. (HENRICUS) abgebildet.

Versuche zu erraten, welches Monogamm zu welchem Kaiser gehört. Male aus den Buchstaben deines Vornamens dein persönliches Monogramm.

①

②

③

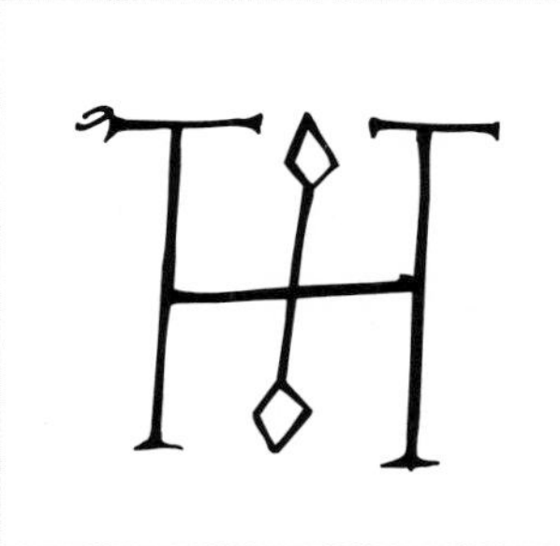

4. Das Christentum durchdringt die Gesellschaft

Heute trennen wir genau zwischen Atlas und Gebetbuch, zwischen Erdkunde- und Religionsunterricht. Die christlichen Konfessionen spielen eine wichtige, aber klar eingegrenzte Rolle. Im Mittelalter war das anders. Die Erde galt als Teil der göttlichen Schöpfung, Christusbild und Weltkarte ließen sich ohne Schwierigkeiten miteinander verschmelzen. Die Menschen waren gewohnt, daß die Religion ihr Leben umfassend prägte.
Es hat allerdings einige Jahrhunderte gedauert, bis sich das Christentum im Europa nördlich der Alpen durchsetzte und alle Lebensbereiche durchdrang. Die Germanenvölker hatten zwar zwischen dem 4. und 8. Jahrhundert den christlichen Glauben angenommen, aber von der ersten Taufe der Stammesführer bis zum christlich geprägten Abendland war es ein weiter Weg.
Den christlichen Missionaren ging es nicht nur darum, die alten germanischen Götter zu verdrängen und eine neue flächendeckende Organisation von Bistümern und Pfarreien aufzubauen. Sie wollten den Jahreslauf mit seinen Festen ebenso verchristlichen wie den Lebenslauf der einzelnen Menschen. In vielen Dingen waren sie dabei erfolgreich – so hat die christliche Hochzeit die germanische Verlobung an Bedeutung weit überflügelt. Manchmal konnten sie sich jedoch auch nicht durchsetzen – die meisten Christen feiern den Geburtstag mehr als den Tauftag oder den Namenstag, d. h. den Festtag des Namenspatrons.
Die nebenstehende Weltkarte zeigt, daß das Christentum auch das Weltbild prägen wollte. Christus überragt und umfaßt die ganze Erde. Zwar setzt die Karte auf die irrige Vorstellung von der Erde als einer vom Weltmeer umflossenen Scheibe, doch die damals bekannten Kontinente sind erkennbar: Asien oben, Afrika rechts und Europa rechts unten. Daß Jerusalem als Mittelpunkt gewählt wurde, ist ebenso eine christliche Interpretation wie die Ausrichtung der Karte nach Osten hin zum Paradies (erkennbar an den Gesichtern Adams und Evas). Daß diese Karte in einem englischen Gebetbuch mehr die religiösen Betrachtungen als die geographischen Studien fördern wollte, merkte der Beter spätestens dann, wenn er sein England auf der Karte suchte.

Weltkarte aus einem englischen Psalter (Gebetbuch) des 13. Jahrhunderts

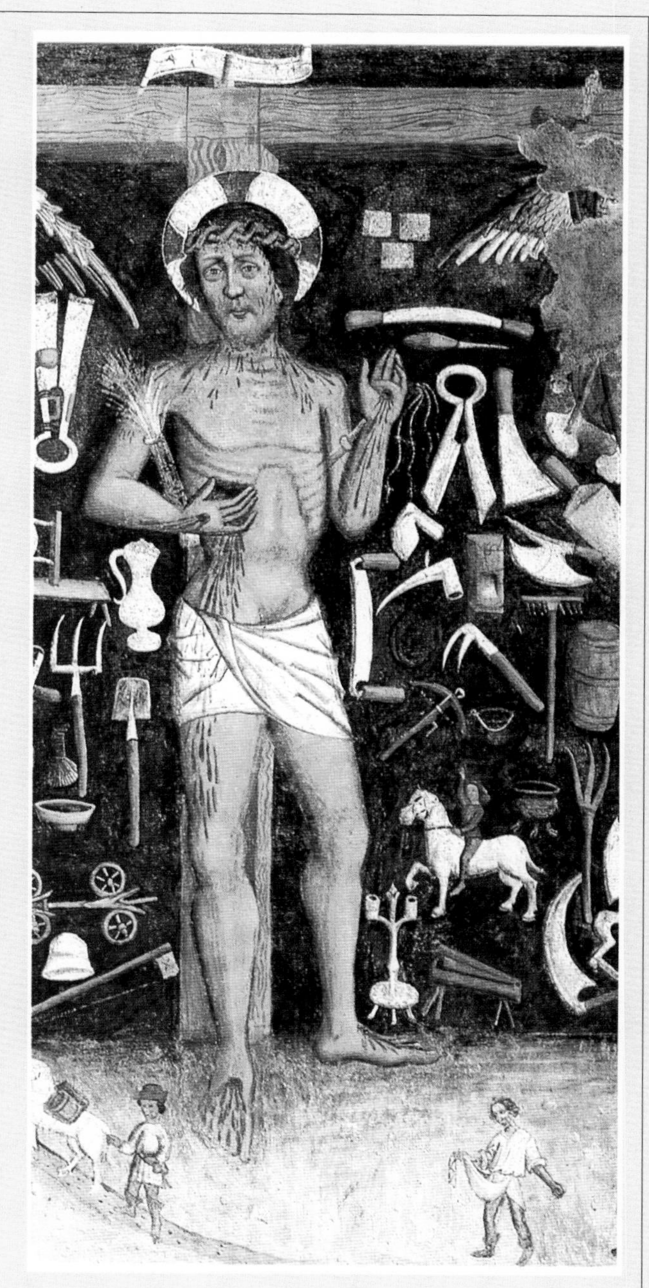

Der „Feiertags-Christus". Kirchenmalerei aus dem 15. Jahrhundert. Die Werkzeuge und Tätigkeiten weisen auf Arbeiten hin, die an Sonn- und Feiertagen verboten waren.

Das christliche Weltbild der Menschen im Mittelalter

Zwischen Himmel und Hölle

Im Mittelalter waren die Menschen vielfältigen Gefahren wie Naturgewalten, Krankheiten, Hungersnöten und kriegerischen Überfällen ausgeliefert. Schicksalsschläge und Nöte wurden als Eingriffe übernatürlicher Mächte in ihr Leben begriffen.
Früher hatten sie zur Abwehr Dämonen und Geister an Quellen, Bächen und unter alten, hohen Bäumen beschworen. Die christlichen Missionare hatten sie dann gelehrt, daß es nur einen Gott gebe. Verstöße gegen seine Gebote bestrafe er mit Krankheiten und Mißernten. Ein frommes Leben hingegen belohne er mit häuslichem Glück und Frieden. Deshalb kam den Priestern eine wichtige Aufgabe zu: Sie sollten durch Gebete die heidnischen Mächte bannen und die Menschen lehren, wie ein gottgefälliges Leben zu führen sei. Man glaubte also, daß das Wohlergehen der Lebenden auf der Erde und der Verstorbenen im Jenseits wesentlich vom Gebet der Geistlichen abhängig sei.
Für den Gottesdienst der Bischöfe und Priester, aber auch der Mönche und Nonnen wurden mächtige und prächtige Steinbauten errichtet. Die kühnsten Gewölbe, die längsten Hallen und die höchsten Türme finden wir dort und nicht in den Palästen der Könige oder den Häusern der reichen Kaufleute.
Die Kathedralen und Münster, die Pfarr- und Wallfahrtskirchen waren reich mit Gemälden und Skulpturen geschmückt, die den christlichen Glauben verkündigten. Im Mittelpunkt all dieser „Bildprogramme" steht Christus, sei es als erhaben thronender Herrscher in der frühmittelalterlichen romanischen Kunst, sei es als schmerzvoll Leidender am Kreuz, wie er vor allem in der gotischen Kunst seit dem 12. Jahrhundert dargestellt wird. Oft wird auch ein Gesamtbild des Himmlischen Reiches entworfen: der dreieinige Gott (Gott Vater, sein Sohn Christus und der Heilige Geist) zusammen mit den Engeln als Hofstaat und den Heiligen, d. h. den Frauen und Männern, die wegen ihrer Glaubensstärke, ihrer Frömmigkeit und ihrer Wunderkraft von den Christen verehrt wurden. Unter ihnen spielten die zwölf Apostel und die vier Evangelisten eine herausragende Rolle. Außerdem gewann im Laufe des Mittelalters Maria als „Mutter Gottes" immer mehr an Bedeutung. Diesen himmlischen Mächten und Fürsprechern, denen sich die Menschen im Gebet zuwenden konnten, standen die Mächte der Hölle gegenüber: die Teufel, die die Menschen in Versuchung führten und zur Sünde und zum Abfall vom Glauben verleiteten.
In diesem Kräftefeld zwischen Himmel und Hölle hatte der Mensch seinen Platz und mußte sich bewähren. Die gottgewollte Ordnung hielt man für richtig und gut, sie durfte deshalb auch nicht verändert werden.

Die verchristlichte Zeit

Heilsgeschichte und Endzeitstimmung

Nach dem christlichen Glauben ist die Geschichte der Menschheit eine *Heilsgeschichte*, die in den Büchern der Bibel geschildert wird. Sie beginnt mit der Schöpfung der Welt und dem Paradies. Doch da die Menschen sündigten, strafte sie Gott mit der Vertreibung Adams und Evas aus dem Paradies, durch die Sintflut, der nur Noahs Arche entging, und durch die babylonische Sprachverwirrung. Unter den vielen über die Erde verstreuten Völkern hat Gott ein Volk auserwählt: die zwölf Stämme Israels, deren Geschichte und Frömmigkeit im Alten Testament überliefert sind. Das Neue Testament berichtet von Jesus Christus, der als Sohn Gottes Mensch geworden ist und durch sein Leiden, seinen Tod am Kreuz und seine Auferstehung die Menschen erlöst hat. Die Apostel und andere Jünger Jesu missionierten zuerst in ihrer Heimat Palästina, dann in Kleinasien und im ganzen Mittelmeerraum. Dieses Zeitalter der Kirche Christi wird nach dem christlichen Glauben eines Tages mit dem Jüngsten Gericht enden. Dann werden alle Menschen auferstehen. Jeder einzelne wird vom Weltenrichter Christus nach seinem Lebenswandel entweder zur ewigen Glückseligkeit im Himmel oder zur ewigen Verdammnis in der Hölle bestimmt werden.
Nach diesem christlichen Glauben hatten die Menschen im Mittelalter einen klaren Platz im Ablauf der Heilsgeschichte: Zum einen mußten sie den Auftrag Christi erfüllen, alle Menschen zu bekehren; zum anderen lebten

Das Tympanon (ein mit Bildern geschmücktes Bogenfeld) über dem Hauptportal der Kirche von Conques (Frankreich, Auvergne), erbaut im 11. Jahrhundert. Es stellt das Jüngste Gericht dar.

sie in der ständigen Erwartung eines dramatischen Endes der Welt. Symbolische Jahreszahlen wie z. B. das Jahr 1000 oder Katastrophen verstärkten immer wieder die endzeitliche Stimmung.

Lebenszeit und Jahreslauf

Der christliche Glaube prägte im Mittelalter nicht nur die Vorstellung vom Ablauf der Menschheitsgeschichte, sondern auch die kleineren Zeiträume. Die Lebenszeit des einzelnen Menschen wurde dabei durch die Sakramente aufgeteilt: Mit der Taufe wird der Mensch Mitglied der Kirche, die Firmung wandelt ihn zum „erwachsenen" Christen, die Eheschließung heiligt die Gründung einer Familie, und das Sterbesakrament markiert und erleichtert den Übergang vom irdischen Leben zum ewigen Leben der vom Körper befreiten Seele.
Noch deutlicher als bei dieser christlichen Unterteilung des Lebenslaufes zeigt sich beim Jahreslauf das Bemühen der Kirche im Mittelalter, die Gesellschaft zu verchristlichen. Bei der Einteilung des Jahres orientierten sich die Menschen seit den frühen Hochkulturen am Lauf der Sonne. Darauf geht sowohl die Einteilung des Jahres in 365 Tage als auch die aus Sonnenwende und Nachtgleiche abgeleitete Unterteilung in vier Jahreszeiten zurück. Die Kirche verchristlichte diesen Jahreslauf, indem das Kirchenjahr zum Abbild der neutestamentlichen Heilsgeschichte wurde, die Jahr um Jahr nachvollzogen wird: Es beginnt mit der Geburt Christi (Advent und Weihnachten). Seinen Höhepunkt hat es mit der Leidenszeit und Auferstehung (Fastenzeit, Karwoche, Ostern). Die Osterzeit endet mit dem Gedenken an die Himmelfahrt Christi und an die Sendung des Heiligen Geistes für die Jünger (Pfingsten), womit zugleich das Gründungsfest der Kirche gefeiert wird.
Mit diesem Kirchenjahr gab die Kirche dem Jahreslauf zwar einen neuen Sinn, sie lehnte sich aber auch an vorchristliche Traditionen an: Weihnachten nimmt sowohl vom Datum als auch vom Brauchtum her römische und germanische Elemente der Wintersonnenwendfeier auf, der Name des Osterfestes geht auf die germanische Frühlingsgöttin Ostara zurück. Noch erstaunlicher ist, daß die Kirche den Jahresbeginn nicht beeinflussen konnte. Der 1. Advent als Beginn des Kirchenjahres wird bis heute nicht als Neujahrsfest gefeiert.

1 Gott als Richter

1a *Der sächsische Geschichtsschreiber Thietmar von Merseburg schrieb zu Beginn des 11. Jahrhunderts eine Chronik, in der die Ereignisse aus der Regierungszeit Ottos III. (983–1002) breiten Raum einnehmen. Er überlieferte darin auch folgende Begebenheit:*

Q Nicht verschweigen will ich ein Wunder, das sich zu Zeiten des Kaisers in Rom am Himmel zeigte. Kriegsleute Herzog Herrmanns von Schwaben hatten gewaltsam Grundbesitz der Mönche von St. Paul[1] besetzt und lehnten trotz häufiger, demütiger Bitten die Freigabe ab. Da zogen alsbald schwere Wolken herauf, Blitze zuckten und offenbarten den Zorn des Herrn. Dann folgten furchtbare Donnerschläge, töteten vier der Besten von ihnen und verjagten die übrigen. So erwies sich, daß auch die Armen Christi in dieser Welt nicht verächtlich sind. Ihr Schirmer ist der barmherzige Gott, und er vergilt recht nach Verdienst denen, die sie ehren und in ihrer Not erhören; ihre Verfolger aber straft er: leichter hienieden oder schwerer in der Ewigkeit.

[1] Das Kloster St. Paul war an der Stelle errichtet worden, an der das Grab des Apostels Paulus verehrt wurde. Es gehörte zu den reichsten Klöstern Italiens.

Thietmar von Merseburg, IV, 52. Übers. d. Verf.

1b *In einer spanischen Chronik des 13. Jahrhunderts wurde über das folgende Ereignis aus dem 11. Jahrhundert berichtet, bei dem es wegen der Form der Meßfeier im Gottesdienst (Liturgie) zu einem Streit kam. In Spanien, das von den Arabern beherrscht wurde, hatte sich eine eigene Form der Liturgie herausgebildet. Der päpstliche Gesandte Ricardus wollte die in der spanischen Stadt Toledo übliche „toletanische" Liturgie durch die in Frankreich übliche „gallikanische" Liturgie ersetzen. Die Entscheidung wurde zuerst durch ein „Gottesurteil" gesucht.*

Q Am festgesetzten Tage versammelten sich der König, der Bischof, der Gesandte und eine große Menschenmenge aus Klerus und Volk. In dem Streit widersetzten sich Klerus, Ritterschaft und Volk jeder Veränderung der Meßfeier, der König aber versuchte auf Betreiben der Königin durch Drohungen und Gewalt, das Gegenteil zu erreichen. Schließlich kam es dahin, daß der Streit durch einen Zweikampf entschieden werden sollte. Es wurden also zwei Ritter ausgewählt, einer vom König, der für die gallikanische Meßliturgie, und ein anderer von Ritterschaft und Volk, der für die toletanische Liturgie kämpfen sollte. Als der Ritter des Königs besiegt war, jubelte das Volk, weil der Ritter der toletanischen Liturgie Sieger geblieben war.
Aber der König wurde so sehr von der Königin Constantia bedrängt, daß er von seinem Vorhaben nicht abließ, sondern sagte, der Zweikampf sei nicht rechtens gewesen. Als deswegen großer Aufruhr bei Ritterschaft und Volk entstand, kam man schließlich überein, beide Bücher, das mit der toletanischen und das mit der gallikanischen Liturgie, dem Feuer zu übergeben. Und nachdem Bischof, Gesandter und Klerus allen ein Fasten auferlegt hatten und Gebete von allen demütig verrichtet worden waren, wurde das Buch mit der gallikanischen Liturgie vom Feuer verzehrt, während alle mit Danksagungen an Gott sahen, daß das Buch mit der toletanischen Liturgie gänzlich von den Flammen verschont blieb. Der große König wollte jedoch seinen Willen hartnäckig durchsetzen. Er befahl, daß die gallikanische Meßliturgie im ganzen Land befolgt würde, und drohte allen Widerstrebenden den Einzug des Vermögens und die Todesstrafe an.

aus: Mansi, Concilia 20, Sp. 734f. Übers. d. Verf.

1. *Wie deutete der Geschichtsschreiber in Quelle 1a Naturereignisse? Wie würde man sie aus heutiger Sicht deuten?*
2. *Welche Parteien standen sich bei dem Streit in Quelle 1b gegenüber?*
3. *Warum wurde der Streit um die Form des Gottesdienstes so erbittert ausgetragen?*
4. *Wie sollte der Streit entschieden werden? Wie würde man heute solche Probleme lösen?*
5. *Wie unterschieden nach diesen beiden Quellen die Menschen im Mittelalter zwischen Recht und Unrecht, Gutem und Bösem?*

2 Zeitmessung im Mittelalter

2a *Die Entwicklung der Zeitmessung*

D Bis in das 13. Jahrhundert hinein war die Sonnenuhr das wichtigste Instrument zur Zeitmessung. An der Sonnenuhr konnte – zumindest bei schönem Wetter – die ungefähre Zeit abgelesen werden. Sie versagte allerdings für das Messen kürzerer Zeitstrecken. Hierfür tauchte deshalb in Deutschland erstmals im 14. Jahrhundert die Sanduhr auf. Mit ihr maß man z. B. die Dauer einer Pre-

digt oder die Redezeit bei städtischen Ratsversammlungen; auch zur Einteilung der Wachdienste auf Schiffen wurde sie verwendet.
Die Bedeutung dieser Uhren nahm mit der Erfindung der mechanischen Uhrwerke gegen Ende des 13. Jahrhunderts schnell ab. Sie sind vermutlich aus klösterlichen Läutwerken entwickelt worden und waren anfänglich nur Schlagwerke ohne Zeiger. Man merkte sich also die Zeit mit dem Ohr, nicht mit dem Auge. Oft hatte auch nur der Türmer ein kleines Uhrwerk, das ihm stündlich ein Zeichen gab, wann er die Glocken zu schlagen hatte. Später gab es dann an Rathäusern, Kirchen und fürstlichen Palästen die ersten Zeigeruhren mit einem Stundenzeiger. Städte begannen, um die schönsten und kostbarsten Uhren mit Glockenspiel und Figurenautomaten zu wetteifern. Bald konnte man auch schon an einem zweiten Zeiger die Minuten ablesen. Diese Zeiteinheit spielte aber im alltäglichen Leben noch jahrhundertelang keine Rolle. Nach Minuten begannen sich die Menschen erst zu richten, als im Eisenbahnzeitalter die Züge nach Fahrplan fuhren.

2b *Stundeneinteilung im Mittelalter*

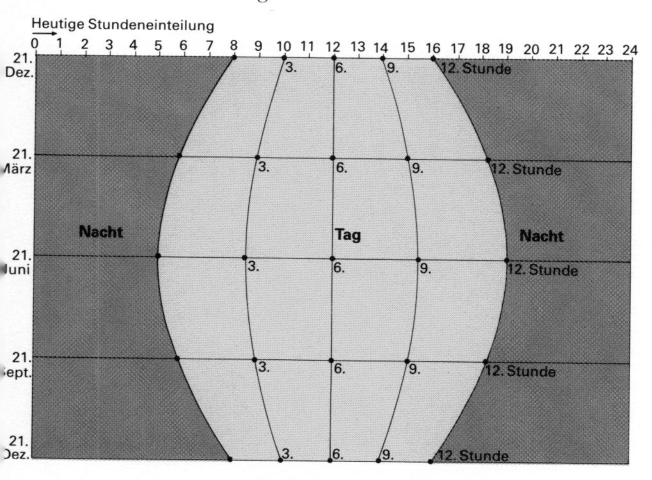

1. *Beschreibe, wie im Mittelalter die Tageszeit eingeteilt wurde. Worin liegt der wichtigste Unterschied zur heutigen Einteilung?*
2. *Schildere, wie sich diese Tages- und Stundeneinteilung auf das Leben und die Arbeit der Menschen im Mittelalter ausgewirkt hat.*
3. *Stelle dir vor, wir würden heute die mittelalterliche Stundeneinteilung einführen. Welche Folgen hätte das für deinen Tagesablauf, welche Folgen für das tägliche Leben bei uns?*

2c *Die Taschensonnenuhr eines Mönches aus Canterbury aus dem 10. Jahrhundert*

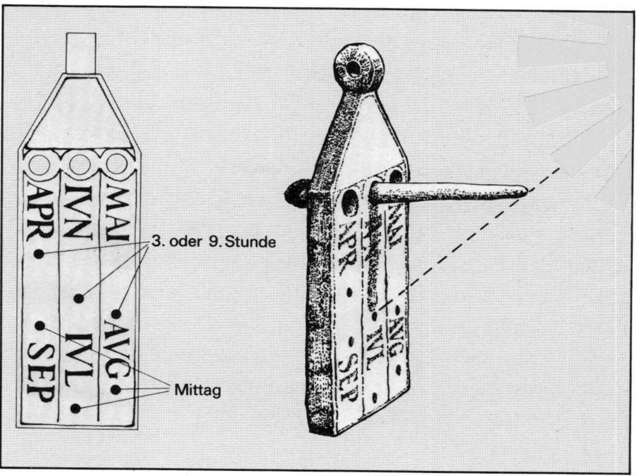

Anmerkung: Höhe des Originals: 4 cm; die Taschensonnenuhr wurde an einer Schnur getragen und zum Ablesen der Uhrzeit frei in die Sonne gehalten.

1. *Beschreibe das „Zifferblatt" der Uhr. Was muß auf der Rückseite eingetragen sein?*
2. *Die Grafik zeigt den Sonnenstand am Vormittag des 12. Juli. Wie spät ist es nach dem eingetragenen Schatten?*
3. *Was mußten die Erfinder dieser Uhr über den Jahres- und den Tagesablauf wissen?*
4. *Warum brauchten die Mönche eine Uhr, während die anderen Menschen zur damaligen Zeit ohne Zeitmessung auskamen?*

Zusammenfassende Arbeitsfragen:
1. *Schildere die Vorstellungen, die die Menschen im Mittelalter von der Welt hatten. Ziehe dazu auch die Bilder auf den Auftaktseiten (S. 72 und 73) heran.*
2. *Stelle die wichtigsten Unterschiede zwischen dem damaligen Weltbild und unseren heutigen Vorstellungen zusammen.*

Ein Kloster hat viele Gesichter

Wie andere Klöster auch macht das Kloster Maulbronn auf den Besucher zuerst einmal einen abweisenden Eindruck: Eine Mauer grenzt das Gelände von der Außenwelt ab; drei Befestigungstürme schützen das Kloster; ein wehrhaftes Tor zeigt, daß man sich vor Besuchern schützen wollte. Doch heute hindert uns niemand einzutreten – und im Klosterhof gewinnen wir einen viel freundlicheren Eindruck: Romantisch empfinden viele heute diesen Innenhof. Doch für das Gebäude am anderen Ende des Platzes paßt dieses Adjektiv nicht, dort erhebt sich die Fassade der Klosterkirche – in klaren, scharfen Formen. Denselben Eindruck bieten die Gebäude links von der Kirche, in denen früher die Mönche gewohnt haben: viele große hohe Räume, kalte Steinwände, sorgsam behauene Steinblöcke sowie Ornamente an Türen, Decken, Fenstern und Säulen. Wieso hat das Kloster so verschiedene Gesichter? Um diese Frage zu beantworten, muß man etwas mehr von den Menschen wissen, die im Mittelalter in diesen Gebäuden lebten.

Das Leben der Nonnen und Mönche

Ein Kloster ist eine christliche Gemeinschaft von Männern oder Frauen, die ganz vollkommen leben wollen. Sie verzichten deshalb auf ein normales Leben und ziehen sich „aus der Welt" zurück. Die Mönche und Nonnen folgen einer schriftlich überlieferten Ordensregel. Ein Abt oder eine Äbtissin – meist aus der eigenen Gruppe gewählt – leitet das Kloster. Das Leben unterscheidet sich in vielem von dem, was in der Umwelt üblich ist. Die Mönche oder Nonnen heiraten nicht, versprechen, nichts persönlich zu besitzen und gegen Obere und Ordensregeln gehorsam zu sein. All diese Gelübde sollen ein Leben lang gelten.

Wenn wir in den Klostergebäuden von Maulbronn herumgehen, entdecken wir, daß die Mönche damals noch auf manches andere verzichten mußten, was uns heute lieb und teuer ist. Niemand hatte seine eigenen „vier

Das Kloster Maulbronn

1138	Ritter Walther von Lomersheim gründet mit zwölf Mönchen aus dem elsässischen Zisterzienserkloster Neuburg auf seinem Erbgut Eckenweiher ein Kloster.
1147	Die Mönche verlassen das ungünstige Gelände und gründen auf einem von Bischof Günter von Speyer geschenkten, unbebauten Land das Kloster Maulbronn.
1148	Papst Eugen III. bestätigt die Gründung und ihre Rechte
1151	Erste Tochtergründung: Bronnbach
1156	Kaiser Friedrich Barbarossa nimmt das Kloster in seinen Schutz
1157	Zweite Tochtergründung: Schöntal
1178	Einweihung der Klosterkirche
1350	Abschluß der Arbeiten am Klostergebäude
1361–67 u. 1441	Befestigung der Klosteranlage. (Anstelle des Kaisers hatten die Kurfürsten der Pfalz den weltlichen Schutz an sich gerissen und benutzten das Kloster als Vorposten in ihrem Kampf gegen die Grafen von Württemberg).
1534/52	Einführung der Reformation durch die württembergischen Herzöge
1556	Umwandlung in eine Klosterschule

① Klostertor ② Klosterhof ③ Kornspeicher ④ Pferdestall ⑤ Bäckerei ⑥ Klosterkirche ⑦ Kreuzgang ⑧ Speisesäle

Jean de Vignay, ein französischer Mönch, übersetzt ein historisches Werk. Französische Buchillustration aus dem 15. Jahrhundert

Wände", man lebte in großen Sälen zusammen. Man durfte sich auch nicht unterhalten, denn Tag und Nacht galt das Schweigegebot. Die kleinen Verständigungsprobleme wurden mit einer hochentwickelten Zeichensprache gelöst. War ein Gespräch unumgänglich, so mußte man sich zu bestimmten Zeiten des Tages im sogenannten „Sprechraum" verabreden.
Auch mit ihrem Körper gingen die Mönche und Nonnen hart um. Nach der Ordensregel sollte Fleisch nie serviert werden, Heizen war verpönt. Nur in einem kleinen Raum mit Fußbodenheizung konnte man sich aufwärmen. Das Risiko, durch ein so asketisches Leben früh zu sterben, konnte nicht schrecken, denn die Mönche und Nonnen hingen nicht am irdischen Leben. Sie wollten vielmehr durch Gebet, Fasten und fromme Werke ihr Leben heiligen. Sie nahmen sich vor, so rein zu leben wie die Engel. Sie wollten damit ein Stück Paradies auf Erden verwirklichen und anderen Menschen ein mahnendes Vorbild sein.

Viele Stunden verbrachten die Mönche in Maulbronn in der Kirche. Siebenmal am Tag und einmal in der Nacht sangen sie Psalmen, hörten Lesungen aus der Bibel, beteten und meditierten. In der Kirche von Maulbronn zeugt das prächtige Chorgestühl mit seinen 92 Plätzen von dieser Tätigkeit, die den Mönchen am wichtigsten war.
Doch für wen war die hintere Hälfte der Kirche gedacht, die eine hohe Mauer vom Altarraum mit Chorgestühl trennte? Dort beteten nicht etwa die Christen aus der Umgebung des Klosters, wie man vermuten könnte. Sie durften die Klosterkirche nur in Ausnahmefällen besuchen. Frauen war das Betreten der Kirche sogar ganz verboten. Im Kirchenschiff jenseits der hohen Mauer beteten vielmehr Mönche niederen Ranges, die sogenannten „Laienbrüder". Sie verfolgten dieselben Lebensziele, waren aber keine Vollmitglieder der klösterlichen Gemeinschaft.
Die Mönche und Nonnen waren im hohen Mittelalter sehr häufig adliger Herkunft. Sie führten ein Leben ohne körperliche Arbeit, lasen viel und schrieben Bücher ab, die Nonnen webten und stickten Wandteppiche und Meßgewänder. Die Laienbrüder und -schwestern dagegen waren für landwirtschaftliche und handwerkliche Arbeiten zuständig. Sie entstammten zumeist niederen Schichten. Nicht nur in der Kirche waren sie von den anderen getrennt, der ganze Tageslauf vollzog sich nach eigenen Regeln.

Das Kloster als Grundherrschaft

Der Klosterhof

Der Hof des Klosters war ein Wirtschaftshof voller Leben – und das hieß auch: Lärm, Schmutz und Gestank. Mönche hätte man im Klosterhof nur selten erblicken können, den Laienbrüdern hingegen wäre man oft begegnet. Sie hatten in den verschiedenen Werkstätten, Scheunen und Ställen zu tun. Und nicht nur sie mußten arbeiten, damit die Mönche ungestört beten konnten. Auch viele Laien waren in der Bäckerei, der Schmiede, der Klostermühle und den anderen Betrieben beschäftigt. Über deren Leben wissen wir sehr viel weniger. Manche banden sich aus religiösen Motiven fester an ein Kloster, für die anderen war dies eine Arbeit wie bei anderen Herren auch.
Der riesige Speicher im Wirtschaftshof macht deutlich,

daß die Wirtschaft weit über den Klosterhof hinausreichte. In etwa 100 Dörfern waren Bauern dem Kloster untertan und mußten einen Teil ihrer Ernte abliefern. Manche Klöster verfügten auch über Außenbetriebe.

Vor der Klostermauer

Wenn man sich vorstellt, welche Mengen an Getreide und anderen Lebensmitteln in dem Speicher Platz fanden, dann kann man verstehen, daß manche ein begieriges Auge auf diese Vorräte geworfen haben. Das Kloster mußte sich gegen die Fehden der benachbarten Adligen schützen, aber auch vor Kriegstruppen – und hin und wieder auch vor den Aufständen der eigenen Bauern. Doch nicht nur das Getreide wäre Grund für einen Überfall gewesen. Das Kloster erhielt auch vielfältige Abgaben und Spenden in Geld, Meßgeräte waren aus Gold und Silber, Meßgewänder aus Brokat, selbst die Bücher, die die Mönche schrieben und in ihren Bibliotheken sammelten, galten damals als Wertgegenstände.
Ein Kloster war auch ein Zentrum des politischen und geistigen Lebens, eine arbeitsteilige Gemeinschaft mit sehr spezialisierten Handwerkern. Und ein Kloster war genauso ein Grundherr und eine Herrschaftsmacht wie eine Adelsfamilie. Oft genug wurde also ein Kloster direkt bekriegt, weil ein Konkurrent, z. B. ein Ritter oder ein anderes Kloster, aber auch der Landesherr oder der Bischof, die Macht eines Klosters brechen wollten.

Das Kloster im Streit der Meinungen

Die Adligen hatten Klöster gegründet, damit Mönche für ihr Seelenheil beteten und das Familiengrab hüteten. Deshalb statteten sie Klöster mit reichem Grundbesitz aus. Was war daraus oft geworden? Für viele Zeitgenossen klafften Anspruch und Wirklichkeit bei den Klöstern oft weit auseinander.
Immer wieder wurde deshalb versucht, Mißstände zu beseitigen. Die Zisterzienser, die Maulbronn gründeten, waren selbst eine solche Reformbewegung. Sie kritisierten an den anderen Klöstern, die nach der *Benediktregel* lebten, den Luxus der Bauten und die prächtigen Gottesdienste. Die Zisterzienser wollten wieder Ernst machen mit dem einfachen Leben, dem harten Fasten und dem strikten Schweigen. Sie gründeten ihre Klöster hauptsächlich in abgelegenen Gegenden. Doch auch die Ideale der Zisterzienser – wie die vieler anderer Reformbemühungen – verblaßten mit der Zeit. 100 bis 200 Jahre später unterschieden sich ihre Klöster kaum noch von denen, die sie einst kritisiert hatten.
Im hohen Mittelalter wurde die Kritik an den herkömmlichen Klöstern grundsätzlicher. Man versuchte, neue Ideale zu formulieren. Franziskus von Assisi z. B. warf den alten Klöstern vor, daß sie zwar persönliche Armut von ihren Mönchen verlangten, daß das Kloster selbst jedoch unermeßlichen Reichtum ansammeln konnte. Er forderte die radikale Armut. Die Mönche sollten ihren Unterhalt durch Betteln sichern, um völlig losgelöst von irdischen Verstrickungen zu sein. Andere fanden es nicht richtig, daß die Klöster sich von den Aufgaben der Seelsorge zurückzogen. Dominicus z. B. sah einen Sinn für das Leben von Mönchen in der Predigt gegen die Ketzer – und als Voraussetzung dazu in der wissenschaftlichen Beschäftigung mit der Theologie.
Die im 13. Jahrhundert entstehenden neuen „Bettelorden" wie Franziskaner und Dominikaner unterschieden sich noch in anderem von den alten Mönchsorden. Sie gründeten ihre Klöster nicht in der Einsamkeit, sondern in den Städten. Und sie gaben das alte klösterliche Prinzip preis, daß ein Mönch ein Leben lang in dem Kloster leben sollte, für das er sich einmal entschieden hatte. Die neuen Orden forderten von ihren Mönchen große Beweglichkeit und noch mehr Gehorsam: Immer wieder wurden sie versetzt, oft lebten sie nicht in großen Gemeinschaften, sondern in kleinen „Seelsorgestationen" in den Städten.
Die bisher erwähnten Orden waren bei weitem nicht die einzigen im Mittelalter. An bedeutenden Kirchen schlossen sich die Priester zu Lebensgemeinschaften zusammen. Frauen, die sogenannten Beginen, lebten ohne feste Ordensregeln in kleinen religiösen Gruppen. Einsiedler organisierten sich in größeren Verbänden. Doch auch diese zahlreichen neueren Impulse verhinderten nicht, daß die Klöster in Verruf gerieten.
Die enge Bindung der Klöster an den Adel erwies sich oft als Nachteil. Sie wurden immer wieder in Familienfehden hineingezogen, und die Adelsfamilien beanspruchten, daß den nichtverheirateten Söhnen und Töchtern ein Platz im Kloster sicher sei. Klöster wurden so immer mehr zu Versorgungsstätten für Adelsfamilien. Die Verwirklichung der Ideale ließ in solchen Klöstern oft viel zu wünschen übrig.

1 Das Leben eines Mönches

1a *Der englische Mönch Beda (gestorben 735) schilderte sein Leben folgendermaßen:*

Q Ich, Beda, bin ein Diener Christi und Priester im Kloster zu Wearmouth und Jarrow, das den heiligen Aposteln Petrus und Paulus geweiht ist. Ich wurde in der Nähe des Klosters geboren. Als ich 7 Jahre alt war, übergaben mich meine Verwandten zuerst dem verehrungswürdigsten Abt Benedikt und dann dem Abt Ceolfrid zur Erziehung. Von dieser Zeit an habe ich immer in diesem Kloster gelebt. Meine ganze Kraft hat immer dem Bücherstudium gegolten. Den klösterlichen Lebensregeln und dem täglichen Lobgesang in der Kirche habe ich mich stets gewissenhaft unterzogen. Besondere Freude aber hatte ich am Lernen, Lehren und Schreiben. In meinem 19. Lebensjahr wurde ich zum Diakon, in meinem 30. zum Priester geweiht ... Von der Zeit meiner Priesterweihe an bis zu meinem 59. Lebensjahr war ich darum bemüht, aus den Schriften der Kirchenväter zu meiner und meiner Mitbrüder Belehrung Auslegungen der Heiligen Schrift zusammenzustellen oder auch eigene Erläuterungen zum besseren Verständnis hinzuzufügen.

1b *Zusammenstellung der Werke des Mönches Beda:*

28 Bibelkommentare
mehrere Lebensbeschreibungen von Heiligen
Geschichte des Klosters Wearmouth
Geschichte der englischen Kirche
Verzeichnis der alten Märtyrer
Hymnen für den Gottesdienst
2 Bücher über die Zeitrechnung

Quelle 1a und Material 1b: Bede's Ecclesiastical History of the English People, hg. v. B. Colgrave u. R. A. B. Mynors, Oxford 1969, S. 566. Übers. d. Verf.

1. *Womit beschäftigte sich Beda? Welche Kenntnisse waren dafür erforderlich?*
2. *Warum war das damals außergewöhnlich?*

2 Die Aufgaben der Mönche

2a *In einem Brief schrieb Karl der Große an den Abt von Fulda über die Aufgaben der Mönche:*

Q Wir machen hiermit bekannt, daß wir es in gemeinsamer Beratung mit unseren Getreuen für nützlich erachten, daß sich die Bistümer und Abteien, die unserer Leitung durch Christi Gnade unterstellt sind, außer der Beachtung der ihrem Stand vorgeschriebenen Lebensregeln auch dem Studium der Schriften unterziehen ...
In den vergangenen Jahren sind uns von einigen Klöstern Schriftstücke zugegangen, in denen stand, daß die dort lebenden Mönche für uns mit heiligen und frommen Gebeten kämpfen. Wir fanden, daß diese zwar meistens gut und richtig gemeint, aber in einer ungeordneten und verwilderten Sprache abgefaßt waren ... Wir fürchten deshalb, daß, wenn schon die Fähigkeit zu schreiben so gering ausgebildet ist, es noch schlechter um das Vermögen bestellt ist, die heiligen Schriften zu verstehen. Und wir wissen alle nur zu gut, daß zwar die Fehler im sprachlichen Ausdruck gefährlich sind, daß aber noch weit gefährlicher Fehler sind, die bei der Erfassung von Sinn und Bedeutung unterlaufen. Daher ermahnen wir euch nicht nur zum Studium der Wissenschaften, sondern vor allem dazu, mit demütigem und Gott wohlgefälligem Sinn zu lernen, die Geheimnisse der heiligen Schriften besser zu erfassen.

aus: MGH Capitularia 1, Nr. 29. Übers. d. Verf.

1. *Was war der Anlaß für den Brief Karls des Großen?*
2. *Welche Aufgaben hatten die Mönche? Welche Eigenschaften und Fähigkeiten sollten sie besitzen?*
3. *Warum legte Karl der Große so großen Wert auf diese Tätigkeiten der Mönche?*

2b *Im 6. Jahrhundert hatte Benedikt von Nursia, Abt im italienischen Kloster Monte Cassino, Regeln für das gemeinsame Leben verfaßt. Diese „Benediktregel" wurde in der Karolingerzeit Grundlage des klösterlichen Lebens.*

Q Wie der Prophet sagt: Siebenmal am Tag singe ich dein Lob. Diese geheiligte Siebenzahl erfüllen wir dann, wenn wir in der Morgenfrühe sowie zu den Stunden der Prim, Terz, Sext, Non, Vesper und Komplet[1] schuldigen Dienst leisten ...
Müßiggang ist der Feind der Seele. Deshalb sollen sich die Brüder zu bestimmten Zeiten mit Handarbeit, zu bestimmten Stunden dagegen mit heiliger Lesung beschäftigen. Wir glauben also, daß durch folgende Ordnung die Zeit für beides geregelt werden kann: Von Ostern bis zum Oktober verrichten die Brüder in der Frühe nach der Prim

bis etwa zur vierten Stunde die notwendigen Arbeiten. Von der vierten Stunde bis zur Zeit, da sie die Sext halten, sind sie frei für die Lesung. Wenn sie nach der Sext vom 15 Tisch aufstehen, ruhen sie unter völligem Schweigen auf ihren Betten. Falls aber einer für sich lesen will, lese er so, daß er keinen anderen stört. Die Non wird früher gehalten, etwa um die Mitte der achten Stunde. Dann verrichtet man bis zur Vesper die anfallenden Arbeiten ... 20 Wenn die Brüder jedoch wegen der Ortsverhältnisse oder infolge ihrer Armut die Ernte selbst einbringen müssen, dürfen sie nicht verdrossen sein; denn erst dann sind sie wirklich Mönche, wenn sie von der Arbeit ihrer Hände leben.

[1] Prim: 1. Stunde, Terz: 3. Stunde, Sext: 6. Stunde, Non: 9. Stunde, Vesper: Abendgebet, Komplet: Tagesabschlußgebet

Benedikt, Regula Monachorum, 16, 1–2; 48, 1–9. Übers. d. Verf.

1. *Beschreibe den Tagesablauf eines Mönches nach der „Benediktregel“ (Quelle 2b).*
2. *Vergleiche mit der Lebensbeschreibung des Mönches Beda (Quelle 1a).*

3 Das Kloster als Grundherrschaft

3a *Besitzungen des Klosters Prüm*

3b *Abgaben und Dienste für das Kloster Prüm*

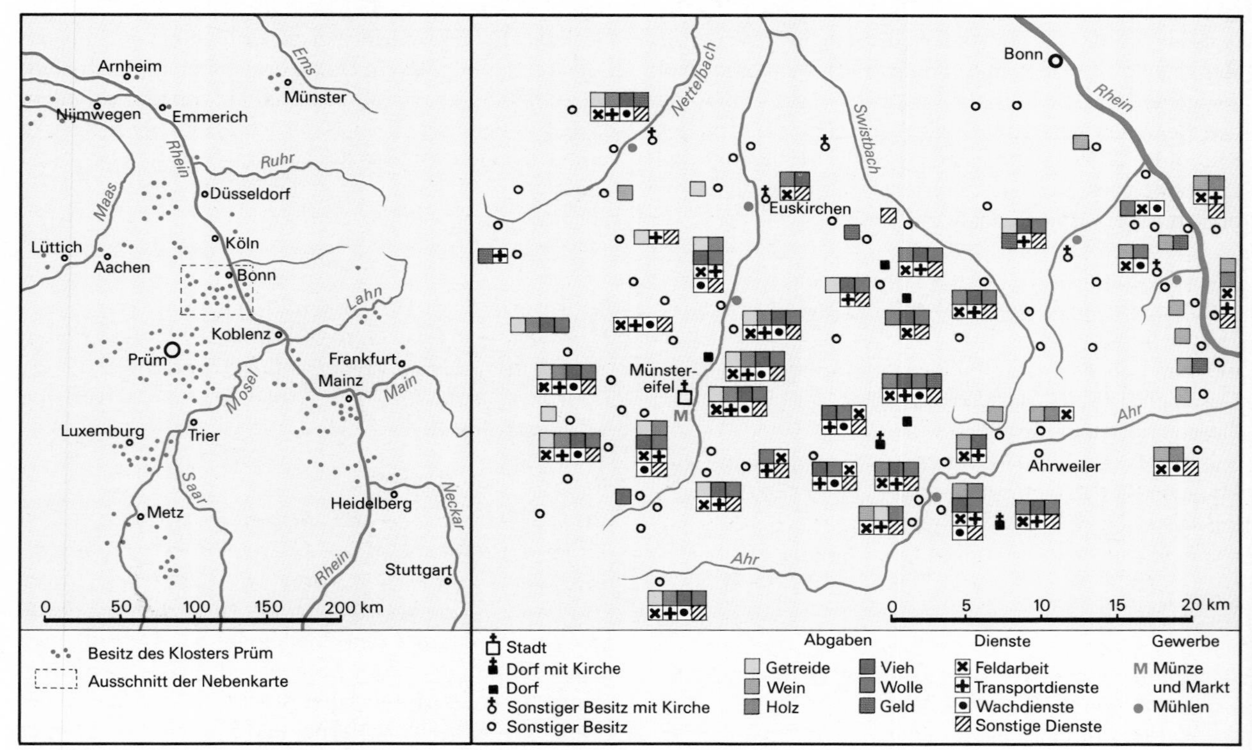

1. *Beschreibe nach Karte 3a die Lage der Besitzungen und ihre Entfernungen zum Kloster Prüm.*
2. *Stelle nach Karte 3b die häufigsten Abgaben und Dienste zusammen. Welche Gründe für die Festsetzung unterschiedlicher Abgaben und Dienste lassen sich ablesen?*

Zusammenfassende Arbeitsfragen:

1. *Stelle Aufgaben und Tätigkeiten der Mönche in einer Tabelle zusammen. Unterscheide dabei nach geistlichen und weltlichen Bereichen.*
2. *Welche Bedeutung hatten die Klöster für das Leben der Menschen?*

Die religiöse Frauenbewegung

Die mittelalterliche Kirche bot Frauen weniger Entfaltungsmöglichkeiten als Männern. Nach dem biblischen Schöpfungsbericht war durch Eva die Sünde in die Welt gekommen, Frauen galten deshalb als das moralisch „schwache Geschlecht". Priester oder Bischof zu werden, blieb ihnen verwehrt. Während für die adligen Männer im Hochmittelalter das Ideal des christlichen Ritters entfaltet wurde, gab es keine vergleichbaren Leitbilder für Frauen, Mütter oder Witwen. Auch in der hoch verehrten Maria wurde weniger die Mutter als die Jungfrau verherrlicht. Ebenso dominierten bei den weiblichen Heiligen die Jungfrauen, seien es die jugendlichen Märtyrerinnen aus den antiken Christenverfolgungen oder die Nonnen. Die größten Möglichkeiten christlicher Selbstverwirklichung boten sich damals Frauen zweifellos in den Klöstern.

Die Frauenklöster

Im Hochmittelalter verdichteten sich die vielfältigen Bestrebungen von Frauen nach intensiver christlicher Lebensführung. Sie wollten ein Leben in Armut, so wie es Christus und seine Apostel geführt hatten. Es ging aber auch um eine Abkehr von den Idealen der alten Mönchsorden, die den besten christlichen Weg im gemeinsamen Gottesdienst und in der inneren Läuterung und Selbstheiligung gesehen hatten. Nun rückte die tätige Nächstenliebe in den Städten, die Bekehrung der Heiden, Ketzer und halbherzigen Christen in den Mittelpunkt.
Das Angebot der alten Klöster reichte für die religiöse Frauenbewegung des 12. und 13. Jahrhunderts nicht aus. Zwischen 900 und 1100 hatte sich die Zahl der deutschen Frauenklöster zwar von 70 auf 150 gut verdoppelt, doch die meisten von ihnen forderten eine hohe Mitgift, und viele nahmen grundsätzlich nur Adlige auf. Die neu gegründeten Mönchsorden (Zisterzienser und Prämonstratenser) und Bettelorden (Franziskaner und Dominikaner) standen alle vor dem Problem, daß der Andrang von Frauen viel größer war, als diesen Männerorden lieb war. Die Prämonstratenser experimentierten zeitweilig mit Doppelklöstern, d. h. getrennten Männer- und Frauengemeinschaften an demselben Ort.
Bei den Frauenklöstern der Bettelorden wurde rasch deutlich, daß die Nonnen nicht an der neuartigen Lebensform teilhaben durften. Predigt, Mission, Armenfürsorge – dies blieb trotz des heftigen Protestes der Ordensgründerin Clara den Franziskanern vorbehalten. Clarissinnen und Dominikanerinnen unterschieden sich bald kaum noch von den älteren Frauenorden, z. B. den Benediktinerinnen.
Die Ideale der Armut und der tätigen Nächstenliebe waren also in den Nonnenklöstern kaum zu verwirklichen. Manche Frauen, wie die heilige Elisabeth, gingen daher ganz eigene Wege, die die Toleranz ihrer Zeitgenossen oft überforderte. Andere gingen noch einen Schritt weiter und lösten sich von der Kirche. Unter den Ketzern gab es sehr viele Frauen, auch in führenden Positionen. Dort durften sie predigen, taufen und eine Gruppe leiten.

Die Beginen

Einen anderen Weg eröffneten seit dem 13. Jahrhundert in den mittel- und westeuropäischen Städten die Beginen.

Die Heilige Familie. Darstellung aus dem 15. Jahrhundert

Hildegard von Bingen

Eine herausragende Stellung unter den mittelalterlichen Frauen nahm die Prophetin und Medizinerin Hildegard von Bingen ein. Geboren 1098 bei Alzey als zehntes Kind adliger Eltern, ging sie als die berühmteste deutsche Mystikerin in die Geschichte ein. Im Alter von acht Jahren wurde sie der Nonne Jutta von Sponheim zur Erziehung anvertraut. 1113/14 legte sie ihr Ordensgelübde bei den Benediktinerinnen ab und übernahm nach dem Tod Juttas 1136 die Leitung der Frauengemeinschaft. 1141 begann sie mit der Niederschrift ihrer 26 Visionen. 1147/52 organisierte sie den Bau eines neuen Klosters bei Bingen und siedelte dorthin um. Auf vier großen Predigtreisen wandte sich Hildegard gegen die Katharer und den Niedergang der Moral beim Klerus und im Volk. Ihre Erkenntnisse bei der Behandlung Kranker mit natürlichen Heilmethoden sind bis heute noch nicht vergessen. Ihre konservative Haltung, nur adlige Frauen in ihr Kloster aufzunehmen, blieb nicht unwidersprochen. Hildegard starb 1179 im Kloster Rupertsberg bei Bingen.

Diese Frauen lebten allein, in kleinen Hausgemeinschaften oder in großen Beginenhöfen, z. B. in Köln. Sie übernahmen keine Ordensregel, sondern richteten sich nach einer selbstgegebenen Hausordnung. Sie verzichteten auf das lebenslange Gelübde; eine Begine konnte also wieder ausziehen und heiraten. Sie kamen ohne Mitgift und mußten ihren Lebensunterhalt selbst erarbeiten. Kein Wunder, daß sie keine so mächtigen Bauwerke errichten konnten wie die Nonnenklöster und weniger Spuren für die Nachwelt hinterlassen haben. Doch die Zahlen sprechen eine klare Sprache: In den großen Handelsstädten am Rhein lag der Anteil der Beginen an der weiblichen Gesamtbevölkerung zwischen vier (Mainz) und acht Prozent (Köln).

Gerade wegen ihres Erfolges zogen die Beginen den Argwohn zweier mächtiger Gegner auf sich. Der Kirche war diese nicht vorgesehene Gratwanderung zwischen Nonnen- und Laienleben suspekt, immer wieder wurde den Beginen Ketzerei unterstellt. Die städtischen Zünfte wiederum fürchteten die Konkurrenz der billiger produzierenden Beginen.

Frauen außerhalb der Klöster

Den adligen Frauen und wohlhabenden Stadtbürgerinnen, die sich nicht einer religiösen Gemeinschaft anschließen wollten, boten sich noch andere Möglichkeiten. Als Stifterinnen von Kirchen und Altären konnten sie den Marienkult und die Verehrung weiblicher Heiliger fördern. Sie ließen sich kostbar ausgemalte religiöse Bücher schenken und lasen viel. Die männlichen Analphabeten verunglimpften das Lesen als „pfäffisch und weibisch", die Frauen gewannen aus ihrem Umgang mit den Büchern Trost, Wissensvorsprung und Selbstbewußtsein.

Den nach religiöser und wissenschaftlicher Bildung strebenden Frauen war wegen ihres Geschlechtes der Zugang zu Theologie und Universitäten versperrt. Manche eröffneten sich deshalb ein ganz anderes Feld, das ihnen durch keine Verbote verschlossen war: die innere Erfahrung durch Meditation und Vision.

Sie schufen sich die Grundlagen für ihre Erfahrung durch Fasten und Schweigen, durch ein reines und konzentriertes Leben. Sie verzichteten auf den Reiz der Sinne, denn in der inneren Stille wollten sie Gott erfahren, wollten sie eins werden mit Christus. Und in dieser mystischen Vereinigung sahen sie berauschende, aber auch bedrückende Bilder, hörten sie Worte der Liebe und Melodien der Geige. So erschlossen sich die *Mystikerinnen* tiefe Zusammenhänge von Erde und Weltall, vom Menschen und von der Gemeinschaft von Körper und Seele.

1 Elisabeth von Thüringen: Eine außergewöhnliche Frau im Mittelalter

Über das Leben von Frauen im Mittelalter ist wenig überliefert worden. Aber zur Zeit der Ritterkultur und des höfischen Lebens wird zumindest über einige berühmte Frauen, z. B. über Hildegard von Bingen, berichtet. In diesem Arbeitsteil wird eine andere außergewöhnliche Frau vorgestellt. Elisabeth von Thüringen stellte ihr Leben in den Dienst der Armen und Kranken und wurde nach ihrem Tod heiliggesprochen.

1a *Ihr Leben und ihre Familie:*

1207 geboren auf der Burg Sárospatak in Nordungarn
1208 Verlobungsversprechen mit Hermann von Thüringen
1211 Umzug an den Thüringer Hof, feierliche Verlobung
1216 Tod des Verlobten
1221 Heirat mit dessen jüngerem Bruder Ludwig
1225 Der Prediger Konrad von Marburg wird ihr Beichtvater.
1227 Ludwig stirbt auf einem Kreuzzug, daraufhin vertreiben Verwandte und Vasallen die Witwe von der Wartburg. Sie zieht herum, widersetzt sich den Verwandten, die sie wieder verheiraten wollen, und gibt ihre Kinder weg. Konrad von Marburg wird vom Papst zum Rechtsbeistand ernannt; er erreicht, daß ihr das Witwengut in Marburg nicht länger vorenthalten wird.
1228 Übersiedlung nach Marburg, Gründung eines Hospitals
1231 Tod Elisabeths in Marburg
1233 Konrad wird wegen seines Vorgehens gegen Ketzer ermordet.
1235 Heiligsprechung Elisabeths[1]

Vater: König Andreas von Ungarn (gestorben 1235)
Mutter: Gertrud von Andechs-Meran (ermordet 1213)
Ehemann: Landgraf Ludwig IV. von Thüringen (gestorben 1227)
Kinder:
1. Kind: Landgraf Hermann II. von Thüringen (1222–1241)
2. Kind: Sophie (1224–1275), verheiratet mit Herzog Heinrich II. von Brabant
3. Kind: Gertrud (1224–1297), Äbtissin von Kloster Altenberg, als Selige verehrt

[1]Unmittelbar nach ihrem Tod begann – vom einfachen Volk ausgehend – die Verehrung Elisabeths als Heilige. In den Jahren 1232–1235 wurde deshalb ein Heiligsprechungsprozeß durchgeführt, bei dem das Leben Elisabeths geprüft und Zeugen vernommen wurden, die durch Wunder der Elisabeth geheilt worden waren. Die Quellen 1b–1d sind diesem Heiligsprechungsverfahren entnommen.

1b *Eine ihrer Hofdamen berichtete über das Leben Elisabeths auf der Wartburg, wo sie mit ihrem Mann, Landgraf Ludwig IV., bis 1227 lebte:*

Q Magister Konrad hatte ihr im Gehorsam befohlen, nur solche Einkünfte ihres Gemahls zu verwenden, über deren rechtmäßige Herkunft sie ein gutes Gewissen habe. Daran hielt sie sich so streng, daß sie bei Tisch an der Seite ihre Gemahls alles verschmähte, was von den Ämtern 5 und Eintreibungen der Beamten stammte. Sie griff nur zu, wenn sie wußte, daß die Speisen von den rechtmäßigen Gütern ihres Gemahls kamen.

Q Oft besuchte und tröstete sie arme Frauen bei ihrer Niederkunft … Wie weit, wie schmutzig und beschwerlich die Wege dahin auch sein mochten, sie ging zu ihnen. Ohne Widerwillen vor Unsauberkeit betrat sie ihre ärmlichen Kämmerchen, brachte ihnen alles Notwendige, 5 spendete Trost und erwarb sich den dreifachen Lohn für Arbeit, Mitleid und Freigiebigkeit.

1c *Dieselbe Hofdame berichtete über die Zeit nach ihrer Übersiedlung nach Marburg:*

Q Magister Konrad gab ihr daher gestrenge Frauen zur Seite, von denen sie vielerlei Bedrängnisse zu erleiden hatte. Sie stellten ihr Fallen und zeigten sie oft bei Magister Konrad an, sie habe keinen Gehorsam geübt, wenn sie den Armen etwas gab oder durch andere geben ließ. 5 Magister Konrad hatte ihr nämlich verboten, etwas zu verschenken, weil sie alles restlos an die Notleidenden austeilte. Auf solche Anklagen hin erhielt sie oft von Magister Konrad Schläge und Ohrfeigen.

Q Von seiten der Mächtigen des Landes aber erfuhr sie Schmähungen, Lästerungen und große Verachtung, so daß ihre Verwandten sie vielfach kränkten, verleumdeten und sie weder sehen noch sprechen mochten, weil sie ihnen wegen des Verzichts auf irdische Reichtümer töricht 5 und verrückt vorkam. Das alles ertrug sie sehr geduldig und freudig, aber gerade deshalb warfen sie ihr vor, sie habe den Tod ihres Gemahls allzu rasch vergessen, da sie ja froh sei statt zu trauern.

1d *Eine Dienerin von Elisabeth in Marburg berichtete:*

Q Immer wieder ermahnte sie die Menschen, ihre Kinder bald taufen zu lassen, und veranlaßte die Kranken zum Beichten und Kommunizieren. Einmal forderte sie eine arme alte Frau zur Beichte auf. Als das nichts 5 nützte, und weil sie dalag, wie wenn sie schliefe, keine Lust zum Beichten zeigte und der Ermahnung nicht achtete, züchtigte die selige Elisabeth sie mit Ruten und brachte so die Widerwillige schließlich doch zum Beichten.

Q Als sie in ein Kloster von Ordensfrauen kam, die keinen Besitz hatten, sondern nur von täglichen Almosen lebten, und die Schwestern ihr die reichvergoldeten Heiligenfiguren in der Kirche zeigten, sagte sie zu den 5 vierundzwanzig sie begleitenden Ordensfrauen: „Seht, ihr hättet diese Ausgabe besser für eure Kleidung und Nahrung verwendet als für die Wände, da ihr doch die Bildwerke in euren Herzen tragen solltet!"

Q Sie wollte sich von den Dienerinnen auch nicht „Herrin" anreden lassen, obgleich diese ganz arm und nicht von Adel waren, und nicht mit „Ihr", sondern mit „du, Elisabeth". Sie ließ die Dienerinnen an ihrer Seite sitzen und aus ihrer Schüssel essen.

1e *Ihr Beichtvater Konrad von Marburg gab zu Protokoll:*

Q Sie verteilte viele reichliche Almosen, nicht nur in der Burg, wo sie wohnte, sondern in allen Landen, die ihrem Gemahl unterstanden. Sie erschöpfte alle Einkünfte der vier Länder des Fürsten und verkaufte ihre 5 Juwelen und kostbaren Kleider, um die Armen zu unterstützen ... Allen diesen Unternehmungen pflichtete ihr Gemahl bei.

Q In Marburg ließ sie ein Siechenhaus bauen, darin versammelte sie die Siechen und Kranken. Die, die am elendigsten und am abstoßendsten waren, hieß sie an ihrem Tische sich niedersetzen. Als ich sie darob tadelte, erwi- 5 derte sie, daß sie besondere Befriedigung und Frömmigkeit aus dieser Verfügung erfahre, und sie erinnerte mich daran, wie sie einst gelebt hatte, und daß sie jenen Hochmut nur sühnen könne, wenn sie Entgegengesetztem mit Entgegengesetztem begegnete.

Quelle 1b–1e: Elisabeth von Thüringen, hg. v. W. Nigg, Düsseldorf 1963, S. 60ff.

1f *Elisabeth mit ihrem Mann, Landgraf Ludwig IV., auf einem Silbergroschen aus dem 13. Jahrhundert*

1g *Bild aus dem Elisabethpsalter, 13. Jahrhundert*

1. *Fasse die Materialien zu einer Lebensbeschreibung zusammen. Wodurch unterschied sich ihr Leben auf der Wartburg und in Marburg?*
2. *Warum hat sich Elisabeth dem Dienst am Nächsten verschrieben? Mit welchen Widerständen mußte sie kämpfen?*
3. *Welche Unterschiede in der Beurteilung Elisabeths gab es zwischen der Hofdame, der Dienerin und Konrad von Marburg?*
4. *Warum ist Elisabeth heiliggesprochen worden? Was wollte die Kirche mit der Heiligsprechung erreichen?*
5. *Was war aufgrund der mittelalterlichen Ständeordnung am Leben und Verhalten Elisabeths ungewöhnlich?*

Weltliche und geistliche Macht im Mittelalter

„Zwei Mächte sind es, von denen die Welt regiert wird: von der geheiligten Autorität der Bischöfe und von der Gewalt des Kaisers." Mit dieser Formel hatte Papst Gelasius im Jahre 494 die Beziehungen zwischen Papst und Kaiser zu klären versucht. Ihm kam es darauf an, daß sich die weltliche und die geistliche Gewalt in einer sinnvollen Zusammenarbeit bei der Herrschaft über die Welt gegenseitig ergänzten. Die Wirklichkeit sah im Mittelalter jedoch oft ganz anders aus.

Kaisertum und Papsttum bis zum Investiturstreit

Die Erneuerung des christlichen Kaisertums

Nach dem Zusammenbruch Westroms glaubte man, daß das Römische Reich – nach kirchlicher Lehre das letzte Reich vor dem Ende der Welt – im Oströmischen Reich weiterlebe. Die Situation wurde kompliziert, als der Frankenkönig Karl der Große im Jahr 800 vom Papst zum Kaiser gekrönt wurde. War der Papst damit zum eigentlichen Begründer des westlichen Kaisertums geworden? Wie sollten sich die Beziehungen zu den byzantinischen Kaisern gestalten, die sich als die wahren Erben der römischen Imperatoren betrachteten?
Diese Fragen waren ungelöst, als König Otto I. im Jahre 962 zum Kaiser gekrönt wurde und diese Würde mit dem deutschen Königtum verband. Als Kaiser war er verpflichtet, Papst und Kirche in ihren Rechten und Besitzungen zu schützen. In Deutschland stützte er sich auf die Bischöfe und die Äbte der großen Reichsklöster, denen er Land, Münz- und Zollrechte verlieh. Dafür mußten sie Panzerreiter stellen, als Ratgeber und Gesandte tätig sein und den König und sein Gefolge auf seinen Reisen durchs Reich bewirten.
Der König und die Kirche wirkten bei dieser Reichskirchenordnung in vielfältiger Weise zusammen. Niemand nahm Anstoß, daß der König Bischöfe und Äbte einsetzte, galt er doch durch Krönung und Salbung als Stellvertreter und Beauftragter Gottes. Otto III., sein Enkel, machte mit der Erneuerung des Römischen Reiches Ernst: Er residierte in Rom und betrachtete die übrigen christlichen Herrscher als Bundesgenossen, von denen er die Anerkennung seiner kaiserlichen Oberhoheit erwartete. Selbst der Papst war für ihn kein gleichrangiger Partner. Ein Konflikt zwischen Kaiser und Papst deutete sich an.

Mißstände in der Kirche und klösterliche Reformbewegung

Um die Jahrhundertwende war es vielerorts um die Kirche nicht gut bestellt. Mächtige Adelsgeschlechter brachten Bistümer und Klöster in ihre Hand und behandelten sie wie Familienbesitz. Kirchliche Ämter wurden vererbt oder an Laien verkauft. Selbst das Papsttum war zum Spielball im Machtkampf der römischen Adelsgeschlechter geworden.
Gegen diese „Verweltlichung", d. h. gegen die Herrschaft von Laien über die Kirche, wandte sich eine klösterliche Reformbewegung, die von den Klöstern Gorze und Cluny ausging. Ihre Anhänger kämpften für die Wiederherstellung der Ideale klösterlichen Lebens und für die Ehelosigkeit aller Geistlichen.

Erste Reformen in Rom

Einer der größten Förderer der Kirchenreform war Heinrich III. 1046 zog er nach Rom, denn das Papsttum steckte in einer tiefen Krise. Innerhalb kurzer Zeit hatten drei Päpste regiert: Der erste wich einem Kandidaten einer anderen Adelspartei, der dann sein Amt freiwillig gegen eine hohe Ablösesumme an Gregor VI. weitergegeben hatte.
Heinrich erklärte alle drei Päpste für abgesetzt, obwohl Gregor VI. ein Anhänger der Reformbewegung war. Die Tatsache, daß er durch Kauf das Amt erworben hatte, veranlaßte den König zu diesem Schritt. Heinrich ließ nun den Bischof Suitger von Bamberg als Clemens II. zum Papst erheben, der ihn danach zum Kaiser krönte. Heinrich hatte erkannt, daß es darauf ankam, dem Papsttum neue Achtung zu verleihen: Das höchste Kirchenamt sollte nicht länger ein Zankapfel römischer Adelsfamilien sein.
Aber war es überhaupt möglich, daß der Kaiser einen Papst absetzen konnte? Die Reformer stimmten Heinrich zu, der es mit dem Verbot des Ämterkaufes ernst nahm. Man berief sich dabei auf ein warnendes Beispiel aus der

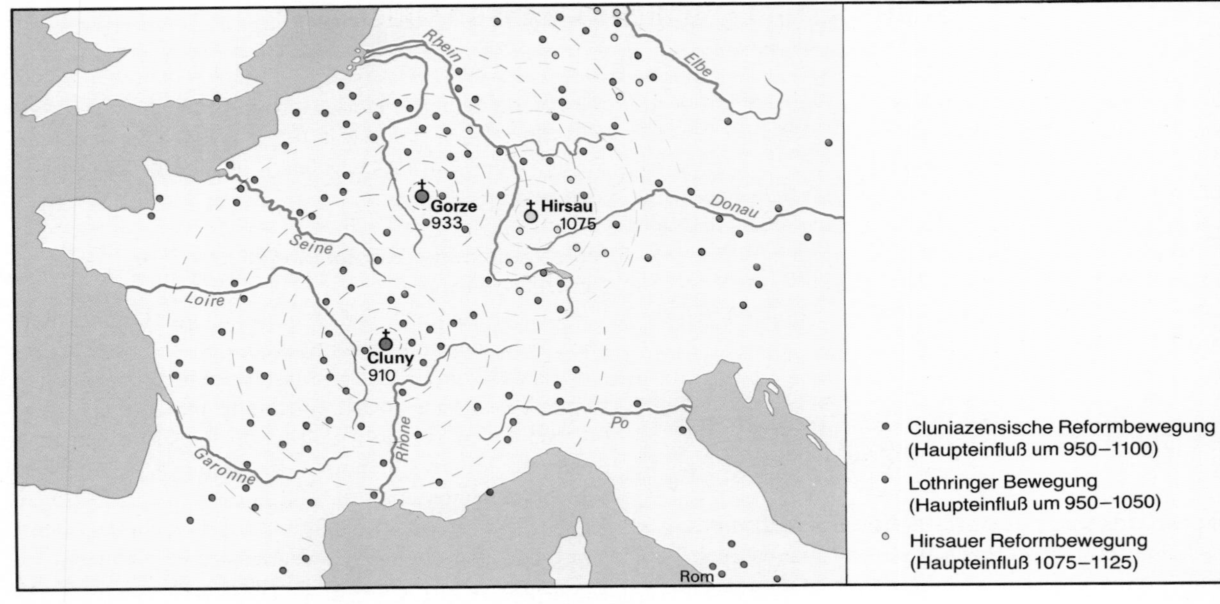

Die Ausbreitung der Klosterreform im 10. und 11. Jahrhundert

Bibel, nämlich auf Simon Magus, der sich von den Aposteln eine Teilhabe am Heiligen Geist erkaufen wollte. In Anlehnung daran brandmarkten die Reformer das Vorgehen, sich mit Geld ein kirchliches Amt zu erschleichen, als „Simonie".

Papst Clemens II. leitete eine neue Epoche des Papsttums ein. Jetzt waren die Ideen von einer Reform bis in das höchste Kirchenamt vorgedrungen. Auch sein Nachfolger Leo IX. setzte das Reformwerk fort. Gegen den Widerstand von Bischöfen forderte er die Ehelosigkeit der Priester (Zölibat) und verbot den Ämterverkauf. Als Berater holte sich der Papst führende Reformer an seinen Hof, so den Mönch Hildebrand, den späteren Papst Gregor VII.

Obwohl Leo IX. mit Kaiser Heinrich III. vertrauensvoll zusammenarbeitete, zeichnete sich ein Konflikt um die Fragen ab, wer Bischöfe einsetzen könne und ob der Papst als Inhaber des höchsten kirchlichen Amtes vom Kaiser abhängig sei. War die Aushändigung von Ring und Stab an die Bischöfe als Zeichen ihrer Amtsgewalt durch den Kaiser nicht auch eine Art Simonie?

Die Frage der Investitur, d. h. die Mitwirkung des Kaisers und Königs bei der Einsetzung eines Bischofs, bezogen die Reformer immer mehr in ihre Überlegungen ein. Zunächst regelten sie 1059 die Papstwahl. In Zukunft sollte sie durch die Kardinäle, also die höchsten kirchlichen Würdenträger, erfolgen. Dem Kaiser billigte man nur die Bestätigung des Gewählten zu. Konnte der Kaiser als höchster Schützer der Kirche darauf verzichten, seinen Einfluß bei der Wahl von Papst und Bischöfen geltend zu machen?

Papst und Kaiser im Konflikt

Die Hauptpersonen: Gregor VII. und Heinrich IV.

1073 wurde der Mönch Hildebrand entgegen der Vorschrift der Papstwahlordnung von einer Volksmenge in Rom zum Papst ausgerufen und nahm den Namen Gregor VII. an.

Anläßlich seines 900. Todestages haben Mediziner im Jahr 1985 seinen Sarg geöffnet. Anhand der Gebeine schloß man, daß Gregor etwa siebzigjährig starb. Danach wäre er schon fast 60 Jahre alt gewesen, als er das Amt des Papstes übernahm. Wie bei den meisten Menschen seiner Zeit wissen wir über seine Jugend und Ausbildung fast nichts, nicht einmal Abstammung, Geburtsort und Geburtsjahr stehen fest. Wahrscheinlich kam er aus Rom

und lebte längere Zeit in einem Reformkloster. Gregor galt als konsequent und fanatisch. Petrus Damiani, einer der ersten großen Reformer in Rom, hat ihn einmal als „heiligen Satan" bezeichnet. Viele sahen in ihm den Hauptschuldigen des Streites.
Zwei Jahre nach seiner Wahl hat er seine Vorstellungen von der Kirche aufgeschrieben. In diesem „Dictatus Papae" hat Gregor VII. zum Ausdruck gebracht, daß die kirchliche Macht über der weltlichen stehe. Ob er mit diesen Forderungen, die eine Absetzung der Bischöfe und selbst des Kaisers durch den Papst als möglich erklärten, dem deutschen König den Kampf ansagen wollte, ist nicht ganz sicher.
Als Gregor 1073 den Papstthron bestieg, war König Heinrich IV. 23 Jahre alt. Nach bewegter Kindheit – teilweise unter der Obhut des Erzbischofs Anno von Köln – hatte er 1065 als Fünfzehnjähriger die Regierung selbst übernommen.
Als seine Hauptaufgabe begriff es Heinrich IV., die Macht und das Ansehen des Königtums wieder zu stärken. Als er noch unmündig gewesen war, ging der königlichen Familie viel Reichsgut verloren, das sich ehrgeizige Adlige aneigneten. Von Anfang an hatte Heinrich IV. deshalb viele Fürsten als Gegner. Diese hofften, daß sie durch den Verfall der Königsmacht selbständig über große Gebiete herrschen könnten.
Zuerst wollte Heinrich seine Herrschaft in Sachsen auf friedliche Weise stärken. Als aber revoltierende Bauern die Gräber seiner Familie schändeten, ging Heinrich mit unerbittlicher Härte gegen sie vor. Viele kritisierten die Politik des jungen Königs und führten sein sprunghaftes Verhalten und sein Schwanken zwischen Härte und Nachgiebigkeit auf seine Unerfahrenheit zurück. Diese Einschätzung vertrat auch Gregor VII. Kurz nach seiner Wahl schrieb er an einen Bischof, Heinrich werde sich hoffentlich nach einer Zeit des jugendlichen Übereifers auf das Vorbild seiner Vorgänger besinnen.

Der Konflikt

In einigen Städten Norditaliens hatte die Kirchenreform keine Wirkung gezeigt. In Mailand bildete sich eine Protestbewegung (Pataria), die sich gegen alle verheirateten Priester richtete. Auch der aus der adligen Oberschicht stammende Erzbischof von Mailand zog den Zorn der Bürger auf sich, weil er die wenig vorbildhaften Priester in Schutz nahm. 1075 kam es zu einem ersten großen Tumult: Priester wurden aus der Stadt vertrieben, ein Führer der Pataria wurde erschlagen. Da auch der Erzbischof von dieser Auseinandersetzung betroffen war, stellte sich nun die Frage, nach welchen Regeln die Neuwahl eines Erzbischofs vor sich gehen sollte.
Mailand gehörte zum Reich. Deshalb sah sich Heinrich veranlaßt, einen königlichen Kandidaten zum Erzbischof zu erheben. Die Mailänder lehnten diesen Kandidaten ab und erhielten Rückendeckung vom Papst. Da Heinrich an seinem Kandidaten festhielt, griff Gregor ein. Er erhob Vorwürfe gegen den König, ermahnte ihn zum Gehorsam und drohte gar mit dem Kirchenbann.
Hart war die Reaktion des Königs: Auf einer Reichsversammlung im Januar 1076 in Worms befahlen er und die meisten deutschen Bischöfe dem Papst, vom Stuhl Petri herabzusteigen. Daneben hielt der König Gregor VII. vor, daß seine Wahl zum Papst ungültig gewesen sei. Dieser Vorwurf war nicht glaubwürdig: Drei Jahre hatte Heinrich Gregor als Papst anerkannt – warum brachte er erst jetzt seine Bedenken gegen die Wahl Gregors vor?

Ein vom Bann bedrohter König. Ausschnitt aus einer Wandmalerei in der Klosterkirche Lambach, um 1090

Gregors Antwort auf diese Vorwürfe war eindeutig: Auf der Fastensynode im Februar 1076 bannte er den König und erklärte alle an Heinrich abgegebenen Treueeide für aufgehoben.

Eine für die Menschen völlig ungewohnte Situation war entstanden: Die beiden höchsten Mächte hatten sich gegenseitig die Amtsgewalt abgesprochen. Mit dem Bann des Königs war die Exkommunikation verbunden, d. h. der Ausschluß aus der kirchlichen Gemeinschaft. Wie konnte ein exkommunizierter König den Willen Gottes auf Erden vollziehen? War dieser König tatsächlich „gottlos“ – oder war das nur die Behauptung eines „falschen Mönchs“, der in Rom widerrechtlich auf dem Stuhl des heiligen Petrus saß?

Derartige Fragen beunruhigten viele Menschen. Einige Fürsten sahen die Chance, diese Situation für ihre Interessen nutzen zu können, und viele Bischöfe glaubten, daß sie eher dem Papst als dem König Gehorsam schuldeten. 1076 stellten die Großen des Reiches Heinrich ein Ultimatum: Wenn er nicht binnen eines Jahres vom Bann gelöst werde, würden sie einen neuen König wählen. Heinrich mußte damit rechnen, daß es zwischen den Fürsten und dem Papst auf seine Kosten zu einer Verständigung kommen würde.

Heinrichs Canossagang

Um dieses Bündnis zu verhindern, beschloß Heinrich, den Papst mitten im Winter aufzusuchen. Am 25. Januar 1077 erschien er nicht als Kriegsherr, sondern als Büßer vor der Burg von Canossa, wo sich Gregor aufhielt. Drei Tage lang mußte er warten, bevor sich Gregor umstimmen ließ. Schließlich blieb dem Papst nichts anderes als ein Entgegenkommen übrig: Was hätte die Christenheit von einem Papst gehalten, der einem Bußfertigen, der einen waghalsigen Alpenübergang riskiert hatte und sich unterwarf, keine Vergebung gewährt hätte?

Es ist umstritten, ob man Heinrichs Reise nach Canossa als Akt der Unterwerfung betrachten kann. Denn man darf nicht übersehen, daß der König mit seiner Aktion den Papst in seinen Handlungsmöglichkeiten erheblich eingeengt hatte. Und welche Gründe hatten jetzt die Fürsten und Bischöfe noch, dem König die Treue zu verweigern? Die deutsche Fürstenopposition war von der Aussöhnung zwischen Papst und König enttäuscht. Um die Chancen auf eine Machtausweitung nicht zu verlieren, wählten sie 1077 einen Gegenkönig. Der Papst schloß sich dieser Bewegung an und sprach erneut einen Bann über Heinrich aus. Aber das geistliche Mittel, das nun als politische Waffe eingesetzt wurde, verfehlte seine Wirkung. König Heinrich zog 1080 wieder nach Italien und hielt in Brixen eine Synode ab. Wibert von Ravenna wurde dort zum Gegenpapst erhoben, der große Teile Italiens auf seine Seite brachte.

Gregor konnte trotz normannischer Unterstützung nicht verhindern, daß Heinrich Ostern 1084 in Rom vom Gegenpapst zum Kaiser gekrönt wurde. Er selbst hatte sich in der Engelsburg verschanzt, die Mehrheit der Kardinäle lief zum Gegenpapst über. Die von Gregor zu Hilfe gerufenen Normannen nahmen die Gelegenheit wahr, die Stadt Rom zu plündern.

Gregor flüchtete nach Salerno, das in normannischer Hand war. Dort starb er 1085. Bis zu seinem Tode hat er unbeirrbar an der Vorstellung festgehalten, daß ihm die gesamte Kirche unbedingt gehorsam sein müsse. „Ich habe die Gerechtigkeit geliebt, Gottlosigkeit gehaßt, darum sterbe ich in Verbannung“, sagte er auf seinem Sterbebett.

Auf der Suche nach einem Kompromiß

Mit dem Tod Gregors war der Konflikt zwischen geistlicher und weltlicher Macht nicht beendet. Der Grundgedanke, der nach weiteren Jahrzehnten des Grundsatzstreites schließlich zu einem Kompromiß führte, war folgender: Der Bischof hat zwei Aufgaben zu erfüllen, eine weltliche und eine geistliche. Er verwaltet sowohl die Sakramente als auch den Besitz der Kirche. Demzufolge wird ein Bischof in seine geistlichen Aufgaben durch die kirchliche Weihe eingesetzt, während der König ihm die weltlichen Rechte überträgt.

1122 wurde auf dieser Grundlage in Worms ein Vertrag zwischen Papst Calixt II. und Kaiser Heinrich V. abgeschlossen, das *Wormser Konkordat*. Der Investiturstreit war damit nach fast einem halben Jahrhundert beigelegt. Insgesamt aber hat die jahrzehntelange Auseinandersetzung, der Bannspruch des Papstes über Heinrich IV. und die Wahl von Gegenkönigen dem Ansehen des Königtums geschadet. Stärker als früher mußten die Könige auf die Fürsten Rücksicht nehmen und ihre Zustimmung bei wichtigen Angelegenheiten einholen.

1 Rom im frühen und hohen Mittelalter

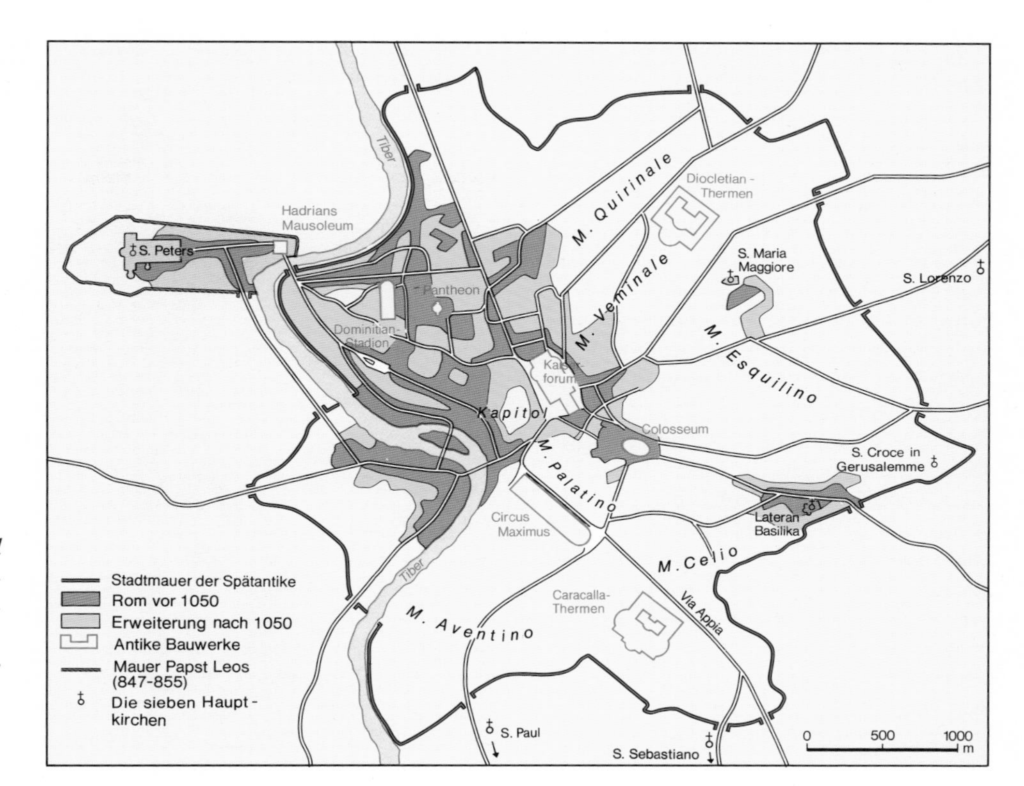

1. *Worin unterschied sich das mittelalterliche vom antiken Rom?*
2. *Wie entwickelte sich Rom vom 11. bis zum 14. Jahrhundert?*

2 Rom – das Ziel der Pilger

2a *Wie lange brauchte man von Rom bis an den Ärmelkanal?*

Jahr	Gesamtstrecke	Zahl der Tagesetappen	maximale Tagesstrecke	Quelle
990	ca. 1500 km	78	44 km	Reisebericht eines Erzbischofs
1188	unbekannt	24	unbekannt	Päpstlicher Bote mit Eilbrief
um 1250	ca. 1800 km	42	68 km	Streckenkarte für Pilger

1. *Worin unterscheiden sich die drei Beispiele einer Reise?*
2. *Welche Gründe für die Unterschiede bei den Reisezeiten gibt es?*

2b *König Knut von England und Dänemark schrieb auf der Rückreise von Rom, wo er bei der Kaiserkrönung Konrads II. Ostern 1027 anwesend gewesen war, in einem Brief an die englischen Bischöfe:*

Q Ich möchte Euch mitteilen, daß ich vor kurzem nach Rom ging, um dort für die Vergebung meiner Sünden und für das Wohl meiner Königreiche und der mir untertanen Völker zu beten. Diese Reise hatte ich Gott schon lange gelobt, aber wegen der Regierungsgeschäfte und aus 5 anderen widrigen Gründen hatte ich sie bis jetzt nicht durchführen können. Nun aber sage ich in aller Demut dem allmächtigen Gott Dank dafür, daß er es mir in meinem Leben erlaubt hat, seine heiligen Apostel Petrus und Paulus zu besuchen und alle Heiligtümer, die ich in- 10 nerhalb und außerhalb der Stadt Rom erreichen konnte. Ich danke Gott, daß ich diese Heiligtümer nach meinem Wunsche verehren und anbeten durfte. Ich tat dies vor allem deswegen, weil ich von den Weisen erfuhr, daß der heilige Apostel Petrus von Gott eine große Macht zu 15

binden und zu lösen erhalten hat und daß er der Pförtner des himmlischen Königreiches sei. Ich hielt es deshalb für sehr nützlich, seine spezielle Schutzherrschaft bei Gott zu erbitten.
20 Ihr sollt wissen, daß dort am Osterfest sich die Edlen mit dem Herrn Papst und dem Kaiser Konrad[1] versammelten, nämlich alle Fürsten der Völker, vom Berg Gargano[2] bis zur Nordsee. Alle empfingen mich in Ehren und ehrten mich mit wertvollen Geschenken. Vor allem aber wurde
25 ich vom Kaiser mit verschiedenen Geschenken und wertvollen Gaben geehrt, mit goldenen und silbernen Gefäßen und mit wertvollen Gewändern.
Mit dem Kaiser, dem Papst und den dort anwesenden Fürsten habe ich über die Bedürfnisse des ganzen Volkes in
30 meinem englischen und dänischen Königreich gesprochen; damit meinen Völkern mehr als bisher gleiches Recht und sicherer Friede zugestanden werde: sie sollen nicht an Alpenpässen bedrängt und durch ungerechtfertigte Zölle belästigt werden. Diesen Forderungen
35 stimmte der Kaiser und der König Rudolf[3], der vor allem jene Pässe beherrschte, zu. Alle Fürsten bekräftigten schriftlich, daß meine Leute, sowohl Kaufleute wie Pilger, ohne Wegsperren und Zölle im sicheren Frieden und durch gerechte Gesetze geschützt nach Rom und wieder
40 zurück reisen werden.
Des weiteren habe ich mich beim Herrn Papst über etwas beklagt, was mir sehr mißfiel: Wenn sich meine Erzbischöfe dem Brauch gemäß an den Apostolischen Stuhl wenden, um das Pallium[4] zu erhalten, dann werden
45 große Geldmengen von ihnen gefordert. Es wurde verfügt, daß so etwas nicht mehr geschehen werde.

[1] Konrad II., ca. 990–1039, Ostern 1027 zum Kaiser gekrönt
[2] Berg auf einer Halbinsel im Norden Apuliens (Süditalien)
[3] Rudolf III., König von Burgund
[4] Kleidungsstück, Symbol der erzbischöflichen Würde, die vom Papst verliehen wird.

Die Gesetze der Angelsachsen, hg. v. F. Liebermann, Bd. 1, 1903, S. 276. Übers. d. Verf.

2c *Pilgerzeichen von Rom aus dem 13. Jahrhundert*

2d *Aus einem Handbuch der Ablässe[1] der Stadt Rom:*

Q Die erste Hauptkirche ist die hochheilige Laterankirche, das Haupt des ganzen Weltkreises und der Stadt … In dieser Kirche gibt es das ganze Jahr über 48 Jahre Ablaß … Außerdem bewilligten die Päpste Silvester und Gregorius, die diese Kirche geweiht hatten, so viele Ablässe, daß nur Gott allein sie zählen kann. Dies bezeugt 5 der selige Bonifatius: „Wenn die Menschen die Ablässe der Laterankirche kennen würden, dann hätten sie es nicht nötig, über Meere zum Heiligen Grab des Herrn oder zum Heiligen Jakob in Galizien zu ziehen.“ … 10
(Im weiteren gibt es unter anderem folgende Reliquien): Von der Rute des Moses und Aaron, von dem Tuch, mit dem Christus seinen Jüngern die Füße abtrocknete, und von den Häuptern der Heiligen Peter und Paul.

[1] Nachlaß von Strafen, die man wegen begangener Sünden sonst nach dem Tod verbüßen müßte.

J. R. Hulbert, Some Medieval Advertisements of Rome, in: Modern Philology, Bd. 20 (1922/23), S. 405–409. Übers. d. Verf.

1. *Stelle alle Gründe zusammen, warum König Knut nach Rom reiste. Welche Gründe gehen über die einer normalen Pilgerfahrt hinaus?*
2. *Welche Bedeutung hatte Rom für die christlichen Herrscher?*

1. *Welche Personen sind auf Bild 2c dargestellt? Woran erkennst du sie?*
2. *Welche Gründe für Pilgerfahrten werden in Quelle 2d genannt?*
3. *Vergleiche mit Quelle 2b und stelle die Gründe zusammen, warum man im Mittelalter nach Rom pilgerte.*

3 Rom und die Römer im Streit der Meinungen

3a *In einem Gedicht am Ende des 9. Jahrhunderts äußerte ein Neapolitaner Klagen und Kritik über Rom:*

Q Einstmals warst du staatlich von vornehmen Herren errichtet. Heute dienst du als Magd, sinkest, unseliges Rom.
Lange schon ist es her, daß dich deine Kaiser verließen,
5 Und dein Nam', deine Ehr wurden den Griechen zuteil …
„Knechte der Knechte"[1] fürwahr, heißen jetzt deine Herren. Blühend schmückt sich als neues Rom nun Konstantinopel, du, das alte indes, sinkest an Sitten und Macht …
10 Käme dir nicht das Ansehen Petri und Pauli zu Hilfe, wärest, Rom, du schon längst elend und kläglich dahin. Deine Herrschaft entschwand, dein Hochmut ist dir geblieben. Allzusehr überwand Habsucht und Geiz seinen Sinn …
15 Grausam hast du der Heiligen Leiber im Leben verstümmelt[2]; jetzt ist der Toten Gebein gut dir zu jeglichem Kauf. Und wenn die Erde gierig des Lebens Reste vertilgte, hältst du immerhin noch falsche Reliquien feil.

[1] Selbstbezeichnung der Päpste
[2] Anspielung auf die Märtyrer der Christenverfolgungen im antiken Rom

Das Papstum, hg. v. J. Haller, Bd. 2, Esslingen 1962, S. 197f. Übers. d. Verf.

1. *Was kritisierte der Autor an Rom?*
2. *Wie stellte er die Geschichte Roms dar?*
3. *Warum war Rom immer noch bedeutend?*

3b *Aus einem Gedicht auf Papst Gregor V. und Kaiser Otto III. aus dem Jahre 998:*

Du folgst dem heiligen Petrus,
Und mehrest Petri Lob,
Du belebst die Rechte der Römer,
Schaffst Rom den Römern neu;
Auf daß es Otto gelinge,
Dem Reiche Ruhm zu wirken …

Ihr zwei Leuchten
Über das Erdenrund
Erleuchtet die Kirchen,
Vertreibt die Finsternis.
Der eine laß das Eisen walten,
Der andere das Wort ertönen.

Refrain:
Christus, erhör die Bitten,
Blick nieder auf dein Rom,
Die Römer fromm erneuere,
Die Kräfte Roms erwecke.
Hoch möge Rom aufsteigen
Im Reich des dritten Otto.

P. E. Schramm, Kaiser, Rom und Renovatio. Bd. 2. Berlin 1929, S. 62–64.

1. *Auf wen hoffte der Dichter bei der Erneuerung Roms?*
2. *Was ist mit dem Bild von den „zwei Leuchten" gemeint?*
3. *Welche Auffassung über das Verhältnis von Kaiser und Papst kommt darin zum Ausdruck?*

3c *Bernhard von Clairvaux, Abt und päpstlicher Berater, schrieb um 1150 über Klerus und Volk von Rom:*

Q Was soll ich vom Volk sagen? Es ist das Volk der Römer! Kürzer und präziser kann ich dir nicht eröffnen, was ich über deine Pfarrgemeinde denke. Was ist den Jahrhunderten so bekannt wie die Frechheit und der Stolz der Römer? Ein Volk ungewohnt an Frieden, den Auf- 5 stand gewohnt. Ein Volk ohne Milde und unverträglich. Bis jetzt weiß es nicht, sich zu unterwerfen, außer wenn es nicht zu widerstehen vermag …
Wen gibst du mir von der ganzen großen Stadt, der dich als Papst annimmt, wenn nicht Geld oder Hoffnung auf 10 Geld besteht?

Bernhard von Clairvaux, Maine PL 182, De consideratione, Spalte 773f. Übers. d. Verf.

1. *Was wurde den Römern vorgeworfen?*
2. *Vergleiche mit den anderen Quellen über Rom und die Römer.*

Zusammenfassende Arbeitsfragen:
1. *Schildere die Entwicklung Roms im Mittelalter, wie sie aus den Materialien hervorgeht.*
2. *Wie beurteilst du die unterschiedlichen Meinungen zu Rom?*

Das Christentum durchdringt die Gesellschaft

Anders als heute prägte die Religion das Leben der Menschen im Mittelalter umfassend. Das bedeutete, daß man die bestehenden gesellschaftlichen, wirtschaftlichen und politischen Verhältnisse als eine **gottgewollte, unveränderliche Ordnung** ansah. Es bedeutete aber auch, daß man glaubte, das Wohlergehen der Lebenden auf Erden und der Verstorbenen im Jenseits sei von einem gottgefälligen Leben und von Gebeten der Geistlichen abhängig. Das Christentum, das die Wirren der Völkerwanderungszeit überdauert und sich durch die **Missionierung irischer und englischer Mönche** seit dem 6. Jahrhundert nördlich der Alpen ausgebreitet hatte, bestimmte sowohl das Weltbild als auch das tägliche Leben der Menschen.
Bei der Vermittlung des Glaubens und der Bildung spielten die Klöster, in denen Mönche und Nonnen nach festen **Ordensregeln** lebten, eine besondere Rolle. Die lateinische Sprache und das antike Wissen wurden durch sie überliefert. Als oftmals große Grundherrschaften waren die Klöster aber auch ganz Teil der mittelalterlichen Wirtschafts- und Gesellschaftsordnung. Hiergegen und gegen die Mißstände in der Kirche formierte sich seit dem 10. Jahrhundert eine **klösterliche Reformbewegung** (Cluniazenser und Zisterzienser). Als Ausdruck einer sich ausbreitenden tiefen Religiosität sind im hohen Mittelalter dann **Bettelorden** (Franziskaner, Dominikaner) und eine **religiöse Frauenbewegung** entstanden.
Nach dem christlichen Weltbild des Mittelalters wirkten geistliche und weltliche Gewalt bei der von Gott übertragenen Herrschaft zusammen. Diese Vorstellung, daß Papst und Kaiser gemeinsam über die Christenheit bestimmen, endete durch den **Investiturstreit** in der zweiten Hälfte des 11. Jahrhunderts. An der Frage der Einsetzung der Bischöfe entzündete sich ein grundsätzlicher Konflikt zwischen Papsttum und Kaisertum, der erst 1122 mit dem **Wormser Konkordat** als Kompromiß beigelegt wurde.

Sprachstudien

Die deutsche Sprache hat sich im Verlauf der Jahrhunderte stark entwickelt. An einem bekannten Gebet in der Sprache aus der Zeit um 1230 kannst du die Veränderungen erkennen.

Got vater unser, dâ du bist
in dem himelrîche gewaltic alles des dir ist,
geheiliget sô werde dîn nam,
zuo müeze uns komen daz rîche dîn.
Dîn wille werde dem gelîch
hie ûf der erde als in den himeln,
des gewer unsich,
nû gib uns unser tegelîch brôt und swes wir
dar nâch dürftic sin.
Vergip uns allen sament unser schulde,
alsô du wilt, daz wir durch dîne hulde
vergeben der wir ie genâmen
deheinen schaden, swie grôz er sî:
vor sünden kor sô mache uns vrî
und lœse uns ouch von allem übele. âmen.

Wenn etwas Neues in einer Kultur auftaucht, kann es vorkommen, daß der eigenen Sprache „die Worte fehlen“. Sie übernimmt dann den entsprechenden Begriff aus einer anderen Sprache.
Zunächst ist der Begriff ein Fremdwort. Nach und nach paßt sich dieses Wort in Aussprache und Rechtschreibung immer stärker dem eigenen Sprachgebrauch an. Mit der Zeit kann man den Ursprung des Wortes nicht mehr ohne weiteres erkennen. Es wird dann als **Lehnwort** bezeichnet.
Seit dem Altertum und dann verstärkt im Mittelalter war das Lateinische der bedeutendste Wortlieferant der deutschen Sprache.

Wie heißen im heutigen Hochdeutsch folgende lateinische Wörter?
Welchen Lebensbereichen kannst du sie zuordnen?

caseus, tabula, murus, vinum, milia, tinta, porta, carcer, vallum, schola, rosa, fenestra, lilia, breve, petrosilium, cellarium, missa.

Auch viele heute gebräuchliche **Vornamen** gibt es schon sehr lange. Viele wurden bereits bei den Germanen verwendet (Herbert, Heidrun). Andere sind alttestamentlichen, jüdischen (Eva, David) oder neutestamentlichen, christlichen Ursprungs (Christine, Johannes). Auch die antiken Heiligen der Ostkirche (Georg, Barbara) sowie des Mittelalters (Klara, Franz) kommen häufig vor.

Kannst du deinen Vornamen einer dieser Gruppen zuordnen? Gibt es in deiner Klasse Namen weiterer Religionsgemeinschaften?

Ein mittelalterliches Kalenderbild

Der Jahresgott Annus hält Sol (die Sonne) und Luna (der Mond) in den Händen. Die Köpfe darunter bedeuten Tag und Nacht. Auf den ersten Ring mit den zwölf Tierkreiszeichen folgt der Ring mit den Monaten, die durch charakteristische Arbeiten im Jahresablauf dargestellt sind. An dem äußersten Kreis sind zwölf Winde zu sehen, damit sind die Himmelsrichtungen gemeint. In die vier Ecken dieses Kalenderblattes sind die vier Jahreszeiten eingetragen.

Wenn du einen modernen Kalender zur Hand nimmst, fallen dir sicherlich große Unterschiede zu diesem mittelalterlichen Kalenderblatt auf. Auch in diesem Buch ist auf S. 16 ein anderes Kalenderblatt abgebildet, das den jährlichen Arbeitsablauf auf dem Land im Mittelalter beschreibt. Welche Gemeinsamkeiten und welche Unterschiede erkennst du? Außerdem ist auf den Seiten 151 und 152 etwas über das Zeitverständnis im Mittelalter geschildert.

Stelle aus allen diesen Informationen einen Bericht zusammen.

5. Das Christentum und die anderen

Große Kulturdenkmäler, die von den verschiedenen Religionen als heilige Orte verehrt werden, sind auf der nebenstehenden Seite abgebildet:
Die Hagia Sophia in Istanbul – nach der osmanischen Eroberung Konstantinopels im Jahr 1453 als islamische Moschee genutzt und heute ein Museum – wurde zu Ehren der heiligen Weisheit im 6. Jahrhundert erbaut. Sie war die prächtigste Kirche des Oströmischen Reiches. Mit ihrer Mittelkuppel, die einen riesigen Innenraum wie der Himmel die Erde überwölbt, gilt sie heute noch als das klassische Beispiel byzantinischer Baukunst. Sie spiegelt das Verständnis wider, das die oströmischen Kaiser von der Weltherrschaft hatten: Als Auserwählte Gottes und Stellvertreter Christi beanspruchten sie, über die gesamte Christenheit zu herrschen. Das Zentrum des christlichen Abendlandes lag für sie selbstverständlich in Konstantinopel, ihrer nach dem römischen Kaiser Konstantin dem Großen benannten Hauptstadt.
Die Kaaba in Mekka ist das bedeutendste Heiligtum der Muslime. In jedem Jahr pilgern heute fast eine Million Menschen nach Mekka. Im Innenhof der Großen Moschee werfen sie sich vor dem mit Tuch verhüllten Stein, einem Meteoriten, nieder und beten zu Allah. Schon bevor die neue Religion des Islam zu Beginn des 7. Jahrhunderts entstand, haben arabische Stämme diesen Stein als Heiligtum verehrt. Doch daß die Kaaba zum Zentrum für Pilger aus der ganzen Welt wurde, ist auf den Gründer dieser Weltreligion, den Propheten Mohammed, zurückzuführen. Hier begann die Ausbreitung des Islam, die innerhalb eines Jahrhunderts zur Bildung des islamischen Weltreiches führte.

Oben links: *Hagia Sophia in Istanbul*
Oben rechts: *Innenhof der Großen Moschee mit Kaaba in Mekka*
Unten links: *Mesquita-Moschee in Córdoba*
Unten rechts: *Klagemauer in Jerusalem*

In der zweiten Hälfte des 8. Jahrhunderts, zur Zeit der größten Ausdehnung dieses Reiches, wurde in der südspanischen Stadt Córdoba mit dem Bau der großen Mesquita-Moschee begonnen. Als sie nach etwa 200 Jahren fertiggestellt war, war das islamische Weltreich zwar schon politisch in Teilreiche zerfallen. Doch die Pracht und die Größe dieser Moschee zeugen heute noch davon, daß die arabisch-islamische Kultur auch über die staatliche Einheit hinaus jahrhundertelang nichts von ihrer Ausstrahlungskraft verloren hat.
Nicht Jahrhunderte, sondern über zwei Jahrtausende erinnern sich die Juden zurück, wenn sie vor der Klagemauer in Jerusalem beten. Sie beklagen hier die zweimalige Zerstörung ihres Tempels und erinnern sich an das Schicksal ihres Volkes. Denn auf dem Felsen des Tempelberges soll Jahwe Abraham befohlen haben, seinen Sohn Isaak zu opfern. Zum Andenken an diese Prüfung ließ König Salomo im 10. Jahrhundert v. Chr. hier den Ersten Tempel errichten. Bei der Vertreibung der Juden wurde dieser Tempel im 6. Jahrhundert v. Chr. zerstört. Nach der Rückkehr aus der babylonischen Gefangenschaft wiederaufgebaut, wurde der Zweite Tempel von König Herodes erweitert und der heute sichtbare Tempelvorplatz angelegt. Nach der Zerstörung des Tempels durch die Römer im Jahr 70 n. Chr. blieb nur ein kleiner Teil der gewaltigen Stützmauer des Tempelvorplatzes, die Klagemauer, erhalten. Seit dieser Zeit waren die Juden aus Jerusalem vertrieben. Doch Jerusalem blieb ihr religiöses Zentrum.
Byzanz, Mekka, Córdoba, Jerusalem – wo bleibt bei dieser Aufzählung denn Rom, die Hauptstadt der lateinisch-römischen Christenheit? So hätten vermutlich viele Menschen im mittelalterlichen Europa gefragt. Europa – das waren nach diesem Verständnis die Völker und Staaten, die das Christentum übernommen hatten und sich in die Tradition der Antike stellten. Nach diesem christlichen „europäischen Bewußtsein" des Mittelalters gehörte natürlich nicht die islamische Welt dazu. Seit der Teilung des Christentums in einen lateinisch-römischen und einen griechisch-orthodoxen Zweig im Jahr 1054 war auch die griechisch-orthodoxe Glaubensrichtung ausgegrenzt. Und da dieses Bewußtsein kulturell und religiös bestimmt war, gehörten auch die in Europa lebenden Juden und die vom „rechten Glauben" abgefallenen Ketzer nicht dazu.

Das Byzantinische Reich

Das Oströmische Reich hatte die Stürme der Völkerwanderung überdauert. Kaiser Justinian (527–565) gelang es sogar noch einmal, den Westteil des Reiches für kurze Zeit zurückzuerobern, aber weite Teile Italiens gingen bald wieder verloren. Der Traum von der Erneuerung des antiken Römischen Reiches blieb unerfüllt. Das Oströmische Reich entwickelte sich zu einem eigenständigen Reich mit einer eigenen Kultur. An die Stelle des Lateinischen trat die griechische Sprache. Nach dem Namen des alten Byzantion wird es Byzantinisches Reich genannt.

Konstantinopel: Ein Zentrum der Welt

Über Jahrhunderte hinweg überstrahlte die alte Kaiserstadt Konstantinopel, die jetzt wieder Byzanz genannt wurde, alle anderen Städte der bekannten Welt. Wichtige Handelswege trafen sich hier: Karawanenstraßen, die nach Osten bis Indien und sogar China führten, Schiffswege, die durch das Schwarze Meer und die russischen Flüsse das nordöstliche Europa mit dem Mittelmeer verbanden. In Byzanz konnte man chinesische Seide und indische Gewürze gegen Elfenbein aus Afrika und Pelzwerk aus Nordeuropa tauschen. In der westlichen Christenheit fand sich kein vergleichbares Zentrum wirtschaftlicher, militärischer und politischer Macht.

Der Kaiser als alleiniger Herrscher

In dieser „Weltstadt" residierten die oströmischen Kaiser, die eine herausragende Stellung im Byzantinischen Reich hatten. Der Kaiser sprach Recht, und gegen seinen Richtspruch gab es keine Berufung. Er persönlich ernannte und entließ alle oberen Beamten. Ihn umgab ein Zeremoniell, das allen, die vor ihn traten, genau vorschrieb, in welcher Kleidung, mit welchen Gesten und mit welchen Worten sie sich dem Kaiser gegenüber zu äußern hatten.

Als Auserwählte Gottes und Stellvertreter Christi auf Erden erhoben die byzantinischen Kaiser Anspruch auf die Herrschaft über die gesamte Christenheit. Die Patriarchen von Konstantinopel, die geistlichen Oberhäupter der griechisch-orthodoxen Kirche, ordneten sich den Kaisern unter. Kirchliche und religiöse Angelegenheiten waren gleichzeitig Staatsangelegenheiten. Ein Konflikt zwischen geistlicher und weltlicher Gewalt wie im Westen konnte es hier nicht geben.

Rivalität zwischen Ost und West

Aus byzantinischer Sicht war der Papst in Rom ein Emporkömmling: Nur um sich der rechtmäßigen Oberhoheit des byzantinischen Kaisers entziehen zu können, habe Papst Leo im Jahr 800 den Frankenkönig Karl zum Kaiser gekrönt und sich dessen Schutz unterstellt. Nie waren die byzantinischen Kaiser bereit, den neuen Kaisern des Westens gleichen Rang zuzugestehen.

„König der neuen Römer". Der byzantinische Kaiser Basileios II. (936–1025) auf einer Psalterhandschrift aus dem Jahr 1017

Wo die Interessengebiete beider Reiche zusammenstießen, z. B. in Süditalien, kam es ständig zu Reibereien. Weder Verhandlungen noch Eheverbindungen konnten die Rivalität zwischen den Kaisern des Westens und des Ostens beseitigen. Hinzu kam, daß byzantinische Gelehrte abschätzig auf die Kultur des Westens herabblickten. Sie lasen die Werke der griechischen Philosophen und Dichter, die man in der westlichen Christenheit, wo nur noch sehr wenige Griechisch konnten, höchstens vom Hörensagen oder in kurzen Auszügen kannte.
Für den Westen war Byzanz zwar ein bewundertes Vorbild in Kunst, Bildung und luxuriöser Lebensweise. Einen Vorrang wollte man dem byzantinischen Kaiserreich aber nicht zugestehen. Der Gegensatz zwischen Ost und West wurde tiefer, immer deutlicher zeichnete sich die politische, kulturelle und religiöse Trennung der beiden Kaiserreiche ab. Wesentlich dazu beigetragen haben die seit Beginn des 9. Jahrhunderts sich zuspitzenden Konflikte der römischen und der griechisch-orthodoxen Kirche um Lehre und Gottesdienst. 1054 kam es zum Schisma, zur endgültigen Trennung zwischen Ost und West. Niemand ahnte wohl damals, daß damit eine heute fast ein Jahrtausend andauernde Kirchenspaltung begann.
Die Spannungen zwischen Rom und Byzanz traten auch bei der Missionierung der Völker Südosteuropas an den Tag. Die Slowenen und Kroaten und schließlich auch die Ungarn wandten sich der römischen Kirche zu. Sie wurden Teil der westlichen Christenheit. Bei den Bulgaren und Serben setzte sich die griechische Kirche durch. Ihren größten Erfolg errang sie, als sich 988 Fürst Wladimir von Kiew taufen ließ. Die von Kiew abhängigen russischen Stämme schlossen sich diesem Schritt an. Griechisch-orthodoxe Kirche und byzantinische Kultur prägten von nun an weite Gebiete Osteuropas. In Kiew, der damaligen russischen Hauptstadt, wurden ganze Stadtteile von Konstantinopel nachgebaut, z. B. die Prachtstraße, die vom Goldenen Tor zum Palast führte, auf der der Kaiser nach seiner Krönung in die Stadt zog.

Der Niedergang des Byzantinischen Reiches

Seit der Jahrtausendwende geriet das Byzantinische Reich immer mehr in eine tiefe Krise. Im Westen eroberten die Normannen Süditalien und Sizilien. Nach einer Niederlage gegen die türkischen Seldschuken im Jahr 1071 verlor Byzanz weite Teile Kleinasiens, der Kornkammer des Reiches.
Neue Spannungen mit dem Westen brachte die Kreuzzugsbewegung. Auch die Byzantiner wollten die heiligen Stätten der Christenheit befreien, die vor der Eroberung durch die Araber unter byzantinischer Herrschaft gestanden hatten. Aber die von den Kreuzfahrern propagierte Idee des heiligen Krieges hielt man für gefährlich. Viele sahen in den Kreuzrittern nur beutehungrige Barbaren, die eigene Herrschaften im Heiligen Land errichten wollten, anstatt es dem Kaiser als rechtmäßigem Herrscher zurückzugeben. Im Westen gab man dagegen Byzanz die Schuld am Scheitern der Kreuzzüge: Die Griechen würden Hilfe gegen die Ungläubigen verweigern, und alle Tapferkeit der Kreuzritter könne diese Treulosigkeit nicht aufwiegen.
So wuchs das Mißtrauen zwischen westlichen und östlichen Christen, und deshalb konnte Venedig die Kreuzfahrer des vierten Kreuzzuges im Jahre 1204 gegen Byzanz lenken. Die Kaiserstadt wurde erobert und geplündert. Venedig nahm sich die zur Sicherung seiner Seeherrschaft wichtigen Inseln und Küstenstreifen. Die restlichen Gebiete regierten Grafen aus Flandern als „lateinische“ Kaiser. Der Versuch, die orthodoxe Kirche Rom zu unterstellen, steigerte den Haß der Griechen gegen die fremden Herrscher.
Das „lateinische Kaiserreich“ brach bald zusammen, und griechische Herrscher bestiegen wieder den Thron. Aber um die Großmachtstellung des Byzantinischen Reiches war es geschehen. Ohne ausreichende Unterstützung aus dem Westen erlag es schließlich der Übermacht der Türken.
Aber auch nach der Eroberung Konstantinopels durch die Türken im Jahre 1453 lebten die byzantinische Kultur und die orthodoxe Kirche fort und mit ihnen auch die Kaiseridee. Großfürst Iwan III. von Moskau nannte sich Zar, d. h. Kaiser, und stellte sich so in die Reihe der byzantinischen Herrscher. Das erste Rom war in der Zeit der Völkerwanderung untergegangen. Byzanz, das „zweite Rom“, war von den Türken erobert worden. Als „drittes Rom“ sollte jetzt Moskau den alten Herrschaftsanspruch des byzantinischen Kaisertums weitertragen.

1 Diplomatische Spannungen zwischen Ost und West

1a *Bischof Liudprand von Cremona reiste 968 als Gesandter Kaiser Ottos I. zu dem byzantinischen Kaiser Nikephoros II. Phokas, um die Prinzessin Theophanu als Braut für den Sohn Ottos I. zu gewinnen. Über seinen ersten Empfang berichtete er:*

Q Am Sonnabend vor Pfingsten wurde ich dem Hofmarschall und Kanzler Leo, einem Bruder des Kaisers, vorgestellt und hatte mit ihm einen großen Streit über Euren Kaisertitel zu bestehen. Denn er wollte Euch in seiner Sprache nicht Kaiser nennen, sondern geringschätzig König. Als ich sagte, die Bedeutung sei dieselbe und nur die Worte seien verschieden, entgegnete er, ich sei nicht des Friedens, sondern des Streites wegen gekommen …
Am heiligen Pfingsttag führte man mich vor Nikephoros. Er ist ein Mensch von seltsamem Aussehen, zwergenhaft klein, mit einem dicken Kopf und maulwurfshaften Äuglein. Er hat einen kurzgeschnittenen, halbgrauen Bart und einen viel zu kurzen Hals. Langes, dichtes Haar gibt ihm das Aussehen eines Schweines, und seine Gesichtsfarbe gleicht der eines Äthiopiers. Kurz, er ist so einer, dem man mitten in der Nacht nicht begegnen möchte … Während des ekligen und widerwärtigen Essens, das wie bei Betrunkenen vor Öl triefte und mit einer garstigen Fischsoße getränkt war, stellte er mir viele Fragen über Eure Macht, Eure Reiche und Euer Heer. Als ich ihm sach- und wahrheitsgemäß antwortete, sagte er: „Du lügst, die Krieger deines Herrn verstehen weder zu reiten noch zu Fuß zu kämpfen …“ Spöttisch fügte er hinzu: „Auch ihre Gefräßigkeit hindert sie daran … Auch hat dein Herr keine Flotte. Ich allein bin mächtig zur See. Ich werde ihn mit meinen Schiffen angreifen, seine Küstenstädte zerstören und alles, was in der Nähe des Meeres liegt, in Asche legen.“

1b *Über die Verhandlungen berichtete Liudprand:*

Q Dem Herkommen nach saßen die weisesten Männer bei ihm, um über Euren Antrag zu beraten … Sie eröffneten die Besprechung mit folgender Frage: „Erkläre uns, Bruder, warum du hierher gekommen bist?“ Als ich antwortete, ich sei der Heirat wegen gekommen, die dauernden Frieden zwischen den beiden Reichen herstellen sollte, sagten sie: „Es ist eine ganz unerhörte Sache, eine in Purpur geborene Kaisertochter zu fremden Völkern zu senden … Als entsprechende Gegengabe fordern wir dafür Rom und Ravenna und alle Gebiete von dort bis hierher, die von Rechts wegen ohnehin uns gehören.“

1c *In die Verhandlungen schaltete sich auch der Papst ein. Über die Reaktion berichtete Liudprand:*

Q Am Tag der Himmelfahrt Mariens kamen zwei Boten von Papst Johannes mit einer Bittschrift. In ihr bat er den „griechischen Kaiser“ Nikephoros, Schwägerschaft und feste Freundschaft mit dem erhabenen Kaiser Otto zu schließen … „Ein Ausländer“, riefen sie, „ein armer Schlucker in Rom hat sich erfrecht, den allgemeinen, erhabenen, großen und einzigen römischen Kaiser Nikephoros als griechischen Kaiser zu bezeichnen! … Der dumme, alberne Papst weiß nicht, daß der heilige Kaiser Konstantin die Abzeichen der kaiserlichen Würde, den ganzen Senat und die römische Ritterschaft hierher gebracht hat. In Rom hat er nur gemeine Knechte, Pöbel und Sklaven gelassen …“
Ich antwortete: „Aber der Papst hat geglaubt, zur Ehre und nicht zur Beleidigung des Kaisers so zu schreiben … Weil ihr Sprache, Sitten und Kleidung geändert habt, meinte der Papst eben, daß euch die Bezeichnung Römer ebenso mißfalle wie ihre Kleidung.“

1d *Über den Abbruch der Verhandlungen heißt es:*

Q „Aber sage doch“, fuhren sie fort, „ob dein Herr mit dem heiligsten Kaiser Freundschaft schließen will?“ Ich sagte: „Als ich herkam, war das seine Absicht. Aber da er wegen meines langen Aufenthaltes keine Antwort erhalten hat, wird er von Zorn erfüllt sein, keinen Wert mehr auf die Heirat legen und seinem Grimm gegen euch Luft machen.“ „Wenn er so anfängt“, sprachen sie, „so wird … selbst sein armes und in Felle gekleidetes Sachsen ihm keine Zuflucht bieten können. Mit unserem Geld, das uns so mächtig macht, werden wir alle Völker gegen ihn aufhetzen, und wir werden ihn zerschmettern wie einen Tonkrug.“

Quellen 1a–1d: Liudprandi legatio, in: Quellen zur Geschichte der sächsischen Kaiserzeit, Darmstadt 1971, S. 527ff. Bearb. v. Verf.

1. *Stelle die gegenseitigen Vorurteile der Byzantiner und des Westens zusammen und begründe sie.*
2. *Warum war die Frage der Kaiserwürde ein zentrales Problem in den Beziehungen zwischen Byzanz und dem Westen?*

Das islamische Weltreich

Um 600 war das Oströmische Reich die vorherrschende Macht im Mittelmeerraum und in Europa. Durch den beginnenden Aufstieg des Reiches der Franken im europäischen Nordwesten kündigte sich aber schon ein Umbruch an. Die grundlegende Veränderung, die in den folgenden Jahrhunderten die Entwicklung prägen sollte und bis heute nachhaltige Wirkungen zeigt, kam jedoch aus einer ganz anderen Richtung. Denn im 7. Jahrhundert wanderten Volksstämme von der arabischen Halbinsel aus und errichteten innerhalb eines Jahrhunderts ein Weltreich, das von den Pyrenäen im Westen bis zum Himalaya im Osten reichte. Nicht nur an Größe stellte es alle bis dahin bekannten Reiche in den Schatten. Neu waren auch die religiösen Grundlagen, auf die sich dieses islamische Weltreich stützte.

Die Grundlagen des arabisch-islamischen Reiches

Mohammed – Prophet einer neuen Religion

Der Ausgangspunkt dieses völlig neuen Machtzentrums war die Handelsstadt Mekka im Westen der arabischen Halbinsel. An der Kreuzung bedeutenderKarawanenstraßen zwischen Syrien, Ägypten und dem südlichen Arabien gelegen, lebten hier im 6. Jahrhundert Kaufleute und Händler. Die Zugehörigkeit des einzelnen zu einem Klan oder einem Stamm spielte im Leben der arabischen Menschen eine wesentliche Rolle. Sie glaubten an zahlreiche Götter, an Himmelsgottheiten ebenso wie an Dämonen. Felsen, Steine, Bäume, aber auch Quellen wurden – ähnlich wie bei den Germanen – als Götter verehrt. Ein allen gemeinsames Heiligtum war die *Kaaba*, ein würfelförmiger Bau, in dem sich der heilige schwarze Stein, ein Meteorit, befindet.

Um das Jahr 570 geboren, wuchs Mohammed in Mekka als Waisenkind auf. Obwohl es ihm nach der Eheschließung mit einer reichen Witwe als Kaufmann gutging, war er mit sich und der Welt nicht zufrieden. Er sah, daß die Menschen nur auf ihren eigenen Vorteil aus waren und sich nicht um ihre armen Mitmenschen kümmerten.

Mohammed war ein tief religiöser Mensch. Er fastete und meditierte. Eines Tages hatte er eine traumhafte Erscheinung. Wie er später erzählte, sei ihm der Engel Gabriel erschienen und habe ihm verkündet, daß er von Gott zum Propheten berufen sei. In seinen Offenbarungen, die später zu einem Buch, dem *Koran*, zusammengestellt wurden, rief er zur Hingabe an Gott (das ist die Bedeutung des Wortes „Islam") auf. Die Menschen sollten nach strengen Regeln ein gottgefälliges Zusammenleben führen und die Armen und Notleidenden unterstützen. Abgeleitet aus diesen Grundsätzen stellt der Islam fünf Hauptgebote für ein gottgefälliges Leben auf: der Glaube an Gott (arabisch: Allah) als den einzigen Gott und an die Berufung Mohammeds zu seinem Propheten, das Gebet zu Gott, die Freigebigkeit gegenüber den Armen, das Fastengebot und die Pilgerfahrt zur Kaaba nach Mekka.

Eine neue Religionsgemeinschaft entsteht

Die meisten Bewohner Mekkas wollten von Mohammeds göttlicher Sendung nichts wissen. Seine kleine Schar von

Ausschnitt aus einer Koranseite aus dem 9. Jahrhundert

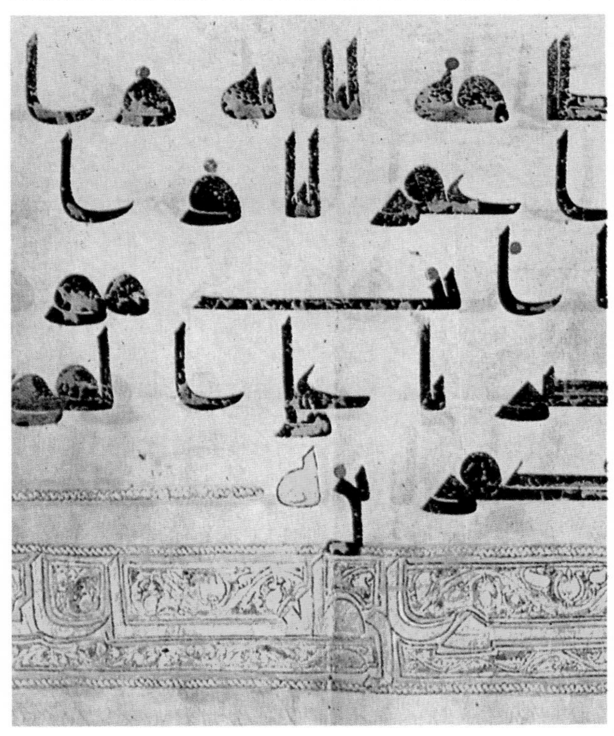

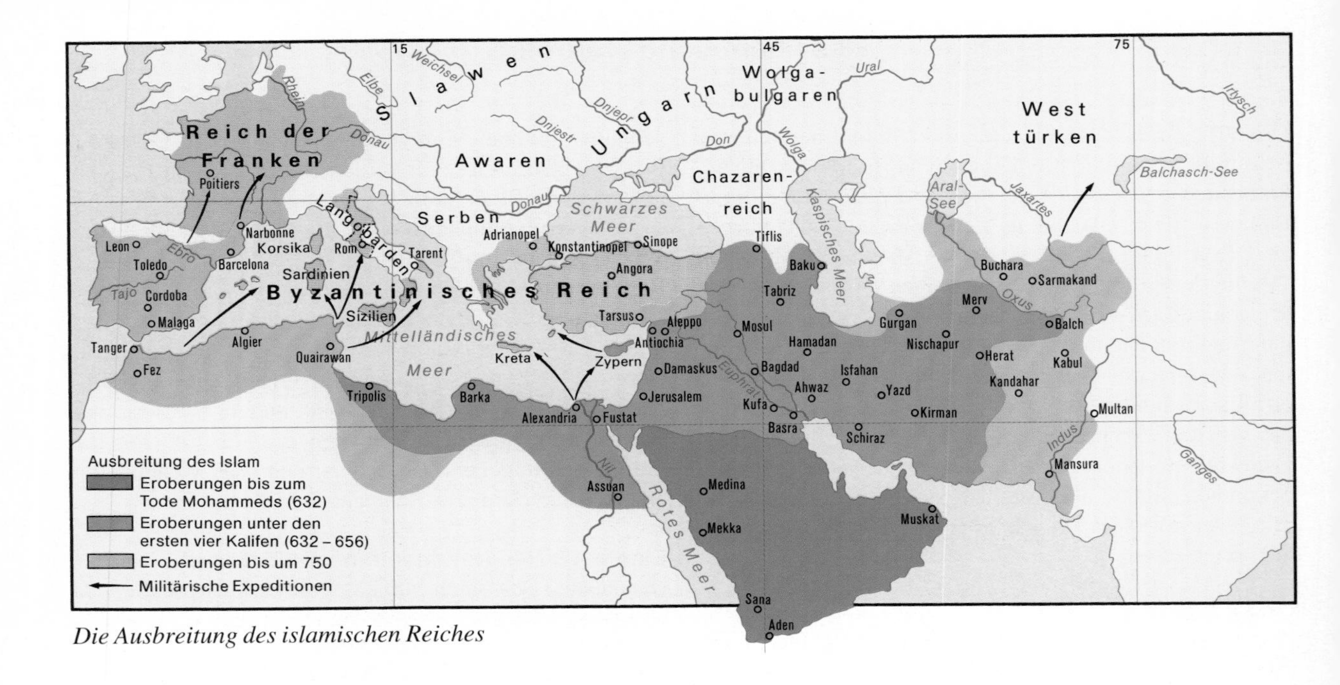

Die Ausbreitung des islamischen Reiches

Anhängern wurde schikaniert. Da verließ er mit ihnen die Stadt und wanderte in das Städtchen Medina aus. Das war im Jahr 622 n. Chr. Man bezeichnet das Ereignis als *hidschra*, d. h. Auswanderung. Es wurde das Anfangsdatum der islamischen Zeitrechnung.

In Medina hatte Mohammed mehr Erfolg und gewann viele Anhänger. Mehrere Jahre lang herrschte Krieg zwischen Mekka und Medina. Aus der Sicht Mohammeds war das Recht auf seiner Seite, denn die ungläubigen Mekkaner hatten ihn und seine Anhänger aus der Heimat vertrieben und vom Glauben abzubringen versucht. Der Kampf gegen sie war für die Muslime eine Art Gottesdienst. Sie kämpften für Gott und ihren Glauben. Im Koran heißt der Glaubenskampf *dschihad*. Nach mehreren Kämpfen gelang es Mohammed, immer mehr arabische Stämme auf seine Seite zu ziehen. Auch Mekka ergab sich ihm. Kurz vor seinem Tod im Jahr 632 hatte er fast alle Stämme der arabischen Halbinsel an die islamische Gemeinde von Medina gebunden.

In Medina war Mohammed als religiöser und politischer Führer anerkannt und übernahm eine Vielzahl von Aufgaben. Er schlichtete Streitigkeiten, befehligte die Gläubigen im Kampf und leitete die religiösen Zeremonien. Für viele Lebensbereiche verkündete er Gebote, Verbote oder Empfehlungen Gottes. Für Ehe und Scheidung, für das Verhältnis zwischen Eltern und Kindern und für das Erbrecht wurden Grundsätze aufgestellt. Auch in die Essens- und Trinkgewohnheiten griff er ein. Die von Mohammed aufgestellten Regeln bildeten die Grundlage für die spätere Entwicklung des islamischen Weltreiches und der islamischen Kultur. Da er sich nur als Übermittler göttlicher Botschaften verstand, galt Gott als der eigentliche Gesetzgeber der Staats- und Gemeindeverfassung. Eine neue Staatsform, die Gottesherrschaft *(Theokratie)*, war entstanden.

Entstehung und Blüte des islamischen Weltreiches

Die rasante Expansion

Mohammed hatte keinen Nachfolger bestimmt, der nach seinem Tod die religiöse Gemeinschaft und den Staat führen sollte. Man übertrug einem der engsten Vertrauten des Propheten diese Aufgabe. Er nahm den Titel Kalif an, was Stellvertreter (Gottes) und Nachfolger (des Propheten) bedeutet.

Der erste Kalif Abu Bakr (632–634) mußte sich seine Anerkennung jedoch erkämpfen, denn einige arabische Stämme wollten die Vorherrschaft Medinas abschütteln. Um weitere Bruderkriege unter den Stämmen zu vermeiden, griffen Abu Bakr und sein Nachfolger auf den Plan Mohammeds zurück, den islamischen Staat nach Norden zu erweitern. Sie forderten die arabischen Stämme auf, sich an diesen Expeditionen zu beteiligen. Da reiche Beute lockte, waren diese mit Eifer dabei.

Das Bestreben, den Herrschaftsbereich der islamischen Lebensordnung auszuweiten, der Aufruf zum heiligen Kampf gegen die Ungläubigen und die Wünsche und Hoffnungen der arabischen Nomaden wuchsen zu einer Eroberungsbewegung von ungeheurer Durchschlagskraft zusammen. Ein Jahrhundert nach Mohammeds Tod kamen die arabischen Ausbreitungswellen an den Grenzen des Frankenreiches im Westen und Chinas im Osten zum Stillstand.

Den Arabern kam die Lage der beiden damaligen Großmächte zu Hilfe. Das oströmische Kaiserreich und das persische Sasanidenreich waren durch schwere Kämpfe gegeneinander erschöpft. Hinzu kam, daß die Araber in den römischen Provinzen von einem Teil der einheimischen Bevölkerung als Befreier begrüßt wurden. Denn die Bewohner dieser Länder bekannten sich überwiegend zu einer Richtung des Christentums, die vom Kaiser in Konstantinopel als falscher Glaube verfolgt wurde. Im Sasanidenreich waren viele Menschen christlichen oder jüdischen Glaubens. Zwar hatten auch die eindringenden Araber eine andere Religion als die Christen und Juden, aber der Islam war diesen beiden Bekenntnissen verwandt: Es ist derselbe Gott, den Christen, Juden und Muslime verehren, wenn auch auf ganz unterschiedliche Weise. Außerdem garantierten die Araber der Bevölkerung die Ausübung ihrer Religionen.

Leben und Kultur in den eroberten Gebieten

Für die Einwohner der eroberten Gebiete veränderte sich unter der Herrschaft der muslimischen Araber zunächst nur wenig. Sie bezahlten eine besondere Steuer und standen dafür unter dem Schutz der Muslime. Man bezeichnete sie deshalb als „Schützlinge". Mehrere Jahrhunderte lang bildeten sie den größten Teil der Bevölkerung im islamischen Reich.

Die muslimischen Araber waren die neue herrschende Schicht. Meist siedelten sie sich nicht in den bestehenden

Seite aus einem arabischen Lehrwerk, 13. Jahrhundert

Städten an, sondern gründeten neue Siedlungen. Diese Lagerstädte entwickelten sich zu Provinzhauptstädten, z. B. Fustat, das heutige Altkairo. Bald zog es auch die nichtarabische Bevölkerung in die neuen Zentren der Macht und des Reichtums. Sie lernten Arabisch, viele nahmen den Islam und arabische Sitten an. So breiteten sich die arabische Sprache und der Islam im ganzen Reich aus. Auch die Araber übernahmen viel von den besiegten Völkern. Sie lernten, die eroberten Länder zu verwalten und Flotten und Festungen zu bauen. Sie studierten die Philosophie, Sternenkunde und Mathematik der Griechen, Inder und Perser. Das Interesse der islamischen Gelehrten richtete sich auch auf Geschichtsschreibung, Medizin, Alchemie, Botanik, Geographie und Technik. Das führte im 9. und 10. Jahrhundert zu einem Aufblühen der Wissenschaften. In den Zentren des islamischen Reiches – z. B. in Bagdad, Córdoba, Kairo, Damaskus – entstanden staatlich geförderte Forschungsstätten und Hochschulen. Es gab hervorragende Ärzte, die neue Medikamente erfanden, Krankenhäuser errichteten und gewagte Operationen durchführten. Die Astronomen stellten neue Berechnungen über den Erdumfang und den Sonnenumlauf an. Die Mathematiker brachten es beim Rechnen mit Gleichungen, der Algebra, und in der Geometrie zu hoher Meisterschaft.

Die Herrschaft der Kalifen

Nach dem Vorbild Mohammeds übernahmen Kalifen als Nachfolger des Propheten die religiöse und staatliche Führung. Dabei stützten sie sich auf den Koran und darauf, wie Mohammed in ähnlichen Fällen gehandelt hatte, d. h. auf den Brauch (arabisch: sunna) des Propheten. Der Regierungsstil der Kalifen änderte sich, als die Reichshauptstadt aus Arabien unter der Dynastie der Omaijaden (661–750) nach Damaskus und unter der Dynastie der Abbasiden (750–1258) nach Bagdad verlegt wurde. Die Kalifen regierten hier hinter hohen Palastmauern, fern von ihren Untertanen. Hatten die ersten Kalifen in der Moschee die Bitten der Gläubigen angehört, fanden nun die Audienzen im Palast des Herrschers statt. Ein Vorhang verbarg ihn vor den Blicken der Anwesenden. Hob sich der Vorhang, konnte man den Kalifen mit den Symbolen seiner Herrschaft auf dem Thron sitzen sehen: In den Mantel des Propheten gehüllt, hielt er den Stab des Propheten in der rechten und den Koran in der linken Hand. Niemand durfte sich ihm nähern, ohne mehrfach vor ihm den Boden geküßt zu haben. Als Hüter des göttlichen Gesetzes und Statthalter Gottes beanspruchte der Kalif absolute Gewalt. In Wirklichkeit hatten nur wenige Kalifen eine unbegrenzte Macht. Es gab immer Gruppen, auf die sie Rücksicht nehmen mußten: die Großen des Reiches, die islamischen Gesetzesgelehrten, die Volksmeinung und vor allem das Militär.

Mann und Frau

Einige Einrichtungen der Familie im islamischen Reich werden heute oft erwähnt, wenn vom Islam die Rede ist, z. B. die Ehe eines Mannes mit mehreren Frauen (Polygamie), der Harem und die Verschleierung der Frauen.
Auch damals war die häufigste Form der Ehe unter den Muslimen die zwischen *einem* Mann und *einer* Frau (Monogamie). Wenn ein Mann vermögend genug war, mehrere Frauen und eine große Kinderschar zu versorgen, konnte er bis zu vier Frauen heiraten. Es war ihm jedoch vorgeschrieben, sie alle gleich zu behandeln. In den Oberschichten gab es daher sehr große Familien, zu denen auch noch Sklavinnen und Sklaven gehörten. *Harem* nannte man den Bereich des Hauses, der für die Frauen und Kinder reserviert war. Ihn durfte außer dem Ehemann und bestimmten Verwandten kein fremder Mann betreten. Verließ die Frau diesen „Schutzraum“, hatte sie sich vor den Blicken fremder Männer zu verbergen.
Im Vergleich zur vorislamischen Zeit verbesserte Mohammed die Stellung der Frau in Arabien erheblich. So wurden ihre Rechte als Ehefrau geregelt, sie hatte nun u. a. das Recht zu erben. Mehrehe, Harem und Schleier waren keine Erfindungen des Islam. In Arabien, im Oströmischen Reich und im Sasanidenreich gab es sie schon in der vorislamischen Zeit. Der Islam mit seiner Eheordnung und seiner strengen Auffassung von ehelicher Treue hat diese Einrichtungen jedoch weiterentwickelt und verbreitet.

Vom islamischen Reich zur islamischen Welt

Das Reich, über das die Kalifen herrschten, hatte um die Mitte des 8. Jahrhunderts seine größte Ausdehnung erreicht. Doch schon bald bröckelten Teile ihres Herrschaftsgebietes ab, bis es seit dem 9. Jahrhundert in eine Anzahl islamischer Teilstaaten zerfiel. Das hatte verschiedene Ursachen.
Die politische Einheit des islamischen Staates war von Anfang an bedroht. Machtkämpfe verschiedener Gruppen führten schon bald nach dem Tod Mohammeds zu Bürgerkriegen, bei denen es darum ging, wer der rechtmäßige Kalif sein dürfe. Aus diesen Nachfolgekämpfen entwickelten sich Spaltungen innerhalb der muslimischen Religionsgemeinschaft. Aus dem ersten Bürgerkrieg (656–661) entstand die *Schia* (d. h. Partei), die den herrschenden Kalifen das Recht auf die Führung der Gemeinde absprach. Die *Schiiten* sahen in dem 4. Kalifen Ali, dem Cousin und Schwiegersohn Mohammeds, und seinen Nachkommen die rechtmäßigen Nachfolger. In einem weiteren Bürgerkrieg verlor der Klan der Omaijaden die Herrschaft an den Klan der Abbasiden. Es gelang aber einem Mitglied des Omaijaden-Hauses, in Spanien einen eigenen Staat zu gründen.
Im Laufe des 9. und 10. Jahrhunderts schrumpfte das Kalifenreich weiter. Provinzgouverneure gründeten eigene Dynastien. Im 10. und 11. Jahrhundert wurde der Zerfall des Großreiches in kleinere islamische Herrschaftsgebilde durch nichtarabische Bevölkerungen – vor allem Berber, Iraner und Türken – beschleunigt. Die Araber wurden als herrschende Klasse im islamischen Reich allmählich verdrängt. Die Macht übernahmen zunehmend Angehörige anderer Völker.
Obwohl die politische Einheit des islamischen Reiches nicht lange Bestand hatte, blieb die kulturelle Einheit erhalten. Gegründet auf den gemeinsamen Glauben und die gemeinsame Sprache, ist die islamische Welt entstanden, wie wir sie heute kennen.

1 Zur Rolle der Frau im Islam

1a *Frauen auf der Galerie einer Moschee. Arabische Handschrift aus dem 13. Jahrhundert*

1b *Im Koran heißt es über die Rolle der Frau in der Ehe:*

Q Sure 4, 3: Und wenn ihr fürchtet, in Sachen der eurer Obhut anvertrauten weiblichen Waisen nicht recht zu tun, dann heiratet, was euch an Frauen beliebt, zwei, drei oder vier. Wenn ihr aber fürchtet, so viele nicht gerecht behandeln zu können, dann nur eine, oder was ihr an Sklavinnen besitzt! So könnt ihr am ehesten vermeiden, unrecht zu tun.

Q Sure 4, 35: Die Männer stehen über den Frauen, weil Gott sie von Natur vor diesen ausgezeichnet hat und wegen der Ausgaben, die sie von ihrem Vermögen als Morgengabe für die Frauen gemacht haben. Und die rechtschaffenden Frauen sind Gott demütig ergeben und geben acht auf das, was den Außenstehenden verborgen ist, weil Gott nicht will, daß es an die Öffentlichkeit kommt. Und wenn ihr fürchtet, daß irgendwelche Frauen sich auflehnen, dann ermahnt sie ... Wenn sie euch gehorchen, dann unternehmt nichts gegen sie!

Q Sure 4, 129: Und ihr werdet die Frauen, die ihr zu gleicher Zeit als Ehefrauen habt, nicht wirklich gerecht behandeln können, ihr mögt noch so sehr darauf aus sein. Aber vernachlässigt nicht eine der Frauen.

1c *Über die Kleidung der Frau schreibt der Koran:*

Q Sure 24, 3: Und sage den gläubigen Frauen, sie sollen statt jemanden anzustarren, lieber ihre Augen niederschlagen, und sie sollen ihre Scham bewahren und ihren Schmuck (Reize) nicht offen zeigen ... Sie sollen den vom Halsschnitt nach vorne heruntergehenden Schlitz in ihrem Kleid mit einem Schal zudecken; und sie sollen ihren Schmuck nicht offen zeigen, außer ihren Ehemännern, ihren Vätern.

Q Sure 33, 59: Prophet! Sage deinen Gattinnen und Töchtern und den Frauen der Gläubigen, sie sollen, wenn sie ausgehen, sich etwas von ihrem Gewand über den Kopf herunterziehen. So ist am ehesten gewährleistet, daß sie als ehrbare Frauen erkannt und daraufhin nicht belästigt werden.

Quelle 1b und 1c zit. nach: R. Paret, Der Koran, Stuttgart 1979, S. 60, 64, 73f., 246 und 297. Bearb. des Verf.

1d *Im Neuen Testament heißt es:*

Q Die Frauen sollen ihren Männern untertänig sein wie dem Herrn. Denn der Mann ist das Haupt der Frau, wie Christus das Haupt der Kirche ist ... So wie die Kirche Christus unterworfen ist, so seien die Frauen ihren Männern in allem. Ihr Männer, liebet eure Frauen, so wie Christus die Kirche geliebt und sich selbst für sie hingegeben hat.

Paulusbrief an die Epheser 5, 22–26.

1. *Stelle aus den Materialien 1a bis 1c die Rolle und Rechte von Frauen und Männern im Islam zusammen.*
2. *Heute gibt es eine Diskussion über das Gebot der Verschleierung. Nimm zu diesem Gebot Stellung.*
3. *Vergleiche die Rolle der Frau nach dem Koran mit der nach dem Bibeltext.*

2 Kindheit und Schule

2a *Über die Erziehung der Mädchen und Jungen im islamischen Reich im Mittelalter:*

D Bis etwa zum siebten Lebensjahr lag die Erziehung der Kinder hauptsächlich in der Hand der Mutter. Danach kümmerte sich der Vater um die Ausbildung des Sohnes. Er hielt ihn zu den religiösen Pflichten der Muslime an – vor allem zum täglichen Gebet und zum Fasten – und schickte ihn nach Möglichkeit in eine Schule. Dort lernten die Jungen in erster Linie den Koran lesen, schreiben und auswendig aufsagen. Deshalb nennt man diese Schule auch Koranschule. Die Jungen besuchten sie, bis sie den Koran oder wenigstens Teile davon auswendig konnten, jedoch selten länger als vier Jahre. Dann ließ der Vater den Sohn einen Beruf erlernen.
Mädchen dagegen besuchten in der Regel keine Schule und bekamen auch keine berufliche Ausbildung. Sie standen meist bis zu ihrer frühen Verheiratung unter der Obhut der Mutter, von der sie in ihre späteren Pflichten als Hausfrau, Mutter und Gattin eingewiesen wurden.
Schulen gab es schon seit dem 7. Jahrhundert. Fand der Unterricht zuerst meist in Seitenräumen der Moschee statt, so gab es später auch eigene Schulhäuser. Am Vormittag stand der Koranunterricht auf dem Programm, während nachmittags manchmal auch andere Fächer – Sport, Geschichte, Rechnen, schöne Literatur und Rhetorik – unterrichtet wurden.
Der Schultag begann damit, daß zuerst die Holztafeln abgewaschen wurden, auf denen der am Vortag gelernte Korantext stand. Das Wasser wurde dabei nicht einfach weggeschüttet; da es Gotteswort enthielt, wurde es vielmehr an einem reinen Ort aufbewahrt oder vergraben. Dann schrieben die Schüler den neuen Unterrichtsstoff auf, der an diesem Tag gelernt werden sollte. Jeden Mittwoch und Donnerstag fragte der Lehrer das in der vorangegangenen Woche Gelernte ab. Wenn ein Kind den Koran mit seinen 6348 Versen auswendig konnte – was nicht alle schafften –, war die Grundschulzeit beendet, und die Familie feierte ein großes Fest.

2b *Inschrift an einer Schule in Jerusalem aus dem Jahr 1199:*

Q Im Namen Gottes, des Barmherzigen, des Erbarmers! Gott erbarme sich all derer, welche Gottes Erbarmen für den Mann erbitten, welcher diesen gesegneten Ort baute und ihn zur Grundschule für die Kinder der Muslime machte, damit sie dort im Koran unterrichtet werden. Zum Unterhalt der Schule stiftete er (außerdem) das als Haus des Abu Niama bekannte Gebäude ... Dessen Einnahmen aus den Mieten sollen für den Lehrer ausgegeben werden, und das Haus soll in seiner Hand bleiben, damit so der Unterricht für Waisen und Arme bezahlt werde. Der Rest soll für Schule und Haus ausgegeben werden ... und für Wasser, mit welchem die Kinder ihre Tafeln säubern und welches sie trinken. Dies alles unter der Bedingung, daß der Lehrer ein gottesfürchtiger und frommer Mann ist.

B. Lewis, Der Islam von den Anfängen bis zur Eroberung von Konstantinopel, Bd. II, Zürich/München 1982, S. 27.

2c *Unterricht in einer Koranschule heute*

1. *Schreibe einen Bericht über Kindheit und Schule im islamischen Reich aus der Sicht eines Mädchens bzw. eines Jungen.*
2. *Wie beurteilst du, daß die Religion eine so große Rolle spielte? Wie ist das heute in islamischen Ländern?*
3. *Welche Ziele verfolgte der Erbauer und Stifter der Schule in Jerusalem?*
4. *Erkundige dich bei Mitschülerinnen und Mitschülern nach dem Unterricht in einer Koranschule.*
5. *Seit wann gibt es bei uns den gemeinsamen Unterricht von Mädchen und Jungen?*

Die Kreuzzüge

Für Mitte November 1095 hatte Papst Urban II. ein Konzil nach Clermont einberufen. Am Ende des Konzils predigte der Papst vor einer großen Menschenmenge. Er beklagte, daß die Kirchen im Osten von Ungläubigen bedrängt würden und die heiligen Stätten der Bibel entweiht seien. Das Heilige Land den Heiden entreißen – das muß vielen Zuhörern nach Urbans wortgewaltiger Predigt als Befehl Gottes erschienen sein. – „Gott will es", soll die Menge geantwortet haben. Die wenigsten ahnten, daß sie Zeugen eines Ereignisses von weltgeschichtlicher Tragweite werden sollten.

Aufbruchstimmung

Was war vorausgegangen? Die aus Asien stammenden Seldschuken hatten 1071 in der Schlacht von Mantzikert den Byzantinern eine schwere Niederlage zugefügt und in Kleinasien einen eigenen Staat errichtet. Schon Gregor VII. hatte geplant, Byzanz zu Hilfe zu kommen und gleichzeitig die seit 1054 vom Westen getrennte östliche Kirche wieder mit Rom zu vereinen.

Die Lage im Heiligen Land hätte kein Eingreifen erfordert. Die Pilger konnten während der seit dem 7. Jahrhundert dauernden arabischen Herrschaft zumeist ungehindert nach Jerusalem ziehen. Die Anhänger des Islam duldeten auch den christlichen Kult an den Pilgerstätten.

Daß die Kreuzzugsaufrufe eine Welle der religiösen Begeisterung auslösten, läßt sich nicht nur mit schlechten Nachrichten aus dem Osten erklären. Hinzu kam, daß der Papst den Kreuzfahrern den Nachlaß von zeitlichen Sündenstrafen zusicherte. Die Kreuzfahrt wurde dadurch – wie eine unbewaffnete Pilgerreise – zu einem Weg, seine Seele zu retten. Außerdem waren viele Menschen in diesen Jahren von einer seltsamen Unruhe erfaßt. Das irdische Jerusalem erschien vielen als das Himmlische Jerusalem kurz vor dem Jüngsten Gericht. Zeichen am Himmel, Naturkatastrophen und Seuchen sah man als Bestätigung dafür an. Typisch für das entstehende Chaos war z. B. der wilde Haufen, der dem Kreuzzugsprediger Peter von Amiens folgte: Schon auf dem Balkan kam es immer wieder zu Kämpfen, nur ein kleiner Teil erreichte Byzanz. Andere aufgestachelte Banden fielen über Gemeinden der Juden her. Ein entfesselter Haufen zog den Rhein hinab von Speyer bis nach Köln – überall kam es zu Massakern. Es wurde die erste große Welle von Judenverfolgungen im Mittelalter. Dabei ist der Hauptgrund nicht ganz klar: Haß gegenüber jüdischen Geldverleihern und Gier nach deren Vermögen oder Feindschaft gegenüber den ihrer Meinung nach „Ungläubigen"? Denn die Juden schienen in den Augen vieler Christen nicht besser als die Muslime zu sein, und man schob ihnen als Volk die Schuld am Tod Christi durch die Kreuzigung zu.

Nach dem päpstlichen Kreuzzugsaufruf zogen 1096 mehrere Kreuzzugsheere mit Zehntausenden von Rittern los; im Frühjahr 1097 vereinigten sie sich in Byzanz. Da das Heilige Land einst zum Byzantinischen Reich gehört hatte, nahm der byzantinische Kaiser den Führern der einzelnen Christenheere den Eid ab, alle künftigen Eroberungen unter die Oberhoheit von Byzanz zu stellen – woran sich später nur einer noch halten wollte. Manche Fürsten verließen unterwegs das Heer und gründeten in Syrien eigene Herrschaften. So war die Uneinigkeit der Kreuzfahrer schon deutlich, als schließlich im Juli 1099 Jerusalem belagert und erobert wurde. Wie arabische Quellen berichten, müssen die Europäer ein unfaßbares Blutbad angerichtet haben.

Die Kreuzfahrerstaaten

Es wußte wohl keiner, wie es nach dem Gewinn des Heiligen Landes weitergehen sollte. Niemand war zunächst bereit, in Jerusalem die Herrschaft anzutreten, denn dort, wo Christus gelitten habe, dürfe keiner König sein. Im Jahr 1100 wurde dann doch der französische Adlige Balduin zum König gekrönt. Damit begann die Geschichte eines Reiches, die für fast 200 Jahre vor allem aus Rückzugsgefechten bestand.

Man hat später gesagt, eigentlich habe es nur einen Kreuzzug gegeben, den ersten von 1096–1099; alle weiteren Kreuzzüge seien mißglückte Rettungsversuche gewesen. Dennoch ist die Geschichte der von angesiedelten westeuropäischen Rittern getragenen Kreuzfahrerstaaten vielfältiger (siehe S. 109). Die europäischen Ritter begegneten einer ihnen fremden und zum Teil überlegenen Kultur. Vieles konnten sie hier lernen, von der Belagerungstechnik bis zum Schachspiel. Neues Wissen über Mathematik, Astronomie und Medizin kam teilweise auf diesem Weg nach Europa. Manche Ritter blieben auch

Der Tempelplatz in Jerusalem. Links oben der Felsendom, ein islamisches Heiligtum; rechts unten die Klagemauer, an der die Juden die Zerstörung ihres Tempels im Jahr 70 n. Chr. beklagen. Der Tempelplatz ist sowohl für die Muslime als auch für die Juden eine heilige Stätte.

nicht nur während eines Kreuzzugs, sondern siedelten sich auf Dauer an. So kam es zu einem Nebeneinander von religiöser Feindschaft und kulturellem Zusammenwachsen der „Franken“ und der Araber, von unbarmherzigen Kampfmethoden und zaghaften Versuchen gegenseitiger Toleranz.

Verträge mit „Ungläubigen“?

Obwohl auch die Päpste gelegentlich Gesandte zu muslimischen Herrschern schickten, galt doch die Idee einer friedlichen vertraglichen Vereinbarung mit den „Ungläubigen“ als Verrat. Kaiser Friedrich II. dachte jedoch anders. Als er 1228 zum Kreuzzug aufbrach, war er vom Papst gebannt, weil er die Abfahrt wegen Seuchen im Heer – so seine Rechtfertigung – immer wieder hinausgezögert hatte. Als gebannter Herrscher betrat er das Heilige Land und ließ als erstes Verhandlungen mit dem ägyptischen Sultan aufnehmen. Eine Garantie für den freien Zugang nach Jerusalem für zehn Jahre war das Ergebnis. Friedrich konnte sich selbst 1229 in der Grabeskirche die Krone des Reiches aufsetzen. Der Papst hatte inzwischen aber ein Heer gegen Friedrichs süditalienisches Reich geschickt und dort eine Rebellion geschürt. Das zwang zur sofortigen Abreise aus Jerusalem. Frieden mit den Muslimen, aber Krieg gegen den Papst? Viele Zeitgenossen haben das nicht verstanden.

Das Ende des lateinischen Ostens

Das Hauptproblem der Kreuzfahrerstaaten konnte keine militärische Aktion lösen, denn um bestehen zu können, wurden immer mehr neue Kämpfer und Siedler gebraucht. Zudem waren die Kreuzfahrerstaaten untereinander oft zerstritten. Nicht selten kämpften auf beiden Seiten Christen und Muslime. Selbst die im Heiligen Land gegründeten Ritterorden und Hospitäler, die sich um erkrankte und verletzte Kreuzfahrer sorgten, verloren mit der Zeit ihre ursprüngliche Funktion. Die Ritter der Templer und Johanniter, die eigentlich die heiligen Stätten schützen sollten, beteiligten sich immer öfter an den Auseinandersetzungen unter verfeindeten christlichen Adligen. Der Deutsche Orden suchte sich bald ein ganz anderes Betätigungsfeld: die Heidenmission bei den Pruzzen an der Ostsee (siehe S. 67).

Nachdem die Stadt Jerusalem 1244 endgültig verloren war, konnten auch weitere Kreuzzüge und päpstliche Rückeroberungspläne das Ende nicht mehr aufhalten. 1291 wurde Akkon, die letzte Befestigung, aufgegeben. Das lateinische Königreich Jerusalem war damit erloschen. Doch die Folgen der Kreuzzüge wirkten noch lange weiter: Christliche und arabische Kultur waren in näheren Kontakt gekommen, und der Orienthandel unter der Herrschaft der oberitalienischen Seestädte – vor allem Venedigs – nahm einen Aufschwung.

1 Die Kreuzzüge im Überblick

1095	Papst Urban ruft in Clermont zum Kreuzzug auf
1096–1099	1. Kreuzzug (franz., dt.): Judenverfolgung in Europa. Eroberung Palästinas. Gründung der Kreuzfahrerstaaten
1147–1148	2. Kreuzzug (dt., franz.): erfolglos abgebrochen
1187	Saladin, Sultan von Ägypten, erobert fast ganz Palästina
1189–1192	3. Kreuzzug (engl., franz., dt.): Rückeroberung Palästinas gelingt nur zum Teil
1199–1204	4. Kreuzzug (franz., dt.): Venezianer lenken Kreuzfahrer nach Byzanz um; Eroberung der Kaiserstadt, Gründung eines lateinischen Kaiserreichs
1208–1229	Ketzerkreuzzug gegen die Albigenser (Katharer) in Südfrankreich
1212	Kinderkreuzzug: Kinderscharen ziehen durch Westeuropa nach Südfrankreich und wollen ins Heilige Land. Sie gehen alle zugrunde.
1217–1221	5. Kreuzzug (ung., dt.): Kreuzzug nach Ägypten, ohne dauerhaften Erfolg
1227–1229	Kaiser Friedrich II. zieht, obwohl vom Papst gebannt, nach Palästina. Durch zeitlich befristeten Vertrag mit dem Herrscher von Kairo gewinnt er Jerusalem zurück.
1248–1254	6. Kreuzzug (franz.): Kurzfristige Erfolge in Ägypten; vergebliche Bündnisversuche mit den Mongolen, die Kleinasien erobert hatten.
1265–1291	Mehrere vergebliche Kreuzzüge; völlige Vertreibung der Kreuzritter aus Palästina

1. *Welche Gegner der Kreuzritter werden in der Tabelle aufgeführt?*
2. *Welche unterschiedlichen Ziele der Kreuzzüge lassen sich aus der Tabelle ablesen? Wie erklärst du die Veränderungen der Ziele?*
3. *Vergleiche die Tabelle mit der Darstellung. Was erfährst du aus der Darstellung, was die Tabelle nicht wiedergeben kann?*

2 Aufruf zum Kreuzzug

Im November 1095 rief Papst Urban II. auf dem Konzil von Clermont zum Kreuzzug auf. Der damals anwesende Benediktinermönch Robert von Reims gab 12 Jahre später die Rede des Papstes folgendermaßen wieder:

Q „Ihr Volk der Franken, ihr Volk nördlich der Alpen, ihr seid, wie eure vielen Taten erhellen, Gottes geliebtes und auserwähltes Volk, herausgehoben aus allen Völkern durch die Lage des Landes, den Glauben und die Hochschätzung für die heilige Kirche. An euch richtet sich unsere Rede, an euch ergeht unsere Mahnung: ... Aus dem Land Jerusalem und der Stadt Konstantinopel kam schlimme Nachricht und drang schon oft an unser Ohr: Das Volk im Perserreich, ein fremdes Volk, eine Brut von ziellosem Gemüt und ohne Vertrauen auf Gott, hat die Länder der dortigen Christen besetzt, durch Mord, Raub und Brand entvölkert und die Gefangenen teils in sein Land abgeführt, teils elend umgebracht; es hat die Kirchen Gottes gründlich zerstört oder für seinen Kult beschlagnahmt ... Schon haben sie das Griechenreich[1] verstümmelt und sich ein Gebiet einverleibt, das zu durchwandern zwei Monate Reise nicht hinreichen.
Wem anders obliegt nun die Aufgabe, diese Schmach zu rächen, dieses Land zu befreien, als euch? Euch verlieh Gott mehr als den übrigen Völkern ausgezeichneten Waffenruhm, hohen Mut, körperliche Gewandtheit und die Kraft, den Scheitel eurer Widersacher zu beugen. Bewegen und zu mannhaftem Entschluß aufzustacheln mögen euch die Taten eurer Vorgänger, die Heldengröße König Karls des Großen, seines Sohnes Ludwig und eurer anderen Könige ...
Dieses Land, in dem ihr wohnt, ist allenthalben von Meeren und Gebirgszügen umschlossen und von euch beängstigend dicht bevölkert. Es fließt nicht vor Fülle und Wohlstand über, liefert seinen Bauern kaum die bloße Nahrung. Daher kommt es, daß ihr euch gegenseitig beißt und bekämpft, gegeneinander Krieg führt und euch meist gegenseitig verletzt und tötet. Aufhören soll unter euch der Haß, schweigen soll der Zank, ruhen soll der Krieg, einschlafen soll aller Meinungs- und Rechtsstreit! Tretet den Weg zum Heilgen Grab an. Nehmt das Land dort dem gottlosen Volk, macht es euch untertan! Gott gab dieses Land in den Besitz der Söhne Israels; die Bibel sagt, daß dort Milch und Honig fließen. Jerusalem ist der Mittelpunkt der Erde, das fruchtbarste aller Länder, als wäre es ein zweites Paradies der Wonne. Der Erlöser der Menschheit hat es durch seine Ankunft verherrlicht, durch seinen Lebenswandel geschmückt, durch sein Leiden geweiht, durch sein Sterben erlöst, durch sein Grab ausgezeichnet. Diese Königsstadt also, in der Erdmitte gelegen, wird jetzt von ihren Feinden gefangengehalten und von denen, die Gott nicht kennen, dem Heidentum versklavt. Sie erbittet und ersehnt Befreiung, sie erfleht unablässig eure

Hilfe. Vornehmlich von euch fordert sie Unterstützung. Denn euch verlieh Gott, wie wir schon sagten, vor allen Völkern ausgezeichneten Waffenruhm. Schlagt also diesen Weg ein zur Vergebung eurer Sünden: nie verwelkender Ruhm ist euch im Himmelreich gewiß."
Als Papst Urban dies und derartiges mehr in geistreicher Rede vorgetragen hatte, führte er die Leidenschaft aller Anwesenden so sehr zu einem Willen zusammen, daß sie riefen: „Gott will es, Gott will es!"

[1] gemeint ist das Byzantinische Kaiserreich

Robert v. Reims, Historia Iherosolimittana I, 1–2. Übers. nach A. Borst, Lebensformen im Mittelalter, München 1979, S. 318ff.

1. *Stelle die Argumente zusammen, mit denen der Papst den Krezzugsaufruf begründete, und ordne sie dem religiösen, wirtschaftlichen und politischen Bereich zu.*
2. *Wie kennzeichnete er die Kreuzritter, wie die Andersgläubigen?*
3. *Wie erklärst du dir die Reaktion der Gläubigen auf den Aufruf?*

3 Die Kreuzzüge aus zeitgenössischer Sicht

3a *In den Würzburger Annalen hieß es zum Jahr 1147 über die Kreuzzüge:*

Q Gott hat der Sünden wegen zugelassen, daß die abendländische Kirche bedrängt wird. Es erhoben sich nämlich einige falsche Propheten ..., die mit nichtigen Worten die Christen verführten und mit hohlen Predigten das ganze Menschengeschlecht antrieben, wegen der Befreiung Jerusalems gegen die Sarazenen zu ziehen. Deren Predigt hatte so große Wirkung, daß Bewohner aller Regionen Eintracht gelobten und sich freiwillig zum gemeinsamen Opfergang anboten ... Aber ihre Absichten waren verschieden. Einige Neugierige zogen, weil sie neue Gegenden besuchen wollten. Andere zwang die Armut; weil es bei ihnen zu Hause knapp zuging, kämpften sie, um der Armut abzuhelfen, nicht nur gegen die Feinde des Kreuzes, sondern auch gegen die Freunde des christlichen Namens, gerade wie es ihnen günstig erschien. Andere wurden von Schulden bedrückt oder wollten die ihren Herren geschuldeten Dienste verlassen oder hatten wegen Verfehlungen Strafen zu erwarten ... Alle eilten an den Platz, wo die Füße Jesu Christi gestanden haben, und kennzeichneten ihre Kleider anmaßend mit dem Zeichen des Kreuzes. Sie zwingen die Juden, die sie auf ihren Zügen finden, zur Taufe, die Zögernden töten sie ohne Aufschub.

Würzburger Annalen zum Jahr 1147, MGH SS 16, S. 3. Übers. d. Verf.

1. *Welche Motive der Kreuzritter werden in dieser Quelle genannt?*
2. *Wie erklärst du dir die Unterschiede zu Quelle 2?*

3b *Der Mekkapilger Ibn Dschubair aus der damals noch arabischen Stadt Valencia berichtete im Jahr 1184:*

Q Eigentümlich ist auch, daß, obwohl die Feuer der Uneinigkeit zwischen den beiden Parteien, Muslimen und Christen, brennen, zwei Armeen von ihnen aufeinanderstoßen und sich in Schlachtordnungen aufstellen, dennoch muslimische und christliche Reisende zwischen ihnen ohne Behelligung hin- und herziehen ...
Unser Weg führte dauernd durch bestellte Ländereien und geordnete Siedlungen, deren Bewohner alle Muslime waren und mit den Franken angenehm lebten. Möge Gott uns vor solchen Verführungen bewahren! Sie übergeben zur Erntezeit die Hälfte ihrer Erträge den Franken und zahlen darüber hinaus eine Kopfsteuer von einem Dinar und fünf Kirats pro Person. Abgesehen davon mischt man sich nicht in ihre Angelegenheiten ein, außer einer geringen Besteuerung auf die Früchte an den Bäumen. Ihre Häuser und all ihre Güter bleiben in ihrem vollen Besitz. Alle Küstenstädte, die von den Franken besetzt worden sind, werden auf diese Weise verwaltet: ihre ländlichen Distrikte, die Dörfer und Höfe gehören den Muslimen ... Dies ist ein Unglücksfall für die Muslime! Die muslimische Gemeinschaft klagt über die Ungerechtigkeit eines Gutsherrn ihres eigenen Glaubens und spendet dem Verhalten seines Gegenübers und Feindes, dem fränkischen Gutsherrn, Beifall und gewöhnt sich an dessen Gerechtigkeit.
Am selben Montag hielten wir an einem Gehöft in der Nähe von Akka. Der Verwalter ist ein Muslim, der von den Franken ernannt wurde, um die muslimischen Arbeiter zu beaufsichtigen. Allen Mitgliedern der Karawane, groß und klein, gewährte er großzügige Gastfreundschaft in einem Saal des Hauses, verpflegte sie üppig und behandelte sie freizügig. Wir waren unter denen, die daran teilhatten, und verbrachten die Nacht dort ...
In den Augen Gottes gibt es keine Entschuldigung für ei-

nen Muslim, in irgendeinem ungläubigen Lande zu bleiben, außer wenn er hindurchreist. Denn andernfalls wird er Pein und Schrecken erleiden, Demütigung und miserable Umstände. So wird er Äußerungen hören, die das Herz bedrücken, über ihn, dessen Namen Gott erhöht hat. Außerdem fehlt dort die Reinheit, man lebt inmitten von Schweinen und anderen ungesetzlichen Dingen, mehr als man aufzählen kann. Bewahre, bewahre uns vor dem Betreten ihrer Länder! ... Zu dem Unglück, das ein Besucher ihrer Länder sehen wird, gehören die muslimischen Gefangenen, die in Fesseln laufen und wie Sklaven zu schmerzlichen Arbeiten eingesetzt werden. Unter ähnlichen Bedingungen leben die weiblichen Gefangenen, mit ihren Beinen in Eisenringen. Herzen brennen bei ihrem Anblick, aber Mitlied nützt ihnen nichts.

Ibn Dschubair, Tagebuch eines Mekkapilgers, hg. v. R. Günther, Stuttgart 1985, S. 213, 224ff., 229.

1. *Was wurde über das Zusammenleben von Christen und Muslimen berichtet?*
2. *Welche Haltung nahm der Verfasser gegenüber den Christen ein?*

4 Die Kreuzzüge in der Beurteilung von Historikern

4a *In einer älteren Auflage eines Handbuchs der Geschichte wird über die Bedeutung der Kreuzzüge geschrieben:*

D In den Kreuzzügen kommt die Einheit des christlichen Abendlandes, das Gut und Blut für eine religiöse Idee opfert, zu ihrem großartigen Ausdruck. Das christliche Rittertum schließt sich über alle nationalen Schranken hinweg zusammen und findet hier das höchste Ziel seines idealen Strebens. Das Ansehen des Papsttums, das die Züge ins Werk setzt, erreicht einen Höhepunkt. Der schließliche Mißerfolg dieser Unternehmungen vesetzt der Stellung der römischen Kirche einen nicht wieder verwundenen Schlag ... Die italienischen Seestädte (Venedig, Genua, Pisa), deren Flotten für die Kreuzfahrer unentbehrlich sind, nehmen durch das Aufblühen ihres Orienthandels mächtigen Aufschwung. Fortschreiten der geistigen Bildung durch beschleunigten Einfluß orientalischer Wissenschaft und Literatur.

Ploetz, Auszug aus der Geschichte, 28. Auflage, Würzburg 1976, S. 523.

4b *Der englische Historiker Steven Runciman schreibt im Vorwort zu seiner „Geschichte der Kreuzzüge“:*

D Gleichviel, ob wir sie als das gewaltigste und romantischste aller christlichen Abenteuer oder als die letzte der Barbaren-Invasionen betrachten, bilden die Kreuzzüge in jedem Fall das große zentrale Ereignis der mittelalterlichen Geschichte. Bis zum Zeitpunkt, da sie ins Leben traten, lag der Mittelpunkt aller Zivilisation in Byzanz und den Ländern des arabischen Kalifats. Noch ehe sie gänzlich abgeklungen waren, war die Vorherrschaft auf Westeuropa übergegangen. Aus dieser Verlagerung des Schwerpunktes wurde die moderne Geschichte geboren.

S. Runciman, Geschichte der Kreuzzüge, München 1968, S. XI.

4c *Der französische Historiker Jacques Le Goff kommt zu folgender Einschätzung über die Kreuzzüge:*

D Im ganzen gesehen kamen die Kreuzzüge ihre Anstifter teuer zu stehen. Die westliche Ritterschaft, die ins Heilige Land zog, verarmte dort an Menschen und Gütern ... Sie hat dort auch durch die wiederholten Niederlagen gegen die Sarazenen einen Teil ihres Ansehens verloren. Und sie kam häufig eher zerrüttet als gefestigt zurück. Auch die Kirche hat mehr verloren als gewonnen. Indem sie die Kreuzzüge zur Institution machte, Ablässe und Sondersteuern für die Kreuzfahrer ... gewährte und Militärorden schuf, die, nachdem sie das Heilige Land nicht hatten halten können, sich auf den Okzident zurückzogen, ihn ausbeuteten und Ärgernis erregten, hat sie mehr Enttäuschung und Zorn hervorgerufen als Hoffnung genährt.

J. Le Goff, Das Hochmittelalter, Fischer Weltgeschichte, Bd. 11, Frankfurt 1965, S. 144.

1. *Stelle die in den Texten 4a bis 4c genannten Folgen der Kreuzzüge zusammen. Welche werden davon positiv, welche negativ bewertet?*
2. *Worin wird die Bedeutung der Kreuzzüge für die Entwicklung in Westeuropa gesehen? Vergleiche mit der Darstellung.*

Zusammenfassende Arbeitsfragen:

1. *Schildere aus der Sicht eines Muslims die Zeit der Kreuzzüge.*
2. *Aus welchen religiösen, politischen und wirtschaftlichen Motiven wurde zu Kreuzzügen aufgerufen?*

Spanien: Christen und Muslime

„Spanien“ war im Mittelalter nur ein geographischer Begriff. Nach der Eroberung durch die Araber im Jahr 711 hielten sich im Norden der Halbinsel kleine christliche Gebiete, aus denen die Königreiche Leon, Kastilien, Navarra und Aragon erwuchsen. Ganz im Westen entstand im 12. Jahrhundert das Königreich Portugal. Wirtschaftlich und kulturell viel bedeutender als diese christlichen Gebiete war seit der arabischen Eroberung al-Andalus, das muslimische Spanien.

Al-Andalus: Eine multikulturelle Gesellschaft?

Anders als im übrigen Westeuropa bestimmten in Andalusien städtische Kultur und Wirtschaft das Leben. Córdoba war mit etwa 100 000 Einwohnern nicht nur die größte Stadt Westeuropas, sondern auch die glanzvolle Residenz der aus Syrien stammenden Emire und Kalifen aus dem Geschlecht der Omaijaden.

Typisch für al-Andalus war das Miteinander vieler Kulturen und Völker. Araber, die aus den heutigen Staaten Syrien, Irak und Jemen zugewandert waren, stellten die Oberschicht. Die Berber aus Nordafrika siedelten als Bauern im Westen und Süden Spaniens. Viele Angehörige der romanisch sprechenden christlichen Bevölkerung traten zum Islam über. Wer aber Christ bleiben wollte, konnte dies. Diese „Mozaraber“ lebten als Kaufleute und Handwerker in eigenen Stadtvierteln. Als „Nichtgläubige“ mußten sie – ebenso wie die zahlreichen in Städten lebenden Juden – eine Kopfsteuer zahlen. Juden und Christen konnten aber auch wichtige Positionen am Hof der Kalifen einnehmen. Besonders jüdische Ärzte und Wissenschaftler genossen ein hohes Ansehen. Außerdem gehörten noch die vielen aus Osteuropa und dem Sudan importierten Sklaven zur Bevölkerung. Traten die zum Islam über, so wurden sie freigelassen.

Anders als in den Kreuzfahrerstaaten im Heiligen Land kam es in Spanien zu engen kulturellen Kontakten zwischen den Muslimen und den Christen. Hier übersetzte man die Werke der antiken griechischen Philosophen aus dem Arabischen ins Lateinische; erst jetzt lernte das christliche Europa Aristoteles und Platon wieder kennen. Unbestritten war auch der Vorsprung der Araber in den Naturwissenschaften und der Medizin.

Die „Reconquista“

Die christliche Geschichtsschreibung faßt das politische und militärische Geschehen auf der Iberischen Halbinsel seit der Jahrtausendwende unter dem Stichwort „Reconquista“, d. h. Rückeroberung vom Islam, zusammen. Dieser Begriff ist jedoch einseitig und trifft nicht die ganze Wirklichkeit. Lange Zeit standen sich die Angehörigen der beiden Religionen keineswegs als Feinde gegenüber. Es gab auch Bündnisse zwischen Christen und Muslimen, und oft wurden die Kalifen von Córdoba als Schiedsrichter bei Streitigkeiten zwischen den Herrschern der christlichen Staaten Spaniens angerufen.

Der Weg in den reichen Süden Spaniens wurde für die Christen erst frei, als das Omaijadenkalifat im 11. Jahrhundert in Kleinstaaten zerfiel. Aber selbst in den Gebieten, die durch die „Reconquista“ unter christliche Herrschaft kamen, herrschte anfänglich noch Toleranz. So nannte sich z. B. König Alfons VI. von Kastilien nach der Eroberung Toledos (1085) „Kaiser der zwei Religionen“, und noch im 13. Jahrhundert zog König Alfons X. christliche, jüdische und islamische Gelehrte an seinen Hof. Neben wissenschaftlichen Werken ließ er auch arabische Dichtungen wie „Sindbad der Seefahrer“ und die „Märchen aus tausend und einer Nacht“ übersetzen.

Unter dem Einfluß der Kreuzzugsbewegung nahm dann die „Reconquista“ immer mehr den Charakter eines Glaubenskrieges an. Christliche Ritter sahen sich jetzt aufgerufen, gegen die arabische Herrschaft im Süden zu kämpfen. Die Berber, die im 12. Jahrhundert die Macht in al-Andalus errungen hatten, wiederum verfolgten im Namen des „Heiligen Krieges“ *(dschihad)* mozarabische Christen und zwangen sie zur Flucht ins christliche Nordspanien.

Eine wichtige Entscheidung fiel 1212, als die auf Betreiben des Papstes verbündeten christlichen Herrscher die Muslime in der Schlacht von Las Navas de Tolosa schlugen. Der Weg ins muslimische Kernland Andalusien war jetzt frei. Nach einem weiteren halben Jahrhundert hatte Kastilien die atlantische Südküste erreicht. Nur das islamische Königreich Granada führte noch bis 1492 eine Sonderexistenz, die mit einer späten kulturellen Nachblüte an das arabische al-Andalus anknüpfte.

1 Wirtschaft und Kultur im muslimischen Spanien

1a *In einer spanischen Quelle aus dem 10. Jahrhundert heißt es:*

Q Die Manufakturen des Andalus werden sehr gelobt, und Spezialisten weisen gern darauf hin. So rühmt man Almerías, Málagas und Murcias golddurchwirkte Seidenstoffe, deren tadellose Qualität das Entzücken selbst orientalischer Betrachter hervorruft ... Granada liefert die besonders farbenprächtigen Seidenkleider von der „Samtschimmer" genannten Art. Murcia fabriziert wunderschöne eingelegte Bettgestelle, herrliche Gewebe, Metallwaren – wie vergoldete Messer und Scheren – neben anderen Gegenständen, die zur Ausstattung einer Braut oder Ausrüstung eines Kriegers gehören und als häufige Exportartikel nach Nordafrika gelangen. Aus Murcia, Almería und Málaga stammt das kostbare Glas- und Goldporzellan ... Der Haupteifer maurischer Handwerker gilt jedoch dem Kriegsgerät.

Ibn Saíd, zit. nach: W. Hoenerbach, Islamische Geschichte Spaniens, Zürich/Stuttgart 1970, S. 82f.

1b *Über das Bildungswesen und die Natur- und Geisteswissenschaften im muslimischen Spanien des Mittelalters heißt es in einer historischen Untersuchung:*

D Als Basis für die Universitäten, von denen es im 10. Jahrhundert bereits 17 in Al-Andalus gegeben haben soll, fungierte ein System mit Grundschulen und höheren Lehranstalten, an denen die Söhne Minderbemittelter kostenfreien Unterricht erhielten ... Schreiben und Lesen scheint weitesten Bevölkerungskreisen kenntlich gewesen zu sein – ganz im Gegensatz zum späteren Spanien und zum mittelalterlichen Abendland ...
Vorbildlich für den späteren Aufbau der abendländischen Universitäten wurde die Gliederung der andalusischen Bildungszentren mit ihren verschiedenen Instituten, den Laboratorien, Krankenhäusern, Waisenhäusern, den Sternwarten und Bibliotheken, von denen es im 10. Jahrhundert allein in Córdoba etwa 70 öffentliche gegeben hat ... Berühmt war die große Bibliothek des Al-Hakam II., der sie durch Ankauf von Manuskripten auf über 400 000 Bände ausbaute, während die damals „bedeutende" Klosterbibliothek von Ripoll im christlichen Katalonien mit ihren 192 Bänden Aufhebens machte ... So bildeten die Bibliotheken des islamischen Spaniens bald mächtige Speicher gesammelten Wissens. Die technischen Möglichkeiten zu einer solchen Buchproduktion lieferten die florierende Papierherstellung, die Erfindung der Stahlschreibfeder und des Druckens sowie die Anwendung der arabischen Schrift, die sich mindestens fünfmal so schnell schreiben läßt wie das klassische Latein.
Auf dem Gebiet der Naturwissenschaften war es vor allem die Medizin, die die Entwicklung und Pflege der allgemeinen Wissenschaften nach sich zog. Die Arzneimittellehre wurde von den andalusischen Arabern und Juden erstmals zur selbständigen Disziplin erhoben.

H.-J. Kress, Die islamische Kulturepoche auf der Iberischen Halbinsel, Marburg 1968, S. 277f.

1. *Stelle die wirtschaftlichen, technischen und kulturellen Erfindungen im muslimischen Spanien zusammen.*
2. *Versuche herauszubekommen, wann im christlichen Europa diese Erfindungen eingeführt wurden.*

2 Die Situation der Christen

2a *Alvaro von Córdoba beschrieb die Lage der Christen in der Mitte des 9. Jahrhunderts folgendermaßen:*

Q Sind nicht die Unseren, die im Palaste dienen, offenkundig in den Irrtum der Ungläubigen verstrickt, wenn sie vor deren Augen ihre Gebete nicht mehr verrichten, wenn sie beim Gähnen kein Kreuzzeichen mehr schlagen und nicht mehr wagen, die Gottheit Christi laut zu bekennen? ...
Wir beschäftigen uns mit den Schriften muslimischer Theologen, nicht um sie zu widerlegen, sondern um uns einen eleganten und einwandfreien arabischen Stil anzueignen. Wer unter unseren Laien liest noch die lateinisch abgefaßten Kommentare der Väter zur Heiligen Schrift? Wen treibt noch das Verlangen, die Evangelien, die Propheten und Apostel zu studieren? Befassen sich nicht alle ansehnlichen und begabten christlichen Jünglinge äußerst begierig mit arabischen Büchern, zumal sie in der arabischen Bildung hervorragen wollen und aufgrund arabischer Redekunst überheblich geworden sind? Aber christliche Werke kennen sie nicht und achten sie sehr gering. Wehe, ihre eigene Sprache beherrschen die Christen nicht mehr, noch wenden sie sie an, so daß unter Tausenden kaum noch einer zu finden ist, der einen fehlerfreien Brief an einen seiner Brüder richten könnte. Hingegen findet man viele, die sich in arabischem Wortschwulst spreizen, daß sie selbst die Muslimen in kunst-

vollen Gedichten an Reinheit des Reims und sauberem Versbau übertreffen.

Alvaro, Espana Sagrada 11, S. 227 und 274. Übers. d. Verf.

2b *Über den Empfang einer christlichen Abordnung bei dem Kalifen Abdarrahman III. von Córdoba (912–961) heißt es in einer arabischen Chronik 1350:*

Q Die vor aller Augen entfaltete Pracht des Reiches erfüllte die Franken mit Furcht: Eine Parasange weit vom Córdoba- bis zum Zahrator hatte der Herrscher den Boden mit Teppichen auslegen lassen und rechts und links des Weges ein Truppenspalier aufgestellt: Die langen, breiten, blank gezogenen Schwerter berührten einander von hüben und drüben und bildeten einen überdachten Gang, den die Gesandten als Durchlaß zu benutzen hatten. Gott allein weiß, wie ihnen dabei wohl zumute war. Der Herrscher hatte die Fortsetzung des Weges auf dieselbe wirkungsvolle Art mit Brokat drapiert und an auffälligen Stellen Kammerherren auf Prunksesseln und in Samt- und Seidenkleidern Königen gleich plaziert. Beim Anblick eines solchen Kammerherrn fielen jedesmal die Franken, die ihn für den Herrscher hielten, in die Knie, und jedesmal wurde ihnen bedeutet: „Kopf hoch! Es ist nur einer seiner Sklaven!“ Bis sie schließlich einen offenen Platz erreichten, wo Teppiche auf dem Boden lagen und in der Mitte der Herrscher saß: Er trug alte, kurze Kleider … Nachdenklich vor sich niederblickend, saß er auf der Erde und hatte einen Koran, ein Schwert und ein brennendes Feuer vor sich … Abdarrahman hob sein Haupt, sah sie an und schnitt ihnen das Wort ab: „Gott befiehlt uns, ihr Leute von Dingsda, euch dazu“ – er wies auf den Koran – „einzuladen, und wenn ihr nicht wollt, dazu“ – er wies auf das Schwert – „und sobald wir euch gerichtet haben, fahrt ihr ab nach dort“ – er wies auf das brennende Feuer. Der Herrscher entließ die vor Angst Bebenden, ohne daß sie ein Wort hätten vorbringen können, und diktierte ganz nach seinem Willen den Vertrag.

Ibn' Arabi, Muhadarat al-abrar, Kairo, 1350, zit. nach: W. Hoenerbach, Islamische Geschichte Spaniens, Zürich/Stuttgart 1970, S. 121f.

1. *In welcher Situation befanden sich die spanischen Christen nach Quelle 2a? Welche Einstellung hatte der Verfasser der Quelle?*
2. *Wie wurden die Christen von den spanischen Muslimen nach Quelle 2b gesehen? Was sagt die Quelle über die Situation der Christen aus?*

3 Mozarabische Kunst

Ausschnitt aus einer Buchseite einer mozarabischen Handschrift, Anfang des 10. Jahrhunderts

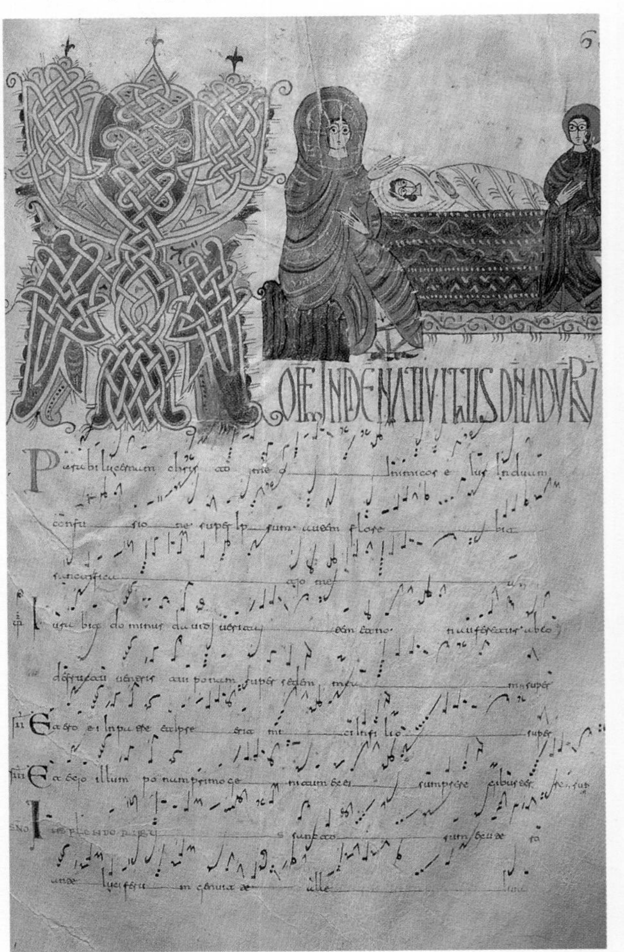

1. *Was weist bei der Abbildungen darauf hin, daß es sich um eine christliche Darstellung handelt?*
2. *Welche Elemente kannst du nennen, die auf islamische Einflüsse deuten?*

Juden und Christen

Im frühen Mittelalter übernahmen jüdische Fernhändler die Mittlerrolle zwischen Ost und West, zwischen Muslimen und Christen. Die merowingischen und karolingischen Könige und ihre Nachfolger nahmen die für sie unentbehrlichen jüdischen Kaufleute unter ihren besonderen Schutz und erlaubten ihnen, sich in den wirtschaftlichen Kerngebieten West- und Mitteleuropas niederzulassen. Die Juden versorgten die weltlichen und geistlichen Herren mit Gold und Silber, Waffen, feinem Tuch, Pelzen, Gewürzen und Medikamenten. Außerdem lieferten sie die auch im christlichen Europa begehrten Sklaven.

Die Ausgrenzung der Juden

Mit der Entwicklung der Städte wuchsen Kapital und Erfahrung der christlichen Händler. Die Juden wurden deshalb entbehrlich. Im Laufe des Mittelalters wurden sie immer mehr von den üblichen Berufen ausgeschlossen. Sie durften kein Land besitzen oder bewirtschaften und wurden auch nicht in die Zünfte aufgenommen. Um den Lebensunterhalt zu verdienen, blieb ihnen oft nur, sich in einem Gewerbe zu betätigen, das den Christen verboten war: das Verleihen von Geld gegen ein Pfand oder gegen Zinsen. Aus geschätzten Geschäftspartnern wurden verhaßte Gläubiger.

Die wachsende Judenfeindschaft hatte nicht nur wirtschaftliche, sondern auch soziale und religiöse Gründe – nicht jedoch rassistische, wie beim Antisemitismus des 19. und 20. Jahrhunderts. Die mittelalterlichen Christen wollten sich klar von der Religion abgrenzen, aus der heraus die eigene entstanden war. Die christlichen Theologen bemühten sich, ihren Glauben als den überlegenen und einzig richtigen herauszustellen und die irrige Auslegung des beiden Religionen gemeinsamen Alten Testaments zu brandmarken. Sie kritisierten vor allem die Verstocktheit der Juden, die Jesus nicht als ihren Erlöser (Messias) anerkennen wollten und bezeichneten sie als Gottesmörder.

Die einfachen Leute nahmen die Juden als Fremde wahr, die in geschlossenen Stadtvierteln lebten und ganz andere religiöse, rechtliche und soziale Vorschriften befolgten. Ausgrenzung wurde seit dem 11. Jahrhundert auch in den Abbildungen sichtbar: Juden trugen den spitzen Judenhut oder den Judenfleck, d. h. ein Abzeichen, das ab dem 13. Jahrhundert dann in vielen Staaten vorgeschrieben war.

Verfolgung und Pogrome

In das Gemisch der christlichen Vorurteile gegen die „reichen Wucherer", gegen die „verstockten Irrgläubigen" und gegen die sich abkapselnden Fremden wurden immer wieder Zündfunken geworfen, die in ganz Europa zu Wellen von Ausschreitungen *(Pogromen)* führten. Bei den Kreuzzügen klagte man die Juden an, die Schuld am Tod Jesu zu tragen. Seit 1144 unterstellte man ihnen Ritualmorde an christlichen Knaben, ab 1290 kursierte der Vorwurf des Frevels mit geweihten Hostien. Im 14. Jahrhundert schließlich bezichtigte man sie der Brunnenvergiftung und schob ihnen so den Ausbruch von Seuchen in die Schuhe. Die kritischen Stellungnahmen zu diesen Vorwürfen blieben ohne Auswirkung, selbst wenn sie vom Kaiser oder vom Papst kamen.

In Deutschland wurden 1096 beim Anmarsch zum ersten Kreuzzug die blühenden jüdischen Gemeinden in den rheinischen Städten weitgehend vernichtet, 1298 und 1335–38 kam es zu regionalen Pogromen. Die schlimmste Verfolgung fiel in die Jahre 1348/49, als man Sündenböcke für die ganz Europa lähmende Pestkatastrophe suchte. Im 14. und 15. Jahrhundert wird von vielen lokalen und regionalen Verfolgungen berichtet. Zahlreiche Städte und Territorien verboten Juden generell den Aufenthalt. Die Könige, die den Schutz der Juden als ihr Vorrecht betrachteten, boten in den Zeiten der Bedrängnis kaum Hilfe. Sie waren oft nur daran interessiert, hohe Steuern von den Juden einzunehmen.

Verfolgung, Vernichtung und Vertreibung war das Schicksal der Juden in ganz Europa. Seit dem Ende des 13. Jahrhunderts wurden die Juden aus weiten Teilen Europas vertrieben: Zuerst aus England (1290), dann aus Frankreich und schließlich aus Spanien und Süditalien (1492). In Norditalien und vor allem in Osteuropa fanden viele eine neue Heimat. Daß es in Deutschland zu keinem flächendeckenden Judenverbot kam, lag nicht am Wohlwollen der Bevölkerung, sondern an der Schwäche der zentralen Macht des Königtums.

Vertreibung der Juden. Buchseite aus einer jüdischen Handschrift aus dem 15. Jahrhundert

Das Selbstverständnis der Juden

Aus der Sicht der Juden war dieses Schicksal unverständlich und ungerecht. Daß sie zunehmend mit Berufs- und Aufenthaltsverboten belegt wurden, empfanden sie als Neid und Bosheit der Christen. Sie sahen sich als das einzige von Gott erwählte Volk an, das das Alte Testament richtig auslegte, das nicht dem falschen Messias Jesus erlegen war und das weiterhin auf den richtigen Messias wartete. Daß sie aus dem Heiligen Land vertrieben worden waren und in aller Welt verstreut leben mußten, sahen sie als Strafe Gottes an. Sie teilten sich in drei große Gruppen auf: die „babylonischen Juden“ im Vorderen Orient, die „sefardischen Juden“ im Mittelmeerraum und die „aschkenasischen Juden“ in Mittel- und Westeuropa.

Auch als zerstreute Minderheit bewahrten sie sich ihre Lebensform und ihre Kultur. Sie zogen ihre Kraft aus der direkten Erfüllung der Gebote Gottes (Tora) und den umfassenden Lebensregeln, die die gelehrten Rabbiner entwickelt und aufgezeichnet hatten (Talmud). Sie hatten ihre eigene Schrift (Hebräisch), ihre eigene Umgangssprache (z. B. Jiddisch), einen anderen Kalender und andere Feste im Jahres- und Lebenslauf. Im Alltag zeigte sich vor allem aufgrund der strengen Speisevorschriften, wer als Jude gesetzestreu lebte.

Die jüdischen Gemeinden in Europa waren voneinander unabhängig und hatten keine gemeinsame Dachorganisation. Die einzelnen Gemeinden waren gut organisiert, sie wurden Träger von großen karitativen, kulturellen und geistig-wissenschaftlichen Leistungen. Trotz großer wirtschaftlicher Unterschiede legte man Wert auf die Einheit und Solidarität der Juden.

Auf die Verfolgungen reagierten die Juden unterschiedlich: Da sie keine Waffen tragen durften, blieb ihnen kaum die Möglichkeit zur militärischen Verteidigung. Auch der Übertritt zum Christentum wurde nur selten als Ausweg gewählt. Wem die Flucht nicht gelang, für den endeten die Pogrome meist tödlich – und nicht wenige jüdische Familien kamen dem christlichen Mob zuvor, indem sie sich selbst töteten.

Die ständige Bedrohung wurde theologisch verarbeitet, indem man die Verfolgung als Strafe Gottes für die eigenen Sünden betrachtete und das Martyrium für den Glauben verherrlichte. Vor allem aber richteten sich die Hoffnungen auf die Endzeit, wenn einst der Messias das jüdische Volk aus seiner Bedrängnis erretten würde.

1 Verfolgung und Verleumdung der Juden

1a *Der Straßburger Chronist Friedrich Closener schrieb über das Jahr 1349:*

Q (Das Zinsnehmen) hatte die Juden bei jedermann verhaßt gemacht. Außerdem wurden sie beschuldigt, die Brunnen und die Wasser vergiftet zu haben. Da murrten die Leute und sagten, man sollte sie verbrennen. Das wollte der Rat nicht tun, es sei denn, man könnte es beweisen, oder sie gäben es selber zu. Man verhaftete darauf eine Anzahl von ihnen und folterte sie sehr mit Daumenschrauben. Drei oder vier gestanden andere Sachen, deren sie schuldig waren, und wurden deshalb gerädert. Doch nie gestanden sie, daß sie der Vergiftung schuldig wären.

1b *Nach einem Aufstand der Handwerker wurden die Bürgermeister abgesetzt. Der Chronist schilderte die weiteren Ereignisse folgendermaßen:*

Q Am Freitag fing man die Juden, am Samstag verbrannte man sie, schätzungsweise 2000. Die sich aber taufen lassen wollten, die ließ man leben. Viele junge Kinder wurden gegen ihrer Mütter und ihrer Väter Willen aus dem Feuer genommen und getauft. Was man den Juden schuldig war, das war alles wett, alle Schuldpfänder und Schuldbriefe, die sie hatten, wurden zurückgegeben. Das bare Geld, das sie besaßen, das nahm der Rat und teilte es unter die Handwerker (Zünfte) nach Markzahl. Das war auch das Gift, das die Juden tötete … Damals kam man zu Straßburg überein, daß für 100 Jahre kein Jude mehr da wohnen sollte.

Die Chroniken der deutschen Städte, Band 8, Leipzig 1870, S. 126–130. Übers. d. Verf.

1. *Wer war gegen die Juden? Welche Beschuldigungen wurden gegen sie vorgebracht?*
2. *Wer schützte die Juden? Welche Argumente brachten die Beschützer vor?*

1c *Am 28. Dezember[1] 1235 wurden in Fulda 34 Juden umgebracht. Die Bürger und die gerade anwesenden Kreuzfahrer beschuldigten sie, fünf Jungen ermordet und deren Blut für religiöse Zwecke benutzt zu haben. Als Beweisstücke wurden die Leichen zum Kaiser gebracht. Ein halbes Jahr später gab Kaiser Friedrich II. folgende Antwort:*

Q Aus eigener Kenntnis vieler maßgeblicher Bücher waren wir zwar der Meinung, daß besagte Juden unschuldig seien. Wir wollten aber sowohl dem ungebildeten Volke als auch dem Recht Genüge tun … Wir haben zu allen Königen des Abendlandes Sonderbotschafter gesandt und durch sie aus den Königreichen möglichst viele im jüdischen Gesetz bewanderte Konvertiten[2] zu uns beschieden. Diesen haben wir an unserem Hofe zur Erforschung der Wahrheit in besagter Sache ausgiebig Zeit gegeben … Sie sollten uns berichten, ob die Juden eine besondere Auffassung vom menschlichen Blut hätten, welche diese Juden hätte veranlassen können, die genannte Untat zu begehen.
Ihre Aussage darüber wurde veröffentlicht: Weder im Alten noch im Neuen Testament ist zu finden, daß die Juden nach Menschenblut begierig wären. Im Gegenteil, sie hüten sich vor der Befleckung durch jegliches Blut. Dies ergibt sich ausdrücklich aus der Bibel, aus den Geboten, die dem Moses gegeben wurden, und aus den jüdischen Gesetzen. Es spricht auch eine nicht geringe Wahrscheinlichkeit dafür, daß diejenigen, denen sogar das Blut der erlaubten Tiere verboten ist, keinen Durst nach Menschenblut haben dürften. Es spricht gegen diesen Vorwurf seine Scheußlichkeit, seine Unnatürlichkeit und die Gemeinsamkeit der Art, die Juden und Christen umfaßt. Und selbst wenn das, was bei Tieren gilt, bei Menschenleichen nicht gelten sollte, so ist es nicht wahrscheinlich, daß die Juden Besitz und Leben aufs Spiel setzen sollten. Wir haben daher aufgrund des Spruches der Fürsten die Juden zu Fulda von dem ihnen vorgeworfenen Verbrechen und die anderen Juden Deutschlands von einer so schweren Schande freigesprochen.
Deshalb verbieten wir durch diese Urkunde, daß irgend jemand die Juden mit den genannten Vorwürfen behellige.

[1] Der 28. Dezember war im christlichen Kalender der „Tag der unschuldigen Kinder“, an dem des Kindsmordes in Bethlehem gedacht wurde.
[2] Konvertit: ein zum Christentum Bekehrter

Friedrich II., MGH Constitutiones 2, S. 274–276. Übers. d. Verf.

1. *Welche Wege benutzte der Kaiser, um die Vorwürfe gegen die Juden aufzuklären?*
2. *Nenne die einzelnen Argumente, die zugunsten der Juden sprachen.*
3. *Wer schützte die Juden? Wer war gegen sie?*

2 Einzug der Juden in Jerusalem

Abbildung aus dem Speyerer Evangeliar 1233/36

1. *Beschreibe die dargestellte Szene. Vergleiche sie mit der Schilderung in der Bibel (Johannesevangelium, Kap. 12, Vers 12–14).*
2. *Im Mittelalter mußten die Juden spitze Hüte tragen. Warum läßt der Maler dieses Kennzeichen bei Jesus und den Aposteln weg?*

3 Die Klagen der Juden

3a *Aus einem Gedicht von Baruch 1349:*

Wir haben wohl gesündigt schwer!
Zu den Brunnen läuft ein boshaft Herr,
Legen uns einen Hinterhalt.
Um dann zu überfallen mit Gewalt.
5 „Gift, sie schreiben, ist im Wasser,
Das habt ihr Ungläubige, Hasser,
Hineingeworfen uns zu verderben:
Bleibt ihr Juden, müßt ihr sterben."
Sie selber legten in die Geräte
10 Uns, was nicht sie, was uns nur töte.
Und das Gift, das unfindbare,
Machte das Getränk, das untrinkbare,
Zu einem Meer von Tränen
Deinen treuen Söhnen;
15 Israel ging durch die Flut,
Die sich verwandelte in Blut,
und aus den Fluten
Fiel es in Gluten.
Edle wurden angebunden,
20 Sie sollten Gott verraten;
Es ward kein Mann und keine Frau gefunden,
Die eingewilligt in so verruchte Taten.

3b *Aus einem Gedicht von Salomo, Sohn des Abraham, Anfang des 13. Jahrhunderts:*

Mit der Lüge Marter sie uns quälen,
Anklagen uns die Menschenfresser,
Wir hätten mit des Festes Messer
Ein Kind geschlachtet, es verzehrt;
Wollten Gnade uns gewähren,
Wenn wir uns hübsch bekehren.
Kein Frommer hat darauf gehört.

Quelle 3a und 3b: L. Zuns, Die synagogale Poesie des Mittelalters, Bd. I, Frankfurt a. Main 1920, S. 41f. und S. 27.

1. *Welchen Vorwürfen sahen sich die Juden ausgesetzt?*
2. *Wie reagierten die Juden auf die Vorwürfe?*

Zusammenfassende Arbeitsfragen:

1. *Wie veränderte sich die Situation der Juden im Mittelalter? Siehe dazu auch die Darstellung.*
2. *Wie beurteilst du aus heutiger Sicht die in den Quellen geschilderte Einstellung zu den Juden?*

Die Kirche grenzt aus

Mitten in Frankreich, an einem Karfreitag um das Jahr 1130: Wanderprediger nageln Holzkreuze zusammen, werfen sie auf einen Haufen, zünden ihn an und braten Fleisch über dem Feuer. An diesem strengen christlichen Feiertag des Fastens und des Fleischverbotes laden sie die schockierten Vorbeikommenden ein, sich am Festschmaus zu beteiligen. Es blieb nicht bei solchen Provokationen. Sie stürzten auch Altäre um, zerstörten Kirchen und schlossen Klöster. Dennoch hielten sie sich für gute Christen, jedenfalls für bessere als alle Päpste, Bischöfe und Priester.

Entstehung und Selbstverständnis der Ketzer

Diese radikale Gruppe war bald wieder vergessen, doch sie steht in einer langen Reihe von christlichen Bewegungen, die die Kirche in Frage stellten und zu einem neuen und reineren Christentum aufbrechen wollten. Doch die offizielle Kirche wehrte sich. Mit der Jahrtausendwende hatte sie eine unrühmliche abendländische Tradition eingeleitet: Am 29. 12. 1022 wurden in Orleans Christen auf einem Scheiterhaufen verbrannt, nachdem Bischöfe sie zuvor wegen falscher Lehren als Ketzer verurteilt hatten.
Von den zahllosen kleinen und großen Gruppen, die als Ketzer ausgegrenzt wurden, haben zwei eine größere Bedeutung erlangt. Die *Katharer* hatten in Oberitalien und im südlichen Frankreich viele Anhänger. Der Name dieser Sekte ist von dem griechischen Wort „kataroi“ = „die Reinen“ abgeleitet. Daraus wurde dann unser deutsches Wort „Ketzer“. Die *Waldenser* gehen auf den reichen Kaufmann Waldes aus Lyon zurück, der seinen gesamten Besitz verschenkte und dem Armutsideal des Neuen Testamentes folgte. Sie übersetzten die Bibel in die Volkssprachen und kritisierten die Mißstände in der Kirche, besonders die Entwicklung des Papsttums. Sie waren zunächst im Rhonetal, dann in Oberitalien und später auch in Deutschland verbreitet und haben sich trotz aller Verfolgungen bis heute gehalten.
Die Ketzer des Mittelalters waren nicht so sehr an theologischen Streitfragen interessiert, sondern konzentrierten sich auf die Kritik am Erscheinungsbild der Kirche. Sie stellten viele Äußerlichkeiten in Frage: die Kirchengebäude, die Bilder und Kreuze, aber auch die Sakramente. Sie verurteilten den Prunk und die weltliche Lebensführung der Priester und Bischöfe und geißelten die Geldgier der Kirche.
Dem stellten sie die Armut Jesu Christi und das einfache Leben der Apostel gegenüber. Manche Ketzer sahen Zeichen für den nahen Weltuntergang und bereiteten sich auf ihn vor. Andere, z. B. die Katharer, waren geprägt von einem dualistischen Weltbild, das sie von spätantiken Ketzern übernommen hatten. Sie schieden die Welt in Gut und Böse; bei sich selbst trennten sie zwischen den normalen Gläubigen und den „Vollkommenen“, die ein besonders reines und vorbildliches Leben führten.
Soziale Basis dieser Bewegungen waren die Städte. Insbesondere die kleinen Leute ließen sich vom Ideal einer der Armut und dem Evangelium verpflichteten Kirche begeistern. Sie fanden Gefallen an einer Frömmigkeit, bei der das Seelenheil nicht vom Heil abhing, das die Priester vermittelten, sondern bei dem auch die eigene Leistung zählte und bei der jeder, Mann wie Frau, als Wanderprediger seinen Beitrag zur Durchsetzung des wahren Glaubens leisten konnte.

Ketzerverfolgung durch die Kirche

Die Kirche wollte die Ketzer ausgrenzen, doch oft genug gab es Grauzonen. Waldes aus Lyon hatte z. B. manches mit Franz von Assisi gemeinsam. Daß der eine zum Vater einer verketzerten Gemeinschaft und der andere zum Gründer eines kirchlichen Ordens wurde, war für die Zeitgenossen keine vorhersehbare Entwicklung. Ruf nach Kirchenreform und ketzerische Kirchenkritik lagen oft nahe beieinander.
Die Kirche benötigte lange, bis sie wirksame Gegenmittel gefunden hatte, aber dann schlug sie grausam zu. Anfang des 13. Jahrhunderts wurde die neue Strategie entwickelt: Die Päpste setzten Sondergerichte (Inquisition) ein und veranlaßten die Träger der weltlichen Macht, hart gegen die Ketzer vorzugehen – sei es mit Kreuzzügen, sei es durch Vollstreckung der durch die Inquisition verhängten Todesurteile. Parallel dazu erhielten die neuen Bettelorden der Dominikaner und Franziskaner, die ebenfalls das Armutsideal predigten und praktizierten, die Bestätigung durch die Päpste. Dominikaner wurden dann speziell zur Bekämpfung der Ketzer eingesetzt.

1 Lehre und Leben der Katharer

1a *Die folgenden Aussagen wurden bei einer Untersuchung 1318–1325 gemacht, die ein Bischof über die Bevölkerung eines Pyrenäendorfes anstellte:*

Q Einerseits gibt es die Werke des guten Gottes: so die Engel, die Seelen und Körper der guten Menschen, Himmel und Erde, Wasser, Feuer, Luft, dann die dem Menschen nützlichen Tiere, die ihm zur Nahrung, als Kleidung oder Lasttiere dienen, dazu auch die eßbaren Fische. Andererseits hat der böse Gott alle Teufel und bösen Tiere gemacht: Wölfe, Schlangen, Kröten, Fliegen, überhaupt alle schädlichen und giftigen Biester ... Dem Teufel gelang es, einige gute Geister aus dem Himmel zu locken und in Gefäße aus Fleisch einzukerkern ... Diese Seelen waren dauernd von einem sterblichen Leichnam in den anderen unterwegs, mußten ohne Rast und Ruh aus einem zerbrechlichen Gefäß ins andere fahren, bis die Seele in einen Leib gelangt, aus dem sie erlöst wird, da sie endlich die Geisttaufe erhaltend in den Stand der Gerechtigkeit und Wahrheit versetzt wird. Wenn sie dann ihr letztes Gewand verläßt, kehrt die fragliche Seele in den Himmel zurück. Doch bis sie die Geisttaufe erhalten, müssen die Geister von einem Gewand zum anderen wandern ...
(Nach der Geisttaufe nannte man die gläubigen Katharer „Vollkommene".) Sie retten Seelen ... sie allein! Sie essen weder Eier noch Fleisch noch Käse; sie folgen dem Weg der Apostel Peter und Paul ... Die Vollkommenen unserer Sekte haben ebensoviel Macht, Sünden zu vergeben, wie die Apostel Peter und Paul.

1b *Auch im alltäglichen religiösen Leben hatten die Katharer ganz eigene Ansichten:*

Q Die Wassertaufe nützt gar nichts, denn Wasser hat nicht die Kraft, die Seele zu retten. Der Glaube allein rettet die Seele ... Glaubt ihr, daß ein Mensch Ablaß geben und einen anderen von seinen Sünden freisprechen kann? Nein, das kann kein Mensch! Das kann nur Gott allein ... Die Priester wollen uns weismachen, daß wir zur Errettung von Seelen Almosen geben sollen. All das ist Quark. Wenn der Mensch stirbt, stirbt auch die Seele ... Das ist wie beim Vieh. Die Seele ist nur das Blut ... Laß dir sagen, daß das Ave Maria wertlos ist. Eine Erfindung der Priester, weiter nichts ... Und was dein Fasten angeht, ist's nicht mehr wert als das Fasten eines Wolfs. Die Priester tun nicht ihre Pflicht, unterweisen ihre Herde nicht, wie sie sollten, und fressen statt dessen ihren Schafen das Gras weg. Die Priester sollen ihr Brot mit ihrer Hände Arbeit verdienen, wie es Gott befiehlt, und sollten nicht, wie sie's tatsächlich tun, von der Arbeit anderer Leute leben. Die Priester, die die Menschen vom Pfad der Erlösung fortjagen, tun das, um gut gekleidet und gut beschuht zu sein, schöne Pferde zu reiten und gut zu essen und zu trinken ...
Die Priester nehmen den Leuten alles weg. Kaum haben sie die Kinder getauft, schon fangen sie an zu stehlen. Sie nehmen die Öllampen und Kerzen mit. Sollen sie die Messe lesen oder sonst auch nur das geringste machen, schon wollen sie Geld dafür haben. Sie leben nicht so, wie sie sollten ... Petrus dagegen verließ sein Weib, seine Kinder, seine Felder, Weinberge und Besitztümer, um Christus nachzufolgen. Und Christus gab ihm seine Gewalt, damit er sie an andere weitergebe, und diese wiederum genauso, damit die Gewalt des Herrn immer in gute Hände übergehe ... Aber der Papst, die Bischöfe und die Priester, die nicht dem Pfade des Herrn folgen, die Reichtümer und Ämter haben und sich an den Freuden der Welt ergötzen – sie sind nicht im Besitz jener Gewalt, die der Sohn Gottes dem Petrus verlieh.

Quelle 1a und 1b: Le registre d'inquisition de Jacquès Fourniers, hg. v. J. Duvernoy, 3 Bde., Toulouse 1965, Bd. 1: S. 144f., 282f. und 358; Bd. 2: S. 54, 121f. und 404; Bd. 3: 95ff., 132, 202, 253, 367. Übers. nach E. Le Roy Ladurie.

1. *Schildere die Welt und das Leben der Menschen aus der Sicht der Katharer.*
2. *In welchen Punkten wichen die Ansichten der Katharer von der christlichen Auffassung ab?*
3. *Wie erklärst du dir, daß die Katharer sehr viele Anhänger hatten?*

2 Verteufelung und Ketzerprozesse

2a *Papst Gregor IX. schrieb in einem Brief aus dem Jahre 1233 über die Katharer:*

Q Denn wenn ein Novize[1] in die Gemeinschaft aufgenommen wird und zum ersten Mal in die Versammlungsräume (der Katharer) eintritt, erscheint ihm eine Art Frosch, den einige eine Art Kröte zu nennen gewohnt sind. Indem einige diesen auf das Hinterteil und andere auf das Maul verdammenswert küssen, nehmen sie die

Zunge und den Speichel des Tieres in ihren Mund auf ... Dem weitergehenden Novizen begegnet darauf ein Mann von verwunderlicher Blässe. Er hat ganz schwarze Augen und ist so abgezehrt und mager, daß bei geschwundenem Fleisch einzig die übriggebliebene Haut über die Knochen gezogen scheint. Diesen küßt der Novize, und er empfindet ihn kalt wie Eis; und nach dem Kuß schwindet die Erinnerung an den katholischen Glauben vollständig aus seinem Herzen. Nachdem sie sich bald darauf zum Mahl niedergelassen haben, und, wenn dieses Mahl beendet ist, sich erhoben haben, steigt aus einer Statue, die in solchen Versammlungsräumen zu sein pflegt, rückwärts ein Kater vom Ausmaß eines mittelgroßen Hundes, schwarz, mit erhobenem Schwanze, den zuerst der Novize, dann der Meister, darauf alle einzelnen, jedoch nur die, die würdig und vollkommen sind, nach ihrer Rangordnung auf das Hinterteil küssen.

[1] Eigentlich ein Mönch in der Probezeit; hier ein Gläubiger, der bei den Katharern aufgenommen werden will.

G. Zacharias, Satanskult und Schwarze Messe, Frankfurt 1964, S. 52.

1. *Vergleiche die Quelle 2a mit den Verhörprotokollen. Was warf der Papst den Katharern vor?*
2. *Wie kam der Papst zu seiner Meinung über die Katharer? Was wollte er mit den Vorwürfen erreichen?*

2b *Über Ketzerprozesse im 13. Jahrhundert wurde von einem Zeitgenossen folgendes berichtet:*

Q Im Jahre des Herrn 1231. Es begann die Verfolgung der Häretiker in ganz Deutschland, während dreier Jahre wurde eine sehr große Zahl verbrannt. Der Eifer allenthalben war groß. Wenn jemand auch nur angeschuldigt war, wurde kein entschuldigender Grund mehr zugelassen. Man konnte den Richter nicht wegen Befangenheit ablehnen, man konnte sich nicht gegen die Belastungszeugen wehren, durfte aber selbst keine entlastenden Beweise vorbringen. Es gab keine Gelegenheit zur Verteidigung, auch nicht die Zeit, um den Inhalt der Anklage zu prüfen. Es ging so zu, daß der Angeklagte entweder seine Schuld zugab und zur Buße kahlgeschoren wurde – oder leugnete und verbrannt wurde. Der Geschorene mußte dann seine Komplizen preisgeben, andernfalls wurde er selbst verbrannt. Daher glaubte man, daß auch etliche Unschuldige verbrannt wurden. Viele haben nämlich gestanden, was sie gar nicht waren.

Gestarum Treverorum Continuatio IV., MGH SS 24, S. 400f.

1. *Wie wurden die Ketzerprozesse durchgeführt?*
2. *Welche Rechte wurden den Ketzern verweigert?*
3. *Welche Einstellung hatte der Verfasser dieses Berichtes zu den Ketzerprozessen?*

2c *Eine Ketzerverbrennung. Holzschnitt aus dem 15. Jahrhundert*

1. *Welche Personen nahmen nach diesem Bild an der Ketzerverbrennung teil?*
2. *Was passierte bei der Ketzerverbrennung? Warum mußten Ketzer verbrannt werden?*

Das Christentum und die anderen

Seit der Spaltung der christlichen Kirche in eine lateinisch-römische und eine griechisch-orthodoxe Glaubensrichtung (**Schisma 1054**) gehörten zum abendländischen Europa die Völker, die das Christentum in der vom Papst vertretenen Lehre übernommen hatten und sich in die Tradition der Antike stellten.
Das **Byzantinische Reich** gehörte nicht dazu, obwohl sich die oströmischen Kaiser als die eigentlichen Nachfolger Kaiser Konstantins und alleinige Herrscher über die gesamte Christenheit verstanden. Im 9. und 10. Jahrhundert erlebte dieses Reich eine kulturelle Blüte. Seit der Jahrtausendwende begann der Niedergang, der mit der Eroberung Konstantinopels durch die Türken 1453 endete.
Dem christlichen Abendland stand seit der raschen Ausbreitung der neuen Religionsgemeinschaft des Islam das „Morgenland" gegenüber. Zwar war das **islamische Weltreich**, das in der Mitte des 8. Jahrhunderts von Spanien bis Indien reichte, um die Jahrtausendwende schon wieder in einzelne Teilreiche zerfallen, doch die kulturelle Ausstrahlungskraft war erhalten geblieben. Ein besonderes Beispiel dafür ist das **muslimische Spanien**, wo vor der christlichen Rückeroberung („Reconquista") religiöse Toleranz, multikulturelle Vielfalt und wissenschaftliche Blüte bestand.
Die christliche Rückeroberung in Spanien muß als Teil der **Kreuzzugsbewegung** verstanden werden, die seit dem Aufruf des Papstes 1095 das christliche Europa erfaßte. Mit der Eroberung von Jerusalem im Jahr 1099 durch die Kreuzritter schien ein Ziel des christlichen Abendlandes erreicht. Doch die Kreuzfahrerstaaten im Heiligen Land bestanden nur etwa 150 Jahre.
Das christliche Abendland grenzte sich nicht nur nach außen ab: Die **Juden** mußten als ausgegrenzte und seit dem 12. Jahrhundert verfolgte Minderheit unter christlicher Herrschaft leben. Und die Kritik der **Ketzer** an den Zuständen und der Lehre der Kirche beantwortete diese ebenfalls mit Verfolgungen.

Ali Dschohary

Ali Dschohary hatte von seinen Voreltern das Amt eines Oberaufsehers bei dem Kalifen von Bagdad bekommen, und er verwandte einen großen Teil seiner unermeßlichen Reichtümer, welche dieses Amt ihm verschaffte, zu Wohltaten, welche ihm die Achtung aller Bewohner der Hauptstadt und des Kalifen selber erwarben.
Da Ali Dschohary bei herannahendem Alter nur einen Sohn hatte, auf dessen Erziehung er alle seine Sorgfalt verwandte, so benutzte er das Wohlwollen seines Herrn und bat ihn um Erlaubnis, seine Stellung aufgeben zu dürfen. Der Kalif nahm keinen Anstand, ihm diese Gnade zu bewilligen, und vermehrte zugleich durch neue Geschenke die unermeßlichen Reichtümer seines Oberaufsehers. Ali begab sich mit seiner Familie nach Damaskus und ließ in dieser Stadt am Ufer eines Flusses einen prächtigen Palast erbauen, umgeben von herrlichen Gärten. Zur gleichen Zeit ließ er Karawansereien, Moscheen und Hospitäler erbauen, denn so heilsam ist die Luft von Damaskus, daß sowohl junge Leute wie Greise hier ihre Gesundheit wiedererhalten. Nachdem der Oberaufseher des Kalifen seine Bauten vollendet hatte, war er darauf bedacht, für seinen Sohn, welchen er nun für alt genug hielt, sich zu verheiraten, eine Gattin auszuwählen, und vermählte ihn mit seiner Nichte, einer jungen Waise, welche er von ihrer Kindheit an aufgezogen hatte. Die jungen Leute liebten einander so sehr, daß man von ihnen sagen konnte: „Es ist nur eine Seele in zwei verschiedenen Leibern." Aber ein bejammernswürdiger Zufall versetzte dieses Haus bald in Betrübnis: die junge Frau ward krank, und vergeblich berief man von allen Seiten die geschicktesten Männer der Heilkunde; sie schien vielmehr den verschiedenen angewandten Mitteln zu erliegen. Es lebte damals in Kufa ein sehr erfahrener Emir, welcher sich die Lehren weiser Männer angeeignet hatte und dabei eine große Beredsamkeit besaß. Er hatte die Schönheiten von Damaskus so sehr rühmen gehört, daß er beschloß, diese Stadt zu besuchen. Als er sich ihr nahte, ward er bezaubert von dem reizenden Anblick der Gärten und der zahllosen Bäche, welche darin eine ewige Kühlung verbreiteten. Seine Ohren erfüllte der Gesang der Vögel, welche dem Ewigen zu danken schienen, daß er einen so anmutigen Aufenthalt für sie geschaffen hatte. Entzückt von diesem Schauspiel rief er aus: „Mohammed hatte wohl recht, seinen Jüngern die Eroberung dieser Stadt zu empfehlen; denn die vier Flüsse, welche sie bewässern sind das geringste ihrer Ähnlichkeit mit dem Paradiese." …

Märchen aus 1001 Nacht, Wien 1978, S. 363f.

Kennst du den Kulturkreis?

Auf dieser Seite sind Gottesdienste, Schriften und Kopfbedeckungen aus vier Kulturkreisen abgebildet.
Um welche Kulturen handelt es sich? Beschreibe ihre typischen Merkmale und ordne die Bilder einander zu.

①

②

③

④

①

Hanc igit̃ oblationem net se.
seruitutis nr̃e: sed ⁊ cũcte fa-

②

מַה־נִּשְׁתַּנָּה הַלַּיְלָה הַזֶּה מִכָּל־הַלֵּילוֹת שֶׁבְּ
הַלֵּילוֹת אָנוּ אוֹכְלִין חָמֵץ וּמַצָּה הַלַּיְלָה הַכֹּל

③

αβγδεζηθικλμνξοπρσςτυφχψω
αβγδεζηθικλμνξοπρσςτυφχψω

④

وان كانت مسلوية لها فان الزاوية ايضا مساوية وان
كانت ناقصة فالزاوية لكن قرس اضعاف لقرس وقوس

①

②

③

④

6. Europa um 1500:

Krise und Neubeginn

Krieg, Teuerung, Hunger und Not rasen über die Erde. Reich und arm, hoch und niedrig fallen ihnen zum Opfer. Gnadenlos jagen sie vorwärts, den Blick in eine Zukunft gerichtet, die den Menschen verschlossen ist. Das Bild zeigt uns, wie die Menschen am Ende des 15. Jahrhunderts ihre Zeit empfanden: Unsicherheit und Furcht kennzeichneten ihr Denken. Es war eine Zeit der großen Katastrophen, hilflos waren die Menschen den Pestepidemien ausgeliefert.

In Wirtschaft und Gesellschaft kündigten sich tiefgreifende Wandlungen an. Der reiche, wagemutige Bürger blickte auf den verarmenden adligen Grundherrn und den verelendenden Bauern herab. In der Landwirtschaft führte der Bevölkerungsrückgang dazu, daß bisheriges Ackerland nicht weiter bebaut wurde und große Gebiete Mitteleuropas wieder verödeten. Die Preise für Getreide fielen, und die Armut der Landbevölkerung nahm zu. In den Städten dagegen blühten Handel und Gewerbe auf, und bald konnten hier einige große Handelshäuser – z. B. die Fugger – nicht nur eine marktbeherrschende Stellung, sondern auch großen politischen Einfluß erringen.

Tiefgreifende Veränderungen gab es an der Wende zwischen Mittelalter und Neuzeit auch in der Politik: Papsttum und Kaisertum, die beiden Gewalten, deren Miteinander und Gegeneinander die Jahrhunderte des Mittelalters geprägt hatten, büßten Macht und Autorität ein. Die Einheit des christlichen Europa begann sich aufzulösen. An ihre Stelle trat eine Vielzahl miteinander konkurrierender Mächte.

Im Deutschen Reich führte der Machtverlust des Kaisertums zum Aufstieg der Landesherren, die ihre verstreuten Herrschaften zu geschlossenen Territorien ausbauten und in ihrem Staat Recht und Verwaltung vereinheitlichten. Im Wettstreit mit anderen Fürstenhäusern stiegen die Habsburger im Reich zur Vormacht auf. Politische Heiraten verschafften ihnen im 16. Jahrhundert aber auch die Herrschaft über Spanien, Burgund, Böhmen und Ungarn.

„Die vier apokalyptischen Reiter". Holzschnitt von Albrecht Dürer, entstanden um 1497

„Alles Erdreich ist Österreich untertan" – mit diesem Ausspruch wollten die Habsburger als Kaiser künftig nicht nur die Geschicke des Reiches, sondern ganz Europas bestimmen.

Dem Streben der Habsburger nach Vorherrschaft stand aber vor allem das neu erstarkte Königreich Frankreich entgegen. Anders als im Deutschen Reich war es hier den Königen nach einem Jahrhundert der Kriege und des Zerfalls in der zweiten Hälfte des 15. Jahrhunderts gelungen, gegen den Widerstand mächtiger Lehnsfürsten ihren zentralen Herrschaftsanspruch durchzusetzen und ein neues, einheitliches Staatswesen zu schaffen.

Krise und Neubeginn – hierdurch waren nicht nur Wirtschaft, Gesellschaft und Politik in Europa um 1500 gekennzeichnet. Auch im kulturellen Leben gab es große Widersprüche: Auf dem Lande und in den Städten lebten die Menschen um 1500 überwiegend noch nach den alten Regeln. Frömmigkeit und Volksbräuche, die sich in vielen Generationen herausgebildet hatten, bestimmten neben der harten Arbeit den Alltag des Volkes.

Zur gleichen Zeit ging von den Gebildeten Italiens jedoch eine Revolution des Denkens aus, die bald – verstärkt durch den von Johannes Gutenberg in Mainz erfundenen Buchdruck – ganz Europa erfaßte. Philosophie, Kunst und Literatur der griechischen und römischen Antike wurden von ihnen wiederentdeckt. Renaissance, d. h. „Wiedergeburt", hat man diese Epoche später genannt. Auch gingen diese Gelehrten bei der Erforschung der Natur über bisherige, von der Kirche verkündete Erklärungen hinaus. Und bei der praktischen Umsetzung ihrer Naturbeobachtungen und wissenschaftlichen Forschungen entwarfen einige von ihnen – z. B. Leonardo da Vinci – Maschinen, die uns heute noch sehr modern erscheinen.

Die Hinwendung zu Naturwissenschaften und Technik entsprang einem neuen Denken, in dem der Mensch den Mittelpunkt bildete: „Humanisten" hat man die Gelehrten dieser Zeit deshalb auch genannt. Der italienische Humanist und Philosoph Pico della Mirandola gab diesem neuen Verständnis vom Menschen Ausdruck, als er in einem seiner Werke Gott zu Adam sagen läßt: „Ich habe dich weder als göttliches, noch als irdisches Wesen geschaffen, weder sterblich, noch unsterblich, damit du frei und souverän dich selbst formst in der Gestalt, die du dir vorgenommen hast."

Wirtschaft und Gesellschaft zwischen Mittelalter und Neuzeit

Die große Katastrophe: Der Schwarze Tod

Im Oktober 1347 bot sich den Einwohnern der Hafenstadt Messina auf Sizilien ein gräßliches Bild: Mit letzter Kraft erreichten Matrosen und Ruderer eines aus dem Schwarzen Meer kommenden Schiffes den Hafen. Schwarze Geschwüre bedeckten ihre Körper, fast alle erlitten einen qualvollen Tod. Schnell breitete sich diese Seuche – die seit Jahrhunderten in Europa nicht mehr aufgetretene Beulen- und Lungenpest – in Italien aus und drang entlang der Handelsstraßen nach Frankreich und Deutschland vor, wo die Menschen durch Mißernten und Hungersnöte ohnehin geschwächt waren. Niemand wußte, wie diese Krankheit bekämpft werden konnte. Viele glaubten, daß das Ende der Welt nahe sei. Verängstigte Menschen fanden sich zu Bußprozessionen zusammen. Geißler – Menschen, die sich Schultern und Rücken mit Ledergeißeln blutig schlugen – zogen durch das Land: Durch grausame Selbstzüchtigung wollten sie Gott wieder mit den Menschen versöhnen. Andere gaben den Juden die Schuld an der Katastrophe und bezichtigten sie, die Brunnen vergiftet zu haben (siehe S. 115). Es gab auch Menschen, die glaubten, daß giftige Dämpfe aus dem Erdinnern die Seuche auslösten, oder die ihren Ausbruch auf eine ungünstige Stellung der Gestirne zueinander zurückführten. Dieser Auffassung schloß sich die Universität in Paris an, und ihr Urteil blieb für Jahrhunderte gültig.
Heute weiß man, daß die Beulenpest durch Flöhe und Ratten, die Lungenpest durch direkten Kontakt mit den Erkrankten übertragen wird. Der „Schwarze Tod", der seit 1347 durch Europa zog, war nur der Ausläufer einer großen Epidemie, die in Indien und China Millionen von Menschen dahingerafft hatte. Diese Katastrophe war ein tiefer Einschnitt in der gesellschaftlichen und wirtschaftlichen Entwicklung Europas. Hat sie aber nur Zerstörung gebracht? Oder haben die Pestepidemien auch neuen Kräften zum Durchbruch verholfen?

Feierliche Prozession von Geißlern. Bilderhandschrift aus dem 15. Jahrhundert

Bauern und Grundherren: Das Leben auf dem Land wird schwieriger

Bevölkerungsrückgang

Niemand weiß, wie viele Menschen den Seuchenwellen des 14. Jahrhunderts zum Opfer gefallen sind, denn Mißernten und Hungersnöte haben ebenfalls zu einem Bevölkerungsrückgang geführt. Nach Schätzungen haben um 1300 etwa 15 Millionen Menschen in Deutschland gelebt. Bis 1470 war ihre Zahl auf unter 10 Millionen gesunken. Dieser Rückgang hatte katastrophale Folgen für die Landwirtschaft. Vor den Seuchenwellen war gutes Akkerland knapp geworden, weil die Bevölkerung gewachsen war (siehe S. 15). Jetzt gaben die von den Seuchen verschont gebliebenen Menschen Höfe und Dörfer überall dort auf, wo arme Böden, schlechte Verkehrsverhältnisse oder ungünstiges Klima die Landwirtschaft erschwerten. In manchen Gegenden Deutschlands verschwand fast die Hälfte der im 13. Jahrhundert vorhandenen Siedlungen, und Wald rückte wieder auf diese *Wüstungen* vor. Auch in fruchtbaren Gegenden dauerte es oft Jahrzehnte, bis die Äcker wieder bestellt wurden.

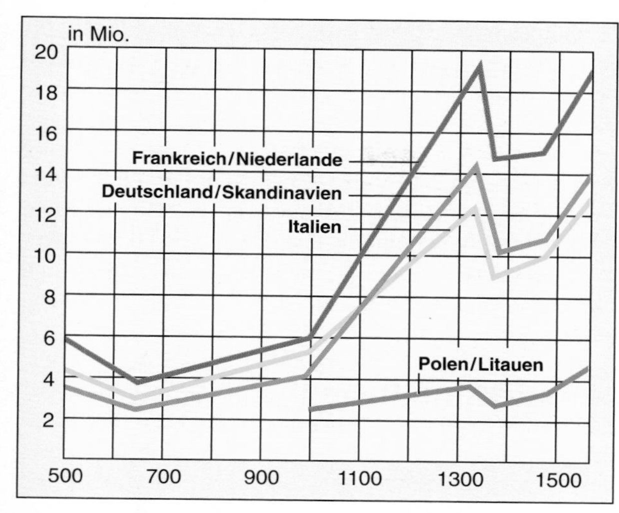

Bevölkerungsentwicklung in Europa 500–1500

Preisverfall

Wegen des Bevölkerungsrückgangs fielen seit dem Ende des 14. Jahrhunderts die Preise für Ackerland und Getreide. Es lohnte sich nicht, die Anbauflächen zu erweitern. Durch den Preisverfall verloren auch die Naturalabgaben an Wert, die die Herren von den Bauern erhielten. Deshalb konnten viele adlige Grundherren jetzt kein standesgemäßes Leben mehr führen. Noch um 1500 kostete in Franken eine Turnierausrüstung den Gegenwert von drei bis vier mittelgroßen Bauernhöfen. Das war ein unerschwinglicher Preis für einen Ritter, der auf der Burg kaum besser als seine Bauern im Dorf lebte.

Zunehmende Lasten der Bauern

Nicht wenige Grundherren versuchten, die Steuern, Abgaben und Frondienste ihrer Bauern zu steigern. Nur wer sich in Leibeigenschaft begab, konnte noch einen Hof erhalten. Oft wurden die Höfe nur auf Lebenszeit verliehen, und wenn der Bauer starb, zog die Herrschaft große Teile des Vermögens ein. Die Nachkommen hatten kein Recht, den Hof zu den gleichen Bedingungen zu übernehmen. Bei jeder Neuverleihung versuchten die Herren, Grundzins und Abgaben zu erhöhen.

Auch in den neuen Siedlungsgebieten östlich der Elbe verschärfte sich der Druck auf die Bauern. Hier gab es große Rittergüter, die Getreide für die Städte am Rhein und in den Niederlanden anbauten. Als deren Einwohnerzahlen stiegen, lohnte es sich, die Anbauflächen zu vergrößern. Die Herren brauchten billige Arbeitskräfte. Deshalb schränkten sie auch hier die Freiheiten der Bauern ein und steigerten die Frondienste.

Unterschiede zwischen Stadt und Land

Doch nicht überall und nicht für jeden verschlechterte sich das Leben. Im Umkreis größerer Städte konnten sich die Bauern auf die Versorgung der Bürger in der Stadt mit Fleisch, Obst und Gemüse spezialisieren. Die Bierbrauer brauchten Hopfen und Gerste, die Leineweber Flachs, und wegen des großen Bedarfs an Wolle blühte die Schafhaltung auf. In den Städten kauften die Bauern Metallwaren und Werkzeuge, die sie nicht selbst herstellen konnten. So war jede Stadt wirtschaftliches Zentrum ihres Umlandes. Größere Reichsstädte schufen sich durch den Kauf von Herrschaften und Gerichtsrechten eigene Gebiete, sogenannte Territorien, die oft ganz auf ihre wirtschaftlichen Bedürfnisse ausgerichtet waren. Nürnberg nutzte sein Landgebiet z. B. für den Anbau von Wein und Hopfen, die Wälder lieferten Brennholz, und an den Flüssen bereiteten Hammer- und Schmelzwerke Metall für die Handwerker in der Stadt auf.

Die Städter: Von der Handelsgesellschaft zum Großunternehmen

Die Städte überwanden die Krise der Pestjahrzehnte schneller als das Land. In den Städten wurden Arbeitskräfte gebraucht. Während die Preise für landwirtschaftliche Erzeugnisse fielen, stiegen die Löhne für gewerbliche Arbeit im 15. Jahrhundert steil an. Die Bevölkerung wuchs in den Städten schneller, da viele Bauern in die Stadt zogen, um nicht Leibeigene zu werden. Auch die Lebensverhältnisse in den Städten waren viel besser als auf dem Land. Viele Bürger konnten sich hochwertige Handwerks- und Handelswaren leisten. Neue Gewerbe wie der Buchdruck, die Uhrmacherei, die Seidenweberei und die Papierherstellung blühten auf. Für die deutschen Kaufleute zahlte sich außerdem aus, daß im 14. Jahrhundert die Messen in der Champagne (siehe S. 48–49) ihre Bedeutung verloren und ein Großteil des Handels zwischen Italien und Nordwesteuropa jetzt den Weg durch Deutschland nahm. Städte wie Nürnberg, Augsburg und Ulm, aber auch kleinere Städte an den Straßen nach Italien wurden zu Zentren von Handel und Gewerbe.

Tätigkeiten in einem Handelshaus. Ausschnitt aus der „Allegorie des Handels" von J. Ammann, 16. Jahrhundert

Die Ravensburger Handelsgesellschaft

Um 1380 schlossen sich Kaufleute aus den Reichsstädten am Bodensee zur „Großen Ravensburger Handelsgesellschaft" zusammen. Sie exportierten oberschwäbische Leinwand und Barchent – ein Mischgewebe aus Leinen und Baumwolle –, aber auch Nürnberger Metallwaren nach West- und Südeuropa. Im 15. Jahrhundert beherrschten sie den Handel mit Spanien, wo sie Reis, Zucker, Safran, Olivenöl und Mandeln aufkauften.

Daß sich Fernhändler zusammenschlossen, war nicht neu. Schon seit langem beherrschten die Kaufleute der Hansestädte den Handel in Nordeuropa (siehe S. 47). Neu an der Ravensburger Gesellschaft aber war ihr einheitlich organisierter und straff geführter Aufbau: In Ravensburg überwachte ein geschäftsführender Ausschuß die weitverzweigte Handelstätigkeit. Regelmäßig trafen die Teilhaber zu Hauptversammlungen zusammen, auf denen die Rechnungsbücher geprüft und die Gewinne verteilt wurden. Das setzte eine genaue Regelung des Geschäftsablaufes voraus. Wie andere große Handelsfirmen richtete die Gesellschaft Faktoreien, d. h. Niederlassungen, in wichtigen Hafen- und Handelsstädten Europas ein oder beauftragte dort ansässige Geschäftspartner mit der Vertretung ihrer Interessen. Die Kaufleute in der Zentrale und in den Vertretungen mußten nicht nur einen ausgedehnten Briefwechsel führen, sie mußten auch die Absatz- und Gewinnchancen auf weit entfernten Märkten abschätzen können.

Die Fugger

Seit 1500 gingen die Geschäfte der Ravensburger Handelsgesellschaft jedoch zurück, da ihnen eine neue Form des Handelsunternehmens Konkurrenz machte. Diese Handelshäuser waren kein organisatorischer Zusammenschluß vieler Einzelunternehmer, sondern meist im Besitz einer Familie. Hinzu kam, daß diese Familienunternehmen ihr Geld nicht nur im Fernhandel verdienten, sondern außerdem große Gewinne im Bergbau und Handwerk, vor allem aber mit Bankgeschäften machten. Die erfolgreichste dieser neuen Firmen war das Handels- und Bankhaus der Fugger in Augsburg.

Reich geworden waren die Fugger – wie die anderen Fernhändler auch – durch den Handel mit Textilien und Gewürzen. Doch erst die Finanzgeschäfte mit den Habsburgern legten das Fundament für den steilen Aufstieg der Firma. Die Fugger liehen dem Kaiser riesige Summen und durften dafür die reichen Kupfer- und Silbergruben Tirols ausbeuten. Dank der Hilfe Kaiser Maximilians I., der völlig vom Kredit der Fugger abhängig wurde, brachten sie auch die ungarischen Bergwerke unter ihre Kontrolle und bauten eine ganz Europa umspannende Absatzorganisation auf. Jakob Fugger schaltete Geschäftsleute, die weniger Geld besaßen, aus und beherrschte so den europäischen Kupfermarkt allein. Kirchenfürsten, die keinen Handel treiben durften, reiche Bürger und Adlige ließen ihr Geld gegen hohe Zinsen bei den Fuggern „arbeiten". Zu guten Kunden der Fugger gehörten auch die Päpste, die über die Fuggerfiliale in Rom ihre Geldgeschäfte mit Nord- und Mitteleuropa abwickelten.

Warenhandel, Bergbau und Bankgeschäfte machten Jakob Fugger zum reichsten Mann Europas und beispielhaften Unternehmer einer Wirtschaftsepoche, die wir heute als Frühkapitalismus bezeichnen. „Gewinn will ich

Auf diesem Gemälde von Hans Hesse, das die Altarflügel der Annenkirche der Bergbaustadt Annaberg im Erzgebirge seit Anfang des 16. Jahrhunderts schmückte, wird der Arbeitsprozeß im Silberbergbau vom Bau der Stollen über die Förderung der Gesteinsbrocken, ihr Abtransport und ihr Auswaschen durch Bergknappen und Frauen (Mittelteile) bis hin zur Verhüttung (linke Abbildung) und Münzprägung (rechte Abbildung) dargestellt.
Neben der realistischen Darstellung der Arbeitsbedingungen und Produktionstechniken im Bergbau des 16. Jahrhunderts enthält die Mitteltafel aber auch mit dem Bergwerksleben eng verbundene religiöse Bezüge: Der Schutzpatron der Bergleute, der heilige Wolfgang, beschützt unten links die Förderung des Gesteins. Im Hintergrund ist die damals bekannnte Legende von dem Propheten Daniel dargestellt: Ein Engel führt Daniel zu einem Baum, in dessen Wipfel ein Nest mit goldenen und silbernen Eiern verborgen sein soll. Daniel klettert auf den Baum und sucht vergeblich. Da erscheint der Engel wieder und zeigt auf die Wurzeln des Baumes. Daniel beginnt zu graben und findet reiche Erzlager.

machen, solange ich lebe", war Jakob Fuggers Devise. Nach dem Tode Kaiser Maximilians I. im Jahre 1519 erreichte der Einfluß des Augsburger Finanzgewaltigen auf die Politik seinen Höhepunkt. König Franz I. von Frankreich und König Karl I. von Spanien, der Enkel Maximilians, strebten nach der Kaiserkrone. Beide umwarben Jakob Fugger und versprachen hohen Gewinn. Der Bankier entschied sich für den Habsburger, der über die wirtschaftlich blühenden Niederlande und das kupfer- und silberreiche Tirol gebot und Italien seiner Herrschaft unterwerfen wollte. Mit dem Geld der Fugger und anderer reicher Kaufherren bestachen die Habsburger und ihre Anhänger die Kurfürsten und setzten die Wahl Karls durch.

Das Verlagswesen: Handwerker werden von Großunternehmern abhängig

Auch Handwerker waren auf die großen Handelshäuser angewiesen, denn diese allein besaßen genug Kapital, um Baumwolle und Metalle in großen Mengen einzukaufen. Sie gaben diese Rohstoffe zu einem möglichst hohen Preis an die Handwerker ab und kauften deren Produkte zu möglichst niedrigen Preisen auf, um sie dann mit hohem Gewinn auf weit entfernten Märkten abzusetzen. Diese Form des Handels wird *Verlagswesen* genannt. Besonders lohnend war dies, wenn alle Konkurrenten ausgeschaltet waren und das Unternehmen einen begehrten Rohstoff allein anbot – wie z. B. Jakob Fugger, der als einziger mit Kupfer handelte. Zwar galten die Handwerker formal noch als selbständige Gewerbetreibende, tatsächlich aber waren sie zu Abhängigen der Handelshäuser geworden. Vor allem die Weber, die in den oberdeutschen Städten zu den ärmsten Handwerkern gehörten und für den Export arbeiteten, waren ganz den Handelshäusern ausgeliefert.
Aber die wirtschaftliche Lage der Handwerker verschlechterte sich nicht nur wegen dieser Abhängigkeit. Seit dem Beginn des 16. Jahrhunderts verschob sich auch das Preis- und Lohngefüge. Waren bisher Lebensmittel billig und Arbeit teuer gewesen, so begannen jetzt – weil die Bevölkerung wieder wuchs – die Preise für Lebensmittel schneller als die Löhne für gewerbliche Arbeit zu steigen. Viele Handwerker verarmten. Ihre Unzufriedenheit machte sich in Aufständen gegen die Stadtregierungen Luft, in denen die durch Handel reich gewordenen Bürger den Ton angaben.

Die neuen Großunternehmen: Pro und Contra

Die Kritik am ungezügelten Gewinnstreben der Fugger und anderer Großunternehmen wurde immer lauter. War es denn gerecht, daß die Reichen ohne eigenes Zutun immer reicher wurden – und das in einer Welt, in der Bauern und Handwerker mehr schlecht als recht von ihrer Hände Arbeit leben mußten? Die Kirche lehrte doch, daß Zinsgewinn unchristlich sei und daß jeder Mensch ein seinem Stand entsprechendes Auskommen haben sollte. Aber die Vertreter der Handelshäuser entgegneten diesem Vorwurf: Hat nicht jeder das Recht, so reich wie möglich zu werden? Der Gewinn würde ja wieder in neue Geschäfte investiert. Die Reichen verschafften so den Armen wieder Arbeit und leisteten ihren Beitrag zum Gemeinwohl. Und die Handwerker würden doch nicht um ihren Lohn betrogen, wenn die Handelsherren ihren Erzeugnissen sichere Absatzmärkte boten!
Die Gegner der Handelshäuser forderten eine Überwachung der Geschäfte. Wenigstens gegen diejenigen Unternehmen sollte eingeschritten werden, die – wie die Fugger – eine marktbeherrschende Stellung errungen hatten, die Preise diktierten und schwächere Konkurrenten in den Ruin trieben. Dagegen protestierten Verteidiger der Handelshäuser: Jede Einschränkung und Reglementierung durch den Staat schade nur dem Tüchtigen und halte ihn davon ab, ein Risiko auf sich zu nehmen.
Es blieb nicht beim Streit der Worte. Wiederholt wurde bei den Reichsgerichten Klage wegen Monopolausübung erhoben. Sowohl die großen Handelshäuser als auch kleinere Firmen wie die des Lucas Rem (siehe S. 131–132) wurden angeklagt und vor Gericht geladen. Doch trotz aller Unzufriedenheit unternahmen Kaiser und Fürsten nichts gegen die Handelshäuser. Schließlich war der Kaiser selbst bei den Fuggern hoch verschuldet. Er machte sich ihre Argumente zu eigen und wies darauf hin, daß Bergbau, Handel und Metallgewerbe Hunderttausenden Arbeit böten: Ein Vorgehen gegen die Handelshäuser gefährde diese Arbeitsplätze.
Der Erfolg schien dem Kaiser recht zu geben: Deutschland war eines der reichsten und wirtschaftlich am weitesten entwickelten Gebiete Europas. Unangefochten war seine Führungsrolle im Bergbau, in der Metallverarbeitung und im Buchdruck.

1 Aufbau einer Handelsgesellschaft um 1500

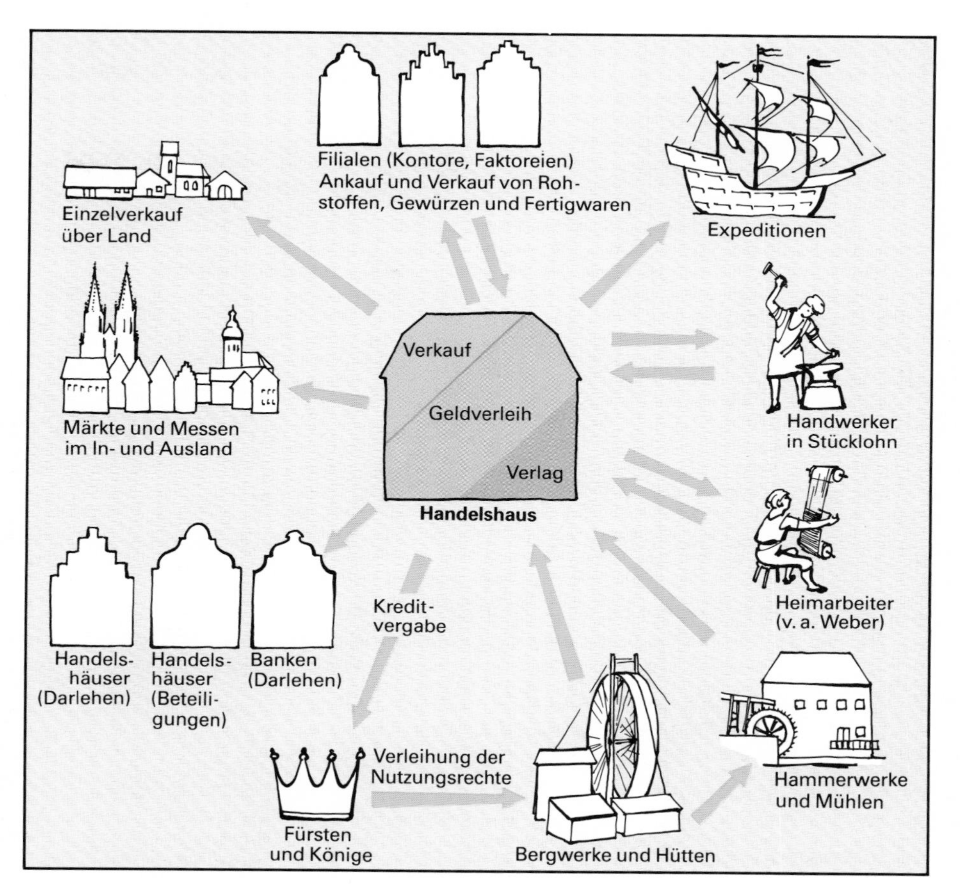

1. *Beschreibe die verschiedenen Geschäftstätigkeiten der Handelsgesellschaft. In welchen Beziehungen stehen die einzelnen Bereiche zum Handelshaus?*
2. *Vergleiche den Aufbau dieser Handelsgesellschaft mit dem der Ravensburger Gesellschaft. Welche Gründe für deren Niedergang und den Aufstieg der neuen Firmen ergeben sich aus dem Vergleich?*

2 Das Wirtschaftssystem des Frühkapitalismus um 1500

2a *Der Augsburger Fernkaufmann Lucas Rem:*

D Lucas Rem wurde 1481 in Augsburg geboren. Sein Vater entstammte einer alteingesessenen Kaufmannsfamilie, seine Mutter war eine geborene Welser, der neben den Fuggern (siehe S. 128) bedeutendsten deutschen Handelsfamilie.

1494 wurde Lucas zur Ausbildung nach Venedig geschickt, 1498 ging er zur Niederlassung der Welser in Lyon und wurde im folgenden Jahr Handelsdiener. 1502 wurde er Mitgesellschafter der Firma mit einem Startkapital von 2000 Gulden, die er aus der Erbschaft seines Vaters erhalten hatte. Seine Mutter übertrug ihm aus dieser Erbschaft im Jahr 1511 nochmals 1000 und im Jahr 1518 500 Gulden. Im Dienste der Welser bereiste Lucas Rem viele Länder Europas und leitete mehrere Jahre die Niederlassungen in Lyon, Lissabon und Antwerpen. Als er 1517 im Unfrieden aus der Firma ausschied, bekam er seinen auf 9440 Gulden angewachsenen Gesellschaftsanteil ausgezahlt.

1518 heiratete er die Kaufmannstochter Anna Echain aus Nürnberg. Durch deren Mitgift in Höhe von 4000 Gulden und Hochzeitsgeschenke von 200 Gulden erhöhte sich sein Barvermögen noch einmal. Zusammen mit zwei Brüdern und zwei weiteren Geschäftspartnern gründete er eine eigene Handelsgesellschaft. Nach und nach schieden die Teilhaber aus; von 1537 bis zu seinem Tod im Jahre 1541 war Lucas Rem deshalb Alleininhaber der Firma.

2b *Vermögen und Einnahmen des Fernkaufmanns Lucas Rem von 1518–1540:*

Beginn des Abrechnungszeitraums	Kapital		Einkünfte	
	Gesellschaftsanteil	zusätzliche Einlagen	aus Ges.-Anteil	andere Einkünfte
1. 9.1518	11 000	1000	2640	
1.11.1521	10 500	3000	3150	550
16. 6.1525	15 600	800	648	552
1. 9.1528	17 500		4025	
1.10.1530	20 000		5800	
1.12.1532	25 000		4250	5000
1. 8.1534	33 000		3300	1280
1. 8.1535	36 000		3960	
1. 8.1536	40 000		4400	
1. 8.1537	42 000		8820	5632
1. 3.1540	54 000			

zusammengestellt nach: Tagebuch des Lucas Rem, hg. v. B. Greiff, Augsburg 1861.

1. *Um welchen Betrag hat Lucas Rem nach Text 2a und Tabelle 2b im Laufe seines Lebens sein Startkapital vermehrt?*
2. *Wie hoch war der durchschnittliche Jahresgewinn von Lucas Rem in seiner Zeit bei den Welsern von 1502–1517 und in seiner eigenen Firma von 1518–1528 und 1530–1540?*
3. *Welche Gründe gibt es für die unterschiedlichen Höhen der Gewinne?*

2c *Ein wichtiger Geschäftszweig von Firmen wie der von Lucas Rem war der Fernhandel mit Gewürzen. In der folgenden Tabelle sind die Preise[1] für einige Gewürze um 1500 aufgeführt:*

	in Indien	in Antwerpen	in Österreich
1 kg Ingwer	0,9	22,1	28,5
1 kg Zimt	2,6	38,5	61,5
1 kg Gewürznelken	3,5	47,0	68,2

[1] Preise in Gramm Silber; 31,6 Gramm Silber hatten in Österreich den Wert von einem Gulden.

zusammengestellt nach: H. Lutz, Das Ringen um deutsche Einheit und kirchliche Erneuerung, Berlin–Frankfurt–Wien 1983, S. 69.

1. *Berechne, um wieviel die Preise für Gewürze vom Ursprungsland bis zum Endverbraucher stiegen.*
2. *Welche Gründe gab es für diese Preissteigerung? Mit welchen Risiken war der Gewürzhandel verbunden?*

3 Steuerzahler und Löhne im Mittelalter

3a *Vermögensverteilung nach Steuerzahlern in Augsburg 1475–1554:*

Jahr	Gesamtzahl der Steuerzahler	davon Steuerzahler mit einem Jahreseinkommen von							
		unter 20 Gulden		20–80 Gulden		80–500 Gulden		über 500 Gulden	
		insg.	in %	insg.	in %	insg.	in %	insg.	in %
1475	4485	2958	65,9	1375	30,6	132	3,0	15	0,3
1498	5351	2331	43,6	2849	53,2	139	2,6	32	0,6
1512	5479	2476	45,2	2773	50,6	162	3,0	68	1,2
1526	6103	3291	54,1	2535	41,6	182	3,0	95	1,3
1540	7155	3749	52,4	3016	42,1	263	3,7	127	1,8
1554	8242	4382	53,2	3341	40,5	330	4,0	189	2,3

zusammengestellt nach: M. Spindler, Handbuch der bayerischen Geschichte, Bd. 3, München 1971, S. 118.

3b *Jahreseinkommen einiger Berufsgruppen in Deutschland zu Beginn des 16. Jahrhunderts:*

Dienstmädchen	3 – 5 Gulden
Hausknechte	6 – 7 Gulden
Tagelöhner[1]	20 Gulden
niedere Geistliche	20 – 40 Gulden
Landsknechte	48 Gulden
Professoren	50 – 150 Gulden
hohe städtische Beamte	150 – 250 Gulden

[1] Ein Tagelöhnerhaushalt benötigte jährlich 14 Gulden für Lebensmittel.

zusammengestellt nach: H. Lutz, Das Ringen um deutsche Einheit und kirchliche Erneuerung, Berlin–Frankfurt–Wien 1983, S. 60.

1. *Beschreibe die Entwicklung der Steuerzahler und der Vermögensverteilung in Augsburg nach Tabelle 3a.*
2. *Worauf sind die unterschiedlichen Entwicklungen zwischen den einzelnen Vermögensgruppen zurückzuführen?*
3. *Ordne die in Tabelle 3b aufgeführten Berufsgruppen in die Vermögensgruppen der Tabelle 3a ein. Welche anderen Berufsgruppen kennst du? Zu welcher Vermögensgruppe gehören sie?*
4. *Schildere aus der Sicht eines Augsburger Tagelöhners das Leben und die Geschäfte des Augsburger Fernkaufmanns Lucas Rem.*

4 Der Bergbau des 16. Jahrhunderts im Streit der Meinungen

4a *Im 16. Jahrhundert gab es viele Menschen, die sich gegen die Ausbeutung der Bodenschätze aussprachen. Die Argumente der Gegner führte der Naturforscher und Arzt Georg Agricola in seinem Buch über Bergbau und Hüttenkunde aus dem Jahr 1556 an:*

Q Alsdann behaupten die Gegner, es sei gefährlich, sich um den Bergbau zu bemühen, weil die Berghäuer bald vom verderblichen Grubendunste getötet würden, ... bald durch Abmagerung dahinschwinden, weil sie Staub in sich aufnehmen, der die Lunge zum Eitern bringt, bald verunglücken ... Diese Dinge sind, wie ich gern bekenne, sehr schwerwiegend und voller Schrecken und Gefahr ... Da aber derartige Fälle selten vorkommen und doch nur bei unvorsichtigen Berghäuern, so halten sie die Leute nicht ab vom Bergbau, wie es auch die Zimmerleute nicht von ihrem Handwerk abschreckt, wenn einer von ihnen, weil er unvorsichtig handelte, von einem hohen Gebäude herabgestürzt ist ...
Jetzt komme ich zu denen, die behaupten, die Erde verbirgt nicht und entzieht auch nicht den Augen diejenigen Dinge, die dem Menschengeschlechte nützlich und nötig sind, sondern wie eine wohltätige und gütige Mutter spendet sie mit größter Freigebigkeit von sich aus und bringt Kräuter, Hülsenfrüchte, Feld- und Obstfrüchte vor Augen und ans Tageslicht. Dagegen hat sie die Dinge, die man graben muß, in die Tiefe gestoßen, und darum dürfen diese nicht ausgewühlt werden ... Außerdem betonen sie folgende Beweismittel: Durch das Schürfen nach Erz werden die Felder verwüstet, ... Wälder und Haine werden umgehauen; denn man bedarf zahlloser Hölzer für die Gebäude und ... um die Erze zu schmelzen. Durch das Niederlegen der Wälder und Haine aber werden die Vögel und andere Tiere ausgerottet, von denen sehr viele den Menschen als feine und angenehme Speisen dienen. Die Erze werden gewaschen; durch dieses Waschen aber werden, weil es die Bäche und Flüsse vergiftet, entweder die Fische aus ihnen vertrieben oder getötet ...
Sodann werden die Metalle selbst beschimpft. Zuerst nämlich schmähen die Gegner mutwillig Gold und Silber und nennen beide unheilvolle und ruchlose Verderber des Menschengeschlechtes; denn die sie besitzen, schweben in größter Gefahr, und die, denen sie fehlen, stellen den Besitzenden nach.

4b *Nach der Ansicht Agricolas ließen sich die Argumente der Gegner folgendermaßen widerlegen:*

Q Die Erde verbirgt die Metalle in der Tiefe sicher nicht deshalb, weil sie nicht möchte, daß sie von den Menschen ausgegraben würden, sondern weil die vorsichtige und kluge Natur jedem Dinge seinen Ort gegeben hat ... Allein der Mensch vermag ohne die Metalle nicht die Dinge zu beschaffen, die zur Lebensführung und zur Kleidung dienen. Denn in der Landwirtschaft ... wird keine Arbeit geleistet und vollendet ohne Werkzeuge ... Die landwirtschaftlichen Werkzeuge sind aber meistenteils aus Eisen ... Wenn sodann Stiere, Hammel, Böcke und anderes Vieh solcher Art von der Viehweide zur Fleischbank geführt werden, ... können da die Tiere ohne Beil oder Messer geschnitten oder zerteilt werden? ... Oder hat der Tuchmacher oder Leineweber etwa ein Werkzeug, das nicht von Eisen wäre? ... Die Gebäude endlich ... können nicht errichtet werden ohne Äxte, Sägen und Bohrer ...
Wenn die Metalle aus dem Gebrauch der Menschen verschwinden, so wird damit jede Möglichkeit genommen, sowohl die Gesundheit zu schützen und zu erhalten, als auch ein unserer Kultur entsprechendes Leben zu führen ... Die unterirdischen Dinge erzeugt ohne Zweifel die Natur, und sie bringen dem Menschengeschlechte vielfachen und nötigen Nutzen ... Deshalb ist es nicht recht und billig, sie ihrer Stellung und Würde, die sie unter den Gütern einnehmen, zu berauben. Wenn einer aber sie schlecht anwendet, so werden sie damit noch nicht mit Recht Übel genannt werden. Denn welche guten Dinge können wir nicht gleichermaßen in übler wie in guter Weise gebrauchen?

Quelle 4a und 4b: G. Agricola, Vom Berg- und Hüttenwesen, übersetzt u. bearbeitet v. C. Schiffner, München 1977, S. 4, 6–7, 10f. und 16.

1. *Stelle die Argumente der Gegner des Bergbaus nach Quelle 4a und die Erwiderungen von Agricola nach Quelle 4b zusammen.*
2. *Welche Argumente waren für die damalige Zeit neu? Welche erscheinen dir auch heute noch sehr modern? Denke dabei an die Diskussionen um den Umweltschutz und die Energiereserven.*
3. *Fasse die wichtigsten neuen Merkmale der Wirtschaft um 1500 zusammen.*

Der Staat zwischen Mittelalter und Neuzeit

Um 1500 bot Deutschland ausländischen Beobachtern ein verwirrendes Bild. Das Reich habe, so schrieb der italienische Staatsmann und Philosoph Niccolò Machiavelli, Überfluß an Menschen, Waffen und Reichtümern. Aufgrund der Schwäche der Kaiser und der ständigen Streitereien zwischen Kaiser, Fürsten und Reichsstädten könne diese Macht aber nicht zum Tragen kommen. Gegenüber der inneren Zerrissenheit Deutschlands bot Frankreich ein ganz anderes Bild: Hier entstand unter der straffen Herrschaft der Könige ein neues, einheitliches Staatswesen. Aber auch Deutschland blieb von der neuen Entwicklung nicht unberührt. Die Landesfürsten bauten ihre Herrschaft aus. In ihren Gebieten entstanden „moderne" Staaten. Welche Mittel wandten sie dabei an? Auf wen stützten sie sich? Und schließlich: Warum konnte sich das Reich nicht zu einem modernen Staat entwickeln?

Das Deutsche Reich: Mächtig, aber unregierbar?

Was ist das Deutsche Reich?

An der Wende vom Mittelalter zur Neuzeit wußte niemand genau zu sagen, was Deutschland war. „In unserer Zeit", schrieb der Geograph Sebastian Münster 1544, „nennen wir Deutschland alles, was die deutsche Sprache gebraucht. Und es erstreckt sich Deutschland im Westen bis an die Maas, aber im Süden reicht es an die hohen Schneeberge, und im Osten stößt es an Ungarn und Polen."

An der Spitze des „Heiligen Römischen Reiches", dem man im 15. Jahrhundert den Zusatz „Deutscher Nation" hinzufügte, stand der Kaiser. Er galt als oberster Schutzherr der Kirche und hatte – wie der Papst – ein Amt inne, das sich dem Anspruch nach über die ganze Christenheit erstreckte. Als König forderte er Gehorsam von den Fürsten und Städten Deutschlands, aber oft vergebens.

Diese Schwäche des Königtums war ein Erbe des Mittelalters. Nach dem Untergang der Staufer gelang es keinem Kaisergeschlecht, die Fürsten einer starken Zentralgewalt zu unterwerfen. Im Gegenteil:

- Im Westen Deutschlands gab es Herren, die zugleich Lehen des Reiches und des Königs von Frankreich besaßen. Hier bauten die Herzöge von Burgund einen mächtigen Staat auf und beanspruchten eine königsgleiche Stellung gegenüber ihren Lehnsherren.
- Im Osten geriet im 15. Jahrhundert der Staat des Deutschen Ordens unter die Vorherrschaft Polens, und Böhmen, dessen König Kurfürst des Reiches war, entwickelte sich zu einer nationalen Monarchie.
- Im Süden lösten sich die Eidgenossen immer mehr vom Reich. Und die mächtigen Fürsten und Städte in Norditalien, als deren oberster Herr der Kaiser galt, kümmerten sich wenig um den fernen und schwachen Herrscher.

Wer herrscht im Deutschen Reich?

Unklar waren auch die Machtverhältnisse im Innern des Reiches. Zwar wurden die Kaiser als oberste Wahrer von Frieden und Recht anerkannt, aber sie waren dabei auf den guten Willen der Stände des Reiches, d. h. der weltlichen und geistlichen Fürsten und der Reichsstädte, angewiesen. Die Kurfürsten standen den von ihnen gewählten Kaisern fast unabhängig gegenüber, drängten auf Mitregierung und beanspruchten das Recht, Herrscher, die sie für unfähig hielten, wieder abzusetzen. Viele Fürsten waren wiederum fast ebenso mächtig wie die Kurfürsten. Der Stauferkaiser Friedrich II. hatte ihnen schon 1220 bis 1232 wichtige Hoheitsrechte garantieren müssen. Die Landesfürsten unterwarfen den Adel ihrer Herrschaft, und im 15. Jahrhundert schlossen sie ihre einzelnen Besitzungen durch den Aufbau einer einheitlichen Verwaltungs- und Gerichtsorganisation zu festgefügten Staaten (Territorien) zusammen. Das alles war dem Kaiser als dem Oberhaupt des Reiches verwehrt. War das Reich also ein lockerer Bund unabhängiger Fürstenstaaten, in dem der Kaiser nur einen Titel und Ehrenvorrang genoß? Da waren aber auch die *Reichsstädte* und die *Reichsritter*, die den Kaiser als einzigen Herrn anerkannten. Im 14. Jahrhundert schlossen sich die Reichsstädte Süddeutschlands zusammen, um ihre Freiheiten zu verteidigen. Denn ständig schwebten sie in der Gefahr, von den Kaisern an die Fürsten verpfändet zu werden, die in den Städten ein Hindernis für den Ausbau ihrer Territorien sahen. Neidisch blickten die Fürsten und die verarmenden Reichs-

Die hierarchische Struktur des Deutschen Reiches. Holzschnitt von H. Burgkmair, 1510

ritter, deren Fehden und Plünderungszüge die Straßen unsicher machten, auf den wachsenden Reichtum der Bürger. Im Jahr 1388 unterlag der Bund der süddeutschen Reichsstädte den Fürsten. Zwar konnten die Städte ihre Reichsunmittelbarkeit behaupten, aber wie die Reichsritter gerieten sie immer mehr in die Abhängigkeit der Fürsten.

Die Macht der Landesfürsten

Im 15. Jahrhundert begannen die Landesfürsten, Recht und Verwaltung ihrer einzelnen Herrschaftsgebiete zu vereinheitlichen. Sie wurden in Amtsbezirke eingeteilt, die von Amtmännern verwaltet wurden, und der *landesfürstliche Rat* entwickelte sich zu einer zentralen Regierungsbehörde. Die Fürsten beriefen jetzt auch Juristen aus dem Bürgerstand in dieses Gremium, weil sie sich weniger um die Sonderrechte der einzelnen Landesteile als die adligen Räte kümmerten, die vorher zusammen mit Geistlichen den Rat gebildet hatten, und weil sie dank ihrer Ausbildung besser geeignet waren, komplizierte Rechtsfragen zu lösen.
Die Vergrößerung des Besitzes, seine Verteidigung gegen andere Fürsten und der Ausbau der Verwaltung verursachten – neben der Hofhaltung – hohe Kosten. Die Einnahmen aus dem fürstlichen Grundbesitz (Domäne), aus Zöllen, Strafgeldern und Gebühren reichten dafür nicht mehr aus. Günstiger war die finanzielle Situation, wenn in dem Herrschaftsgebiet ertragreiche Bergwerke lagen. Genügten aber auch diese Mittel nicht mehr – z. B. bei einem lang anhaltenden Krieg –, so mußten die Fürsten von ihren Untertanen Zahlung von Abgaben verlangen.
Das Recht, Abgaben und Steuern zu bewilligen, besaßen die *Landstände*. Vertreter der Ritter, der Geistlichkeit und der Städte trafen dazu auf Landtagen zusammen und verhandelten mit dem Landesfürsten. Die Ritter wurden zu den Landtagen nicht gewählt, sondern waren hier aufgrund ihrer adligen Geburt vertreten. Wie die Geistlichen beanspruchten die Ritter für sich selbst die Steuerfreiheit. Sie bewilligten aber die Steuern, die die Bauern zu entrichten hatten. Die Vertreter der Städte wurden im Rat der Stadt bestimmt, nicht etwa von der Gesamtheit der Bürger gewählt.
Auf den Landtagen wurde nicht nur über Steuern, sondern auch über Gesetzgebung, Landesteilungen und andere die Stände interessierende Fragen beraten. Nicht sel-

ten kam es zwischen Landständen und Fürsten zu Auseinandersetzungen. Doch die Fürsten brauchten ihre Stände, die eine Vorform der modernen Parlamente waren. Fürst und Landstände waren die Träger der Staatsmacht im Territorium jener Zeit.

Die Reichsreform zur Sicherung des Landfriedens

Wollte der Kaiser seine Macht im Reich stärken, so hätte ihm ein Bündnis mit den schwachen Reichsstädten und Reichsrittern gegen die erstarkenden Landesfürsten wenig geholfen. Nur wenn er selbst ein mächtiger Landesfürst war, konnte er sich gegen seine Konkurrenten durchsetzen. Der Ausbau der Hausmacht wurde deshalb sein wichtigstes Ziel. Am erfolgreichsten waren die Habsburger, die seit 1438 die Kaiserwürde besaßen. Eine zielstrebige Heiratspolitik sicherte ihnen am Ende des 15. Jahrhunderts große Teile der burgundischen Herrschaften und Erbansprüche auf Ungarn, Böhmen und Spanien. Der Ruf nach einer Reform, einer Erneuerung des Reiches, wurde im 15. Jahrhundert immer lauter. Auf den Reichstagen berieten die Fürsten mit den Kaisern über alle Angelegenheiten, die das Reich betrafen. Seit 1489 wurden auch die Reichsstädte regelmäßig zu diesen Versammlungen herangezogen, und hier wuchs das Bewußtsein, daß Kaiser und Reichsstände gemeinsam für die Wahrung von Frieden und Recht verantwortlich waren. Umstritten aber war dabei, wie dies erreicht werden sollte. Die Fürsten wollten nicht zugunsten des Kaisers auf ihre Selbständigkeit verzichten. Und auch wenn sich die Reichsstände zu einem festen Bund zusammengeschlossen hätten, wären unlösbare Probleme geblieben: Welchen Einfluß, welche Rechte sollte der Kaiser, welche die Fürsten haben? Weder wollten die Reichsstände eine Stärkung der kaiserlichen Macht dulden, noch wollten sie eigene Rechte preisgeben.

Auf dem Wormser Reichstag 1495 schlossen Kaiser Maximilian I. und die Reichsstände einen Kompromiß. Ein ewiger Landfriede wurde verkündet und ein Reichskammergericht als oberstes Gericht des Reiches eingesetzt. An die Seite des Kaisers trat das „Reichsregiment", ein Regierungsausschuß, dessen Mitglieder von den Reichsstädten und Fürsten bestellt wurden. Das Reich wurde in „Kreise" eingeteilt. Hier sollten die Reichsstände gemeinsam für die Sicherung des Friedens, das Münzwesen und die Aufstellung von Reichstruppen im Kriegsfall sorgen.

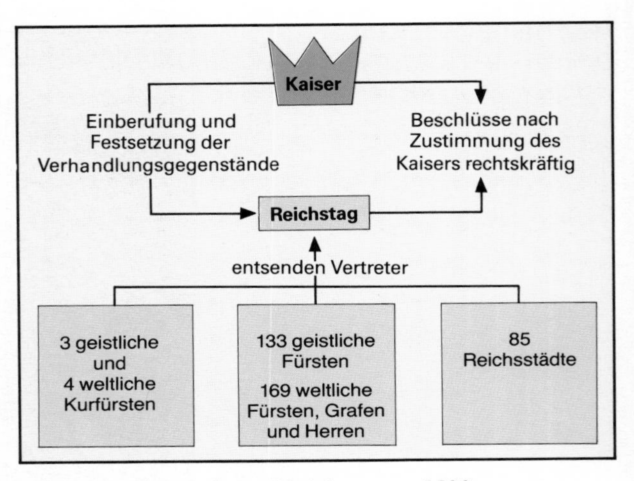

Kaiser, Reichsstände und Reichstag um 1500

Der Machtkampf zwischen Fürsten und Kaisern war damit aber nicht entschieden, beide Seiten hatten ihren Standpunkt gewahrt. Als König Karl I. von Spanien, der Enkel Maximilians, 1519 zum Kaiser gewählt werden wollte, mußte er den Fürsten wichtige Zugeständnisse machen: Bündnisse durfte er nur mit Zustimmung der Kurfürsten schließen, Kriege nur mit Bewilligung der Reichsstände führen. Er mußte versprechen, alles zu unterlassen, was die Rechte und Freiheiten der Reichsstände beeinträchtigen könnte. Eine Reform im Sinne der Stärkung des Kaisertums war damit gescheitert.

Frankreich: Ein einheitlicher Staat entsteht

Frankreich zu Beginn des 15. Jahrhunderts

Frankreich um 1420: Das Ende dieses einst so mächtigen Reiches schien gekommen. Englische und burgundische Armeen hielten den Norden des Landes besetzt. König Heinrich V. von England residierte in Paris und beanspruchte die französische Königswürde. Frankreich schien ein Nebenland Englands zu werden. Nur südlich der Loire konnte sich der rechtmäßige Thronerbe Karl VII. noch halten. Besatzungsarmeen und Räuberbanden verwüsteten das Land.

Die Jahre 1429/30 brachten jedoch einen Umschwung. Jeanne d'Arc, ein Bauernmädchen aus Lothringen, erschien am Hof des Thronfolgers und behauptete, von Gott

beauftragt zu sein, das Land von der Fremdherrschaft zu befreien. An der Spitze einer Armee kämpfte sie dem König den Weg zur Krönung nach Reims frei. Bereits 1430 geriet sie in einen Hinterhalt der Burgunder und wurde an die Engländer ausgeliefert, die sie in Rouen zum Tod auf dem Scheiterhaufen verurteilten. Bis heute gilt Jeanne d'Arc in Frankreich als Symbol des nationalen Widerstands gegen Fremdherrschaft.
Frankreich hatte jetzt wieder einen rechtmäßigen Herrscher. Burgund schied aus dem Krieg aus, König Karl VII. zog in Paris ein, und 1450 verloren die Engländer schließlich auch die Normandie. Calais blieb ihr einziger Stützpunkt auf dem Kontinent.

Der Neuaufbau

Karl VII. und vor allem Ludwig XI. schufen eine neue Grundlage der königlichen Macht in Frankreich. Das Zurückweichen Englands und Burgunds milderte den Druck von außen, aber im Innern mußte die königliche Herrschaft weiter gesichert werden. Denn noch gab es mächtige Lehnsfürsten, die den Königen das Recht streitig machten, für ganz Frankreich sprechen zu können. An der Spitze dieser Adelsopposition standen die Herzöge von Burgund. Und hinter diesen standen die englischen Könige, die ihren Anspruch auf die französische Krone nicht aufgaben.
Aber Ludwig XI. vereitelte alle Versuche der Lehnsfürsten, eine gemeinsame Front gegen seine Herrschaft aufzubauen, und spielte sie gegeneinander aus. Als der mächtigste Gegner des Königs, Herzog Karl der Kühne von Burgund, 1477 im Kampf gegen die Eidgenossen fiel, gab es keinen mehr, der die Herrschaft des Königs ernstlich gefährden konnte. Ludwig XI. nutzte jede sich bietende Gelegenheit, die Lehen wieder an die Krone zu ziehen. Vom Königtum abhängig wurde auch der niedere Adel. Jahrzehntelange Kriege hatten ihn wirtschaftlich ruiniert. Jetzt erhofften sich diese Herren Ämter und Privilegien vom Herrscher.
Auch die Kirche mußte sich dem König unterordnen, der das Recht beanspruchte, bei der Besetzung hoher kirchlicher Ämter mitzuwirken. Ludwig XI. unterwarf sogar Teile des kirchlichen Grundbesitzes der königlichen Steuer, denn der Neuaufbau der Herrschaft hing von der Erschließung neuer Geldquellen ab. Das konnte nur auf Kosten der Stände geschehen, deren Recht, die Steuern zu bewilligen, beschnitten wurde.

Jeanne d'Arcs Ankunft beim französischen König 1429. Darstellung auf einem Wandteppich aus dem 15. Jahrhundert

Der Staat brauchte Geld für die Aufstellung eines stehenden Heeres und für die Beamten, die die königliche Gewalt in den Gebieten der Lehnsfürsten durchsetzen sollten. Weil er den Adligen mißtraute, förderte er den Aufstieg von juristisch geschulten Beamten aus dem Bürgertum, die er nach freiem Ermessen ernennen und entlassen konnte. Ludwig XI. schränkte die Selbstverwaltungsrechte der Städte ein und erhöhte ihre Steuern. Aber er entschädigte auch die Bürger für ihre Unterwerfung: Wie kein König vor ihm förderte er Handel und Gewerbe. Er sorgte für eine stabile Währung und ließ Straßen und Wasserwege ausbauen.
Als Ludwig XI. 1481 starb, war Frankreich zwar noch kein Einheitsstaat, aber in allen Provinzen hatte der König Verwaltung und Rechtsprechung seiner Gewalt unterworfen. Während im Deutschen Reich Kaiser und Fürsten um die Macht rangen, war es den französischen Königen gelungen, die Gewalten auszuschalten, die ihren zentralen Herrschaftsanspruch gefährden könnten.

1 Jugendspiele Kaiser Maximilians I.
Holzschnitt von H. Burgkmair, um 1520

1. *Die Jugendzeit von Kaiser Maximilian I. wird hier auf einem Bild zusammengefaßt in unterschiedlichen Altersstufen abgebildet. Versuche, die Spiele entsprechend dem Alter zu ordnen.*
2. *Welche Spiele sind dargestellt? Was sagen sie über die Erziehung eines Kaisers aus?*
3. *Man hat Maximilian I. als den „letzten Ritter" bezeichnet. Bestätigt das Bild diese Einschätzung?*

2 Stärken und Schwächen Maximilians I. aus der Sicht Dritter

2a *Maximilians Sekretär Joseph Grünpeck berichtete über die Persönlichkeit und die Regierungstätigkeit des Kaisers:*

Q Übrigens ließ er keinen Augenblick, der ihm für wissenschaftliche Tätigkeit blieb, ungenutzt. So oft er sich von Regierungsgeschäften freimachen konnte, begann er zu schreiben oder seinen Sekretären zu diktieren. Sein 5 Hauptinteresse galt der Weltbeschreibung und wahrheitsgetreuen Geschichtserzählungen. Diese trug er bei jedem Zusammentreffen mit Fürsten, vor allem aber im Kreis von Ausländern vor, denn sie dienten ihm dazu, die Grundsätze seiner Politik zu illustrieren ... Auf die Ruh- 10 mestaten seiner Vorfahren kam er besonders gern zu sprechen. Deshalb verachtete er diejenigen Fürsten zutiefst, welche ihre eigenen und die Taten ihrer Vorfahren aus Nachlässigkeit und Trägheit nicht der Nachwelt überlieferten ...
15 Von welch hervorragender Begabung er gewesen ist, zeigen seine ausgefeilten Vorträge, die er häufig in Gegenwart zahlreicher Fürsten, seiner Kämmerer und Sekretäre hielt und die ich direkt aus seinem Munde niederschrieb. Auch sind folgende Schriften des Kaisers noch in meinem Besitz: Denkwürdigkeiten über seine eigenen Erlebnisse, 20 dann ein Buch über die Natur der Tiere und verschiedenartige praktische Untersuchungen, weiterhin ein Aufsatz über die Sprichwörter und mancherlei andere Schriftchen. Wenn ihm die Regierungsgeschäfte nur ein wenig Muße ließen, arbeitete er zur Erholung an solchen Din- 25 gen, anstatt sich dem Würfelspiel hinzugeben.
Er verfügte niemals über soviel arbeitsfreie Zeit, daß er der Ruhe pflegen ... und mehr als die Hälfte des üblicherweise notwendigen Schlafes genießen konnte. Und nicht einmal essen oder trinken konnte er auf behagliche Wei- 30 se. Wohl zwanzigmal wurde er beim Frühstück oder Mittagessen gestört. Frühmorgens nach dem Erwachen standen die Sekretäre bereit und quälten ihn bis zur dritten oder vierten Stunde mit ihrer hastigen Geschäftigkeit. Dann begannen die öffentlichen Audienzen, oder er wur- 35 de durch geheime Beratungen in Anspruch genommen. Kaum eine halbe Stunde konnte er dem Gottesdienst wid-

men. Während er sich danach sofort zum Frühstück oder Mittagessen setzte, fanden gewaltige Kämpfe vor ihm statt, denn jeder wollte der erste sein, um ihm seine Angelegenheiten zu unterbreiten. Aber wenn die Tafel aufgehoben war, drängte sich der ganze Hof laut lärmend zu ihm hin. Wenn dann dies unruhige Treiben bis Mitternacht fortgedauert hatte, fand er durch die Fürsorge der Kammerdiener, welche allzu Aufdringliche bisweilen mit Gewalt abwiesen, eine ganz kurze Ruhe …
Hochbegabt und vielseitig war er in allen technischen Dingen. In Findigkeit und Geschicklichkeit übertraf er darin auch ausgezeichnete Handwerker. Kriegsgeräte in ganz kleine Teile zu zerlegen und ohne Beunruhigung und Anstrengung von Mensch und Tier mit geringer Kraftanstrengung auf Karren zu heben und mit Leichtigkeit dahin zu schaffen, wo man sie benötigte – dafür hat er zuerst ein Verfahren erfunden … Und was in unserer Zeit an Ungewöhnlichem, Neuem und Furchterregendem im Kriegswesen eingeführt wurde, geht auf ihn zurück.

J. Grünpeck: Die Geschichte Friedrichs III. und Maximilians I., Leipzig 1899, S. 58f. Bearbeitung d. Verf.

2b *Der italienische politische Schriftsteller und Diplomat Niccolò Machiavelli (1469–1527) schrieb über Tugenden und Schwierigkeiten Maximilians I.:*

Q Daß der Kaiser viele und gute Soldaten hat, unterliegt keinem Zweifel. Allein wie er sie beisammenzuhalten vermag, das liegt im Zweifel. Denn er kann dies einzig durch Macht des Geldes tun. Einerseits leidet er Not an solchem für seine eigene Person, wenn andere, was man nicht wissen kann, ihn nicht unterstützen; andererseits ist er zu freigebig, so daß Schwierigkeit sich auf Schwierigkeit häuft. Und obgleich Freigebigkeit zu den Tugenden eines Fürsten zählt, ist es doch nicht genügend, 1000 Leute zu befriedigen, wenn man ihrer 20 000 bedarf. Freigebigkeit hilft gar nichts, wo die Mittel zum Zweck nicht reichen. Was seine Regierung betrifft, so kann man nicht leugnen, daß er ein Mann von Sorgfalt und im Waffenhandwerk sehr erfahren ist und auch große Anstrengungen nicht scheut und große Erfahrungen durchgemacht hat. Er genießt mehr Ansehen, als irgendeiner seiner Vorgänger seit 100 Jahren, ist aber ein so guter und humaner Herr, daß er leicht zu täuschen ist.

Zit. nach: M. Brosch, Machiavelli am Hof und im Kriegslager Maximilians I., in: Mitteilungen Österreichischer Geschichte 24, 1903, S. 99.

2c *Ein deutscher Historiker schreibt über die Persönlichkeit Maximilians I.:*

D Maximilian I. besaß Beweglichkeit bis zum Hektischen, Temperament und kriegerischen Unternehmungsgeist. Eine lebhafte politische Phantasie gab ihm unentwegt Pläne ein und ließ ihn gelegentlich abenteuerliche Gedanken fassen; sein unstetes Wesen trieb ihn von Unternehmung zu Unternehmung und hinderte ihn, ein Vorhaben reiflich zu überdenken und beharrlich zu verfolgen … Soweit er sich militärisch engagierte, erzielte er gewöhnlich keine Ergebnisse. Anderes kam nicht einmal ansatzweise zur Ausführung …
Maximilian stand den modernen Strömungen seiner Zeit aufgeschlossen gegenüber und interessierte sich für neue technische Schöpfungen und Verfahren. Er nahm Anregungen auf und gab sie weiter, machte von sich reden und sprach durch seine Art seine Zeitgenossen an … Alles zusammen verschaffte ihm Volkstümlichkeit. Die populäre Meinung sah in ihm den „letzten Ritter“ und umgab das Bild, das sie sich von ihm machte, mit einem verklärenden Schimmer. In der Tat scheint damit etwas Richtiges getroffen zu sein. Denn das Abenteuerliche und Phantastische gehörte als ein bezeichnender Zug in das Bild des Kaisers.

E. W. Zeeden, Die europäischen Staaten 1450–1660, in: Handbuch der europäischen Geschichte, Bd. 3, hg. von Th. Schieder, Stuttgart 1971, S. 479f.

1. *Stelle aus Quelle 2a den Tagesablauf Maximilians I. zusammen. Was gehörte zur Regierungstätigkeit eines Kaisers?*
2. *Schreibe auf der Grundlage der Quellen 2a und 2b eine Art Nachruf auf Maximilian I.*
3. *Welche Einschätzung der Persönlichkeit Maximilians I. kommt in dem Bericht von seinem Sekretär zum Ausdruck? Wie unterscheidet sich diese von der Machiavellis?*
4. *Vergleiche die zeitgenössischen Beurteilungen der Persönlichkeit Maximilians I. mit der des Historikers in Text 2c.*

Vom Alltag des Volkes

„Wenn man vom Volk spricht, so spricht man in Wirklichkeit von einem wahnsinnigen Tier", schrieb ein Gelehrter im 16. Jahrhundert. Vielleicht dachte er dabei an die zum Teil grausamen Bräuche und Späße, die im Leben des einfachen Volkes eine große Rolle spielten. Aber war dies ein Grund, sich abfällig zu äußern und die Bauern und Handwerker als unbeholfene und ungebildete Tölpel hinzustellen, wie es in dieser Zeit immer häufiger geschah? Hatten Volksbräuche und Aberglaube nicht vielleicht einen tieferen Sinn, um das harte, gleichförmige Leben erträglicher zu machen?

Lebensabschnitte: Von der Geburt bis zum Tod

Kindheit und Jugend

Die Kindheit auf dem Dorf war damals viel härter als heute. Viele Kinder starben nach der Geburt oder in den ersten Jahren ihres Lebens, weil bei Krankheiten die Ärzte viel weniger helfen konnten als heute, oft aber auch kein Geld für einen Arzt da war.

Im Alter von zwölf bis vierzehn Jahren, manchmal schon früher, wurden die Kinder als Knechte und Mägde aus dem Haus gegeben, um die Zahl der Esser zu verringern. Für Waisenkinder – damals gab es viel mehr als heute – hatte die Verwandtschaft oder die Dorfgemeinschaft in manchen Gegenden noch bis zum siebten Lebensjahr zu sorgen. Von diesem Alter an mußten sie dann selbst für ihren Lebensunterhalt aufkommen.

Im Unterschied zur Stadt, wo auch in jener Zeit Kinder, deren Eltern es wollten, zur Schule gehen konnten, wuchsen die Bauernkinder auf dem Dorf in der Regel ohne Schulbildung auf. Sie lernten weder Lesen und Schreiben noch Rechnen. Viel wichtiger war für die Jungen, die „Burschen", daß sie ungefähr mit vierzehn in die Burschenschaft des Dorfes aufgenommen wurden, deren Mitglied sie bis zur Heirat blieben. Ähnliche Einrichtungen wie die Burschenschaften gab es auch für die Mädchen, leider weiß man darüber aber viel weniger als über die Burschenschaften. Während die Mädchen sich im Winter abends zum gemeinsamen Spinnen trafen – wobei nicht selten ältere Frauen zur Kontrolle anwesend waren –, hatten die Jungen in der Burschenschaft wichtige Aufgaben für das Dorf zu erledigen: militärische Ausbildung und Schutz des Dorfes, Vorbereitung von Festen und Überwachung der Dorfsitten.

„Vornehmer Besuch in der Bauernstube". Gemälde von Jan Brueghel, um 1600

„Wer zu der Ehe greifen will“. Kolorierter Holzschnitt von Hans Paur, um 1475

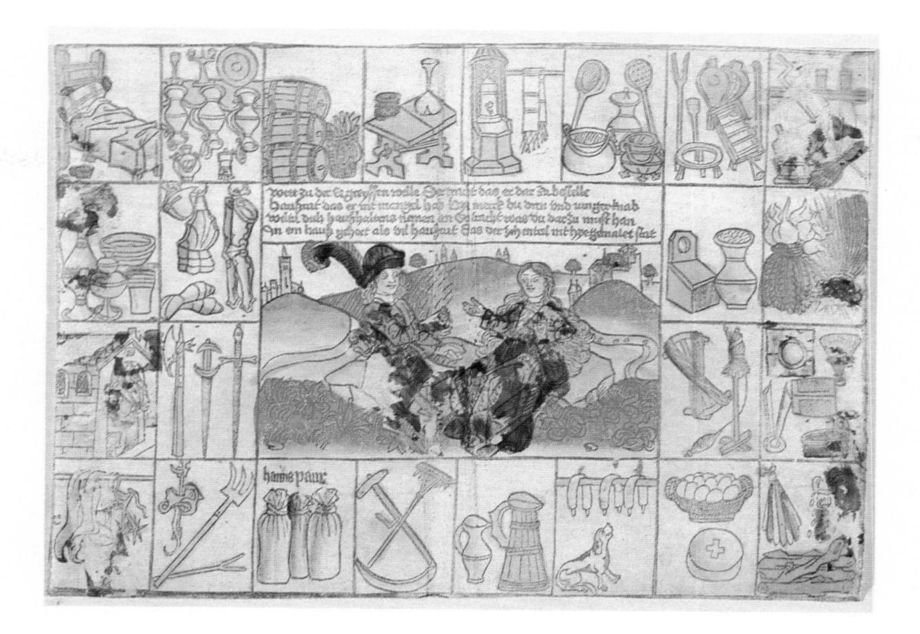

Wollte ein Junge zum Tanzen gehen, so konnte er sich häufig das Mädchen nicht selbst aussuchen. Am Valentinstag (14. Februar) oder auch im Mai fand unter Leitung des „Königs“ der Burschenschaft eine Versammlung der Dorfjugend statt, auf der die Mädchen an die Burschen „versteigert“ wurden. Das Mädchen, das von einem Jungen „ersteigert“ worden war, mußte dann mit diesem ein Jahr lang die Feste des Dorfes besuchen und mit ihm tanzen. Hierüber wachte die Burschenschaft genauso wie darüber, daß nicht Jungen aus anderen Dörfern mit „ihren“ Mädchen anbändelten.
Auch wenn sich jemand im Dorf vergangen hatte, schritt die Burschenschaft ein: Die Jugendlichen brandmarkten ihn oder machten ihn lächerlich. Heiratete eine Witwe einen jüngeren Mann, so veranstaltete die Burschenschaft aus Protest dagegen mit viel Lärm eine „Katzenmusik“. Man sah solche Heiraten nicht gern, weil die Witwe dadurch die Heiratschancen der Mädchen verringerte. Bei der Sittenüberwachung durfte die Burschenschaft sogar eine Frau, die ihren Mann geschlagen hatte, zur Bloßstellung rückwärts auf einem Esel sitzend durch das Dorf führen. Hatte der Gebildete nicht recht, wenn er vom Volk als einem „wahnsinnigen Tier“ sprach? Sicherlich waren solche Bräuche grausam, doch die Jugend wuchs so in die harte Welt der Erwachsenen hinein.

Hochzeit und Ehe

Die nächste Lebensstufe begann mit der Heirat. Wie auch noch Jahrhunderte später war man bei der Wahl des Ehepartners nicht frei: Maßgebend war die Entscheidung der Eltern, oft auch der Verwandten; nicht Liebe und Zuneigung, sondern wirtschaftliche Gründe gaben den Ausschlag für die Wahl des Ehepartners. Die Hochzeit war dann ein großes Fest, das auch in armen Familien mit viel Aufwand gefeiert wurde. Oft gab eine Familie ihr ganzes Vermögen aus, um wenigstens einmal in Saus und Braus zu leben. Daß die Heirat einen wichtigen Einschnitt im Leben darstellte, zeigen uns viele Heiratsbräuche: An manchen Orten war es z. B. üblich, daß der Bräutigam zum Abschied von seinen bisherigen Kameraden verprügelt wurde. Es gab auch den Brauch, daß der Bräutigam seiner Braut auf den Fuß treten mußte, um zu zeigen, daß er jetzt die Herrschaft über sie hatte.
Nach der Hochzeit war die Frau ihrem Mann untergeordnet und hatte nicht selten in der Familie, in die sie einheiratete, einen schweren Stand. Oft wurde sie vom Ehemann und den Schwiegereltern wie eine Magd und nicht wie die Ehefrau behandelt. Da die Frauen für den Haushalt zuständig waren, hatten sie auch unter den alltäglichen Nöten durch Krankheiten, Mißernten oder Krieg mehr zu leiden als die Männer. Erst wenn die Frau älter

geworden war, verbesserte sich ihre Stellung, während sich ihr Mann vielleicht schon seinem ältesten Sohn unterzuordnen hatte.

Alter und Tod

Auf größeren Bauernhöfen war das „Altenteil" der letzte Abschnitt des Lebens. Hierauf zogen sich die Eltern zurück, wenn sie den Hof übergaben. Erbrecht und Vereinbarungen regelten, wer den Hof bekam und welche Rechte die Alten auf dem Hof noch hatten. Oft kam es bei diesen Regelungen zu schweren Zerwürfnissen zwischen den Generationen, die bis zum Tod der Eltern anhielten.
Jugendliche, Verheiratete und Alte bildeten drei Gruppen im Leben des Dorfes. Eine vierte Gruppe waren die Toten, die in der Vorstellung der Lebenden irgendwie noch zur Gemeinschaft des Dorfes gehörten. Mitten im Dorf bei der Kirche begraben, glaubte man sie noch in der Nähe. Man bewirtete sie und wollte sie durch gutes Andenken besänftigen, da sie sich sonst vielleicht für an ihnen begangenes Unrecht rächen könnten. Die Feste zu Ehren der Toten an Allerheiligen und Allerseelen wurden nicht wie Trauerfeiern begangen, sondern Tanz und Wettkämpfe fanden auf dem Friedhof statt. Die Alten im Dorf hatten auf diese Weise den Trost, daß der Tod kein Ende bedeutete, sondern die dörfliche Gemeinschaft überdauerte.

Ein Dorfgericht tagt. Schweizer Bilderhandschrift von 1513

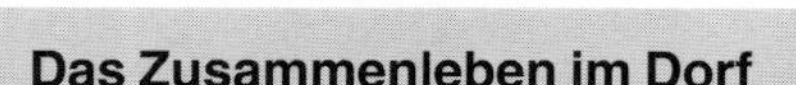

Das Zusammenleben im Dorf

Not und harte Arbeit führten zu vielen Streitereien zwischen den Nachbarn. Mancher versuchte, sich einen Vorteil auf Kosten des Nachbarn zu verschaffen, indem er einen Grenzstein versetzte oder sein Vieh auf die Weide des Nachbarn trieb. Beschimpfungen, Schlägereien und gerichtliche Auseinandersetzungen vor dem Dorfgericht waren die Folge. Jeder fühlte sich verpflichtet, sein Eigentum – auch mit Gewalt – zu verteidigen. Wer dies nicht tat, war in Gefahr, seine Ehre zu verlieren.
Solche Streitigkeiten im Dorf waren besonders schlimm, weil die Bauern auf *Nachbarschaftshilfe* angewiesen waren. Durch den Flurzwang war z. B. eine gegenseitige Abstimmung der Arbeiten aller Dorfbewohner erforderlich. Gegenseitig helfen mußte man sich aber auch, um Hunger und Not abzuwehren. Wenn ein Erwachsener krank wurde, mußten Nachbarn einspringen, um die Ernte rechtzeitig einbringen oder schwere Arbeiten erledigen zu können. Streit und Solidarität bestanden im Leben des Dorfes nebeneinander.
Auf Armut und Not ist auch zurückzuführen, daß der Aberglaube im Leben der Bauern eine so große Rolle spielte. Traf Krankheit, Tod oder Mißernte einen Bauern, so beschuldigte er oft eine verfeindete Nachbarin, durch Hexerei dieses Unheil angerichtet zu haben. Aber auch wenn ein Bauer Glück hatte, mußte er damit rechnen, daß neidische Nachbarn seine Frau verdächtigten, das Glück durch Zauber erreicht zu haben. Stand eine Frau erst einmal unter dem Verdacht der Hexerei, fand manchmal gegen sie ein regelrechtes Kesseltreiben statt. Gelang es dann noch, die Obrigkeit des Dorfes für den Fall zu interessieren, konnte die verdächtigte Frau zum Tod auf dem Scheiterhaufen verurteilt werden. Dies war allerdings bis zum Ende des 16. Jahrhunderts noch recht selten. Erst dann begann die Obrigkeit, Frauen als Hexen systematisch zu verfolgen.

1 Hexenverfolgungen im 16. und 17. Jahrhundert

1a *Flugblatt über die Bekanntgabe einer Hexenverbrennung aus dem Jahr 1555*

Unter dieser Abbildung ist auf dem Flugblatt folgender Text aufgeführt:

Q An Michaelis, dem 1. Oktober, sind zwei Zauberinnen, die eine wird Groebische, die andere Gißlerische genannt, verbrannt worden. Die Groebische hat gestanden, daß sie elf Jahre mit dem Teufel gebuhlt hat. Wie man sie zum Scheiterhaufen gebracht, sie in Ketten geschlagen und das Feuer angezündet hat, ist der Satan gekommen und hat sie – sichtlich für jedermann – in die Lüfte weggeführt. Die beiden Frauen sind zwei Tage nach der Hinrichtung nachts in das Haus der Gißlerschen gekommen und haben den Mann der Gißlerschen zur Tür hinausgestoßen, so daß er gefallen und gestorben ist. Ein Nachbar von gegenüber, der es gehört hat und hinzugelaufen ist, hat gesehen, daß die beiden Weiber freudig um ein Feuer getanzt sind, der Gißlersche Mann aber lag vor der Tür und war tot. Am 12. Oktober ist der Mann der Groebischen hingerichtet worden, weil er bei seiner Schwägerin geschlafen hat, die er vor der Groebischen zur Frau gehabt hatte. Am 14. Oktober ist eine Frau, genannt die Serckschen, auch verbrannt worden, weil sie … einem Mann von Derneburg eine Kröte unter die Schwelle gegraben hat, wovon der Mann erlahmte und ihm das Vieh umgekommen ist.
Hier sieht man, was der Teufel, wenn er sich an einem Ort einnistet, zu regieren beginnt und mit seinem Gift um sich sticht, anrichtet und wie viele Personen in wenigen Tagen umkommen. Solch greuliches Exempel soll uns zur Buße raten und zur Gottesfurcht … Die Geschichte soll die Gottlosen und Zauberer daran erinnern, daß der Teufel noch lebt und das Höllenfeuer noch nicht erloschen ist.

Zit. nach: Die Chronik der Frauen, hg. von A. Kuhn, Dortmund 1992, S. 239. Bearbeitung d. Verf.

1. *Versuche, anhand der Abbildung einen Bericht über die Ereignisse in Derneburg 1555 zu schreiben. Vergleiche deinen Bericht mit der Schilderung auf dem Flugblatt.*
2. *Welche „Verfehlungen" wurden den Frauen vorgeworfen? Wie würden wir heute die Ereignisse erklären?*

1b *Über eine Verfolgungswelle in den Hochstiften Bamberg und Würzburg 1626/30 wurde berichtet:*

Q Sie haben bekannt, daß sich über 1200 miteinander verbunden haben. Wenn ihre Teufelskunst und Zauberei nicht an den Tag gekommen wäre, hätten sie vier Jahre kein Wein und Getreide wachsen lassen, wodurch viele Menschen und Vieh an Hunger gestorben wären und ein Mensch den anderen hätte fressen müssen. Gott, der Herr, hat dies nicht geschehen lassen wollen und an den Tag gebracht, so daß über 1200 sind verbrannt worden und werden noch täglich viele verhaftet und verbrannt. Auch haben sie gestanden, daß sie giftige Nebel gemacht haben, so daß viele Menschen und Tiere haben sterben müssen. Durch ihre Teufelskunst haben sie den Menschen auch große Krankheiten gebracht und Äpfel, Birnen und das Gras auf den Wiesen verdorben …
Es sind auch etliche katholische Pfarrer darunter gewesen, die so große Zauberei und Teufelskunst getrieben haben, daß nicht alles zu beschreiben ist. Wie sie in ihrer Pein bekannt haben, haben sie viele Kinder in Teufels Namen getauft …
(Zwei Bürgermeister) haben bekannt, daß sie viel schreckliche Wetter und große Wunder gemacht, so daß viele Häuser und Gebäude eingeworfen und viele Bäume im Wald und Feld aus der Erde gerissen wurden …
Es sind auch etliche Mädchen von sieben, acht, neun und zehn Jahren unter diesen Zauberinnen gewesen. Zwanzig sind hingerichtet und verbrannt worden … Die Zauberei hat in Bamberg und Würzburg so überhand genommen, daß auch die Kinder in den Schulen und auf den Gassen einander gelehrt haben. Deswegen wurden dann etliche Schulen ganz eingestellt … So versprechen auch die

Eltern ihre Kinder dem Satan im Mutterleibe. Besonders verwunderlich ist, daß solche kleinen Kinder Donner und Blitz zuwege bringen können.

1c *Aus einer Chronik aus Kleve im Jahr 1576:*

Q Wie mag es kommen, daß viel mehr Weiber Zaubersche werden als Männer? Dessen sind drei Ursachen. Zum ersten weil die Weiber leichter glauben als die Männer. Man sagt gemeiniglich, wer leichter glaubt, wird leichter betrogen ... Die andere Ursache ist, weil die Weiber neufindig sind, wollen alle Dinge wissen und erfahren. Also wollte Eva Gutes und Böses wissen. Zum dritten sind die Frauleut gar rachgierig. Sobald ihnen etwas mangelt, wollen sie solches rächen, und da es ihnen an der Macht fehlt, ist alsbald der Satan dabei und lehret sie solches heimlich durch Zauberei zu tun ... Die Weiber sind auch gemeinlich geizig. Deshalb wollen sie reich sein, alle Dinge haben und nach der Pracht leben. Solches verheißt ihnen der Satan und bringt sie deshalb dazu.

1d *Der Jesuitenpater Friedrich von Spee schrieb Anfang des 17. Jahrhunderts in seiner Schrift „Cautio Criminalis", die sich gegen die Hexenverfolgungen wandte:*

Q Ob es in Deutschland mehr Hexen und Unholde als anderorts gibt?
Ich antworte: Das weiß ich nicht. Aber ich will, um keine Zeit zu vertun, kurz sagen, wie sich mir die Sache darstellt. Danach scheint es jedenfalls so und wird es angenommen, daß sich in Deutschland mehr Hexen finden als woanders. Man weiß ja, daß es besonders in Deutschland allorts von Scheiterhaufen raucht, die diese Pest vertilgen sollen, und das ist doch gewiß ein überzeugender Beweis dafür, wie sehr man alles für verseucht hält ...
Dieser Glaube an eine Unmenge von Hexen in unserem Lande wird aus zwei wichtigen Quellen genährt. Deren erste heißt Unwissenheit und Aberglauben des Volkes. Alle Naturforscher lehren, daß auch solche Erscheinungen auf ganz natürlichen Ursachen beruhen, die bisweilen ein wenig vom gewöhnlichen Lauf der Natur abweichen, und die man als außerordentlich bezeichnet, wie beispielsweise ein übermäßiger Platzregen, besonders starker Hagel und Frost, ein übergewaltiger Donnerschlag und Ähnliches ... Die zweite Quelle des Glaubens an die unzähligen Hexen heißt Neid und Mißgunst des Volkes ...
Es ist kaum zu glauben, was es bei den Deutschen und besonders – es ist beschämend auszusprechen – bei den Katholiken unter dem Volke für Aberglauben, Mißgunst, Verleumdung, Ehrabschneiderei, heimliches Gerede und dergleichen gibt. Die Obrigkeit bestraft diese Dinge nicht, und die Prediger rügen sie nicht. Sie sind es, die zu allererst den Verdacht der Hexerei in die Welt setzen. Alle göttlichen Strafen, die Gott in der Heiligen Schrift androht, stammen von den Hexen her. Gott und die Natur tun jetzt gar nichts mehr, sondern alles machen die Hexen. So kommt es, daß alle Welt schreit, die Obrigkeit solle nun die Inquisition gegen die Hexen einleiten, die man in dieser Unmenge doch nur mit den eigenen Zungen geschaffen hat. Also befehlen die Fürsten ihren Richtern und Räten, mit dem Prozeß gegen die Hexen zu beginnen. Die Beamten selbst sind der Meinung, daß vor allem die Fürsten die Verantwortung für diese Prozesse selbst zu tragen haben. Wenn sie von den Geistlichen zur Vorsicht ermahnt werden, dann schieben sie stets die Verantwortung auf die Fürsten, da sie nur auf deren Befehl tätig seien.

Quellen 1b bis 1d zit. nach: Behringer, S. 261f., S. 158, S. 377ff., Bearbeitung d. Verf.

1. *Welche Ereignisse werden in Quelle 1b als Anlaß für die Hexenverfolgungen in Bamberg und Würzburg genannt? Welchen Personenkreis betreffen die Verfolgungen?*
2. *Welche Eigenschaften wurden nach Quelle 1c Frauen zugeschrieben, aufgrund derer sie besonders häufig Opfer der Verfolgungen wurden? Nimm zu diesen Vorwürfen Stellung.*
3. *Stelle aus den Materialien 1a bis 1c eine Liste der Vorwürfe zusammen, die gegen die Frauen, die als Hexen bezeichnet wurden, erhoben wurden.*
4. *Wie werden die Hexenverfolgungen in Quelle 1d erklärt? Mit welchen Argumenten werden sie abgelehnt? Welche Rolle spielte die Obrigkeit?*
5. *Gibt es auch heute noch Vorwürfe und Vorurteile gegenüber bestimmten Menschen, die sich mit den Gedanken zur Zeit der Hexenverfolgungen vergleichen lassen? Nenne dafür Beispiele.*

Humanismus und Renaissance

Der reiche, gebildete Bürger, der sich in Literatur und Philosophie auskannte, und der Höfling, der sich auf Festen und Empfängen elegant bewegen konnte, hatten mit dem Leben des gemeinen Volkes nichts zu tun. Je mehr sie dem neuen Ideal der gelehrten Bildung und des höfischen Lebens nachstrebten, um so größer wurde ihr Abstand zum Volk.
Im Mittelalter war Bildung und Unterricht eine Sache der Kirche. Grundlage allen Wissens war der christliche Glaube. An ihm wurde auch alles gemessen, was die Griechen und Römer in der Antike an großen Leistungen in Kunst, Literatur und Wissenschaft hervorgebracht hatten. Von ihnen schöpfte man zwar viel Wissen, vergaß aber nie, daß sie Heiden waren. Das änderte sich während des 14. und 15. Jahrhunderts in Italien. An Fürstenhöfen und in Städten entstanden neue private Schulen, und Gelehrte sammelten Schüler um sich. Nicht mehr das festgelegte Unterrichtsprogramm der mittelalterlichen Universitäten, sondern die freie Diskussion galt als oberstes Ideal. Die Erörterung mancher theologischen Frage, die bisher viel Raum eingenommen hatte, wurde durch das Studium der Philosophie und Literatur der griechisch-römischen Antike verdrängt.

Florenz: Ein neues Zentrum des geistigen Lebens

Hinwendung zur Antike und zum Menschen

Vor allem in der italienischen Handelsstadt Florenz sammelten sich Gebildete, die die mittelalterlichen Vorstellungen nicht mehr billigten. Gegen das zurückgezogene Leben und Studieren der Mönche brachten sie vor, daß es dem Staat und den Menschen wenig nütze und oft nur der Bequemlichkeit entspringe. Seit fast 1000 Jahren seien Kunst und Wissenschaft verfallen. Weil man sich ein Wiederaufleben des antiken Geistes erhoffte, wurde später diese Epoche *Renaissance* (= Wiedergeburt) genannt. Als Bewunderer der Antike waren die Gebildeten anfangs weniger an der Erforschung von Naturgesetzen interessiert. Sie wollten sich vielmehr mit dem Menschen befassen. Man nannte sie deswegen *Humanisten* (lat. humanus = menschlich).
Nach ihrer Auffassung unterschied sich der Mensch vor allem durch die Sprache vom Tier. Sie legten deshalb großen Wert auf die Verbesserung der Sprache. In Wort und Schrift betrachteten sie die antiken Schriftsteller als unerreichte Vorbilder. Ein an diesen Vorbildern geschulter Mensch mußte ihrer Ansicht nach ein besserer Mensch sein. Deswegen bemühten sie sich zunächst darum, die verlorengegangenen Schriften der antiken Schriftsteller wiederzufinden. Sie durchstöberten Klosterbibliotheken – auch in Deutschland –, schrieben die entdeckten Handschriften neu ab oder stahlen sie auch manchmal und brachten sie nach Italien. Durch genauen Vergleich versuchten sie, den ursprünglichen Text wiederherzustellen. Die Philologie, die Sprach- und Literaturwissenschaft, blühte auf.

Die neue Rolle von Kunst und Wissenschaft

Weder Maler noch Bildhauer ließen sich jetzt – wie im Mittelalter – unter die Handwerker einordnen, sondern sahen sich selbstbewußt als Schöpfer ihrer Kunstwerke.
Und die Humanisten wollten nicht nur Stubengelehrte sein. Ein Gebildeter sollte fechten, tanzen, malen, musizieren und dichten können. In den Schulen nahmen die Leibesübungen einen wichtigen Platz ein. In der zweiten Hälfte des 15. Jahrhunderts blühten dann auch die Naturwissenschaften auf. Nun wollte man die Natur nicht mehr durch Spekulation, sondern durch genaue Beobachtung und mathematische Berechnung ergründen. Auch in der bildenden Kunst wurde die naturgetreue Nachbildung ein wichtiges Ziel (siehe S. 150).
Mit der neuen Lebensauffassung und den der Welt zugewandten Inhalten von Kunst und Wissenschaft wandelte sich das Ansehen und die Stellung der Gebildeten in der Gesellschaft. Schriftsteller, Philologen, Redner und Dichter wurden zu angesehenen Männern in der Stadt. Humanisten wurden in die Kanzleien berufen und erledigten die Korrespondenz der Fürsten. Selbst wenn ein Gebildeter von bescheidener Herkunft war, so war dies jetzt kein Hinderungsgrund mehr, in die vornehmsten Familien einheiraten zu können.
Reiche, humanistisch gebildete Kaufleute waren bereit, große Teile ihres Vermögens für die Förderung der Künste auszugeben. Sie kauften sich Kunstwerke jetzt nicht

„Die Schule von Athen". Ausschnitt aus einem Wandgemälde von Raffael, 1510. In der Mitte des Bildes sind die beiden bedeutendsten Philosophen der Antike, Platon und Aristoteles, dargestellt.

mehr aus religiösen Gründen, sondern in erster Linie, weil sie den neuen Kunstidealen entsprachen und weil sie sie schön fanden, zum Teil wohl auch schon als Geldanlage. Hatten sie früher vor allem Wert auf kostbares Material gelegt, so verlangten sie jetzt, daß der Meister selbst – nicht etwa die Gesellen – das Bild malte. Der Maler stand in so hohem Ansehen, daß Albrecht Dürer, der berühmteste deutsche Maler dieser Zeit, aus Italien nach Hause schrieb: „Hier bin ich ein Herr, daheim ein Schmarotzer!"

Warum hatte diese Bewegung gerade in Florenz begonnen? Zuerst einmal war Florenz ein reiches, bedeutendes Handelszentrum. Außerdem hatte die Stadt bis in die Mitte des 15. Jahrhunderts ihre Freiheit als Stadtrepublik erhalten. Die römische Republik der Antike galt den Florentinern politisch als Vorbild, dem man nacheiferte. Die Redekunst wurde wie im alten Rom hoch eingeschätzt, weil in der Republik wichtige Entscheidungen von der rednerischen Überzeugungskraft der Politiker abhingen. Nicht zuletzt hat aber auch die Flucht vieler griechischer Gelehrter nach der Eroberung Konstantinopels 1453 durch die Türken zum Aufblühen des Humanismus in Florenz geführt.

Niccolò Machiavelli: Eine neue Auffassung von Politik

Auch einer der bedeutendsten politischen Denker dieser Zeit, Niccolò Machiavelli, stammte aus Florenz. Um 1500 für kurze Zeit selbst politisch tätig, wollte er vor allem den Menschen beschreiben, so wie er war – nicht, wie er sein sollte. In seinem Buch „Der Fürst" beschrieb Machiavelli nicht die idealen Tugenden eines Fürsten, sondern was dieser tun sollte, um seine Herrschaft gegen innere und äußere Feinde zu sichern. Der *Erfolg* war das Kriterium für die Mittel, die dabei angewandt werden durften, nicht irgendeine moralische Regel. Daß man dem Fürsten ein Versprechen glaubte, auch wenn dieser von vornherein die Absicht hatte, es zu brechen, hielt Machiavelli für wichtiger. Neider sollte ein Fürst aus dem Weg räumen. Diese Empfehlung begründete er sogar mit der Bibel: „Wer die Bibel mit Verstand liest, sieht, daß Moses … gezwungen war, zahllose Männer zu töten, die sich allein aus Neid seinen Plänen widersetzten." Mit diesen Thesen wurde Machiavelli zum Begründer der „Staatsraison" (von Raison = Vernunft), einer Lehre, nach der der Staatsmann nicht an die moralischen Vorschriften gebunden ist, die der Privatmann einhalten muß. Machiavelli hatte im „Fürst" Ratschläge gegeben, die sich nicht auf Moral, sondern auf Beobachtung des politischen Verhaltens der Fürsten seiner Zeit gründeten. Er selbst war aber kein politischer Denker ohne Ideale. Nicht die Monarchie, sondern die Republik hielt er für die beste Staatsform. Der alte römische Staat und seine Staatsmänner standen ihm dabei vor Augen. Er glaubte, die alte römische Religion sei besser geeignet gewesen, einen Staat zu erhalten, als das Christentum, dem er vorwarf, das Streben der Menschen zu sehr auf das Jenseits zu richten. Jahrhundertelang erregten die Aussagen Machiavellis die Gemüter. Heute bezeichnet Machiavellismus eine Machtpolitik, die keine Bedenken bei der Anwendung ihrer Mittel kennt.

Humanismus in Deutschland

Die Erfindung des Buchdrucks

Viel schneller und besser konnten die Gebildeten die alten Texte und ihre neuen Schriften verbreiten, nachdem Johannes Gutenberg in Mainz um 1450 den Buchdruck erfunden hatte. Gutenbergs Erfindung bestand darin, die Formen aller Buchstaben des Alphabets einzeln aus Metall zu gießen und sie zu Wörtern und Seiten zusammenzusetzen. Nach dem Druck konnten die Buchstaben wieder auseinandergenommen und zu neuen Wörtern gesetzt werden. Durch dieses Verfahren wurde das Vervielfältigen von Texten enorm vereinfacht. Mußte früher jedes Schriftstück mit der Hand geschrieben werden, gelang durch die Gutenbergsche Erfindung eine viel schnellere Produktion und Verbreitung geistlicher und weltlicher Schriften.

Die neue Druckkunst beeinflußte sehr schnell das Alltagsleben der Menschen in den Städten. Öffentliche Kritik an den Mißständen von Kirche und Staat konnte nun in Form von kritischen Bibelauslegungen und Reformschriften verbreitet werden. Auch die Obrigkeit wie der Papst und weltliche Herren konnten Dekrete, Verordnungen, Flugblätter und Streitschriften nun in Massen unter das Volk bringen. Zum besseren Verständnis für die vielen Analphabeten wurden die Druckschriften häufig mit Illustrationen versehen. Um 1500 gab es in Europa schon 200 Orte mit Druckereien. Die Drucker waren oft selbst gelehrte Humanisten, die mit den Verfassern auf gleichem Fuß standen.

Die Entdeckung der nationalen Geschichte

Von Italien breiteten sich die Renaissance und der Humanismus nach ganz Europa aus. Auch in Deutschland nahm die Begeisterung für das antike Rom rasch zu, gleichzeitig wuchs aber auch das Interesse an der eigenen Vergangenheit. Auf der Suche nach lateinischen Schriften wurde die „Germania“ des römischen Historikers Tacitus entdeckt. Er hatte das einfache Leben der Germanen dem nach seiner Meinung verkommenen Leben der Römer seiner Zeit gegenübergestellt. Dies wurde nun gegen die Italiener ausgespielt, die um 1500 die Deutschen wegen ihrer mangelnden Bildung verachteten. Ihnen konnte man nun vorhalten, wie hoch die alten Römer die Germanen geschätzt hatten.

Besonders bei Ulrich von Hutten, dem Sohn eines fränkischen Ritters, war die nationale Begeisterung groß. Er pries die Siege der Germanen über die Römer und wollte ein unter einem starken Kaiser geeintes Deutschland, das vom Einfluß des Papstes frei war. Sein Kampf gegen die römische Kirche gipfelte in den sogenannten „Dunkelmännerbriefen“, in denen er diejenigen Geistlichen, die den Humanisten feindselig gegenüberstanden, als Dummköpfe verspottete. Hatte die Freiheitsidee ihren Ausgang in der Begeisterung für das alte Rom genommen, so wurde sie nun zu einem Motiv für den Kampf gegen das zeitgenössische Rom, das von einem verweltlichten Papsttum beherrscht wurde. Der Humanismus konnte sich hier mit dem verbreiteten Haß des Volkes auf die römische Geistlichkeit verbinden, der man vorwarf, Deutschland auszusaugen.

Erasmus von Rotterdam: Ein europäischer Humanist

Kritik an der Kirche übte auch Erasmus von Rotterdam, der wohl bedeutendste Humanist seiner Zeit. Für ihn stand aber nicht der Kampf gegen das Papsttum im Vordergrund, sondern eine Erneuerung der Theologie. Angesichts der vielen Mißstände in der Kirche seiner Zeit glaubte er, durch die Rückkehr zu den Lehren des Urchristentums die kirchlichen Zustände verbessern zu können. Für ihn galt es, den Menschen diese Lehren in ihrer Ursprünglichkeit wieder nahezubringen. Er wollte den genauen Text des Neuen Testaments wiederherstellen und forderte, daß sich die Theologen nicht in spitzfindigen Streitigkeiten ergehen, sondern das Leben nach den Lehren Jesu ausrichten sollten.

Auch in der Politik sollten die Lehren des Evangeliums gelten. Christen sollten gegen Christen keine Kriege führen. Die Fürsten sollten nicht mehr nach kriegerischem Ruhm streben, sondern sich an der Lektüre des Neuen Testaments, der lateinischen und griechischen Autoren bilden und die christlichen Tugenden ihren Untertanen vorleben. Für die Schulbildung aller Untertanen, auch der Mädchen, sollte gesorgt werden, damit die Zustände sich besserten.

Erasmus veröffentlichte nicht nur eine große Zahl von Werken, sondern stand auch mit vielen Gebildeten in ganz Europa in Briefverkehr. Viele Fürsten und Städte versuchten, ihn an sich zu binden. Er wechselte aber häufig seinen Aufenthaltsort, weil er von niemandem abhängig sein wollte.

1 Die Erfindung des Buchdrucks: Zeitgenössische Beurteilungen und historische Bedeutung

1a *Ein englisches Flugblatt, um 1490*

1b *In einem historischen Werk, das im Jahr 1475 in Rom erschienen ist, hieß es:*

Q Es gefiel aber dem allgütigen Gott, in unseren Tagen die Menschen eine neue Kunst zu lehren, die nämlich, daß durch den Druck mit Lettern die Vervielfältigung der Bücher möglichst erleichtert werde, so sehr, daß durch dreimonatige Arbeit nur dreier Männer von dem vorliegenden Werke 300 Exemplare durch den Druck hergestellt worden sind. Wollte jemand mit seiner Hand und mit Kiel oder Feder dieselbe Zahl abschreiben, so würde wohl ein dreifaches Menschenleben kaum hierfür ausreichen.

1c *In Hartmann Schedels Weltchronik aus dem Jahr 1493 wurde zur Bedeutung der Erfindung des Buchdrucks festgestellt:*

Q Die Kunst der Druckerei hat sich zuerst in Deutschland in der Stadt Mainz am Rhein erzeugt und von da an in fast alle Orte der Welt ausgebreitet. Dadurch sind die kostbaren Schätze schriftlicher Kunst und Weisheit, die in den alten Büchern lange Zeit verborgen gelegen, an das Licht gelangt. Jetzt konnten viele treffliche und nützliche Bücher ohne große Kosten verbreitet werden. Wäre diese Kunst früher erfunden und in Gebrauch genommen worden, so wären ohne Zweifel viele Bücher des Livius, des Plinius und anderer hochgelehrter Leute nicht verlorengegangen.

Quelle 1b und 1c zit. nach: Johannes Gutenberg in Zeugnissen und Dokumenten, hg. von H. Pressen, Reinbeck 1986, S. 124f.

1d *In einem Zensuredikt verkündete der Erzbischof von Mainz 1485:*

Q Wenn man auch zur Aneignung gelehrten Wissens dank der sozusagen göttlichen Kunst des Druckens an die Bücher der verschiedenen Wissenschaften in reichlichem Maße und leicht herankommen kann, so haben wir trotzdem vernommen, daß gewisse Menschen, verführt durch die Gier nach eitlem Ruhm oder Geld, diese Kunst mißbrauchen ... Denn wir mußten sehen, daß Bücher, die die Ordnung der heiligen Messe enthalten, und außerdem solche, die über göttliche Dinge und die Hauptfragen unserer Religion verfaßt worden sind, aus der lateinischen in die deutsche Sprache übersetzt wurden und nicht ohne Schande für die Religion durch die Hand des Volkes wandern ... Denn wer wird den Laien und ungelehrten Menschen und dem weiblichen Geschlecht, in deren Hände die Bücher der heiligen Wissenschaften fallen, das Verständnis verleihen, den wahren Sinn herauszufinden? ...

Uns auch soll daran gelegen sein, daß die unbefleckte Reinheit der göttlichen Schriften erhalten werde, und so befehlen wir, daß man keine Werke, welcher Art sie seien, welche Wissenschaft, Kunst oder Erkenntnis sie auch immer betreffen, aus der griechischen, lateinischen oder einer anderen Sprache in die deutsche Volkssprache übersetze oder übersetzte Werke, unter welcher Abänderung oder welchem Titel auch immer, verbreite oder erwerbe, öffentlich oder heimlich, unmittelbar oder mittelbar, sofern nicht die zu druckenden Werke jeweils vor dem Druck, die gedruckten vor dem Vertrieb durch eigens dazu bestellte Doktoren und Magister der Universität in unserer Stadt Mainz bzw. solche in unserer Stadt

Erfurt durchgesehen und mit einem Sichtvermerk zum Druck oder Vertrieb freigegeben worden sind.

Zit. nach: Hans Widmann, Vom Nutzen und Nachteil der Erfindung des Buchdrucks, Mainz 1973, S. 44f.

1. *Stelle die Argumente zusammen, die in den Quellen 1b bis 1d für bzw. gegen den Buchdruck genannt werden.*
2. *Ordne das Flugblatt 1a in die zeitgenössischen Stellungnahmen ein.*

1e *Zur historischen Bedeutung:*

D In vierfacher Hinsicht stellte die Erfindung Gutenbergs einen Einschnitt in der technischen und allgemeinen Geschichte dar. Erstens: Soweit man sieht, erdachte man zum ersten Mal einen so vielteiligen, sinnvoll ineinandergreifenden Produktionsprozeß, der sich als voll ausgereift erwies. Die einzelnen Arbeitsvorgänge in ein und derselben Werkstatt erforderten die Rezeption, aber auch die Neuentwicklung ganz unterschiedlicher Verfahren im Umgang mit Eisen, Buntmetallen und Holz, mit Legierungen und Gießinstrumenten, mit Farbe und Presse. Bis zum Zeitalter des Licht- und Computersatzes ist Gutenbergs Technik zwar fortentwickelt, aber nicht grundsätzlich verändert worden. Zweitens: Gutenbergs Verfahren steht am Anfang der industriellen Massenfertigung völlig gleicher Produkte. Die rund drei Millionen Lettern, die für den Bibeldruck gebraucht wurden, sind im Gießverfahren aus ungefähr 220 Matrizen hergestellt worden. Die Matrizen gestatteten eine unbegrenzte Vervielfältigung der Lettern. Der Schriftguß war also das Kernstück der Erfindung. Drittens: Der Buchdruck bildete neben der gleichzeitig in Deutschland entwickelten Druckgraphik das erste Massenmedium der Geschichte. Es verlieh politischen und sozialen Vorgängen fortan gänzlich neue Qualitäten und Quantitäten. Schon das Geschehen der Reformation ist ohne den Buchdruck nicht vorstellbar.

P. Moraw, Von offener Verfassung zu gestalteter Verdichtung, in: Propyläen Geschichte Deutschlands, Bd. 3, Frankfurt a. Main–Berlin–Wien 1985, S. 398f.

1. *Warum kann man nach Text 1e die Erfindung des Buchdrucks als „Durchbruch der Moderne" bezeichnen?*
2. *Vergleiche die damalige Diskussion über den Buchdruck mit der heutigen Diskussion über das Fernsehen und Videofilme.*

2 Leonardo da Vinci:

2a *Das Leben Leonardo da Vincis:*

1452	Leonardo wird im Dorf Vinci bei Florenz geboren. Sein Vater ist ein wohlhabender Notar.
1469	Beginn einer Lehre in der Malerwerkstatt Verocchios in Florenz
1472	Aufnahme in die Malergilde von Florenz; Beginn von Altar- und Heiligenbildmalerei
1482	Eintritt in den Dienst des Herzogs Lodovico Sforza von Mailand; Anfertigung von Holzdekorationen, Theaterkulissen u. ä.
1499	Nach Besetzung Mailands durch französische Truppen Rückkehr nach Florenz
1502	Eintritt in den Dienst von Cesare Borgia als Festungsbaumeister
1504	Architektursachverständiger der Stadt Florenz; Tätigkeit als selbständiger Maler
1506	Auf Einladung des französischen Königs Ludwig XII. erneut Aufenthalt in Mailand. Beschäftigung mit naturwissenschaftlichen und anatomischen Studien.
1514–16	Auf Einladung seines Gönners Kardinal Giulio de Medici Aufenthalt in Rom. Leonardo erhält jedoch vom Papst keine Aufträge.
1517	Auf Einladung des Königs Franz I. von Frankreich Aufenthalt im Landschloß Cloux nahe der königlichen Residenz Amboise; Entwürfe von Schloßanlagen und naturwissenschaftliche Studien
1519	In Cloux bei Amboise gestorben

2b *Liste von Entwüfen zu technischen Erfindungen:*

- Armbrust-Maschinengewehr
- Bohrmaschine für Holzröhren
- Brückenkonstruktionen
- heißluftbetriebene Bratspieße
- Drahtziehmaschine
- Festungsanlagen
- Flugmaschine
- mehrläufige und wassergekühlte Geschütze
- Kanalbauten
- Kugellager
- Pumpen
- Raketen
- Schnellfeuergewehre
- Schaufelradantrieb für Schiffe
- Schleusen
- Schleif- und Poliermaschinen
- Tauchgeräte
- Methoden zur Trockenlegung von Sümpfen
- Städte mit Verkehrsführung auf zwei Ebenen
- Schloß- und Gartenanlagen
- Theaterbühnen
- Winden

1. *Was sagt der Lebenslauf Leonardos über die Stellung des Künstlers im 16. Jahrhundert aus?*
2. *Warum hat Leonardo so häufig seinen Aufenthaltsort gewechselt?*
3. *Womit hat sich Leonardo nach der Liste der Entwürfe am meisten beschäftigt?*
4. *Versuche mit Hilfe eines Lexikons herauszufinden, wann einige der von Leonardo entworfenen Geräte und Bauten verwirklicht wurden.*

2c *In einem Brief an den Herzog von Mailand schrieb Leonardo über seine Situation:*

Q Es ist mir peinlich, in solcher Notlage zu sein ... und daß ich dadurch, weil ich gezwungen bin, mir meinen Lebensunterhalt zu verdienen, die Arbeit unterbrechen und mich kleineren Sachen zuwenden mußte, statt an den Werken weiterzuschaffen, die mir Eure Hoheit in Auftrag gegeben. Doch ich hoffe, binnen kurzem so viel verdient zu haben, daß ich alles in Ruhe werde ausführen können ...
Sollten aber Eure Hoheit glauben, daß ich Geld besitze, so wäre Eure Hoheit im Irrtum, denn ich hatte sechs Leute sechsunddreißig Monate lang zu bezahlen und ich habe bisher nur fünfzig Dukaten erhalten.
Ich weiß, daß der Geist Eurer Exzellenz voll großer Sorgen ist und will daher von meinen kleinen schweigen ... Zwei Jahre Lohn stehen noch aus ... und dazu habe ich fortdauernd zwei Gehilfen zu bezahlen ... Anstatt ruhmbringende Werke zu schaffen, die künftigen Betrachtern gezeigt hätten, daß ich gelebt habe, ... mußte ich mich um meinen Unterhalt abmühen. Ich weiß nicht, wohin mich wenden.

L. Goldscheider, Leonardo da Vinci, Leben und Werk – Gemälde und Zeichnungen, Köln 1960, S. 37.

1. *Wie sah Leonardo seine Situation als Künstler?*
2. *Vergleiche diesen Brief mit den Tabellen 2a und 2b. Was kannst du daraus über die Stellung des Künstlers in der Zeit der Renaissance entnehmen?*

2d *Leonardo über die Aufgaben des Malers:*

Q Es ist notwendig, daß der Maler, um ein guter Darsteller der Gliedmaßen in den Stellungen und Gesten bei nackten Körpern zu sein, die Anatomie der Sehnen, Knochen, Muskeln und Fasern kenne, damit er bei den verschiedenen Bewegungen und Kraftanstrengungen wisse, welche Sehne und welcher Muskel der Ursprung dieser Bewegung sei, und also nur diesen Muskel deutlich und angeschwollen mache und nicht alle am ganzen Körper, wie manche es tun, die, um als großartige Zeichner zu erscheinen, ihre nackten Gestalten hölzern und ohne Anmut machen, so daß sie eher einem Sack voller Nüsse als einem menschlichen Äußeren gleichen, oder eher einem Bündel Rettiche als muskulösen nackten Körpern.

Leonardo da Vinci, Philosophische Tagebücher, hg. v. G. Zamboni, Hamburg 1985, S. 85.

2e *Leonardo über die Methoden der Forschung und über die Naturwissenschaften:*

Q Mir aber scheint, es sei alles das Wissen eitel und voller Irrtümer, das nicht von der Erfahrung, der Mutter aller Gewißheit, zur Welt gebracht wird und nicht im wahrgenommenen Versuch abschließt ... Hüte dich vor den Lehren jener Spekulanten, deren Überlegungen nicht von der Erfahrung bestätigt sind ... Das ist die wahre Regel, nach der die Erforscher der von der Natur gesetzten Wirkungen vorzugehen haben: Während die Natur mit dem Gesetz beginnt und mit der Erfahrung endet, sind wir gezwungen, entgegengesetzt vorzugehen. Das heißt, wir müssen von der Erfahrung ausgehen und mit dieser das Gesetz erforschen.

Leonardos Worte, ausgewählt v. A. M. Brizio, Stuttgart–Zürich 1985, S. 133ff.

2f *Skizze von Leonardo über den Körperbau*

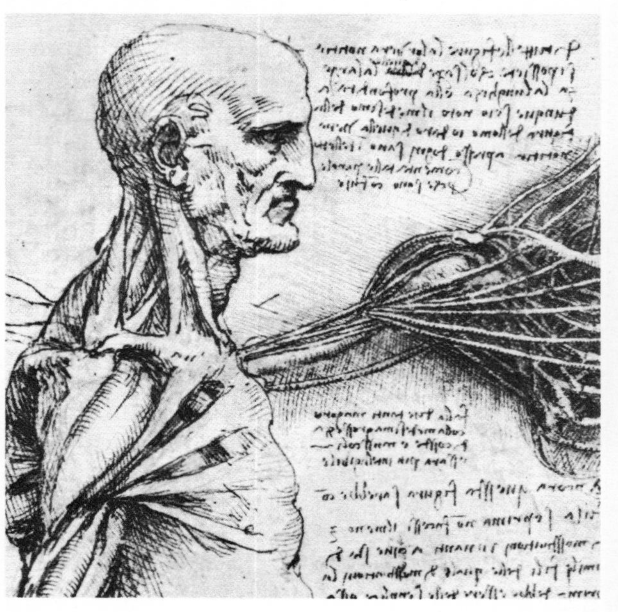

1. *Nach welchen Grundsätzen soll sich der Maler und Naturwissenschaftler nach den Quellen 2d und 2e richten? Was ist neu an dieser Auffassung?*
2. *Wie spiegeln sich die Grundsätze in Bild 2f wider?*
3. *Überprüfe am Lebenslauf und den Werken, ob sich Leonardo nach diesen Grundsätzen gerichtet hat.*

Ein neues Bewußtsein von Zeit und Raum entsteht

Der Mensch und die Zeit

Für uns heute ist es selbstverständlich, daß die Zeit unser Leben bis ins einzelne diktiert. Die Schuluhr und die Fabrikuhr schlagen auf die Sekunde genau, der Geschäftsmann hat sich daran gewöhnt, daß sein Terminkalender auf Monate hin verplant ist. Wie erlebten aber die Menschen im 14. und 15. Jahrhundert die Zeit?

Jahreszeiten und Tageszeit

Die bäuerliche Bevölkerung lebte noch nach den natürlichen Zeiteinteilungen. Ihr Jahr wurde von den wechselnden Arbeiten auf Feld und Hof bestimmt. Frühling und Herbst spielten als Jahreszeiten fast keine Rolle, Sommer und Winter waren den Menschen auf dem Land dagegen durch ihre Arbeiten sehr vertraut. Sie bildeten viel schärfere Gegensätze als heute. Der Sommer galt als gut, der Winter als schlecht. Er war die Zeit der dreifachen Sorge: Kälte, Hunger und Krankheit drohten.
Auch der Gegensatz von Tag und Nacht wurde viel schärfer erlebt als heute. Die Nacht bedeutete Gefahr und Tod, der Tag hingegen war ein Symbol für Schönheit, wie es in der Redensart „Schön wie der junge Tag“ noch heute zum Ausdruck kommt.
Die Kirchenglocken läuteten zu Beginn des Tages und gaben sein Ende an. Für den Alltag des Bauern und Handwerkers genügte diese Zeiteinteilung. Eine genauere Zeitmessung brauchten erst die Bürger in den Städten. An den Rathäusern brachte man nun Arbeits- oder Werkglocken an, die in gleichlangen Abständen die 24 Tagesstunden läuteten. Eine einheitliche Tageszeit für größere Gebiete gab es aber auch jetzt noch nicht. Fast jede Stadt hatte ihre eigene Tageszeit, die nur innerhalb ihrer Mauern galt. Aber es war auch nicht notwendig, diese Zeiten anzugleichen. Bei den damaligen Geschwindigkeiten dauerten das Reisen und die Übermittlung von Nachrichten viel zu lange, als daß die Zeitunterschiede eine große Rolle gespielt hätten.

Vergangenheit, Gegenwart und Zukunft

Neben Stunden, Tagen und Jahren spielten damals im Leben des Menschen auch größere Zeiträume eine wichtige Rolle, z. B. die Generationen und das Menschenleben. Die Bauern, deren Tätigkeit sich jährlich wiederholte, wußten wohl kaum etwas von früheren Epochen. Wichtige Ereignisse wie Hungersnöte, Epidemien und andere Katastrophen fielen nach einigen Generationen dem Vergessen anheim. Auch die Zukunft stellten die Menschen sich als Wiederkehr der Vergangenheit und Gegenwart vor.
Ganz anders sahen die Geistlichen Vergangenheit und Gegenwart. Für sie war der wichtigste Einschnitt die Geburt Christi. Von diesem Zeitpunkt an war die Welt durch Verfall oder Altern gekennzeichnet, während sich das Reich Gottes, verkörpert in der Kirche, aufwärts entwickelte. Die Zeit war nicht mehr durch die dauernde Wiederkehr des Gleichen bestimmt, sondern fand mit dem Jüngsten Gericht und der endgültigen Verwirklichung des Reiches Gottes ihr Ende.
Für die Humanisten stellte sich der Ablauf der Geschichte ganz anders dar. Sie betrachteten das „Mittelalter“ als die unkultivierte „dunkle“ Epoche nach dem Untergang der antiken Welt. Diese ferne Vergangenheit, die Kultur und Bildung der griechischen und römischen Antike, bewunderten sie als Vorbild. Manche Humanisten glaubten um 1500 sogar, daß die Leistungen ihrer eigenen, der „neuen Zeit“, denen der Antike bereits überlegen waren. Die Zukunft, davon waren sie überzeugt, werde noch besser werden: Das moderne Fortschrittsdenken war geboren.

Der Mensch und die Welt

Die Erde: Scheibe oder Kugel?

Um 1400 glaubten die meisten Menschen in Europa, daß die Erde eine feststehende Scheibe sei, in deren Mittelpunkt Jerusalem liege. Aus der Bibel entnommene Lehren hatten dieses Weltbild geprägt. Auf den Weltkarten des Mittelalters war die riesige Landmasse in die drei Kontinente Europa, Afrika und Asien geteilt. Als vierten Kontinent – so glaubte man – müsse es irgendwo im Süden eine riesige „Terra Incognita“ geben, weil sonst die Erde unter dem Gewicht der nördlichen Kontinente umkippen würde.
Zwar hatten schon im 12. und 13. Jahrhundert einige Gelehrte Texte griechischer und römischer Wissenschaftler

Der Mensch durchstößt die Himmelskugel. Holzschnitt aus dem 16. Jahrhundert

Das heliozentrische Weltbild von Nikolaus Kopernikus. Darstellung aus dem 17. Jahrhundert

entdeckt, in denen behauptet wurde, daß die Erde eine Kugel sei. Weitere Verbreitung fand dieses Erbe der Antike aber erst in der Renaissance. Gestützt auf die Schriften des Ptolemäus, der im zweiten Jahrhundert n. Chr. in Alexandria gelebt und die Kugelfläche der Erde auf eine Landkarte übertragen hatte, erschienen jetzt zahlreiche „Ptolemäische Weltkarten". Der Nürnberger Arzt Martin Behaim ließ 1492 nach diesen Vorstellungen den ältesten bekannten Globus anfertigen. Noch im gleichen Jahr wurde die Richtigkeit der Kugeltheorie durch die Expedition von Kolumbus bestätigt, der – wie er glaubte – den westlichen Seeweg von Europa nach Asien gefunden hatte. Den endgültigen Beweis erbrachte 1519/21 die erste Weltumsegelung Ferdinand Magellans.

Mittelpunkt des Weltalls: Erde oder Sonne?

Die Erde war keine Scheibe, sondern eine Kugel. Wo aber war der genaue Platz der Erdkugel im Weltall? Ptolemäus hatte geglaubt, daß die Erde der Mittelpunkt der Welt sei. Die Sonne und die Planeten würden sich auf komplizierten Kreisbahnen wie ein Räderwerk um diesen Mittelpunkt drehen. Die kugelförmige Sphäre der Fixsterne sei dabei die äußerste Grenze des Weltalls.
Jahrhundertelang hatten alle Gelehrten dieses *geozentrische Weltbild* akzeptiert, die Kirche hatte es als verbindliches Dogma verkündet. In einem 1543 erschienenen Buch behauptete der aus Thorn stammende, in Italien lebende Naturwissenschaftler Nikolaus Kopernikus aber, daß nicht die Erde, sondern die Sonne der Mittelpunkt des Planetensystems sei. Jahrzehntelange astronomische Beobachtungen und Berechnungen der Planetenbahnen, bei denen er nach dem ptolemäischen System immer wieder auf Unregelmäßigkeiten gestoßen war, führten ihn zu diesem Ergebnis: Wie die anderen Planeten auch kreise die Erdkugel um die Sonne, die Erde drehe sich gleichzeitig um sich selbst und der Mond umkreise wiederum die Erde.
Das war der Durchbruch zu einem neuen, dem *heliozentrischen Weltbild*. Es stellte alles in Frage, was die Kirche, gestützt auf die Bibel, über die Welt gelehrt hatte. Erde und Mensch standen als Schöpfung Gottes nicht mehr im Mittelpunkt. Die Kirche nahm anfänglich die Entdekkung von Kopernikus nicht zur Kenntnis. Erst zu Beginn des 17. Jahrhunderts, als der italienische Gelehrte Galileo Galilei das kopernikanische System bestätigte, wurde sie aufmerksam und reagierte hart: Das kopernikanische System wurde philosophisch und theologisch für falsch erklärt und Galilei durch einen päpstlichen Inquisitionsprozeß zum Widerruf gezwungen. Erst im Jahr 1992 gestand die katholische Kirche ein, daß er zu Unrecht verurteilt worden war.

1 Die Entwicklung des Menschenbildes vom Mittelalter zur Renaissance: Das Beispiel Adam und Eva

1a *Bibelillustration zur Geschichte des Sündenfalls aus der Mitte des 9. Jahrhunderts*

1b *Aus dem Stundenbuch des Herzogs von Berry, 1409/16*

1c *Ausschnitt aus einem Altargemälde von Jan Gossaert, um 1510*

1. *Wie „erzählten" die Maler die Geschichte vom Sündenfall?*
2. *Wie veränderte sich die Darstellung im Laufe der Jahrhunderte? Vergleiche die Darstellung Gottes, der Menschen, der Schlange und des Baumes.*
3. *Wie veränderte sich die räumliche Darstellung?*
4. *Informiere dich in einem Lexikon über frühmittelalterliche Malerei, die Gotik und die Renaissance. Suche in diesem Buch weitere Beispiele für die unterschiedlichen Kunstepochen.*

Europa um 1500: Krise und Neubeginn

Der Übergang vom Mittelalter zur Neuzeit ist nicht auf ein einzelnes Ereignis festzulegen, etwa die Erfindung des Buchdrucks durch Johannes Gutenberg um 1450 oder die Entdeckung Amerikas durch Christoph Kolumbus im Jahr 1492. Er muß vielmehr als ein **Umbruchsprozeß** vom 14. bis 16. Jahrhundert gesehen werden. In diesem Zeitraum änderten sich zwar nicht die grundlegenden wirtschaftlichen, sozialen und politischen Bedingungen des Lebens der Menschen in Europa, doch trat in allen Bereichen, vor allem aber im kulturellen und religiösen Bereich, ein Wandel auf.

Wirtschaftlich und sozial machte sich in Europa seit der großen **Pestepidemie um 1350** eine Krise bemerkbar. Seitdem sank die Bevölkerungszahl, und in der Landwirtschaft wurde die mittelalterliche Grundherrschaft häufig in eine **Leibeigenschaft** umgewandelt. In den Städten konnte diese Krise durch neue Produktions- und Handelsformen **(Frühkapitalismus)** schnell überwunden werden.

Das auf dem persönlichen Treueverhältnis beruhende Lehnswesen löste sich weiter auf. Es entstanden Staaten mit einheitlichen Verwaltungen. Da sich im Deutschen Reich die zentrale Macht, das Kaisertum, nicht durchsetzte, bauten die Landesherren ihre Herrschaftsgebiete zu **Territorialstaaten** aus. In anderen Ländern, z. B. Frankreich, entstanden Nationalstaaten.

Kultur- und geistesgeschichtlich wurde die vom christlichen mittelalterlichen Weltbild bestimmte Ordnung durch ein neues Denken erschüttert, das sich auf die Wiederentdeckung der Antike **(Renaissance)** und eine Hinwendung zum Menschen **(Humanismus)** und zu den Naturwissenschaften stützte.

Ausgangspunkt und Zentrum dieses neuen Denkens war Italien, doch breitete es sich bald über ganz Europa aus. Deutlichster Ausdruck des Wandels war die Erkenntnis, daß die Erde nicht eine Scheibe, sondern eine Kugel ist und daß die Sonne den Mittelpunkt des Weltalls bildet **(heliozentrisches Weltbild)**.

Italienische und deutsche Kochkunst in der Zeit der Renaissance

Durch die Handelskontakte mit den Arabern erschlossen sich den Italienern eine Menge neuer Gaumenfreuden. Nicht nur Gewürze wie Zucker und Anis und Früchte wie Datteln, Granatäpfel und Bitterorangen kamen aus dem Osten. Entscheidend waren vielmehr die Rezepte, die in den italienischen Hafenstädten in zahlreichen Übersetzungen erschienen. Darunter war auch das „Urrezept" für das bekannte Risotto:

Zutaten: 250 g rundförmiger Reis, 0,6 Liter Hühnerbrühe, je 1/2 Teelöffel Zimt und Ingwerpulver, 1 Prise Safran in 2 Eßlöffeln Wasser aufgelöst, 3 Eigelb, Salz.

Zubereitung: Den Reis in die kochende Brühe geben und ca. 20 Minuten schwach kochen lassen, bis die Flüssigkeit aufgesogen ist. Dann etwas stehen lassen, alles mit Safran, Zimt und Ingwer mischen. Schließlich das Eigelb mit zwei Löffeln Reis vermengen und unterrühren.

Die deutsche Küche zu jener Zeit sah etwas anders aus. In dem Kochbuch der Philippine Welser findet sich folgendes Rezept für Eierteigstäbchen, die als Beilage zu Fleischgerichten gegessen wurden:

Zutaten: 2 Eier, 1/4 Liter Milch, 500 Gramm Mehl, Salzwasser, Fett zum Ausbacken, 2 harte Eier, Pfeffer, Wasser, Salz, Kümmel, Majoran, Kerbel, Safran.

Zubereitung: Eier, Milch und Mehl zu einem festen Teig verkneten, mit den Gewürzen abschmecken und mit Safran gelb färben. Den Teig in ein Leinentuch als Kloß einbinden und in dem kochenden Salzwasser gut 1 1/4 Stunde ziehen lassen. Den festen Kloß aus dem Wasser nehmen und in fingerdicke Streifen schneiden. Im heißen Ausbackfett schwimmend knusprig backen und mit den kleingehackten, harten Eiern und gemahlenem Pfeffer überstreuen.

Sprichwörterrätsel

Auf dem Ausschnitt des Gemäldes „Die niederländischen Sprichwörter" von Pieter Brueghel dem Jüngeren (um 1564–1638) sind viele auch heute noch gebräuchliche Sprichwörter und Redewendungen bildlich dargestellt. Ordne folgende Sprichwörter einzelnen Szenen des Bildes zu:

1 Die verkehrte Welt
2 Er ist in Harnisch gebracht
3 Er hat einen Deckel auf dem Kopf
4 Junge Hunde an einem Bein kommen selten überein
5 Geduldig wie ein Lamm sein
6 Auf glühenden Kohlen sitzen
7 Er rennt mit dem Kopf gegen die Wand
8 Wer durch die Welt will, muß sich krümmen
9 Er wirft sein Geld ins Wasser
10 Er scheißt auf die Welt
11 Die großen Fische fressen die kleinen
12 Er läßt die Welt auf seinem Daumen tanzen
13 Er sitzt zwischen zwei Stühlen in der Asche
14 Er wirft Rosen (Perlen) vor die Säue

„Luther im Weinberg". Gemälde von Lucas Cranach dem Jüngeren aus dem Jahr 1569

7. Reformation und Glaubenskriege

In der kleinen Stadt Buchholz im Erzgebirge fand 1524 ein seltsamer Umzug statt: Junge Bergleute trugen Mistgabeln und an Stöcken befestigte Lumpen wie Kerzen und Kirchenfahnen vor sich her, und lachend zeigten sie den Zuschauern Tierknochen als Reliquien. Einer von ihnen saß als Papst verkleidet auf einer Misttrage, und als diese „Prozession" an einem Brunnen vorbeikam, warfen sie den „Papst" und seine Träger unter lautem Gejohle ins Wasser.

Solche Vorfälle waren damals in Deutschland häufig. In vielen Gebieten verlor die Papstkirche ihr Ansehen und ihre Autorität. Wer sich gegen sie auflehnte, der berief sich auf die Schriften des Mönchs Martin Luther, der lange Zeit als der Wortführer aller galt, die mit der Kirche unzufrieden waren.

Anders als heute waren Glaube und Kirche damals unmittelbar mit Gesellschaft und Politik verbunden. Der Streit über die richtige Auslegung der Bibel oder um den Aufbau der Kirche betraf jeden, niemand konnte sich ihm entziehen. Wir müssen uns deshalb fragen, wie sich Bauern, Bürger und Adlige in dieser Auseinandersetzung verhielten und welche Interessen sie verfolgten. Und im zersplitterten Deutschen Reich mußte sich der Streit um den richtigen Glauben mit dem alten politischen Machtkampf zwischen Kaiser und Landesfürsten verbinden, was zu fast unlösbaren Konflikten und einer Vertiefung des Glaubensstreites führte.

Die Reformation war nicht nur ein deutsches, sie war auch ein europäisches Ereignis. Der Franzose Jean Calvin und seine Anhänger trieben in Westeuropa die Veränderungen voran. Während in Deutschland aber die Fürsten siegten, konnte sich in Frankreich das Königtum als zentrale Gewalt über den Konfessionen behaupten. Und seit der zweiten Hälfte des 16. Jahrhunderts gelang es der katholischen Kirche, ihre Kräfte wieder zu sammeln und sich aus eigener Kraft zu erneuern.

Die Einheit von Kirche und Glaube war endgültig zerbrochen. Deutschland und Europa waren in Konfessionsparteien aufgespalten, die sich waffenstarrend in den letzten Jahrzehnten des 16. Jahrhunderts gegenüberstanden. Blut für den rechten Glauben zu vergießen, war ein gottgefälliges Werk geworden. Der Herzog von Alba, ein spanischer Feldherr, schrieb 1572: „Viel besser ist es, ein Reich in verwüstetem, ja zugrundegerichtetem Zustande durch einen Krieg für Gott und für den König zu behaupten, als unversehrt ohne Krieg für den Teufel und seine Anhänger, die Ketzer."

Der Streit um den rechten Glauben und das Machtstreben der deutschen Fürsten und der europäischen Mächte führten schließlich zum Dreißigjährigen Krieg, in dem fast ganz Deutschland verwüstet wurde. Epoche der Religionskriege hat man deshalb auch die Zeit von der zweiten Hälfte des 16. Jahrhunderts bis zum Westfälischen Frieden im Jahr 1648 genannt.

„Frauen vertreiben Geistliche". Federzeichnung von Lucas Cranach dem Älteren, um 1550

Wie aus der Unzufriedenheit über die Kirche die Glaubensspaltung entsteht

Die Menschen suchen Sicherheit im Glauben

Es war nicht so, daß sich die Menschen plötzlich vom alten Glauben abwandten. Im Gegenteil: Sie wollten auf eine neue Weise besonders fromm sein, und ihr Denken kreiste um die Frage, wie sie die Gnade und Vergebung Gottes erlangen könnten. Die Bibel sagte aus, daß jeder Mensch nach dem Tode Rechenschaft über sein Leben ablegen müsse, und das verband man mit der Vorstellung eines Gerichtes, in dem Gott als strenger und unnahbarer Richter über den einzelnen Menschen urteilte. Deshalb flehten die Menschen Maria und die Heiligen um Fürbitte an; ihnen stifteten sie Bilder und Altäre in den Kirchen oder unternahmen beschwerliche Reisen zu berühmten Wallfahrtsorten. All das waren „gute Werke", mit denen sich die Menschen die Gnade Gottes erwerben wollten.
Die Priester behaupteten, daß allein die Kirche den Weg zur Erlösung weisen könne. Viele Menschen suchten auch wirklich, durch die Kirche das Seelenheil zu erreichen. Um so deutlicher mußte ihre Kritik an den tatsächlichen Zuständen ausfallen: Da gab es Tausende von Geistlichen in Städten und Dörfern, die ungebildet und so arm waren, daß sie neben ihrem Amt noch Gastwirtschaften und Geschäfte betreiben mußten. Über ihnen standen Bischöfe, die im Gegensatz zu den Worten Jesu Christi geistliches Amt und weltliche Herrschaft verbanden. Viele waren mächtige Reichsfürsten, und mancher fühlte sich in der Kriegerrüstung wohler als im Meßgewand. Und wie sah es an der Spitze der Kirche aus, bei der Kurie in Rom? „Alles sehe ich hier käuflich, von ganz oben bis ganz unten. Man lobt die Intrige, die Verstellung, die Speichelleckerei. Die Religion ist wie Schminke aufgetragen, der Schändlichkeit ist kein Ende", berichtete der Augsburger Stadtschreiber Peutinger im Jahre 1491.
In der Tat: Die Mißstände in der Kirche traten in Rom besonders offen zutage. Als Stellvertreter Christi beanspruchten die Päpste die alleinige Herrschaft über die Kirche; als Herren des Kirchenstaates führten sie Kriege und versuchten, die Macht ihrer Familien in Italien zu vergrößern. Um 1500 war der päpstliche Hof der prunkvollste Europas, und durch prächtige Bauten wollten die Päpste Rom über alle anderen Städte der Christenheit erheben. Das Geld für diesen Aufwand holten sie sich nicht nur aus ihrem Kirchenstaat, sondern auch durch den Verkauf kirchlicher Ämter und Pfründen. Der Ämterhandel wurde zu einer ihrer wichtigsten Einnahmequellen.

Die Seele zwischen Himmel und Hölle. Ausschnitt aus dem Gemälde „Der Sterbende" von Lucas Cranach d.Ä., 1518

Die Kirche macht aus der Frömmigkeit ein Geschäft

„Tut Buße, geht zur Beichte", sagten die Priester zu den Menschen, die Vergebung für ihre Sünden suchten. Wer bereute, dem wurde eine Bußstrafe auferlegt. Gebete und Fasten waren einst solche Strafen gewesen, später konnte auch durch Almosen – also Geld – die Buße abgegolten werden. Das öffnete dem Mißbrauch Tür und Tor. Bald galt nicht mehr das freiwillig gegebene Almosen, sondern der Kauf eines Ablaßbriefes zu festgesetztem Preis als Voraussetzung für den Nachlaß einer Bußstrafe. Schließlich glaubte man, daß allein der *Ablaß* Straffreiheit verschaffe, ja, daß er sogar Verstorbenen nützen könne. Um sich das ewige Leben zu sichern, war man bereit zu zahlen.
Die Kirche unternahm nichts gegen diese Irrlehren, denn Päpste und Bischöfe sahen vor allem das Geld. Das gleiche galt aber auch für die Fürsten, die einen Teil der Einnahmen aus dem Ablaßgeschäft behalten durften.
Auf den Gewinn aus einem solchen Geschäft spekulierte auch Albrecht von Hohenzollern, ein Sohn des Kurfürsten von Brandenburg. Schon mit 23 Jahren war er 1513 Erzbischof von Magdeburg und Bischof von Halberstadt geworden. Nur ein Jahr später wurde er Erzbischof und Kurfürst von Mainz. Jetzt war er einer der einflußreichsten Fürsten des Reiches, aber für die Anerkennung dieser Machtfülle und der – kirchenrechtlich verbotenen – Ämterhäufung verlangte die Kurie von ihm hohe Gebühren. Die konnte er nicht bezahlen, doch er fand schnell einen Geldgeber: Das Bankhaus Fugger war bereit, die Summe vorzustrecken. Albrecht verpflichtete sich dafür, die Schulden aus den Einnahmen des Ablasses zurückzuzahlen, mit dem der Papst den Bau der neuen Peterskirche in Rom finanzieren wollte.
Kurfürst, Papst und Fugger hatten ein gemeinsames Interesse: möglichst schnell viel Geld aus dem Verkauf der Ablaßbriefe zu bekommen. Entsprechend marktschreierisch priesen Prediger in Stadt und Land die besondere Kraft des Ablasses an. Die Folgen dieses Werbefeldzuges bekamen die Priester, die die Bibel ernst nahmen, bald zu spüren. Ständig mußten sie sich in der Predigt und bei der Beichte mit den falschen Vorstellungen der Menschen auseinandersetzen, daß sie sich allein mit Geld von ihren Sündenstrafen freikaufen könnten. Martin Luther, Mönch und Professor für Theologie an der Universität Wittenberg, hatte den Mut, sich am 31. Oktober 1517 bei Erzbischof Albrecht darüber zu beschweren. Zur ausführlichen Erläuterung legte er seinem Schreiben 95 Thesen bei, in denen er feststellte, daß nur Gott die Sünden vergeben könne und daß das ganze Leben der Menschen der Buße gewidmet sein solle. Diese Lehrsätze waren eigentlich nicht für die breite Öffentlichkeit bestimmt. Sie sollten vielmehr eine Diskussion zwischen Theologen über das auch von der Kirche nicht eindeutig geklärte Problem des Ablasses eröffnen. Doch innerhalb kurzer Zeit wurden die 95 Thesen gedruckt und begeistert aufgenommen: In ihnen fanden viele ihre Unzufriedenheit mit der Kirche bestätigt.
Erzbischof Albrecht von Mainz wollte sich das Ablaßgeschäft nicht von einem unbekannten Mönch verderben lassen. Unverzüglich berichtete er nach Rom und äußerte den Verdacht, daß Luther ein Ketzer sei. Und auch Papst Leo X. war bald davon überzeugt, daß die 95 Thesen seine Autorität als Oberhaupt der Kirche bedrohten.

Martin Luther: Ein Ketzer?

Martin Luther stammte aus Eisleben in Thüringen. Auf Wunsch des Vaters begann er mit dem Studium der Rechtswissenschaft, denn er sollte Beamter im Dienst eines Fürsten werden. Doch der plötzliche Tod eines Freundes und die Todesangst während eines Gewitters gaben seinem Leben eine ganz andere Richtung. Er trat in das Kloster des strengen Augustinerordens in Erfurt ein.
Auch Luther beschäftigten die Fragen, die so viele seiner Zeitgenossen bewegten: Wie kann der Mensch die Vergebung seiner Sünden und die Gnade Gottes erlangen? War die Gerechtigkeit Gottes wirklich die eines zürnenden Richters, den man durch „gute Werke" besänftigen mußte? Schließlich fand er eine Antwort: Allein aus der Gnade Gottes, allein durch den Glauben konnte der Mensch das ewige Leben erlangen. Gott war kein strafender Richter. In seiner Barmherzigkeit hatte er den Menschen Jesus Christus, seinen Sohn, gesandt. In der Bibel sprach er zu ihnen und wies ihnen den Weg zu seiner Gnade. An der Bibel mußten deshalb alle Lehren der Papstkirche gemessen werden.
Nichts anderes behauptete Luther in seinen 95 Thesen. Aber plötzlich fand er sich in der Rolle des Angeklagten

Luther vor dem Kaiser auf dem Reichstag in Worms 1521. Kolorierter Holzschnitt von L. Rabus, 1557

wieder, obwohl er doch nur auf Irrlehren in der Kirche hatte hinweisen wollen. Alle Versuche, ihn durch Verhöre und durch Streitgespräche mit Theologen zum Einlenken zu bewegen, schlugen fehl. Je schärfer die Auseinandersetzung wurde, um so grundsätzlicher wurde Luthers Kritik an der Papstkirche, der er vorwarf, die Menschen durch ihre Irrlehren zu unterjochen. Weder der Papst noch ein Konzil besäßen die Autorität, Entscheidungen in Glaubensfragen zu fällen: Allein die Heilige Schrift konnte den Menschen den Weg zur Gnade Gottes weisen. Wer allein auf das Wort Gottes vertraue, befreie sich aus dem Gefängnis der Papstkirche. Die Freiheit der Christen bestehe darin, daß sie keinen Mittler zwischen sich und Gott brauchen.

Damit entfiel der Anspruch der Papstkirche, den Menschen den Weg zur Erlösung weisen zu können. Durch die Taufe wurde jeder Mensch zum Verkünder des Wortes Gottes, der einzelne brauchte keinen Priester. Die Gemeinden sollten freilich das Recht haben, Prediger zu wählen, die ihnen die Bibel erklärten. Aufgrund dieser Gedanken war es dann nur konsequent, daß Luther die Heiligenverehrung und das Mönchtum verwarf. Denn wenn alle Menschen die Gnade Gottes durch den Glauben erlangen konnten, bot das Klosterleben keinen besseren Weg zur Erlösung als das fromme und fleißige Leben eines Bauern oder Handwerkers.

Schritt für Schritt war aus der Kritik am Ablaß ein grundsätzlich neues christliches Bekenntnis geworden. Luther rief die Fürsten und Adligen auf, die notwendige Reform der Kirche selbst in die Hand zu nehmen. Für Papst Leo X. war aber klar, daß Luther als Ketzer verurteilt und aus der Kirche ausgeschlossen werden mußte. Im Dezember 1520 traf die Androhung des Kirchenbanns in Wittenberg ein. Luther blieb unversöhnlich. Vor dem Stadttor verbrannte er das Schreiben zusammen mit den Gesetzessammlungen der Kirche.

Die Luthersache im politischen Streit

Das Verhalten Luthers war eine offene Kampfansage gegen die Kirche. Anfang 1521 wurde der Bann über Luther verhängt. Jetzt kam es darauf an, wie sich der Kaiser und die Fürsten in diesem Streit verhielten, denn der Papst berief sich auf alte Rechtsauffassungen und forderte, dem Bann unverzüglich die Reichsacht folgen zu lassen. Als oberster Schirmherr der Kirche mußte Kaiser Karl V. Ketzereien bekämpfen und die Einheit des Glaubens verteidigen. Bei seiner Wahl hatte er den Fürsten aber versprochen, daß ohne Verhör vor dem Reichstag über keinen Deutschen die Reichsacht verhängt werden dürfe. So geriet die Luthersache in den alten Streit zwischen Kaiser und Fürsten um die Macht im Reich.

Kaiser Karl V. schien den Fürsten entgegenzukommen und lud Luther im Frühjahr 1521 auf den Reichstag von Worms. Hier sollte Luther nur seine Lehren widerrufen, denn nach kaiserlicher wie päpstlicher Auffassung durfte ein Reichstag nicht über Glaubensdinge verhandeln. Als Luther den Widerruf verweigerte, sprach Karl V. im *Wormser Edikt* die Reichsacht aus, verbot den Druck seiner Schriften und befahl, seine Anhänger zu verfolgen. Kurfürst Friedrich von Sachsen ließ Luther aber auf die Wartburg in Sicherheit bringen, und viele Fürsten und Reichsstädte führten das Edikt nicht aus. Sie konnten sich das erlauben, denn wegen der Kriege mit Frankreich und den Fürsten (siehe S. 167) war Karl V. auf ihre Hilfe angewiesen und mußte sich kompromißbereit zeigen. Als er und die katholischen Reichsstände auf dem Reichstag von Speyer (1529) noch einmal die Befolgung des Edikts durchsetzen wollten, protestierten „lutherische" Fürsten und Reichsstädte dagegen: Die *„Protestanten"* wollten sich in Glaubenssachen keinem Mehrheitsbeschluß unterwerfen. Aus dem Streit um den Glauben war eine politisch-religiöse Spaltung des Reichs geworden.

1 Das Bild als Waffe: Propaganda im Glaubensstreit

1a *„Schweine stürmen die Kirche." Ausschnitt aus einem Holzschnitt, 1569*

1. *Woran erkennst du, daß auf diesem Bild Lutheraner dargestellt werden?*
2. *Beschreibe die dargestellten Figuren. Worin unterscheiden sie sich?*

1b *„Christus wird von der Papstkirche verfolgt." Holzschnitt von Hans Holbein, um 1524*

1. *Die Bilderfolge stellt in fünf Szenen die Verfolgung Christi dar. Welche biblische Geschichte diente als Vorbild? Welche Personen sind dargestellt? Was tun sie in den fünf Szenen?*
2. *Warum hat der Künstler diese biblische Geschichte dargestellt?*

1c *„Luthers Ketzerspiel." Ausschnitt aus einem anonymen Flugblatt, um 1520*

Die beiden Inschriften lauten:
Galle und Gift will ich drein rühren,
Der einfache Mann wird mich nicht spüren
Falsch und Trug kann ich drauß nehmen.
Keines Übels tue ich mich schämen

1. *Beschreibe die Darstellung Luthers und seiner Lehre.*
2. *Welche Folgen hat die Lehre Luthers aus der Sicht des Künstlers? Worauf stützen sich diese Vorwürfe?*

1d *„Die falsche und die rechte Kirche." Holzschnitt von Lucas Cranach d. J., um 1546*

1. *Beschreibe die Darstellung Luthers, seiner Anhänger und seiner Gegner. Vergleiche sie mit Bild 1a und 1c.*
2. *Was geschieht mit den Gegnern Luthers, was erwartet seine Anhänger nach diesem Bild.*

2 Über die Ziele von Karikaturen:

D Karikaturen sollen auf politische, soziale oder allgemeinmenschliche Mißstände aufmerksam machen oder auch einzelne Personen, z. B. Politiker, bloßstellen. Sie üben Kritik an bestimmten Zuständen oder Personen. Als 5 Mittel benutzt die Karikatur dafür Übertreibungen, indem sie z. B. häßliche Gesichtszüge hervorhebt oder die wirklichen Zustände einseitig verzerrt darstellt. Dadurch können Karikaturen zu einem Kampfmittel werden, mit dem für eine bestimmte Sache Propaganda gemacht wird. 10 Da Karikaturen oft mit hintergründigen Anspielungen arbeiten, werden erklärende Hinweise hinzugefügt, damit auch eine breite Öffentlichkeit sie versteht.

1. *Stelle die Merkmale einer Karikatur zusammen.*
2. *In welcher Weise werden diese Merkmale bei den Bildern 1a bis 1d und dem Bild auf S. 157 eingesetzt?*
3. *Warum wurden während der Reformationszeit erstmals Karikaturen als Mittel der Propagangda eingesetzt? Was sagt das über die Bedeutung des Glaubensstreits für die Menschen aus?*

3 Die reformierte Lateinschule

Im 16. Jahrhundert gab es in Deutschland noch keine Schulpflicht. Aber schon damals begannen die deutschen Landesfürsten, das Schulwesen ihrer Aufsicht zu unterstellen. In den Dörfern wurden „deutsche" Schulen eingerichtet, in denen die Kinder Gebet und Katechismus, Schreiben und Lesen lernten. „Lateinschulen" gab es dagegen nur in den Städten und nur für Jungen. Die Schüler der 1. Klasse waren meist sechs bis acht Jahre alt. Die folgenden Materialien sind der „Württembergischen Großen Kirchenordnung" von 1559 entnommen:

3a *Was man in den 5 Klassen lernen mußte:*

Klasse 1: Lesen und Schreiben an lateinischen Texten
Klasse 2: Texte von lateinischen Autoren, lateinische Grammatik
Klasse 3: wie Klasse 2, außerdem Übersetzungen ins Lateinische
Klasse 4: wie Klasse 3, außerdem lateinische Dichtkunst, griechische Grammatik
Klasse 5: wie Klasse 4, außerdem Dialektik (Argumentationskunst) und Rhetorik (Redekunst)

3b *Ein Schultag in der 4. Klasse der Lateinschule[1]:*

Zeit	Stunde	Inhalt
6.00		gemeinsames Schulgebet
6.00– 7.00	1.	Ciceros Briefe
7.00– 8.00	Pause	
8.00–10.00	2. u. 3.	lateinische Grammatik
10.00		Katechismus
10.00–11.45	Mittagspause	
11.45–12.00		gemeinsames Schulgebet; Gesang von Kirchenliedern
12.00–14.00	4. u. 5.	Komödien von Terenz; Ciceros Abhandlungen „Über die Freundschaft" und „Über das Alter"; Satzbau, Dichtkunst
14.00–15.00	Pause	
15.00–16.00	6.	Einführung in die griechische Grammatik
16.00		Katechismus

Danach soll eine Klasse nach der anderen aufstehen; je zwei und zwei sollen sie miteinander zur Türe gehen; jeder Klassenlehrer soll seine Schüler eine Strecke weit aus der Schule hinausgeleiten, um auf den Straßen Unordnung zu vermeiden.

[1] Dieser Stundenplan blieb das ganze Jahr über unverändert. Lediglich im Winter wurde die zweite Stunde zwischen 7 und 8 Uhr abgehalten: die Pause lag dann eine Stunde später. Ferien gab es nicht.

3c *Über die Erziehung zur Gottesfurcht heißt es:*

Q Der Katechismus soll in den ersten beiden Klassen täglich behandelt werden. Darüber hinaus soll er am Freitag in der ganzen Schule abgefragt werden, wie es die Kirchenordnung vorschreibt, in den ersten beiden Klassen in Deutsch, in den anderen in Latein. (5)
Samstags vor der Mittagspause soll der Lehrer das Sonntagsevangelium besprechen, und zwar auf Griechisch oder Lateinisch, je nach Klasse …
Es soll auch der Lehrer gut achtgeben, daß die Kinder in der Kirche züchtig sind und bei der Predigt fleißig zuhören. (10) Sie sollen nämlich, wenn man sie nach der Predigt abfragt, das zu erzählen wissen, was sie davon behalten haben.

3d *Aus der Schulordnung, den sogenannten „Statuta":*

Q 1. Alle Knaben sollen gottesfürchtig, fromm und züchtig sein, fleißig in die Schule gehen und lernen.
2. Alle Knaben sollen ihren Eltern, Vormündern, Pfarrern und Schulmeistern gehorsam sein und alle, denen Ehre gebührt, in Ehren halten … (5)
3. Sie sollen in den Schulstunden und auch in der Kirche still sein und nicht schwätzen. Innerhalb und außerhalb der Schule sollen sie nicht deutsch, sondern lateinisch miteinander reden …
6. Die Knaben sollen sich mit den notwendigen Büchern (10) versehen, wenn sie zur Schule gehen, und darauf gefaßt machen, daß sie zwischen den Unterrichtsstunden nicht aus der Schule laufen dürfen …
7. Es soll am Ende jeder Unterrichtsstunde in jeder Klasse ein Klassenbuch geführt werden, (15) in dem jeder Lehrer die anwesenden Schüler verzeichnet und die Abwesenden vermerkt werden. Können diese später ihr Fehlen nicht rechtmäßig begründen und nachweisen, sollen sie nach Gebühr bestraft werden.

Quelle 3a bis 3d: Württembergische Große Kirchenordnung von 1559, S. 121–135. Bearb. d. Verf.

1. *Vergleiche die „Unterrichtsfächer", den Stundenplan und die Schulordnung mit einer heutigen Schule.*
2. *Wieso regelte der Landesherr alles so genau? Wie ist das heute?*
3. *Welches Verhältnis von Kirche und Schule kommt in den Materialien zum Ausdruck?*

Die Reformation und die Gesellschaft

Die Reichsritter: Auflehnung gegen sozialen Niedergang

Wenn es in Deutschland eine Gruppe gab, die eine große Vergangenheit, aber keine Zukunft mehr hatte, dann waren es die Reichsritter. Längst hatten sie Macht und Einfluß zugunsten der Fürstenstaaten und der Reichsstädte eingebüßt. Auf den Reichstagen verhandelten nur die Fürsten und Reichsstädte mit dem Kaiser. Die Ritter hatten kein Mitspracherecht, und Landsknechte der Fürsten machten den adligen Einzelkämpfer überflüssig. Bürgerliche Juristen verdrängten die Ritter mehr und mehr auch als Berater und Beamte der Fürsten. Aber der Ruf nach Freiheit von Rom fand auch in ihren Kreisen Widerhall. Ulrich von Hutten geißelte in seinen Schriften den Verfall von Kirche und Papsttum (siehe S. 147). Er glaubte, daß Luther sein Verbündeter sei, weil dieser den Adel aufgefordert hatte, die Mißstände in der Kirche zu beseitigen. Und von dem jungen Kaiser Karl V. erwartete er, daß dieser die Führung in der Auseinandersetzung mit dem Papst übernahm. Gehör fand er aber nicht beim Kaiser und bei Luther, sondern bei Franz von Sickingen, einem im Mosel-Rhein-Gebiet reich begüterten Ritter.

Sickingen war ein gefürchteter Heerführer, der den Kampf gegen die römische Kirche als einen Krieg betrachtete, in dem die christlichen Ritter Ruhm und Ehre erlangen und wieder zu altem Ansehen aufsteigen könnten. 1522 sagte Sickingen dem Kurfürst und Erzbischof von Trier die Fehde an: Dieser Fürst verkörperte für ihn die unchristliche Verbindung von geistlicher und weltlicher Gewalt, durch die der Papst die Christen unterjoche. Die Ideen der Reformation dienten hier sicherlich auch als Vorwand, um einen Kampf des Ritterstandes gegen die Macht der Fürsten und der aufblühenden Städte zu begründen.

Die Fürsten drohten den Rittern den Verlust ihrer Lehnsgüter an, wenn sie sich Sickingen anschlössen. Viele fürchteten sich auch vor Veränderungen in der Kirche: Wo sonst hätten sie ihre nachgeborenen Söhne und unverheirateten Töchter unterbringen können? So sahen sie tatenlos zu, als die Fürsten 1523 Sickingens Rebellion niederwarfen.

Die Reichsstädte: Die Kirche wird Sache der Bürger

In den Reichsstädten wurde die Reformation dagegen zur Massenbewegung. Warum sollte man noch die Sonderstellung der Geistlichen dulden, die der städtischen Gerichtsbarkeit und Steuer nicht unterworfen waren. Warum die Autorität eines fernen Bischofs anerkennen, wo Luther doch geschrieben hatte, daß allein die Gemeinde für die Verkündung des Evangeliums verantwortlich sei?

Oft forderten als erste die ärmeren Handwerker grundlegende Veränderungen in Kirche und Gottesdienst. Auch sie verbanden damit aber gleichzeitig politische Ziele, hofften sie doch, daß mit einer Reform der Kirche auch die Macht der reichen Bürger und Patrizier eingeschränkt würde, die in den Stadtregierungen den Ton angaben. So wurde der Kampf um den Glauben auch hier zur Auseinandersetzung um die Verteilung der Macht.

Viele süddeutsche Reichsstädte folgten dem Beispiel Zürichs, wo der Prediger Ulrich Zwingli an der Spitze der evangelischen Bewegung stand. Als der Bischof von Konstanz ihm vorwarf, ketzerische Lehren zu verbreiten, stellten sich Bürgermeister und Rat hinter Zwingli und veranstalteten 1523 zwei Religionsgespräche zwischen den Anhängern der neuen Lehre und den Vertretern der alten Kirche. Nachdem es den „Altgläubigen" nicht gelungen war, die Lehre Zwinglis zu widerlegen, ließ der Rat Bilder und Altäre aus den Kirchen entfernen, verbot die Messe und hob die Klöster in der Stadt auf. Ihr Besitz wurde für die Armenpflege, das Schulwesen und für die Besoldung der vom Rat eingesetzten Prediger verwendet. Die Kirche war zur Sache der Bürger geworden.

Doch Zwingli wollte mehr: die Erneuerung der Kirche. Der Ausgleich zwischen Armen und Reichen durch den Glauben war nach seiner Meinung erst vollendet, wenn jeder Bürger sein Leben an den Geboten der Bibel ausrichtete. Sittenstrenge und regelmäßiger Besuch der Predigt wurden deshalb jedem zur Pflicht gemacht, und als christliche Obrigkeit wachten Bürgermeister und Rat über den Lebenswandel der Bürger. So konnten sie ihre Befugnisse sogar noch erweitern.

Die Bauern: Der große Aufstand

Im Deutschland des 16. Jahrhunderts waren Adel und Bürger zwar eine einflußreiche, zahlenmäßig aber kleine Minderheit. Die meisten Menschen lebten als Bauern auf dem Land, und hier verschärften sich die sozialen und wirtschaftlichen Probleme immer mehr. Was nützte es den Bauern, daß die Preise für ihre Erzeugnisse stiegen, wenn die Herren immer höhere Abgaben forderten und das nutzbare Land knapp wurde, weil die Bevölkerung wieder wuchs? Schon seit langem fühlten sich die Bauern als rechtloser, von ihren Grundherren ausgebeuteter und von den Bürgern verachteter Stand. Durch die Entwicklung zum Territorialstaat hatte sich ihre Lage noch verschlechtert. Alte Sonderrechte wurden abgeschafft, die Beamten der Fürsten duldeten nicht, daß die Bauern ihr Leben im Dorf selbst regelten, alles sollte sich jetzt nach dem Willen des Landesherrn richten.
Schon in der zweiten Hälfte des 15. Jahrhunderts war es gegen diesen Ausbau der Landesherrschaft auf Kosten der Bauern in einzelnen Orten und Gebieten Süddeutschlands zu Unruhen gekommen. Den Fürsten war es aber immer wieder gelungen, die Aufstände niederzuschlagen. Mit den Ideen der Reformation, die durch Prediger auch in die Dörfer getragen wurden, erhielt die anhaltende Unzufriedenheit der Bauern neuen Auftrieb. In den Jahren 1524 und 1525 kam es in Süddeutschland, Mitteldeutschland und dem östlichen Alpenraum zum großen Aufstand.
Erstmals hatten die Bauern jetzt ein gemeinsames, ihre Einzelforderungen überspannendes Programm: Das Evangelium und die von Luther verkündete Freiheit des Christenmenschen wurde zum Maßstab ihrer Kritik an der bestehenden Gesellschaft. Wie waren die drückenden Abgaben, die Unfreiheit und Rechtlosigkeit mit dem Evangelium zu vereinbaren, das doch als von Gott gesetztes Recht Richtschnur des gesamten Lebens sein sollte?
Anfänglich hofften die Bauern, ihre Forderungen friedlich durchsetzen zu können. Aber die Herren waren nicht zu einem Ausgleich bereit, obwohl sie den nach dem Vorbild der Landsknechtheere organisierten Bauernhaufen zunächst nichts entgegensetzen konnten. So kam es zu Gewalttaten; Burgen wurden niedergebrannt und Klöster verwüstet.

Bauern ziehen vor das Kloster Weißenau. Zeitgenössische Darstellung von Jakob Murer

Thomas Münzer: Ein Theologe auf seiten der Bauern

Radikaler Höhepunkt des Bauernkrieges war der Aufstand in Thüringen, wo Thomas Münzer, ein gelehrter Theologe, Führer der Bauern war. Sein Leben als Wanderprediger und Lehrer hatte ihn im Herbst 1524 in das Zentrum des Bauernaufstandes nach Südwestdeutschland geführt. Von dort kehrte er in die Reichsstadt Mühlhausen in Thüringen zurück, wo die Anhänger der Reformation herrschten und ihn als Prediger einstellten. Münzer rief die Bürger auf, sich den Bauern anzuschließen: Im Aufstand der Bauern sah er den Beweis für das Wirken Gottes auf Erden. Die Armen und Unterdrückten seien dazu auserwählt, in einer letzten großen Schlacht gegen die tyrannischen Fürsten und gegen die unchristlichen Priester den wahren Glauben zum Sieg zu führen. Schon früher hatte er gepredigt, daß die Fürsten die Armen unterjochten, um sie vom Glauben fernzuhalten. Nach seiner Auffassung konnte erst die Niederwerfung der Herrschenden und die Befreiung von sozialer Not den Weg für das Gottesreich freimachen, das nach den Worten der Bibel auf Gleichheit und Brüderlichkeit aller Menschen gegründet sein sollte.

Bewaffnet zog er mit seinen Anhängern zu den kämpfenden Bauern. Aber im Mai 1525 errang das vereinigte Fürstenheer aus Sachsen, Hessen und Braunschweig bei Frankenhausen einen Sieg über die Thüringer Bauern. Münzer konnte fliehen, wurde aber in seinem Versteck aufgespürt und nach Verhör und Folter enthauptet.

Martin Luther und die Bauern

Und wie verhielt sich Martin Luther? Seine Feinde warfen ihm doch seit Jahren vor, daß er Unfrieden säe und mit seinen Lehren die Bauern gegen ihre Herren aufhetze. Zwar hatte auch er den Hochmut und die Herrschaft der Fürsten kritisiert und ihnen die Schuld an der Unzufriedenheit der Bauern angelastet. Aber nach seiner Überzeugung war es niemandem erlaubt, im Namen des Evangeliums zur Gewalt aufzurufen. Jetzt warf er den Bauern vor, seine Lehre von der Freiheit des Christenmenschen zu verfälschen. Im Glauben war der Mensch zwar niemandem untertan und völlig frei. Aber zugleich hatte er geschrieben: „Ein Christenmensch ist ein dienstbarer Knecht und jedermann untertan ... Ein jeglicher Christenmensch ist zweierlei Natur: geistlicher und leiblicher." Und als „leibliche" Menschen waren die Bauern ihren Herren zu Gehorsam verpflichtet. Armut, Unrecht und Unterdrückung war gottgegebenes Los der Menschen auf Erden. Aufruhr und Empörung gegen dieses Schicksal war für Luther die schlimmste aller Sünden. Deshalb rief er die Herren auf, die Bauern niederzuwerfen.
Der im Namen des Evangeliums geführte Angriff der Bauern auf die gesellschaftliche und staatliche Ordnung scheiterte. Über 100 000 Bauern starben im Kampf. Ihre Anführer wurden hingerichtet oder des Landes verwiesen. Zwar waren einsichtige Herren bereit, aus Furcht vor neuen Unruhen einzelne Forderungen der Bauern zu berücksichtigen und ihre Lasten zu mildern, aber ihr Verlangen nach Gleichberechtigung und Mitsprache war im Blut erstickt worden.

Die Reformation von oben

Katholische und protestantische Landesfürsten

Gemeinsam hatten Anhänger und Gegner Luthers unter den Fürsten den Aufstand der Bauern niedergeschlagen. Sie waren sich einig gewesen, daß Untertanen sich nicht gegen ihre Herren erheben durften.

Christus, die Reformatoren und die Fürsten von Anhalt beim Abendmahl. Gemälde von Lucas Cranach d. J., 1565

Für die Fürsten, die der katholischen Kirche treu geblieben waren, konnte es aber erst Frieden geben, wenn die „lutherische" Bewegung vernichtet war. Im Jahrzehnte währenden Kampf gegen die Protestanten übernahmen die Herzöge von Bayern die Führung. Wer in ihrem Land in den Verdacht geriet, ein lutherischer „Ketzer" zu sein, wurde zum Widerruf gezwungen oder des Landes verwiesen. Die herzoglichen Behörden überwachten Verkehr und Handel mit protestantischen Gebieten und unterbanden die Einfuhr ketzerischer Bücher. Und als Herzog Albrecht V. im Jahr 1564 die protestantische Minderheit im bayerischen Adel ausschaltete, gab es niemanden mehr, der der Macht des Landesfürsten gefährlich werden konnte. Ohne Rücksicht auf die geistliche Obrigkeit griffen sie jetzt auch in kirchliche Angelegenheiten ein, um Mißstände zu beseitigen. Schritt für Schritt bauten sie ihre Kontrolle über Kirche und Untertanen aus. So festigte die Abwehr der Reformation die Macht des katholischen Landesherrn.
Im Gegensatz zu den Katholiken behaupteten die Anhänger Luthers unter den Fürsten, daß es nur durch die Reformunfähigkeit der alten Kirche zu Aufruhr und Blutvergießen gekommen sei. Während des Bauernkrieges

hatte Luther offen für sie Partei ergriffen, jetzt forderte er sie auf, sich um die Verkündigung des Evangeliums und um das kirchliche Leben in ihren Ländern zu kümmern. Bis zur Regelung der Glaubensfrage durch ein Konzil sollten die Fürsten als „Notbischöfe" der neuen Kirche eine feste Ordnung geben. Deshalb setzte der evangelische Fürst die Pfarrer ein, und er entschied in letzter Instanz auch über die in seinem Land verkündete Lehre. Der Besitz der alten Kirche wurde eingezogen, um damit den Aufbau des neuen Kirchenwesens zu finanzieren. Als „Notbischof" war der Landesherr auch für das Seelenheil seiner Untertanen verantwortlich, und weil er sie zu guten Christen erziehen mußte, wurden sie weit strenger als früher überwacht. Wer Kirchgang oder Katechismusunterricht versäumte, wer zu sehr Tanz, Trunk oder Kartenspiel verfallen war, wurde in den meisten protestantischen Ländern bestraft. Die Religion der Untertanen war Sache der Fürsten geworden, ihre Stellung als Landesherrn weiter gestärkt.

Was war aus Luthers Forderung nach der freien Verkündigung des Evangeliums in den Gemeinden geworden? Früher hatte er im Namen des allgemeinen Priestertums aller Gläubigen gegen die geistliche Hierarchie gekämpft – jetzt entstanden obrigkeitlich gelenkte Landeskirchen. Viele schmähten Luther als „Fürstenknecht" und wandten sich von ihm ab. Aber diese „Schwärmer", die jede feste Organisation der Kirche ablehnten, wurden von den protestantischen Fürsten ebenso verfolgt wie von den Katholiken.

Außenpolitik Karls V.

1521–1526	Erster französisch-habsburgischer Krieg: Verzicht Franz I. von Frankreich auf Mailand und das Herzogtum Burgund
seit 1523	Französisch-türkische Zusammenarbeit gegen Habsburg
1526–1529	Zweiter französisch-habsburgischer Krieg: Ergebnisse des 1. Krieges werden bestätigt
1529	Die Türken belagern Wien; zeitweiliger Ausgleich Karls V. mit Frankreich
1530–1532	Neuer Vorstoß der Türken nach Österreich durch kaiserliche Truppen mit Unterstützung der katholischen und lutherischen Reichsstände zurückgeschlagen
1535	Feldzug Karls V. in Nordafrika und Eroberung von Tunis
1536–1538	Dritter französisch-habsburgischer Krieg
1542–1544	Vierter französisch-habsburgischer Krieg: erneuter zeitweiliger Ausgleich
1546	Waffenstillstand mit den Türken
1552–1556	Fünfter französisch-habsburgischer Krieg: fünfjähriger Waffenstillstand bei Bestätigung der bestehenden Macht- und Herrschaftsverhältnisse in Europa

Kaiser und Fürsten: Kampf um Macht und Religion

Trotz seiner Machtfülle konnte Kaiser Karl V. nach dem Wormser Edikt 1521 nichts zur Beendigung des Glaubensstreites im Reich und gegen die Mißachtung der kaiserlichen Erlasse durch die protestantischen Landesfürsten und Reichsstädte unternehmen. König Franz I. von Frankreich, der seine Macht durch die Herrschaftsansprüche des Habsburgers bedroht sah, war zum schärfsten Gegner Karls V. geworden. Die Jahre nach 1521 standen deshalb ganz im Zeichen der Kriege zwischen Habsburg und Frankreich um die Vormachtstellung in Europa, die in Burgund und Italien ausgetragen wurden. Erst 1530 kam Karl V. nach Deutschland zurück. Die Türken, die 1529 Wien belagert hatten, waren zurückgeschlagen, und mit Frankreich herrschte Frieden. Jetzt wollte er auf dem Reichstag von Augsburg den Ausgleich im Religionsstreit anbahnen. Doch das scheiterte nicht nur an den Protestanten, sondern auch am Papst, der dem Kaiser keine Vermittlerrolle zugestehen wollte. Unversöhnlich standen sich die Religionsparteien gegenüber, Religion war Politik geworden.

Zur Verteidigung ihres Glaubens und ihrer Rechte schlossen sich 1531 protestantische Fürsten und Reichsstädte im *Schmalkaldischen Bund* zusammen. Weil es gegen den Kaiser ging, konnten sie mit dem Wohlwollen mächtiger katholischer Fürsten wie der Herzöge von Bayern rechnen, und auch König Franz I. von Frankreich unterstützte sie: Aus seiner Sicht schwächte ihr Widerstand gegen den Kaiser die habsburgische Macht in ganz Europa. Karl V. hielt aber an seinen Zielen fest: Er wollte die deutschen Fürsten seiner Herrschaft unterwerfen, denn er glaubte, daß nur so die Religionsfrage entschieden werden könne, die sich zum Streit um die Verfassung des Reiches und die Verteilung der Macht zwischen Kaiser und Fürsten ausgeweitet hatte.

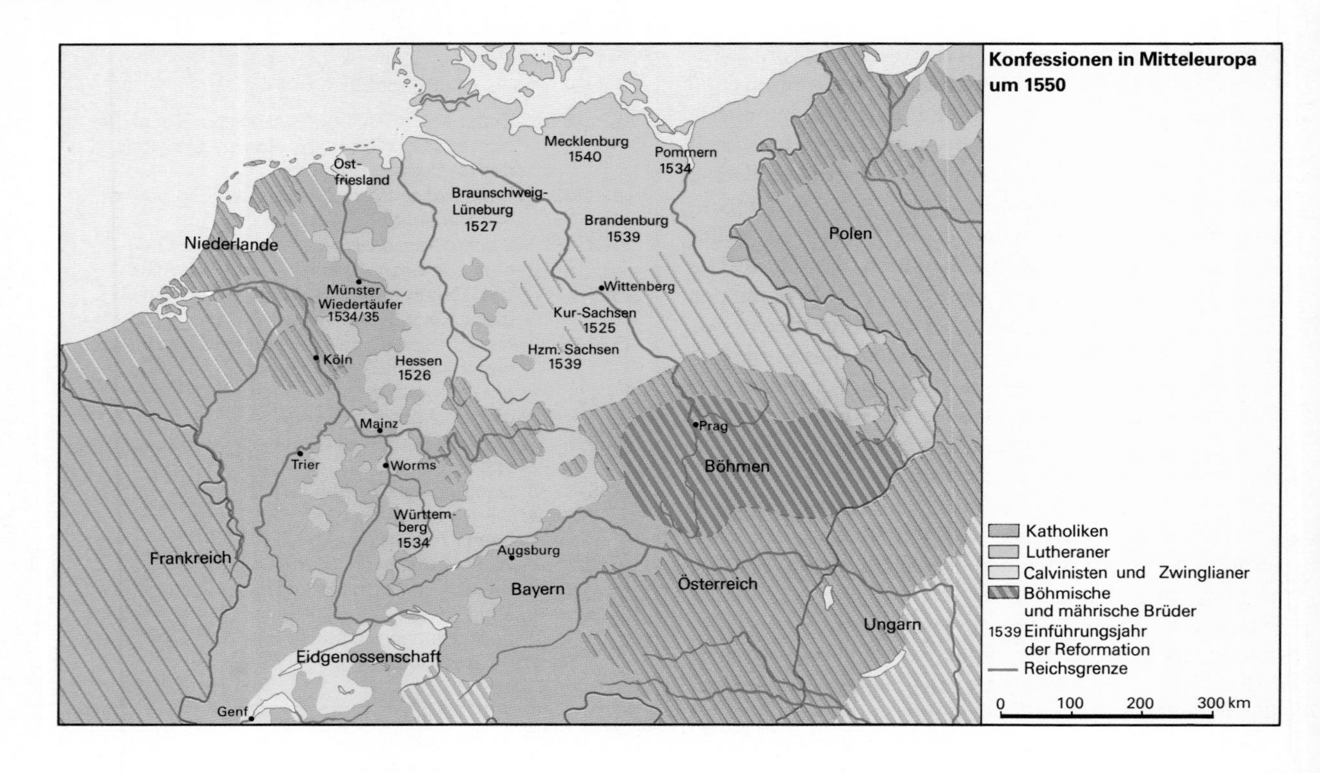

Als sich die Protestanten weigerten, an dem Konzil teilzunehmen, das Papst Paul III. im Jahr 1545 nach Trient einberufen hatte – das hätte ja als Unterwerfung unter die Autorität des Papstes gedeutet werden können –, entschloß sich Karl V. zur militärischen Lösung des Konflikts. 1546/47 warfen seine Heere den Schmalkaldischen Bund nieder. Als unumschränkter Herrscher des Reiches erließ der Kaiser das „Interim“, eine Religionsordnung, die die Protestanten bis zur Konzilsentscheidung wieder in die alte Kirche zurückführen sollte. Aber die Rechnung ging nicht auf. Die deutschen Fürsten wollten den Umsturz der Reichsverfassung nicht hinnehmen und ihre Freiheiten verteidigen. Unter der Führung des Kurfürsten Moritz von Sachsen verbündete sich eine Fürstengruppe mit Frankreich und rebellierte 1552 gegen den Kaiser.

Der Augsburger Religionsfriede

Karl V. hatte umsonst gesiegt. Auf dem Augsburger Reichstag des Jahres 1555 einigten sich die Fürsten gegen ihn auf die rechtliche Tolerierung der Glaubensspaltung im Reich. Der *Augsburger Religionsfriede* setzte fest, daß die Reichsstände zwischen dem lutherischen und dem katholischen Bekenntnis wählen durften. Mit der Entscheidung legte der Landesherr auch die Konfession seiner Untertanen fest. Nur durch Auswanderung konnte sich der einzelne Untertan, wenn er nicht Leibeigener war, diesem obrigkeitlichen Glaubenszwang entziehen. Ausgenommen von dieser Regelung blieben die geistlichen Fürstentümer, denn wenn ein Bischof das Bekenntnis wechseln wollte, mußte er Amt und Herrschaft niederlegen. Das war nicht der Ausgleich, für den Karl V. jahrzehntelang gekämpft hatte. Er legte die Kaiserkrone nieder. Der einst mächtigste Herrscher der Christenheit starb 1558 zurückgezogen in einem spanischen Kloster.

1 Ritteraufstand und Bauernkrieg 1522/23–1525

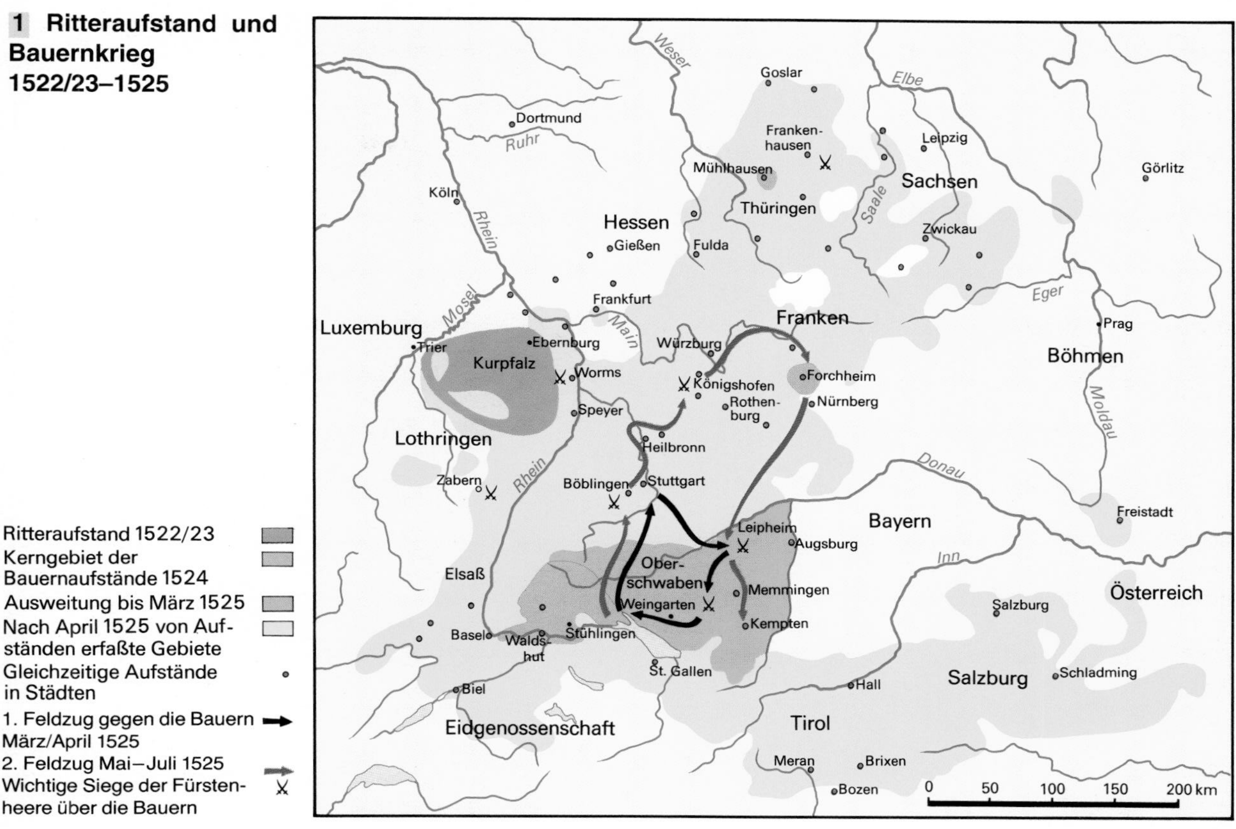

1. Welche unterschiedlichen Aufstandsbewegungen gibt die Karte wieder?
2. Wo war der Ausgangspunkt des Bauernkriegs?
3. Beschreibe die Gebiete, die erfaßt wurden.
4. In welche Phasen läßt sich der Verlauf des Bauernkriegs einteilen?

2 Forderungen und Ziele der Bauern

2a *In einer Antwort auf die Klagen des Fürstabtes von Kempten schilderten die Bauern im September 1525, wie sie den Aufstand sahen:*

Q Unseren Vorfahren ist vor vielen Jahren … unsere Freiheit nach göttlichen und allen päpstlichen und kaiserlichen Rechten für unsere Person und Güter verliehen worden … Später haben sich zwar unsere Vorfahren aus inniger Andacht dem Gotteshaus[1] und St. Hildegard[2] zinspflichtig gemacht, doch nur mit einem kleinen Almosen … und sich sonst durch nichts, weder durch Dienste noch sonst etwas, verpflichtet. Obwohl nun eines jeden Person und Gut frei gewesen … so sind gleichwohl unsere Vorfahren und wir an dieser … Freiheit von den Fürstabten in sehr beträchtlicher Weise sowohl an unserer Person als auch an unserem Besitztum … geschmälert worden mit Gewaltmitteln wie: gefangensetzen; mit Geboten, die unter Androhung hoher Geldstrafen erlassen wurden; Verboten, … der Messe beizuwohnen. Durch solche Mittel haben die Prälaten … es auch erreicht, … unsere Freiheit zu schmälern … Da nun die Bedrückungen je länger und mehr und umfangreicher eingerissen sind und keinerlei Milderung eingetreten ist, und als darauf unser jetziger … Herr zum Prälaten gewählt worden

ist (1523), ... da haben wir Seine Gnaden in aller Untertänigkeit gebeten, ... solche Beschwerden abzustellen. Das hat Seine Gnaden uns auch zugesagt ... Nur auf diese Zusage hin haben wir ihm Huldigung geleistet. Wir haben auch auf solche Zusage hin viele Tagungen zum Zwecke gütlicher Unterhandlungen mit Seinen Gnaden besucht ... Und als wir gemeint, die Sache wäre endlich zum Ausgleich gekommen, ist Seine Gnaden ... weggeritten, mit dem Bemerken, er wolle die Dinge so bleiben lassen ...
So hat es sich (nachdem der letzte Einigungsversuch im Januar 1525 gescheitert war) zugetragen, ... daß unser gnädiger Herr nun erst recht dazu schritt, seine Schlösser zu besetzen ... Dazu kam, daß Seine Gnaden uns sagen ließ, daß er seinen Handel mit uns durch Kampf und Ernst zu Austrag bringen wolle; und vor 30 Jahren hat unser damaliger Herr uns auch gewaltsam angreifen lassen und uns über 30 000 Gulden Schaden zugefügt. Da haben wir uns dann schließlich zusammengetan, doch in keiner anderen Absicht, als uns, unser Leib und Leben, unsere Weiber und Kinder zu retten und uns in unseren Rechten nicht verkürzen zu lassen. Währenddessen sind aber aus fremden Herrschaften so viele mit Ungestüm uns zugezogen, daß wir die Macht über sie verloren haben.

[1] die Fürstabtei Kempten

[2] Hildegard, Gattin Karls des Großen, wurde als Stifterin und Schutzheilige des Klosters verehrt.

G. Franz, Quellen zur Geschichte des Bauernkrieges, Darmstadt 1963, S. 128f.

1. *Wie kam es nach Ansicht der Bauern zum Aufstand gegen den Fürstabt von Kempten?*
2. *Wie begründeten die Bauern ihr Vorgehen? Wie wollten sie ihre Forderungen durchsetzen?*
3. *Wie verhielten sich die Fürstäbte nach dieser Darstellung? Was wäre aus ihrer Sicht zu den Beschwerden der Bauern zu sagen?*

2b *In „Zwölf Artikeln" hat der Memminger Kürschnergeselle Sebastian Lotzer Ende Februar 1525 die Forderungen der Bauern aufgestellt. Zusammengefaßt lauten sie:*

Art. 1: Freie Pfarrerwahl und Predigt des reinen Evangeliums
Art. 2: Verwendung des Zehnten nur für kirchliche und soziale Zwecke
Art. 3: Aufhebung der Leibeigenschaft bei grundsätzlicher Anerkennung der Obrigkeit
Art. 4: Freie Jagd und freier Fischfang
Art. 5: Wiederherstellung der Gemeinderechte an der Nutzung des Waldes
Art. 6: Minderung der Frondienste
Art. 7: Keine willkürliche Erhöhung der Abgaben und Frondienste; Bezahlung bei zusätzlichen Diensten
Art. 8: Neueinschätzung der Abgaben bei überlasteten Höfen
Art. 9: Zumessung gerichtlicher Strafen nach dem Gewohnheitsrecht
Art. 10: Wiederherstellung der Gemeinderechte an der Allmende
Art. 11: Abschaffung der beim Tod eines Bauern fälligen Abgaben
Art. 12: Angebot, alle Forderungen zurückzunehmen, die nicht aufgrund des Evangeliums begründet sind

zusammengestellt nach: Geschichte in Quellen, Bd. 3, bearb. v. F. Dickmann, München 1968, S. 145–148.

1. *Was ergibt sich aus Quelle 2b über die Lage der Bauern?*
2. *Welche Forderungen sollten die Lage des einzelnen verbessern, welche die Rechte der Gemeinde?*

2c *Aus der anonymen Flugschrift „An die Versammlung gemeiner Bauernschaft" vom April/Mai 1525:*

Q Ein jede Obrigkeit soll Steuer, Zoll nicht anders einnehmen denn als ein treuer Verwalter ... Also ist klärlich, wie der Untertan aus brüderlicher Liebe schuldig ist, Steuer und Zoll zu geben. Aber gleicherweise soll die Obrigkeit Steuer, Zoll ihrem christlichen Mitbruder nicht anders abnehmen denn wiederum aus brüderlicher Lieb, ihren Untertanen zum Nutz zuzuwenden ... Und ob ihr jetzt Schneider, Schuster oder Bauern zur Obrigkeit erheben würdet, die euch vorstünden, um die christliche Bruderschaft zu erhalten, denen haltet vor König und Kaiser in allem Gehorsam ... Alle die Päpst, Kaiser und König, welche sich aufblähen über andere fromme arme Christen ... und die sich nicht als Amtleute Gottes erkennen wollen und auch nicht allein nach seinen Geboten regieren, den gemeinen Nutz und brüderliche Einigkeit unter uns zu erhalten, ... die sind alle falsch, nicht würdig des geringsten Amts unter den Christen. Alle Fürsten und Herren, die zum eigenen Nutzen Beschwerungen oder Gebote gegen andere aufrichten, ... die vermessen sich, Gott zu betrügen. Wo hat Gott ihnen solche Gewalt gegeben, daß

Arme ihnen im Frondienst ihre Güter bestellen müssen … Sie schatzen und reißen den Armen das Mark aus den Beinen … Wir sind der Geistlichen seeleigen, aber der weltlichen Gewalt leibeigen … Daß aber ein Land oder eine Gemeinde Macht hab, ihren schädlichen Herrn abzusetzen, will ich aus der Bibel belegen. (Es folgen 13 Belege.) Darum, so haben wir Christen allzumal genugsam Ursachen, und wir sind schuldig, uns zu erlösen von diesen gottlosen Herren aus diesem babylonischen Gefängnis, wie St. Peter spricht: Man muß Gott mehr gehorchen denn den Menschen … Ihr aber, vertraut auf Gott, seid nicht euer selbst, sondern seid Gottes Krieger, das Evangelium zu erhalten und das babylonische Gefängnis zu zerstören!

Der große Bauernkrieg, hg. v. O. H. Brandt, Jena 1929, S. 198f., 201, 208f. und 211.

1. *Welches sind die Zeichen einer ungerechten Herrschaft? Wie sollte dagegen eine gerechte Herrschaft beschaffen sein?*
2. *Welche Rechte nahmen die Bauern für sich in Anspruch?*
3. *Stelle aus den Quellen 2a bis 2c zusammen, wie die Bauern ihre Forderungen begründeten. Welche Unterschiede kannst du feststellen?*

3 Reaktionen der Obrigkeit

3a *Der bayerische Kanzler Dr. Leonhard Eck berichtete dem Herzog Ludwig von Bayern aus Ulm:*

Q 11.2.1525: Der Aufruhr der Bauern im Hegau, Breisgau, im Schwarzwald und in dieser Gegend rührt von den lutherischen Pfaffen her … Sie predigen alle von der evangelischen Freiheit …
12.2.1525: Ich weiß nichts anderes zu schreiben, als daß sich die Bauern mehren … Es sind die vom Adel alte Weiber und verhalten sich so, als wären sie schon tot; und niemand will handeln, bis das Heer des Bundes aufgestellt ist … Ich war der Meinung, daß zehn Reiter genügt hätten, um den Hauptmann (der Bauern) gefangenzunehmen. Aber die guten frommen Leute weinten schier wegen meines Ratschlages …
15.2.1525: Ich kann nichts anderes sehen, … als daß diese Erhebung die Unterdrückung der Fürsten und des Adels zum Ziel hat …
2.3.1525: In den Städten ist eine große Spaltung. Die Lutherischen, die arm sind, geben den Bauern recht; die nicht lutherisch und die lutherisch, aber reich sind, geben den Bauern unrecht.

W. Vogt, Die bayerische Politik im Bauernkrieg und der Kanzler Dr. Leonhard v. Eck, das Haupt des Schwäbischen Bundes, Nördlingen, 1883, S. 380, 381, 383 und 402.

3b *Dr. Nikolaus Geys berichtete dem Fürstbischof von Würzburg:*

Q 21.3.1525: Es will sich kein Landsknecht in Schwaben wider die Bauern bestellen lassen; sie stehen alle auf ihrer Seite. Vom Bischof von Augsburg sind zwei Städte und Schlösser im Allgäu abgefallen, die haben die Bauern eingenommen … Es kam hier zu Ulm unter den ärmeren Bürgern zu Aufruhr gegen den Rat; sie wollten nicht, daß man ihnen durch Werbung und Einquartierung von Kriegsknechten Lasten auferlegte … Etliche Städte verhalten sich verdächtig und wollen keine Reiter und Landsknechte des Bundes aufnehmen. Alle schwäbischen Prälaten haben ihre Klöster verlassen und warten darauf, daß die Bauern die Klöster einnehmen. Die Bürger zu Augsburg ziehen mit Pfeifen und Pauken aus der Stadt zu den Bauern, was dem Rat und den vornehmen Bürgern große Sorge bereitet.

H.-C. Rublack, Die Berichte des Würzburger Gesandten Dr. Nikolaus Geys vom Bauernkrieg in Württemberg und Oberschwaben. Zeitschrift für Württembergische Landesgeschichte, Bd. 34/35, 1975/76, S 136f.

1. *Beide Autoren waren Vertreter mächtiger Fürsten in Süddeutschland. Wie beschrieben sie die Gegner, die sich bei den Auseinandersetzungen gegenüberstanden?*
2. *Welche Ziele hatten nach ihrer Meinung die Bauern?*
3. *Welche Lösung des Konflikts strebten sie an?*

Zusammenfassende Arbeitsfragen:

1. *Welcher Zusammenhang bestand zwischen den Aufständen der Bauern und der Reformation?*
2. *Stelle eine Erwiderung auf die Forderungen der Bauern aus der Sicht der Fürsten zusammen.*
3. *Welche Folgen hätte es gehabt, wenn die Bauern ihre Forderungen hätten durchsetzen können?*
4. *Die Bezeichnung „Bauernkrieg“ wurde ursprünglich von den Gegnern der Bauern geprägt. Ist diese Bezeichnung aufgrund der Vorgänge in den Jahren 1524/25 gerechtfertigt?*

Calvinismus, Gegenreformation und Glaubensspaltung in Europa

Der Calvinismus

Der Franzose Jean Calvin hatte als Anhänger der Reformation 1534 das katholische Frankreich verlassen müssen und war in die Schweiz geflohen. Schon 1536 veröffentlichte er in Basel die erste systematische Darstellung seiner Glaubenslehre, die sich allerdings in entscheidenden Punkten von Luthers Lehre unterschied: Der Genfer Reformator war überzeugt, daß Gott nicht nur das Geschick der Welt, sondern auch das eines jeden Menschen vorherbestimmt habe. Nicht alle waren zur ewigen Seligkeit auserwählt. Nur wer sein Leben dem Kampf für den Glauben widmete, konnte hoffen, zu den Berufenen zu gehören. Wer aber gegen die Gebote verstieß und seine Pflichten in Gemeinde, Familie und Beruf vernachlässigte, der konnte nicht auf die Gnade Gottes bauen und war für ewig verdammt.
Seit 1541 bekam Calvin in Genf die Möglichkeit, nach seinen Vorstellungen das Kirchenwesen aufzubauen. Im Gegensatz zum Luthertum wurden in Genf die Lehrer, Prediger und Diakone von der Gemeinde gewählt. Vom Stadtrat ernannte Älteste bildeten das Konsistorium, das oberste Leitungsorgan der Kirche. Im Aufbau des Kirchenwesens „demokratischer" als das Luthertum, griff die Kirche in das tägliche Leben der Menschen aber auch viel stärker ein: Toleranz gegenüber Andersdenkenden gab es nicht, Tanz, Theater- und Wirtshausbesuch waren verboten, verschwenderischer Lebenswandel wurde hart bestraft.
Für die Ausstrahlungskraft des Calvinismus sollte Calvins Lehre entscheidend werden, daß gegen eine Obrigkeit, die das Evangelium unterdrückte und die Auserwählten verfolgte, aktiver Widerstand Pflicht sei. In den Ländern Europas, in denen die Herrscher am alten Glauben festhielten, fanden oppositionelle Kräfte in diesem Widerstandsrecht eine Bestätigung für ihren Kampf.
In Frankreich gewannen die Calvinisten, die dort *Hugenotten*, d. h. Eidgenossen, genannt wurden, viele Anhänger im Bürgertum und in dem Teil des Adels, der seine ständischen Vorrechte gegen das mächtige katholische Königtum bewahren wollte. Bald wurde das Land für Jahrzehnte von Bürgerkriegen zwischen rivalisierenden Religionsparteien erschüttert. Erst im 1598 von Heinrich IV. erlassenen Edikt von Nantes wurde den Hugenotten Gewissens- und Religionsfreiheit garantiert.
Auch in den spanischen Niederlanden hat der Calvinismus schnell viele Anhänger gefunden, die in Opposition zur streng katholischen Herrschaft Spaniens traten. Der politische Kampf für die Unabhängigkeit der Niederlande wurde hier durch die konfessionelle Gegnerschaft verschärft (siehe S. 177–178). Und auch in Schottland konnten sich die Calvinisten so weit ausbreiten, daß 1560 die reformierte Staatskirche eingerichtet und die katholische Königin Maria Stuart zu Abdankung und Flucht gezwungen wurde.

Die katholische Erneuerung

Der Jesuitenorden

Im Jahre 1521, als Luther den Widerruf seiner Lehren in Worms verweigerte, wurde der spanische Offizier Ignatius von Loyola im Krieg gegen Frankreich schwer verwundet. Untauglich zu weiterem Waffendienst, machte er wie Luther eine schwere Glaubenskrise durch. Aber ganz anders als der Wittenberger Theologe gelangte Ignatius zu der Erkenntnis, daß nur völlige Unterwerfung unter die Gebote der unfehlbaren Kirche den Menschen vor der Verdammnis retten könne.
Mit einigen Gefährten gründete er die *Gesellschaft Jesu*. Sie unterschied sich von den alten Mönchsorden, denn die Jesuiten – wie sie genannt wurden – wollten nicht in klösterlicher Abgeschiedenheit leben. Ihre Aufgabe sollte es sein, in der Welt zu wirken, Ungläubige zu bekehren und Abtrünnige in die Kirche zurückzuführen. Ignatius, der ehemalige Offizier, organisierte seinen Orden nach militärischen Grundsätzen. Dem Papst und ihrem „Ordensgeneral" waren die Jesuiten zu bedingungslosem Gehorsam verpflichtet. Die „Soldaten Christi" wurden die wichtigsten Kämpfer für eine Erneuerung der katholischen Kirche.

Das Konzil von Trient

Bereits auf dem *Konzil von Trient* (1545–1563) fielen die Jesuiten durch ihre unerbittliche Disziplin und die Härte

Das Trienter Konzil. Zeitgenössisches Gemälde eines unbekannten Künstlers aus dem Kloster Stans, Schweiz

auf, mit der sie die Lehren der Kirche vertraten. In scharfer Ablehnung der protestantischen Lehre setzte das Konzil fest, daß die Tradition der Kirche und die Lehren der Kirchenväter von gleichem Rang wie die Bibel seien. In Glaubensfragen war die Kirche unfehlbar, und gegen die Lehre Luthers entschied das Konzil, daß der Mensch auch durch gute Werke zu seiner Erlösung beitragen könne.
Gleichzeitig ging man daran, die äußeren Mißstände zu beseitigen, denen auch viele Katholiken die Schuld an der Kirchenspaltung gaben. In jeder Kirchenprovinz mußte ein Seminar für die Ausbildung tüchtiger Priester eröffnet werden. Den Geistlichen wurde strengste Disziplin auferlegt, die Bischöfe der Kontrolle des Papstes unterworfen, dessen alleinige Herrschaft über die Kirche das Konzil bestätigte.
Noch während das Konzil tagte, nahmen die Jesuiten ihre Missionsarbeit in Deutschland auf. Sie wollten die Protestanten mit ihren eigenen Waffen schlagen: Weil die Lehre der Reformatoren durch Predigt, Seelsorge und Propaganda verbreitet worden war, beriefen die Jesuiten gute Prediger und Priester, die sich um die verwahrlosten Gemeinden kümmerten. Vielerorts bauten erst sie wieder ein katholisches Kirchenwesen auf. Protestantische Fürsten hatten durch die Gründungen hervorragender Schulen und Universitäten die Reformation in ihren Ländern gefestigt. Deshalb gingen jetzt auch die Jesuiten daran, ein katholisches Erziehungssystem aufzubauen. In ihren Gymnasien und Kollegien zogen sie eine neue Schicht gebildeter Laien heran, die der Kirche treu ergeben waren. Und wie die Reformatoren waren auch die Jesuiten auf die Unterstützung durch die Fürsten angewiesen.

Europa in der 2. Hälfte des 16. Jahrhunderts: Ein gespaltener Kontinent

Die Konfessionen grenzten sich in Lehre und Bekenntnis scharf voneinander ab. Jede trat mit dem Anspruch auf, allein die christliche Wahrheit zu vertreten. Für die Staaten war es fast selbstverständlich, daß man Glaubensgenossen in anderen Ländern mit Waffengewalt und Geld unterstützte. Wie sahen die Konfessions- und Machtverhältnisse zu dieser Zeit in Europa aus?
In *Norddeutschland und Skandinavien* hatte die Reformation gesiegt. Schweden stieg um 1600 zur Großmacht in Nordeuropa auf. Das Luthertum war Staatsreligion. Durch den Neuaufbau von Verwaltung und Heer wurde Schweden zu einem der modernsten Staaten Europas. Gefördert durch das Kapital reicher niederländischer Kaufleute blühte der Erzbergbau auf.
In *Westeuropa* trat England auf die Seite der protestantischen Mächte. In der Glaubensfrage schlug es aber einen Mittelweg ein. Die anglikanische Kirche hielt Abstand zu Luthertum und Calvinismus und bewahrte in Gottesdienst und Organisation viele Traditionen der alten Kirche. Englands Ziel war es, den Spaniern die Herrschaft über die Weltmeere streitig zu machen und den Überseehandel auszuweiten. Glaubensfragen wurden diesen Zielen untergeordnet.
Weniger eindeutig sah es in *Mittel- und Osteuropa* aus. Im Deutschen Reich brachte der Augsburger Religionsfriede (siehe S. 168) für einige Jahrzehnte Ruhe zwischen Protestanten und Katholiken. Die Kurfürsten von Sachsen galten lange als Anführer der Protestanten. Bayern

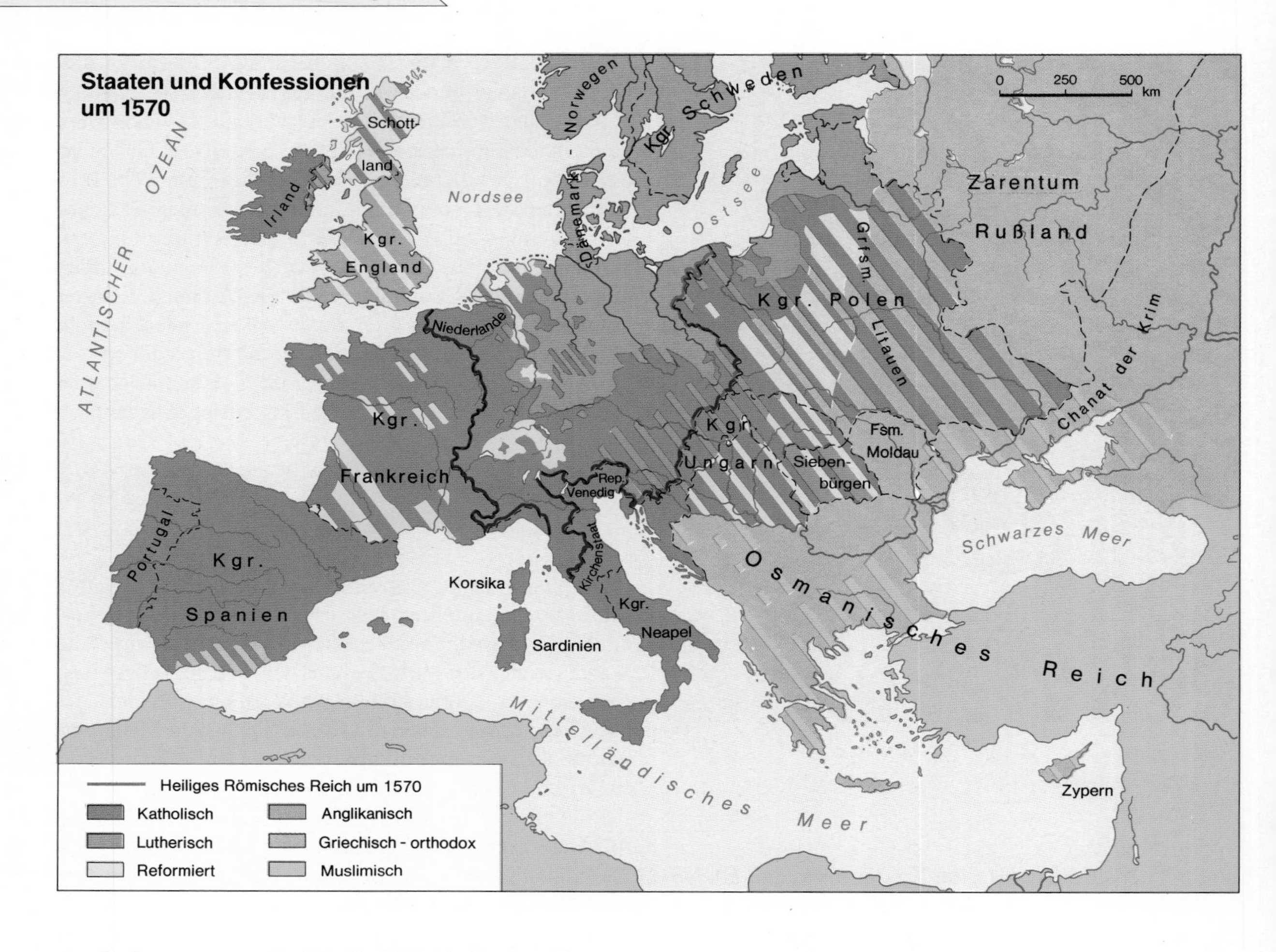

wurde dagegen zum Bollwerk der katholischen Erneuerung im Reich. Weiter im Osten sorgte die Glaubensspaltung aber für politische Unruhe. In Ungarn fand der Calvinismus viele Anhänger unter dem Adel, der sich gegen die Herrschaft der katholischen Habsburger wandte. Polen war lange Zeit Mittelpunkt heftiger politisch-konfessioneller Auseinandersetzungen. Alle Bekenntnisse hatten Anhänger gefunden, und 1573 war den Lutheranern und Calvinisten sogar volle Religionsfreiheit zugestanden worden. Erst um 1600 begann hier – unter Führung der Jesuiten – eine Rekatholisierung.

Führungsmacht der katholischen Staaten war *Spanien*. König Philipp II. hatte aus dem Erbe Kaiser Karls V. nicht nur Spanien und die überseeischen Kolonien, sondern auch große Teile Italiens und die Niederlande erhalten. Als „Werkzeug Gottes" fühlte er sich dazu berufen, die alte Kirche gegen die Lehren der Reformation zu verteidigen. Das war aus seiner Sicht nur möglich, wenn sich Spanien die Vorherrschaft über Europa erkämpfte. Überall in Europa trat Spanien für die Festigung der Macht katholischer Herrscher ein und drängte auf die Ausschaltung der Stände, die oft Träger politisch-religiöser Opposition waren.

Frankreich gewann nach den Religionskriegen rasch seine führende Stellung in Europa zurück. Zwar hätte es als katholischer Staat an die Seite Spaniens treten müssen. Aber der Gegensatz zu den deutschen und spanischen Habsburgern war so stark, daß es sich nicht in die Front der von Spanien angeführten katholischen Mächte einordnen wollte.

1 Die Hugenotten und die Religionskriege am Beispiel Castres

1a *In West- und Südfrankreich hatten sich viele Adlige und Bürger den Hugenotten angeschlossen. Nach einem Bericht des Chronisten Jacques Gaches gestalteten sie in der Stadt Castres nach der Übernahme der Macht das öffentliche Leben im Frühjahr 1562 folgendermaßen um:*

Q Bisher hatten die Predigten im Armenhaus, in der alten Schule und in Privathäusern stattgefunden. Jetzt, nach der Einnahme der Stadt, beschloß man, in katholischen Gotteshäusern Predigten zu halten. Wenige Tage später geschah es, daß einige, als man gerade mit der Predigt beginnen wollte, ausriefen: „Auf zur Platé! Auf zur Platé (Kirche Notre Dame de la Platé)! Der Raum hier ist zu klein für so viel Volk." Augenblicklich brach die ganze Versammlung in denselben Ruf aus, daß man nämlich in die Platé gehen müsse, sie solle jetzt Pfarrkirche sein; und da es dort eine Menge Heiligenbilder gab, deckte man Laken darüber, um zu verhindern, daß etwas in Unordnung gebracht wurde.
Am Tage Mariä Lichtmeß zündeten sie vor der Gemeindewaage ein Feuer an und brachten alle Karten (Spielkarten), die sie finden konnten, herbei und verbrannten sie öffentlich; und zu Ostern feierten sie in der Platé unter großer Beteiligung das Abendmahl, und der Gottesdienst wurde gehalten von den Pastoren de Bosque, La Rivoire und Savin, die auch während der Kriegswirren weiterhin ihr Amt versahen.
Als nun die von der Religion die Stadt fest in der Hand hatten, fingen sie an, eine Kirchenordnung aufzustellen; die vorher erwähnten Geistlichen wurden zu Pastoren bestellt, und sie pflegten in den Gotteshäusern der Katholiken ihre Predigten zu halten, ohne irgend etwas auch nur anzurühren; man hörte ihnen andächtig zu, und sie machten durch ihre Predigten viel von sich reden, und von auswärts kamen viele herbei und ließen sich aufnehmen. Die Reformation in jener Zeit war etwas Wunderbares, und ein jeder trug fleißig zur Ehre und zum Ruhm Gottes bei: die Pastoren, indem sie ihre Amtspflichten erfüllten, und die Gemeinde, indem sie ihre Lehre befolgte und mit Nutzen anwandte. Die Männer gingen nicht mehr zum Spiel, nicht mehr zum Tanz, zu Maskenfesten und anderen sittenlosen Vergnügungen; auch die Frauen führten ein sittsames Leben, und so tat ein jeder schlicht und einfach, wozu er berufen war. Keiner lästerte mehr und fluchte, und wenn sich einer vergaß, stellte man ihn streng zur Rede. Dann gründeten sie ein Konsistorium, das sich aus angesehenen Persönlichkeiten zusammensetzte und den Pastoren bei der Regelung kirchlicher Angelegenheiten Beistand leistete; es bestimmte auch, wer den Dienst in der Kirche übernehmen sollte.
Nachdem die Kirchenordnung festgelegt war, besetzte man die militärischen und politischen Ämter. Die Regierungsgeschäfte der Stadt übertrugen sie Herrn de Ferrières, seines hohen Alters und seiner Erfahrung wegen; Herr de Boissezon und der Baron von Ambres sollten ihm zur Seite stehen. Ihnen war ein Rat untergeordnet, der in Kriegsangelegenheiten zu entscheiden hatte; man stellte drei Reiterkompanien auf ..., ferner drei Infanteriekompanien ... und eine weitere für die Stadtwache. Man bildete außerdem einen Rat, dem die Entscheidung in politischen Dingen oblag und dem die Tag- und Nachtwache in der Stadt unterstand, bestimmte Ratsherren, die dafür zu sorgen hatten, daß der Befehl des Prinzen ausgeführt wurde, nämlich eine Aufstellung zu machen vom Hausrat der geflüchteten Katholiken und von sämtlichem Kirchengerät.

Die Hugenottenkriege in Augenzeugenberichten, hg. v. J. Coudy, Düsseldorf 1985, S. 103f.

1. *Gliedere die Übernahme der Stadtherrschaft in Castres durch die Hugenotten in einzelne Phasen.*
2. *Stelle in einem Schaubild den Aufbau der reformierten Kirche in Castres dar. Wie unterschied sich diese Organisation von der der lutherischen Kirche in Deutschland?*

1b *Aus der Sicht der Katholiken wurden die Ereignisse in Castres folgendermaßen beurteilt:*

Q Die Ketzer begannen, alles in Unruhe zu versetzen und trieben mit Raub und Totschlag ihr Unwesen im ganzen Königreich. Und von ihrem Aufruhr blieb auch die Stadt Castres nicht unberührt, insofern als sie von den Ketzern zunächst eingenommen und geplündert, dann aber von den Katholiken wieder zum alten Glauben zurückgeführt wurde. Im Jahre 1562 brachten die Sektierer die Stadt durch Verrat wieder in ihre Gewalt. Der Bischof wurde mit den Domherren ins Gefängnis geworfen und erst nach der Entrichtung eines hohen Lösegeldes wieder freigelassen. Alle Kirchen wurden geplündert und von Grund auf zerstört.

Gallia Christiana, Bd. 1, Paris 1715, Spalte 76, Übers. d. Verf.

1. *Wie beurteilten die Katholiken die Vorgänge in Castres?*
2. *Wie erklärst du die Unterschiede zu Quelle 1a?*

2 Die Religionskriege in Frankreich im Urteil eines Historikers:

D Die Religionskriege in Frankreich wurden von Anfang bis Ende von drei verfeindeten Hochadelshäusern Guise, Montmorency und Bourbon geführt ... Die (katholischen) Guise waren die Herren Nordostfrankreichs von Burgund bis Lothringen, die Macht der (ebenfalls katholischen) Montmorency beruhte auf ihren Erbländern in Zentralfrankreich, und die Bollwerke der (hugenottischen) Bourbon lagen hauptsächlich im Südwesten des Landes. Der Kampf zwischen diesen Familien wurde durch die Notlage des verarmten Landadels in ganz Frankreich verschärft ... Diese Schicht stellte Militärführer, die – unabhängig von ihrer unterschiedlichen Konfessionszugehörigkeit – bereit waren, den Bürgerkrieg fortzusetzen. Überdies spalteten sich die Städte in zwei Lager ... Viele der Städte im Süden schlossen sich den Hugenotten an. Die Städte in Nordfrankreich wurden dagegen fast ausnahmslos Bollwerke der katholischen Liga ... Das Hugenottentum zog immer Bürger und Handwerker in den von ihm berrschten Städten an. Aber weil einflußreiche Calvinisten am Zehntabgabensystem festhielten, übte der neue Glaube kaum Anziehungskraft auf die Bauern aus. Die führenden Hugenotten entstammten meist der Schicht der adligen Grundbesitzer ... Nach ihrem Ausbruch entfesselten die Kämpfe auch tiefere gesellschaftliche Konflikte als nur das Streben des Adels nach Unabhängigkeit ... In Paris ergriff ein Ausschuß aus unzufriedenen Juristen und Geistlichen die Macht. Sie regierten die Stadt diktatorisch, wobei sie von den unter Hunger leidenden Volksmassen und fanatischen Mönchen und Predigern unterstützt wurden. Andere Städte wie Orleans, Bourges, Dijon und Lyon folgten diesem Beispiel ... Als der Protestant Heinrich von Navarra rechtmäßiger Thronfolger wurde, kam bei den Aufständischen in den Städten der Gedanke an eine republikanische Staatsform auf. Zur gleichen Zeit brachen wegen der Verwüstung des Landes durch die ständigen Feldzüge gefährliche Bauernaufstände in Mittel- und Südfrankreich aus, die nichts mit der Religionsfrage zu tun hatten. Die doppelte Radikalisierung in den Städten und auf dem Land einte die herrschende Klasse wieder: Der Adel schloß sich zusammen, sobald die wirkliche Gefahr einer Erhebung von unten drohte. Aus taktischen Gründen nahm Heinrich IV. den katholischen Glauben an, versammelte die hochadligen Führer der Liga um sich, isolierte die revolutionären Ausschüsse in den Städten und warf die Bauernaufstände nieder. Die Religionskriege endeten mit einer Stärkung des Königtums.

Perry Anderson, Lineages of the Absolutist State, London 1979, S. 91–93, Übers. d. Verf.

1. *Nenne die Parteien, die sich in den Religionskriegen gegenüberstanden. Was waren ihre Ziele?*
2. *Welche Bedeutung mißt der Verfasser der Glaubensfrage zu?*

3 Das Edikt von Nantes

Mit dem Edikt von Nantes, das im Jahr 1598 von Heinrich IV. nach Verhandlungen mit den Hugenotten erlassen wurde, fanden die Religionskriege in Frankreich ein Ende. Es enthält folgende Zusicherungen:

1. Die Anhänger der reformierten Religion dürfen sich überall in Frankreich aufhalten. Sie dürfen nicht gezwungen werden, etwas gegen ihr Gewissen zu tun.
2. Die Anhänger der reformierten Religion dürfen ungehindert ihre Gottesdienste abhalten.
3. An Universitäten, in Schulen, Kollegien, Hospitälern und Krankenhäusern dürfen die Anhänger der reformierten Religion nicht benachteiligt werden.
4. Die Anhänger der reformierten Religion dürfen alle Ämter bekleiden.

zusammengestellt nach: Geschichte in Quellen, Bd. 3, hg. v. F. Dickmann, München 1968, S. 265f.

1. *Welche Rechte hatten die Hugenotten in Frankreich nach dem Edikt von Nantes?*
2. *Warum war Heinrich IV. bereit, dieses Edikt zu erlassen?*
3. *Vergleiche das Edikt mit den Bestimmungen des Augsburger Religionsfriedens (siehe S. 168).*

Die Niederlande: Krieg um Religion und Unabhängigkeit

Ein reiches, aber unselbständiges Land

Mitten in den Auseinandersetzungen und Kämpfen zwischen den Konfessionen in vielen Ländern Europas kam es 1581 zu einer Freiheitserklärung in den nördlichen Niederlanden. Was führte dazu?

Neben Oberitalien waren die Niederlande im 16. Jahrhundert das reichste Gebiet Europas. Trotzdem konnten die Niederländer nicht allein über Wirtschaft, Politik und Religion bestimmen. Sie standen unter der Herrschaft König Philipps von Spanien und waren ein wichtiger Pfeiler der spanischen Vorherrschaft. Die niederländischen Häfen Antwerpen und Rotterdam wickelten die Hälfte des Welthandels ab; die Niederlande wurden zum Bankzentrum Europas; ihre Steuerleistung war siebenmal höher als der Ertrag der Silberlieferungen aus den spanischen Kolonien in Südamerika. Zudem waren diese Provinzen das wichtigste Glied in der Kette habsburgischer Herrschaften, die Frankreich, den Gegner Habsburgs, umschloß.

Der Konflikt mit Spanien

Deshalb wollte Spanien das Eindringen der Reformation in die Niederlande unbedingt verhindern. Die schon von Karl V. erlassenen Ketzergesetze wurden von Philipp II. verschärft, und er setzte die *Inquisition* ein, ein geistliches Gericht, das mit Folter, Gefängnis und Scheiterhaufen gegen die Anhänger der Reformation vorging. Um die hochverschuldete Großmacht Spanien zu entlasten, wurden den niederländischen Ständen hohe Steuern aufgebürdet. Dieses und das scharfe Vorgehen gegen die Ketzer führte zu Protesten in den Niederlanden. Aber König Philipp gab nicht nach, im Gegenteil: Im Jahr 1567 sandte er seinen Heerführer Herzog von Alba mit einem großen Heer in die Niederlande. Er sollte nicht nur die Ruhe wiederherstellen, sondern auch das Eingreifen Spaniens in die Religionskriege in Frankreich vorbereiten. Offener Aufruhr und Übergriffe gegen die katholische Kirche in den Niederlanden waren die Folge dieser Politik.

Katholische und protestantische Adlige in den Niederlanden versuchten, in dem Konflikt zu vermitteln. Um einen Bürgerkrieg im eigenen Land zu verhindern und zu vermeiden, in die Auseinandersetzung Spaniens mit Frankreich hineingezogen zu werden, forderten sie die Duldung der neuen Lehre, zumindest aber die Zurücknahme der Ketzergesetze. Doch Alba unterdrückte auch diese Initiative und ließ 1568 sogar die katholischen Vermittler, die Grafen Hoorn und Egmont, hinrichten.

Nun kam es zum bewaffneten Aufstand von Adel und Volk unter der Führung Wilhelms von Oranien. Religiöse und politische Ziele verbanden sich in seinem Aufruf an die Niederländer: „Wir haben zu den Waffen gegriffen zur Ehre Gottes, zur Ausbreitung seines Wortes, zum Schutz der Gläubigen, zum Schutz des Landes und zur Aufrechterhaltung seiner Freiheit und seiner Rechte."

Die Aufständischen waren dem Heer der Großmacht Spanien weit unterlegen. Die „Wassergeusen" – so nannte man die Aufständischen in den Provinzen Holland und

Die Niederlande 1570 bis 1648

Seeland – versteckten sich an schwer zugänglichen Küstengebieten oder flüchteten bis nach England, um von dort wieder zurückzuschlagen. Um die Spanier am Vordringen zu hindern, öffneten sie sogar Deiche und setzten tiefliegendes Land unter Wasser.
Die spanische Großmacht konnte gegen diese Taktik wenig ausrichten.
Im Jahre 1581 erklärten schließlich die sieben nördlichen Provinzen der Niederlande ihre Unabhängigkeit. Aber noch war dieses neue calvinistische Staatswesen gefährdet. Durch eine große Flottenexpedition wollte König Philipp II. England, das die Holländer unterstützte, ausschalten und die Niederlande wieder der Herrschaft Spaniens unterwerfen. Die „Große Armada" ging jedoch nach einem verlustreichen Kampf gegen die englische Flotte unter. Das rettete die Niederlande. 1609 fand sich Spanien endlich bereit, einen Waffenstillstand zu schließen, der allerdings auf zwölf Jahre befristet war.
Die folgenden Jahrzehnte gelten als die „goldene Zeit" des neuen Staates, der sich in vielem von seinen Nachbarn unterschied. Die Niederlande waren eine Republik, die vom Adel und vom reichen Bürgertum regiert wurde. Die Mehrheit der Einwohner lebte in den großen Hafen- und Handelsstädten, wo der Lebensstandard höher und die religiöse Toleranz und die individuelle Freiheit größer als im übrigen Europa waren. In Amsterdam, dem wichtigsten Banken- und Börsenplatz der Welt, strömten Waren aus Europa und Übersee zusammen. Die Niederländer, die mehr Handelsschiffe besaßen als England und Frankreich zusammen, galten als „Frachtleute der Welt". Auch in den Wissenschaften und in der Kunst, vor allem der Malerei, wurden die Niederlande führend.

„Der Kindermord zu Bethlehem". Ausschnitt aus dem Gemälde von Pieter Brueghel d. Ä., um 1566

1 Frauen um 1600 in den Niederlanden und in Deutschland

1a *Ein schottischer Reisender schrieb über die Rechte und die Stellung der Frauen in den Niederlanden während des holländischen „Goldenen Zeitalters“ um 1600:*

Q Selbst wenn ein Mann durch seinen Beruf reich geworden ist, kann seine Frau, die eine Mitgift mitgebracht hat, nicht nur ihre Mitgift, sondern auch die Hälfte des Vermögens ihres Mannes nach dessen Tod ihren Verwandten vermachen, falls sie keine Kinder von ihm hat. Und selbst wenn sie keine Mitgift mitgebracht hat, besitzt sie dennoch das Recht, über die Hälfte des Vermögens des Ehemannes zu verfügen, das während der Ehe durch – wie angenommen wird – ihre gemeinsame Arbeit erworben wurde …

Die holländischen Frauen kaufen und verkaufen zu Hause alle Waren, und sie haben die Gewohnheit, in Ausübung ihres Handels nach Hamburg und England zu segeln … Es ist nicht selten, daß Mann und Frau sich gegenseitig prügeln, und ich habe vertrauenswürdig gehört, daß dieser Fehler nur milde bestraft wird. Persönlich habe ich gehört, wie ein Amtsdiener einen Mann vor den Magistrat lud, damit er sich für das Schlagen seiner Frau verantworte …

Beim täglichen Zusammentreffen der beiden Geschlechter kann man 60 oder mehr Frauen beim Eislaufen oder bei sonstigen Vergnügungen beobachten, aber es sind nur fünf oder sechs oder noch viel weniger Männer zu sehen … Frauen nehmen nicht nur junge Männer als Ehegatten, sondern auch solche, die von schlichtem Wesen und leicht zu lenken sind. Auf diese Weise, wie auch über das oben erwähnte Vorrecht, mit dem Testament über das Vermögen nach eigenem Gutdünken zu verfügen … halten sie die Männer in einer Art Furcht. Außerdem bewirtschaften sie beinahe allein, ohne daß ihre Männer hineinreden, nicht nur Kaufläden zu Hause, sondern betreiben auch Handel im Ausland … Nichts ist häufiger, als daß kleine Mädchen ihre viel größeren Brüder beschimpfen, ihnen Vorwürfe machen und sie große Lümmel nennen.

Als ich mit einigen gelehrten Männern in meiner Begleitung darüber sprach, daß mir dieses Verhalten seltsam erscheine, waren sie weit entfernt davon, es bemerkenswert zu finden. Sie sagten mir, es sei eine alltägliche Erscheinung, daß Frauen ihre Ehemänner und deren Freunde schimpfend aus dem Hause treiben, mit dem Vorwurf, diese brauchten das Hab und Gut auf, das ihnen gemeinsam mit den Ehemännern gehöre. Ich wäre zu leichtgläubig, wenn ich dächte, daß alle Familien unter dieser Krankheit leiden. Und ich muß gestehen, daß in wenigen Ländern alle Familien gänzlich frei von ähnlichen Erscheinungen sind: Aber ich kann mit Nachdruck sagen, daß die Frauen dieses Landes mehr als alle anderen eine so unnatürliche Herrschaft über ihre Männer ausüben.

1b *Derselbe schottische Reisende berichtete über die Stellung der Frau in Deutschland:*

Q Zweifellos behandeln die Deutschen ihre Frauen roh und behalten sie in einer unterwürfigen Stellung im Hause: So habe ich in Sachsen ehrenhafte und wohlhabende Frauen kennengelernt, die in der Küche selbst das Fleisch zubereiteten, kaum einmal in der Woche mit ihrem Ehemann zusammen, sondern in der Regel getrennt von ihm mit den Mägden ihre Mahlzeiten zu sich nahmen; und nach dem Essen kamen sie und räumten das Geschirr des Hausherrn ab; und falls sie mit ihm an einem Tisch sitzen, sitzen sie am unteren Ende, zumindest hinter allen Männern. Ich habe selbst erlebt, wie wohlanständige Ehemänner ihre Frauen schwer beschimpft haben, bis diese bitterlich weinten. Aber die gleichen Frauen von guter Herkunft brachten ihrem Ehemann unmittelbar danach einen Stuhl, bedienten ihn mit dem Essen und anderen Notwendigkeiten. Wenn die Männer in das Haus von Freunden oder zu sonstigen Festlichkeiten eingeladen werden, gehen sie nie zusammen mit ihren Frauen, sondern diese gehen allein mit bedecktem Gesicht. Es ist für einen Mann nichts Ungewöhnliches, seiner Frau eine Ohrfeige zu geben. Und sie verhöhnen das Gesetz in Nürnberg, das dem Ehemann, der seine Frau schlägt, eine Strafe von drei oder vier Talern androht, als ein höchst ungerechtes Gesetz. Es ist beschämend zu sehen, wie die Frauen von deutschen Fußsoldaten, die in den Krieg ziehen, wie Eselinnen mit Lasten bepackt sind, während die Männer nicht einmal ihre Mäntel selbst tragen, sondern sie ebenfalls auf die Schultern der Frauen legen …

Während sie alle Dinge in selbstherrlicher Weise regeln, versöhnen sie sie (die Frauen) keineswegs mit einem netten Wort oder zeichnen sie mit rücksichtsvoller Behandlung, geschweige denn mit einem Kuß in der Öffentlichkeit aus …

35 Aber selbst wenn die Frauen eine große Mitgift in die Ehe gebracht haben und sie neben anderen Privilegien das Recht besitzen, in einem Testament darüber zu verfügen und sie durch die Beleidigungen herausgefordert werden, (begehren sie nicht auf), sondern werden dennoch von 40 den Männern in Abhängigkeit gehalten …
Aber während die Deutschen so ihre Frauen wie Dienstboten behandeln, verhalten sie sich gegenüber Dienstboten wie Kameraden. Diese tragen mit bedecktem Haupt das Essen auf und unterhalten sich beständig mit ihrem 45 Herrn, ohne ihre Kappe abzunehmen oder sonst irgendeine Ehrerbietung zu zeigen.

Quelle 1a und 1b: Fynes Moryson, An Itinerary Containing His Ten Yeeres Travell, Vol. IV, Glasgow 1908, S. 468–469 und 323–325. Übers. d. Verf.

1. *Welche Rechte hatten die Frauen in den Niederlanden um 1600? Welche Tätigkeiten übten sie aus? Wie wird das Verhältnis zwischen Frauen und Männern beschrieben?*
2. *Vergleiche damit die Stellung der Frau in Deutschland.*
3. *Die Berichte wurden von einem ausländischen Reisenden geschrieben. Welches Verhältnis zwischen Frauen und Männern hielt er selbst für richtig?*

2 Frauen bei der Arbeit und im Beruf in der bildenden Kunst

2a *„Beim Leinenschrank", Gemälde von Pieter de Hooch, 1663*

2b *„Die Vorsteherinnen des Amsterdamer Aussätzigenhospitals". Gemälde von Werner van der Walchert, 1624*

2c *„Textilarbeiterinnen". Gemälde von Isaac van Swanenburgh, um 1600*

1. *Welche Tätigkeiten werden von den Frauen ausgeführt? Wie ist die Umgebung dargestellt? Aus welchen sozialen Schichten kommen die Frauen?*
2. *Was sagen die Bilder über die Stellung der Frau im 17. Jahrhundert in den Niederlanden aus?*
3. *Vergleiche mit Quelle 1a. In welchen Aspekten bestätigen die Bilder die Feststellungen, in welchen geben sie eine andere Stellung der Frau wieder?*

Der Dreißigjährige Krieg

Ein Krieg eskaliert

Von der Unfähigkeit, den Frieden zu erhalten

Mit Entsetzen blickten die deutschen Reichsfürsten auf das Blutvergießen in den westlichen Nachbarländern. „Wir sitzen in Rosen, derweil die anderen in Blut“, sagte man und vertraute darauf, daß der 1555 in Augsburg gefundene Ausgleich zwischen den Konfessionen den Frieden in Deutschland sichern würde.
Aber die Nachfolger der Fürsten des Jahres 1555 waren oft im Geist eines kämpferischen Protestantismus oder Katholizismus erzogen worden. Nicht Zusammenarbeit und Versöhnung, sondern Abgrenzung und Konfrontation war ihr Ziel. Die zum Calvinismus übergetretenen Kurfürsten von der Pfalz wurden Anführer einer neuen Fürstengruppe, die mit der Reformation auch ihre Unabhängigkeit gegenüber dem Kaiser aus dem Hause Habsburg sichern wollten. Doch nicht nur die Gegnerschaft mächtiger Reichsfürsten gefährdete die habsburgische Vorherrschaft im Deutschen Reich. Auch in Österreich und Böhmen schlossen sich viele Adlige aus Opposition gegen das Herrscherhaus der Reformation an.
Hinzu kam, daß am Ende des 16. Jahrhunderts der Religionsfrieden ganz unterschiedlich ausgelegt wurde. Für die Katholiken war er ein Damm, der die weitere Ausbreitung der neuen Lehre verhindern sollte. Zugleich wollten sie durch ihn aber auch den Weg zu einem Wiedererstarken der alten Kirche öffnen. Für die Protestanten dagegen war der Frieden nur eine vorläufige Garantie ihres Besitzstandes, mit dem sie sich nicht zufriedengeben wollten. Aus ihrer Sicht hatten sie das Recht, weiterhin Klöster aufzuheben, Bistümer in ihre Hand zu bringen und das neue Kirchenwesen in ihren Ländern auszubauen. So verband sich der Streit um die Auslegung des Religionsfriedens mit einer politischen Auseinandersetzung um Recht und Verfassung des Deutschen Reiches. An sich unwichtige Vorfälle wurden dabei zu grundsätzlichen Konflikten aufgebauscht: Nachdem 1606 die protestantische Mehrheit in der kleinen Reichsstadt Donauwörth katholische Prozessionen verhindert hatte, verhängte Kaiser Rudolph II. die Reichsacht über die Stadt, ließ sie durch bayerische Truppen besetzen und übertrug sie schließlich als Pfand an Herzog Maximilian von Bayern. Aus protestantischer Sicht war damit die Grenze des Zumutbaren überschritten.
Weil sich die eine von der anderen Seite bedroht fühlte, schlossen sich die Konfessionsgruppen zu Schutzbünden zusammen. 1608 sammelten sich die süddeutschen Lutheraner unter der Führung der Kurpfalz in der „Union“, und 1609 antwortete Bayern mit einem katholischen Gegenbund, der „Liga“. Beide Bündnisse stellten ein Heer auf und knüpften Verbindungen mit dem Ausland an: Die Union mit Frankreich und den protestantischen Ständen in Österreich und Böhmen, die Liga mit Spanien, das für den erwarteten neuen Konflikt mit den Niederlanden seine Nachschubwege von Italien über Süddeutschland sichern wollte. So verband sich der Religionsstreit im Deutschen Reich auch mit den großen Konflikten Europas. Viele befürchteten, daß das Jahr 1621 den Ausbruch eines großen Krieges bringen würde: Dann nämlich lief der Waffenstillstand Spaniens mit der Republik der Niederlande ab, und nach allgemeiner Auffassung mußte dieser Krieg auch auf Deutschland übergreifen. Doch es kam anders.

Der Zündfunke: Der Prager Fenstersturz

Am 23. Mai 1618 drangen Bürger und Adlige, die an einem Protestantentag in Prag teilgenommen hatten, in die kaiserliche Burg ein. Sie stürmten in den Raum, in dem sich die beiden kaiserlichen Statthalter aufhielten. Die beiden Beamten wurden ans Fenster gezerrt und in den Burggraben geworfen. Dieser „Prager Fenstersturz“ entsprach altem böhmischem Brauch: Auf diese Weise entledigte man sich hier seiner politischen Gegner. Glücklicherweise kamen die beiden mit dem Leben davon; einer von ihnen wurde als Freiherr „von Hohenfall“ sogar in den Adelsstand erhoben.
Die Religionskämpfe in Böhmen, dessen Adel und Städte mehrheitlich protestantisch waren, bedrohten aber die Vorherrschaft der Habsburger im Reich. Sie wollten auf das reiche Böhmen ebensowenig verzichten wie ihre spanischen Verwandten auf die Niederlande. Auch hier hatte sich der Konflikt ständig zugespitzt: Der streng katholische Erzherzog Ferdinand, der 1617 König von Böhmen geworden war, weigerte sich, die bisher gewähr-

Glückslotterie der Fürsten. Flugblatt aus dem 2. Viertel des 17. Jahrhunderts

te Religionsfreiheit anzuerkennen. Dies war der Anlaß des Fenstersturzes und des ihm folgenden Aufstandes. Die böhmischen Stände setzten Ferdinand ab, nahmen Verbindungen zu Frankreich und den Niederlanden auf und wählten den calvinistischen Kurfürsten Friedrich von der Pfalz zum König.
Die Auseinandersetzungen in Böhmen gerieten jetzt in das Zentrum des europäischen Mächtekonflikts. Die katholische Liga eilte Ferdinand zu Hilfe. 1620 schlug ihr Heer die böhmische Armee, trieb Friedrich aus dem Land und stieß bis in die Pfalz und nach Westfalen vor. Böhmen fiel wieder unter die Herrschaft Ferdinands, der inzwischen zum Kaiser gewählt worden war. Dieser entmachtete die Stände und zwang die Einwohner, wieder zum katholischen Glauben zurückzukehren. 150 000 Protestanten verließen Böhmen. Unter dem Eindruck der katholischen Erfolge löste sich die protestantische Union auf.

Die erste Ausweitung: Ausländische Mächte mischen sich ein

Der Vorstoß des Ligaheeres nach Norddeutschland bedrohte die Niederlande, die wieder mit Spanien im Krieg lagen. Sie wollten ein Gegengewicht gegen die spanisch-habsburgische Übermacht schaffen und schlossen 1625 ein Bündnis mit England, Dänemark und einigen protestantischen Fürsten Deutschlands. Auch Frankreich unterstützte diese Vereinigung, deren militärische Führung König Christian IV. von Dänemark übernahm. Ihm ging es vor allem darum, die Herrschaft über norddeutsche Bistümer und die Kontrolle über die Hansestädte zu erringen.
Doch das Heer der Liga und ein kaiserliches Heer drängten die Dänen nach Jütland zurück. Jetzt stand auch ganz Norddeutschland unter habsburgischer Vorherrschaft. Kaiser Ferdinand II. versuchte unverzüglich, den Sieg im konfessionellen Sinne auszunutzen. 1629 erließ er das sogenannte *Restitutionsedikt,* das die Rückgabe aller geistlichen Gebiete anordnete, die die Protestanten seit 1552 an sich gebracht hatten. Das hätte den Beginn der Rekatholisierung von Millionen Menschen und eine entscheidende Gewichtsverschiebung zugunsten des katholischen Kaisertums im Deutschen Reich bedeutet. Nicht einmal die katholischen Fürsten waren bereit, eine derartige Stärkung der kaiserlichen Macht hinzunehmen.

Die zweite Ausweitung: Schweden stützt die Protestanten

Frankreich suchte einen anderen Bundesgenossen, um Habsburg in Schach zu halten. Schweden war dazu bereit: König Gustav II. Adolf sah durch den habsburgischen Vorstoß nach Norden die Herrschaft seines durch Kup-

fer- und Eisenproduktion reich gewordenen Landes über den Ostseeraum bedroht. Als überzeugter Lutheraner wollte er aber auch seine deutschen Glaubensbrüder und die Freiheit der deutschen Reichsstände gegen die Herrschaftsansprüche der katholischen Kaiser verteidigen. So jedenfalls verkündeten es Flugblätter, als die Schweden 1630 an der deutschen Ostseeküste landeten. Tatsächlich aber finanzierte Frankreich den Feldzug: Gegen hohe Geldzahlungen hatte sich der Schwedenkönig verpflichtet, ein Heer von fast 40 000 Mann nach Deutschland zu schicken.
Die schwedische Armee drang siegreich bis nach München vor. In der Schlacht bei Lützen 1632 fiel Gustav II. Adolf, und der Sieg der kaiserlichen Armee bei Nördlingen 1634 vereitelte alle Versuche Schwedens, die protestantischen Reichsfürsten gegen Habsburg zusammenzuschließen. Im Frieden von Prag (1635) mußten sie sich wieder dem Kaiser unterordnen. Ferdinand II. verzichtete zwar auf die Durchführung des Restitutionsedikts, aber die Fürsten mußten alle Bündnisse auflösen, und eine Reichsarmee unter kaiserlichem Befehl sollte die fremden Truppen aus Deutschland vertreiben. Mächtiger war seit der Zeit Karls V. kein Habsburger gewesen.

Der schwierige Weg zum Frieden

Frankreich greift in den Krieg ein

1634 schrieb Richelieu, der leitende Minister Frankreichs, an seinen König Ludwig XIII.: „Nachdem Sie zehn Jahre hindurch alle Kräfte der Feinde ihres Staates durch die ihrer Alliierten gebunden haben, indem Sie Hand an den Geldbeutel und nicht an die Waffen legten, ist es nun Zeit, in den offenen Kampf einzutreten."
Die finanzielle Unterstützung der Niederlande, der deutschen Fürsten und Schwedens hatte nicht zur Niederlage Habsburgs geführt. Jetzt erklärte Frankreich Spanien den Krieg. In den Jahren nach 1640 gewannen die Schweden in Norddeutschland die Oberhand. Das Land wurde grausam verwüstet. Städte und Dörfer wurden zerstört, die Äcker lagen brach, und die Kassen der kriegführenden Parteien wurden immer leerer. Völlig erschöpft mußten sich Sachsen, Brandenburg und zuletzt auch Bayern aus dem Kampf zurückziehen, der nur noch geführt wurde, um günstige Ausgangspositionen für die Friedensverhandlungen zu gewinnen.

Die Mächte stecken ihre Interessen ab

Gleichzeitig mit dem Eintritt Frankreichs in den Krieg begannen auch die ersten Verhandlungen über eine umfassende Friedensregelung für Deutschland und Europa. Schweden und Frankreich verpflichteten sich, nur gemeinsam Frieden zu schließen. Frankreich wollte durch territoriale Erwerbungen im Osten an den Rhein vordringen, die habsburgische Einkreisung durchbrechen und sich ein Eingangstor nach Deutschland verschaffen. Schweden bestand auf Erwerbungen an der deutschen Ost- und Nordseeküste, durch die es seine Vormachtstellung in Nordeuropa sichern wollte. Für die deutschen Fürsten ging es bei aller Schwäche darum, ihre Herrschaftsrechte gegen den Kaiser zu schützen. Deshalb setzten sie gegen den Widerstand Habsburgs ihre Teilnahme an dem künftigen Friedenskongreß durch.

Die Friedensverhandlungen

Bereits 1644 trafen die ersten Delegationen aus ganz Europa mit großem Gefolge in der katholischen Stadt Münster und im evangelischen Osnabrück ein, wo mit den Franzosen und Schweden getrennt verhandelt werden sollte. Jede der beiden Städte hatte nur 10 000 Einwohner. Jetzt mußten sie nahezu die gleiche Anzahl von Menschen zusätzlich beherbergen, denn den Delegationen folgten ganze Schwärme von Malern, Kupferstechern, fliegenden Händlern und Bettlern, um dort ihre Geschäfte zu machen. Einen solchen umfassenden Friedenskongreß hatte Europa noch nicht gesehen.
Über ein Jahr verbrachte man mit Beratungen über Verfahrensfragen. Zunächst war zu entscheiden, wer mit welchen Titeln anzureden sei und wo die Delegationen sitzen sollten; die Rangfolge der einzelnen Delegationen und damit ihr Mitspracherecht mußten festgelegt werden. Inzwischen ging der Krieg weiter. Ganz Europa hoffte auf Frieden. Auch in Ländern, die nicht gelitten hatten, kam es zu Protesten und Aufständen wegen der immer drückender werdenden Lasten.
Im Oktober 1648 war es dann soweit. Feierliche Gottesdienste und Salutschüsse begleiteten in beiden Konferenzorten die Unterzeichnung des Friedensvertrages. Frankreich, Schweden und die deutschen Reichsfürsten konnten ihre Forderungen gegen die spanischen und deutschen Habsburger durchsetzen. Die Niederlande und die Eidgenossenschaft verließen den Reichsverband und wurden selbständige Staaten.

1 Bevölkerungsverluste in Mitteleuropa im Dreißigjährigen Krieg

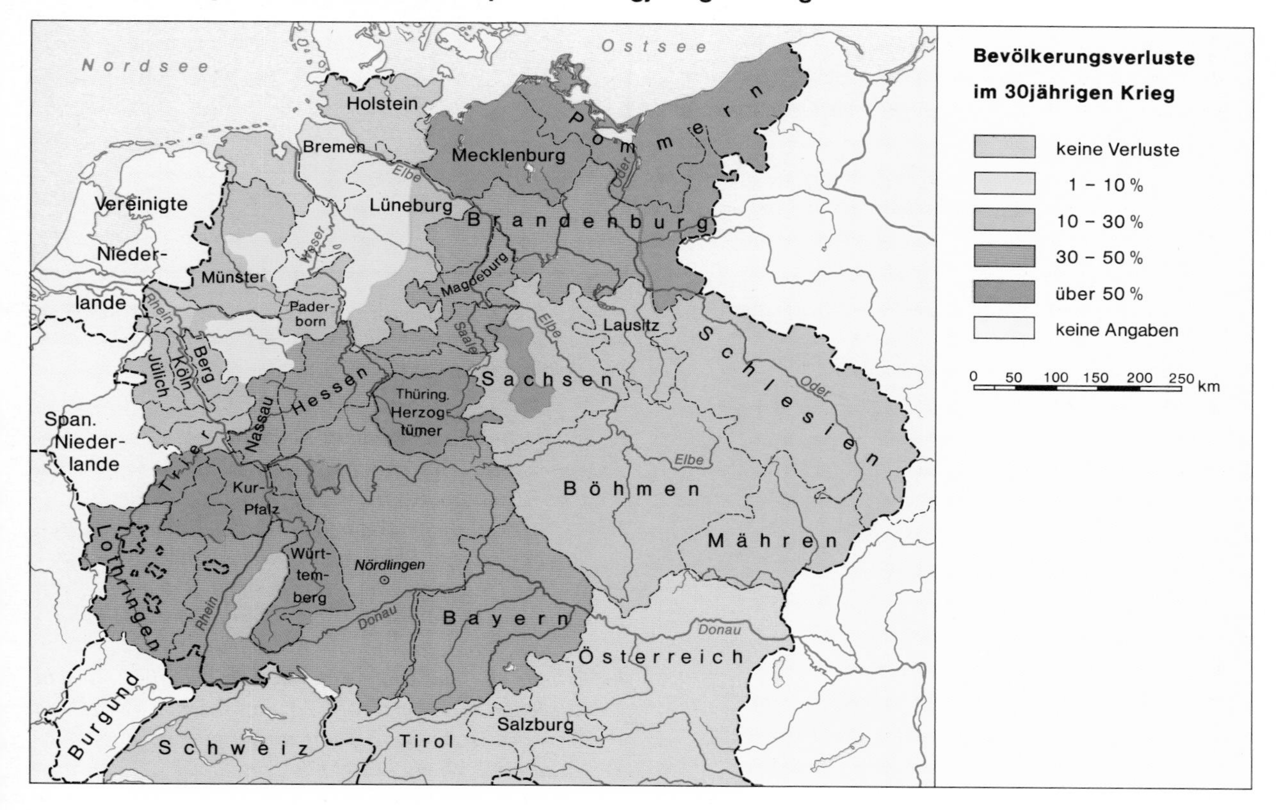

1. *Welche Gebiete litten unter dem Krieg am meisten?*
2. *Welche Gründe hatten die Bevölkerungsverluste?*
3. *Suche auf der Karte deinen Wohnort. Wie wurde er vom Dreißigjährigen Krieg betroffen?*

2 Leben und Sterben der Zivilbevölkerung

2a *Folgende Vorfälle aus dem Jahr 1641 wurden von der Gemeinde Kaldenkirchen bei Mönchengladbach an die Landstände in Jülich berichtet:*

Q Als nun die Schildwacht zweimal gerufen hatte „Wer da, wer da?“, haben die hessischen Truppen geantwortet: „Solches wollen wir dir sagen!“ und (haben) mit ganzer Macht die Wälle erstiegen, die Häuser aufgebrochen, die einquartierten kaiserlichen Reiter gefangengenommen. Der Feind hat seine Degen und Pistolen auf der Leute Herz und Kopf gesetzt, damit sie mit Lösegeld ihr Leben erkauften; ferner Kisten, Kammern, Keller aufgebrochen, zerhauen und zerschlagen, ja den Leuten ihre Kleider bis aufs Hemd vom Leibe gezogen. Töpfe, Kessel, Fleisch, Butter, Käse, Brot und alle Eßwaren genommen, auch fünf von den Pferden der Bürger.
Als nun nichts mehr zu rauben vorhanden war, wurde das Fleckchen angezündet, den armen Einwohnern zusammen 8200 Reichstaler Schaden zugefügt, so daß einige nun den Bettelstab zu ergreifen gezwungen wurden.

Hauptstaatsarchiv Düsseldorf, Jülische Landstände IV, 19, 8. Mai 1641.

2b *Besondere Ereignisse in Nördlingen während des Dreißigjährigen Krieges:*

1623 Inflation
1629 Pestjahr
1632 Schwedische Truppen lösen die bisher stationierten kaiserlichen Truppen ab.
1634 Erste Schlacht von Nördlingen: Dreiwöchige Belagerung der Stadt durch kaiserliche Truppen; Kapitulation nach Niederlage der Schweden; Stadt ist während der Belagerung mit Flüchtlingen überfüllt; Lebensmittelknappheit und Seuchen (Pest).
1645 Zweite Schlacht von Nördlingen: Stadt will sich neutral verhalten, wird aber gezwungen, schwedische Besatzung aufzunehmen.
1647 Stadtbeschießung durch kaiserliche Truppen: 141 Gebäude werden zerstört.
1650 Letzte Truppen werden aus der Stadt abgezogen.

2c *Sterbefälle in Nördlingen 1619–1650:*

Jahr	Stadteinwohner				Auswärtige	Sterbefälle
	Erwachsene		Kinder	Säuglinge		
	Männer	Frauen	(1–12 J.)	(unt. 1 J.)	Erw.	insges.
1619	48	58	21	65	20	212
1620	42	58	70	102	15	287
1621	54	88	38	91	22	293
1622	51	85	23	84	17	260
1623	72	94	46	120	9	341
1624	31	61	48	107	15	262
1625	40	50	19	106	21	236
1626	38	76	22	105	16	257
1627	63	114	38	70	18	303
1628	48	83	25	91	14	261
1629	107	171	120	143	37	578
1630	78	107	52	79	20	336
1631	42	65	20	114	10	251
1632	139	144	43	137	92	555
1633	114	150	38	153	104	559
1634	493	667	281	108	272	1821
1635	48	50	27	39	34	198
1636	28	30	13	75	25	171
1637	21	40	14	99	21	195
1638	30	35	15	79	21	180
1639	17	42	20	92	40	211
1640	23	22	21	89	15	170
1641	11	23	15	69	25	143
1642	15	26	12	73	9	135
1643	28	26	30	76	19	179
1644	23	25	43	78	18	187
1645	39	48	55	143	58	343
1646	29	27	27	77	31	191
1647	23	38	25	94	31	211
1648	36	32	17	102	48	235
1649	25	29	12	66	20	152
1650	24	21	18	70	13	146

zusammengestellt nach: C. R. Friedrichs, Urban Society in an Age of War: Nördlingen 1580–1720, Princeton 1968, S. 306–308.

2d *Zahl der Haushalte[1] in Nördlingen 1600–1652*

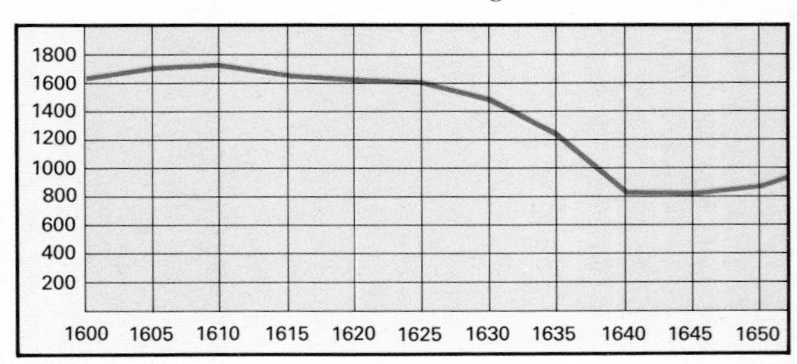

[1] Genaue Einwohnerzahlen liegen nur für die Jahre 1600 (8790 Einwohner) und 1652 (4345 Einwohner) vor. Ein Haushalt bestand nach dieser Grafik zur damaligen Zeit aus ca. 5 Personen.

1. *In welchen Jahren gab es nach Tabelle 2c sehr viele Todesfälle? Welche Spalte gibt dir darüber am schnellsten Auskunft? Vergleiche mit Tabelle 2b.*
2. *Um wieviel mehr Todesfälle gab es in Krisenjahren im Vergleich zu „normalen" Kriegsjahren?*
3. *Welche Unterschiede gab es zwischen den einzelnen Gruppen (Erwachsene – Kinder/Säuglinge, Männer – Frauen, Stadteinwohner – Auswärtige)?*
4. *Arbeite die einzelnen Spalten der Tabelle 2c in ein Kurvenbild wie bei Grafik 2d um. Welchen Vorteil hat diese grafische Darstellung im Vergleich zu der Zahlentabelle? Worin besteht der Nachteil?*
5. *Vergleiche das Kurvenbild mit der Grafik 2d. Warum ist es wichtig, die Zahl der Haushalte bzw. Einwohner zu kennen, um die Tabelle 2c zu erklären?*
6. *Fasse Material 2b bis 2d zu einer Schilderung des Lebens in Nördlingen während des Dreißigjährigen Krieges zusammen.*

3 Das Leben der Soldaten

3a *Der Brief eines Soldaten an seine Frau aus dem Jahr 1634:*

Q Der ehr- und viel tugendsamen Frau Agatha Schneidin, vom Fähnrich im Kölnischen Kanonen-Regiment in Köln herzallerliebsten Hausfrau, wohnhaft in der Glokkengasse. Benedict Serratz, dem Boten, ein Trinkgeld.
Ach, meine tausend herzallerliebste Agatha, ehelichen Gruß und Treue zuvor … Was mich anbelangt, bin ich halb gesund, voller Läuse, nackend, eine armseligste Kreatur und verlassen. Falls Du es genau wissen würdest, 5

wie es uns ergeht, einen Stein müßte es erbarmen. Wir sind als Nichts geachtet, gleichgültig, ob einer krank, gesund, liegend oder stehend sei ... Wir haben heftig eingebüßt und haben keine Ehre davon. Der Feind hat uns verfolgt und uns eingeschlossen, gejagt bis nach Münster in Westphalen ... Unsere Reiter halten sich frisch, haben des Feindes Bagage[1] und Proviant bekommen. Wir liegen vor der Stadt unter freiem Himmel. Nun, in drei Monaten bin ich nicht aus meinen Kleidern gekommen, hätte ich doch nur noch Stroh unter mir. Meine Sachen mit meinem Knecht und Pferd, deren ich sechs nacheinander verlor, wohl 400 Reichstaler Schaden, sind alle fort ... Wir liegen auf der Straße wie das tote Vieh. Großen Mangel leiden wir. O Brot, o Brot, o frisches Wasser ... Alle Tage reißen Soldaten aus, insbesondere Offiziere. Alle vier Tage bekomme ich ein Pfund Brot und nicht mehr ... Ich habe noch kein einziges Quartier bei Bürgern oder Bauern gehabt, habe alle Zeit im Felde gelegen. Ja, wenn mir meine Sachen nicht gestohlen wären, ich wollte wohl ein Stück Geld erspart haben. Nun ist es hin. Unsere eigenen Reiter haben der Hauptleute Bagage geplündert, als selbige gesehen hatten, daß der Feind auf uns zukam und wir fliehen mußten ... Hilf mir meinen Abschied von den Herren zu bekommen, es kostet mir sonst mein Leben, wenn wir ferner ins Land zum kaiserlichen Heer hinbeordert werden, welches gewiß ist. Dort werden wir nur für's Schanzen und als „Gräberfüller" gehalten ...
Münster in Westphalen, im kaiserlich freien Feldlager vor der Stadt, geschrieben zu Pfingstmittwoch, Anno 1634.
Joany Christian Schneiden, armer Fähnrich unter den Feuerröhrern.

[1] Gepäck

J. Kuczynski, Geschichte des Alltags des deutschen Volkes, Bd. 1, Köln 1981, S. 100–102.

1. *Beschreibe die Verhältnisse, unter denen der Soldat leben mußte.*
2. *Worauf waren die schlechten Bedingungen, die der Soldat beklagte, zurückzuführen?*
3. *Vergleiche den Brief mit dem Bild 3b. Wie erklärst du dir die Unterschiede?*
4. *Was erfährst du aus dem Bild und dem Brief über das Leben der Frauen von Soldaten?*

3b *Ein Heerlager im 16. Jahrhundert*

1. *Beschreibe das Leben in einem Heerlager.*
2. *Welchen Eindruck vom Soldatenleben vermittelt das Bild? Welchen Zweck könnte das Bild gehabt haben?*

Reformation und Glaubenskriege

Die Anhänger der seit dem 14. Jahrhundert sich ausbreitenden neuen Denk- und Lebensweise der Renaissance und des Humanismus stellten die von der Kirche geprägte mittelalterliche Welt- und Lebensordnung allgemein in Frage. Konkrete Kritik an den Mißständen in der Kirche übte der Mönch **Martin Luther** (1483–1546) mit seinen 1517 veröffentlichten Thesen gegen den Ablaßhandel. Doch aus der weit verbreiteten Hoffnung auf eine Erneuerung des christlichen Glaubens **(Reformation)** entwickelte sich in der Auseinandersetzung mit dem Papsttum und im politischen Streit zwischen dem Kaiser und den Fürsten eine religiöse und politische Spaltung im Deutschen Reich. Im **Augsburger Religionsfrieden von 1555** wurde vereinbart, die Glaubensspaltung zu tolerieren.
Die Hoffnung auf eine Erneuerung des Glaubens war bei den unterschiedlichen sozialen Gruppen im Deutschen Reich auch mit Hoffnungen auf die Lösung sozialer Probleme verbunden. Unter Berufung auf die Lehren Martin Luthers kam es 1522 zum **Ritteraufstand**, der den sozialen Niedergang des Ritterstandes aufhalten wollte. Im **Bauernkrieg 1524/25** erhoben sich die Bauern, um ein Ende ihrer Rechtlosigkeit und Unfreiheit zu erreichen.
Die Reformation war nicht nur ein deutsches, sondern auch ein europäisches Ereignis: Die nordeuropäischen Staaten schlossen sich der lutherischen Konfession an, in anderen Ländern, vor allem in Frankreich hatte der **Calvinismus** viele Anhänger. Europa war zu einem Kontinent geworden, in dem sich die Konfessionsparteien waffenstarrend gegenüberstanden. Der Streit um den rechten Glauben und das Machtstreben der deutschen Fürsten und der europäischen Mächte führten 1618 zum **Dreißigjährigen Krieg**, in dem Deutschland schwer verwüstet wurde. Die Zeit von der zweiten Hälfte des 16. Jahrhunderts bis zum **Westfälischen Frieden 1648** hat man später als **Epoche der Religionskriege** bezeichnet.

Wo war es?

Burgen haben oft ein wechselvolles Schicksal. Das liegt in der Natur der Sache. Und manchmal ist es ein einziger Gast, der der Burg eine solche Berühmtheit verleiht, so daß Jahrhunderte später nur er von den Menschen mit der Burg in Verbindung gebracht wird. Wenn dann gar einer, der zu den Mächtigen gehört, noch als Bittsteller zu einer Burg kommt, dann kann es vorkommen, daß daraus eine sprichwörtliche Redensart wird oder sich Legenden um die Burg ranken, wie in unserem Fall. Als der erste Besitzer, ein vornehmer Graf, die Burg im 11. Jahrhundert erbauen ließ, konnte er nicht ahnen, daß Jahrhunderte später Studenten auf ihr einen preussischen Feldherrn in patriotischem Überschwang hochleben lassen würden. Im 12. Jahrhundert wurde die Burg umgebaut und im Inneren mit prachtvollen Arkaden ausgestattet. Kapitelle mit Adlern, Löwen und allerlei Fabelwesen begeisterten die Phantasie der Besucher und Gäste. So jedenfalls ist es überliefert. Daß der Hof und die Hofhaltung glanzvoll waren, geht daraus hervor, daß auf dieser Burg ein geistiger Wettstreit der damals berühmtesten deutschen Dichter, Walther von der Vogelweide und Wolfram von Eschenbach, stattgefunden hat. Im gleichen Jahrhundert wurde die Burg aber auch für eine ganz andere Lebenseinstellung berühmt. Eine Frau verschenkte alles, was an Vorräten vorhanden war als Almosen an die Armen und Hungrigen.
Ein Zimmer im nördlichen Teil der Burg wird auch heute noch jedem Besucher gezeigt. Daß ein damals berühmt-berüchtigter Gast in diesem Zimmer eine Begegnung mit dem Teufel gehabt haben soll, erzählen die Führer und verweisen dabei auf einen bestimmten Fleck an der Wand. Dieser Gast allerdings war gar nicht freiwillig hier, und er wußte anfangs auch nicht – als man ihn modern gesprochen in „Schutzhaft" nahm –, daß man ihn hierher führen würde. Wohl hat er sich nicht gefühlt im Kreise der Ritter und Adligen, weil er deren Lebensart nichts abgewinnen konnte. Er hat sich lieber mit anderen Dingen beschäftigt und dadurch ein berühmtes Werk herausgegeben, welches die deutsche Sprache entscheidend beeinflußt hat. Das Werk kennt jeder, aber die Burg ist nicht jedem bekannt.

Wenn du den Gast herausfindest, kennst du auch die Burg. Wie heißt sie?

Bilderrätsel

Zu welchen Ereignissen und Entwicklungen gehören diese Bilder? Bringe sie in eine zeitliche Reihenfolge.

Katholisch oder protestantisch?

Hier findest du einige kurze Zitate aus der Augsburger Konfession der Protestanten (1530) und dem Katechismus des Jesuiten Petrus Canisius (1555). Leider sind sie durcheinander geraten.

Welche Aussage gehört zu welcher Konfession?

1. „Durch die Heilige Schrift aber mag man nicht beweisen, daß man die Heiligen anrufen oder Hilfe bei ihnen suchen soll."
2. „Die Lehre Jesu ist in der Heiligen Schrift und in den Entscheidungen der Kirche enthalten."
3. „... wiewohl die christliche Kirche eigentlich nichts anderes ist als die Versammlung aller Gläubigen ..."
4. „Du sollst die gebotenen Fastentage halten."
5. „Deshalb sind Klostergelübde und andere Traditionen, dadurch man meint, Gnade zu verdienen, wider das Evangelium."
6. „Die Buße ist ein Sakrament, durch die ein geweihter Priester anstatt Gottes die Sünden nachläßt und verzeiht."
7. „Denn das Gewissen kann nicht zur Ruhe kommen durch Werke, sondern allein durch den Glauben."

8. Europa und die Welt:

Entdeckungen, Eroberungen, Kolonialherrschaft

Nach den Entdeckungen stritt man in Europa darüber, ob die Indianer in Amerika und die Bewohner der Pazifischen Inseln nicht vielleicht jene „Monster" und „Wilde" seien, von denen in den mittelalterlichen Berichten immer wieder die Rede war. So ungewöhnlich schienen den europäischen Entdeckern und Eroberern Sprache, Bräuche und Lebensweisen dieser Völker, daß sie ihnen „wie von einem anderen Stern" – würden wir heute sagen – vorkamen.

Wie sahen aber eigentlich die außereuropäischen Völker die Abenteurer, Entdecker, Kaufleute und Priester, die so unerwartet an ihren Küsten aufgetaucht waren und sich ganz anders verhielten, als sie es kannten? Auf Wandteppichen, Vasen, Schnitzereien, Elfenbein- und Bronzearbeiten sowie als Masken haben eingeborene Künstler ihre Eindrücke von den Europäern festgehalten. Wie in einem Spiegel zeigen sich in diesen Kunstwerken das Erscheinungsbild und das Verhalten der Entdecker in den fremden Ländern.

Auf dem persischen Teppich aus dem frühen 16. Jahrhundert nähert sich ein hohes Schiff der Küste. Die Besatzung, die Europäer darstellen soll, besteht, mit Ausnahme des Kapitäns auf seinem Hochsitz, aus Fabelwesen. Die Europäer als mysteriöse Fremde – so muß der erste Eindruck gewesen sein.

Auf der aztekischen Malerei aus dem Jahr 1576 bricht ein gepanzerter Soldat mit Lanze in eine zeremonielle Feier vor dem großen Tempel von Tenochtitlán, der Hauptstadt des Aztekenreiches, ein. Ein aztekischer Krieger versucht, ihn von diesem Frevel abzuhalten. Kriegerische Eroberung und Respektlosigkeit gegenüber den Bräuchen und dem Glauben der Eingeborenen – das scheint bei den Azteken der bestimmende Eindruck des Kontaktes mit den Europäern gewesen zu sein.

An dem portugiesischen Soldaten auf einer Bronzeschnalle aus Benin in Westafrika hat den einheimischen Künstler offensichtlich die Bewaffnung – eine Armbrust und die dazugehörende Munition – besonders beeindruckt. Dies ist ein Hinweis darauf, daß auch in Afrika die Epoche der „Europäisierung der Welt", wie das Zeitalter der Entdeckungen und Eroberungen bei uns verharmlosend später genannt wurde, für die eingeborenen Völker vor allem kriegerische Auseinandersetzungen bedeutete. Die große Aufmerksamkeit, die afrikanische Künstler häufig der Bewaffnung der Europäer schenkten, hat vermutlich eine religiöse Ursache: Viele Völker in Afrika glaubten, daß man die magische Kraft eines Dinges besitzen könne, wenn man sie nachbildete. Viele Afrikaner des 16. Jahrhunderts müssen verzweifelt gewünscht haben, die schreckliche Wirkung der europäischen Waffen durch ihre Nachbildung zu bannen.

Auf der indischen Malerei aus dem 18. Jahrhundert wird ein ganz anderer Aspekt der Ausbreitung der europäischen Herrschaft über die anderen Kontinente beleuchtet: Ein englischer Kolonialist macht es sich auf orientalischen Kissen bequem. Er hat sein Schwert abgelegt und raucht eine Wasserpfeife; indische Diener warten auf seine Befehle. Nicht die kriegerische Eroberung wird auf diesem Bild von dem einheimischen Künstler betont, sondern die demütigende Kolonialherrschaft.

Die Bilder auf der nebenstehenden Seite spiegeln aus der Sicht der Betroffenen den Kontakt mit den Europäern wider. Sie sagen aber nicht nur etwas darüber aus, wie die Völker in Amerika, Afrika und Asien das Auftreten der europäischen Entdecker, Eroberer und Kolonialisten erlebt haben. Denn betrachtet man die Bilder in ihrer zeitlichen Abfolge, so wird deutlich: Zuerst wird der Europäer ohne klare Konturen und Gesichtszüge abgebildet. Überraschung und Erstaunen scheinen die bestimmenden Eindrücke zu sein, die die Künstler anfänglich bewegt haben. 250 Jahre später zeichneten die einheimischen Künstler ein sehr klares und charakteristische Einzelheiten hervorhebendes Bild. Die Kenntnisse über Europa und die Erfahrungen mit den Verhaltensweisen der Europäer haben dazu geführt, daß der mysteriöse Fremde sich in eine individuelle Persönlichkeit verwandelt hat. Gab es diesen Prozeß auch bei den europäischen Entdeckern und Eroberern? Oder hat ihnen ihre Gier nach Reichtum und Land, ihr Streben nach Herrschaft und Macht und ihr Glaube an die Überlegenheit des weißen Europäers den Blick auf den einzelnen Menschen in den neuen Kontinenten getrübt?

Oben links: Ausschnitt aus einem persischen Teppich, Anfang des 16. Jahrhunderts
Oben rechts: Aztekische Miniaturmalerei, 1576
Unten links: Bronzeschnalle aus der Benin-Kultur in Westafrika, um 1600
Unten rechts: Miniaturmalerei des Inders Did Chand aus dem Jahr 1760

Reiche und Hochkulturen in anderen Kontinenten

Die außereuropäische Welt vor den Entdeckungen

Um 1490 lebten die Menschen in Europa noch von dem Rest der Welt getrennt. Von Afrika kannte man nur die Mittelmeerküste und einen Küstenstreifen entlang des Atlantiks, von Indien und China hatten nur wenige Menschen eine ungefähre, aus Dichtung und Wahrheit gemischte Vorstellung. Amerika, Australien und die Inselwelt des Pazifischen Ozeans waren völlig unbekannt.
Zur gleichen Zeit, als sich Europa durch Renaissance, Humanismus und Glaubenskrise in einem großen Umbruch befand, bestanden in den anderen Regionen der Welt große Reiche und Hochkulturen. In Europa wußte man noch am meisten von dem Osmanischen Reich, das im 14. und 15. Jahrhundert immer weiter auf dem Balkan vorgedrungen war und sich gerade anschickte, die arabischen Staaten im Nahen Osten und Nordafrika zu unterwerfen. In Persien leitete die neue Dynastie der Safaniden eine kulturelle Hochblüte ein. In Indien begannen die muslimischen Mogulkaiser mit ihren weiträumigen Eroberungen. China war seit der Mitte des 14. Jahrhunderts durch die Ming-Herrscher zu neuer Größe geführt worden. In Westafrika war das Königreich Songhai für seinen Goldreichtum berühmt. In Mittel- und Südamerika entfalteten das Reich der Azteken und das Reich der Inka ihre volle Macht.
Alle diese außereuropäischen Reiche waren kaum miteinander verbunden. Staat, Wirtschaft und Gesellschaft waren ganz unterschiedlich aufgebaut. In Kultur und Lebensart waren sie den Europäern vielfach ebenbürtig, wenn nicht sogar überlegen. Nach den ersten Kontakten mit den Europäern blickten z. B. die Inder und Chinesen voll Verachtung auf die ihrer Meinung nach schmutzigen, unkultivierten und unhöflichen Europäer herab. Wir wollen diejenige außereuropäische Hochkultur näher betrachten, die mit den Entdeckungen bald ins Zentrum des begierigen „Blickes“ der Europäer geraten und die europäische Eroberung nicht überleben sollte.

Die Welt der Entdeckungen um 1450

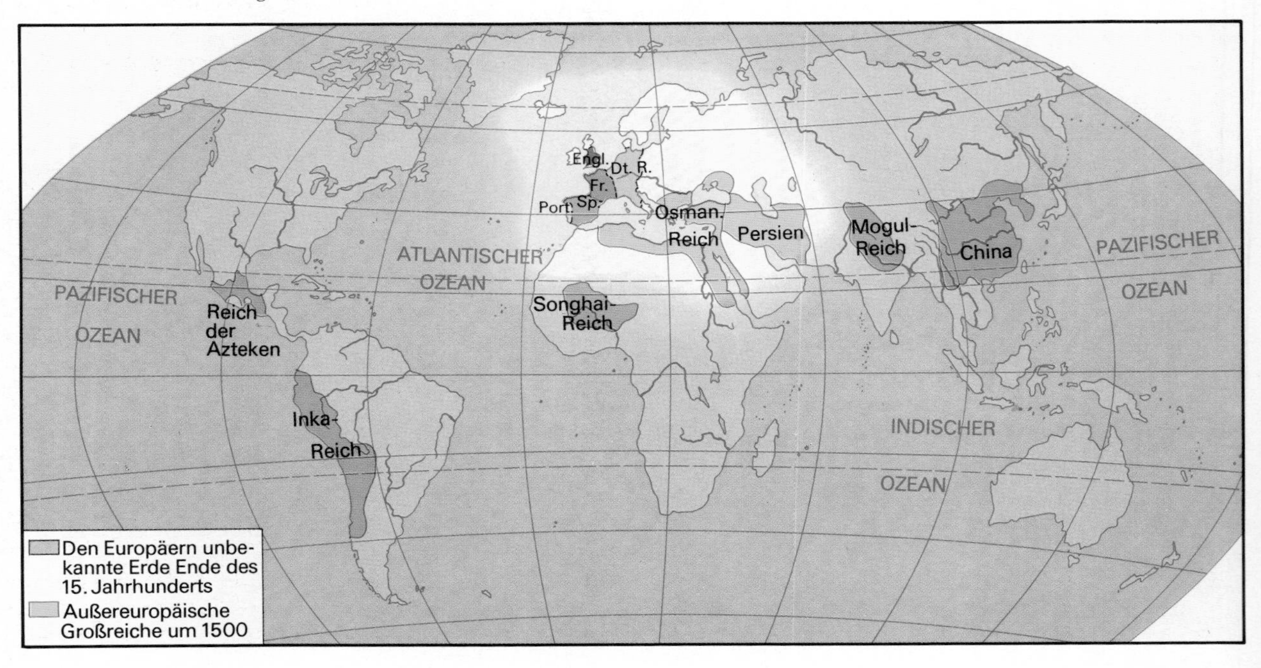

Ruinen von Machu-Piccú, der Festungsstadt der Inka

Das Reich der Inka

Als Kolumbus sich anschickte, den Atlantik zu überqueren, hatten im Westen Südamerikas die Inka gerade eine Anzahl kleiner Kulturen erobert und ein großes Reich zusammengeschmiedet. Es erstreckte sich in einem einige hundert Kilometer breiten Streifen 3300 Kilometer entlang der Pazifikküste. Es reichte von den eisigen Höhen der über 6000 Meter hoch ragenden Anden hinab in tropische, feuchte Küstenniederungen.

Gesellschaft und Wirtschaft

Das Reich der Inka war durch ein dichtes Netz gepflasterter Straßen erschlossen. Alle 20 bis 30 Kilometer gab es Raststätten mit Vorratslagern. Die Landwirtschaft war hoch entwickelt; durch Terrassenbau an Berghängen, künstliche Bewässerungssysteme und Düngung warfen selbst schlechte Böden hohe Erträge ab. Als Hauptnahrungsmittel wurden Kartoffeln und Mais angebaut. Riesige Lamaherden lieferten Wolle für die Kleidung.
An der Spitze des Reiches stand der „Sapay-Inka“, der „einzige Inka“, als angeblicher Nachkomme des Sonnengottes Inti. Sein Wille war unumstößliches Gesetz. Vergehen gegen ihn wurden mit dem Tod des Schuldigen und seiner ganzen Familie bestraft. Wie zu dieser Zeit in Europa besetzte der Adel die Vewaltungsposten, stellte die hohen Offiziere, Richter und Priester. Die hohen Adligen erkannte man an den schweren Goldpflöcken, welche die Ohrläppchen ausweiteten. Die Spanier nannten sie deshalb „Großohren“. Sie erhielten im „Haus des Wissens“ in der Hauptstadt Cuzco die notwendige Ausbildung.
Der dünnen Oberschicht stand die Masse des völlig besitzlosen Volkes gegenüber. Bauern und Handwerker – z. B. Töpfer, Weber und Goldschmiede – standen über der Masse der einfachen Leute. Aufseher überwachten den Arbeitsfleiß, Müßiggang galt als das schlimmste Laster, Mahlzeiten mußten bei offener Tür eingenommen werden, damit niemand verbotene Näschereien oder Zusatzrationen zu sich nahm.
Alles kultivierbare Land war in drei Teile geteilt: Ein Drittel gehörte dem Staat, das zweite den Priestern; aus dem letzten Drittel erhielt jeder Bauer entsprechend der Familiengröße ein Stück für den eigenen Lebensunterhalt zugeteilt. Die Ländereien des Staates und der Priester mußten von den Untertanen gemeinsam bearbeitet werden. Niemand brauchte Hunger zu leiden. Alle diejenigen, die nicht für sich selbst aufkommen konnten, z. B. alleinstehende Alte, Invaliden und Kranke, wurden von

Gefangene werden dem Herrscher vorgeführt. Malerei auf einer Tonvase aus dem 6. Jahrhundert

der Gemeinschaft versorgt. Jedem Menschen war sein Platz in der Gesellschaft und bei der Arbeit zugewiesen. Für die breite Masse der Menschen war Aufstieg unmöglich und deshalb jeder Ehrgeiz und jede Eigeninitiative sinnlos. Selbst Heiraten wurden vom Staat geregelt. Jedes Jahr fügten Beamte in den Dörfern willkürlich Männer und Frauen zu Ehepaaren zusammen. Lückenlose Überwachung sollte verhindern, daß sich jemand persönliche Freiheiten erlaubte.

Staat und Verwaltung

Für die Verwaltung des gewaltigen Reiches sorgte eine große Schar von Beamten. Man hatte noch keine Schrift entwickelt. Um Befehle über die weiten Entfernungen übermitteln, Berichte abfassen und Vorräte registrieren zu können, benutzten die Beamten die „Quipu", die Knotenschnur. Sie bestand aus einer Anzahl verschieden gebündelter, geflochtener und gefärbter Schnüre. Aus der Art, Lage und Anzahl der Knoten konnte die Nachricht „abgelesen" werden.

Man hat die Inkaherrschaft später oft als mild, gütig und sanft bezeichnet. Das war sie nicht: Ein stehendes Heer von mindestens 200 000 Mann, ein gut ausgebautes System von Garnisonen und Festungen sicherte die staatliche Ordnung insbesondere gegen Aufstände der bezwungenen Völker. Besiegte innere und äußere Feinde schlachtete man mit kaum vorstellbarer Grausamkeit ab. In dem Bürgerkrieg, den der letzte Inkaherrscher Atahualpa gegen seinen Bruder führte, kamen Hunderttausende um. Nach dem Sieg ließ er beinahe den gesamten Adel ermorden und brachte sogar im Angesicht seines Bruders dessen Frau um. „Ach, Inti, Lenker der Welt", rief der unterlegene Bruder aus, „nur kurze Zeit gabst du mir Leben und Huld. Laß den, der mir solches antut, ein Gleiches geschehen und ihn mit seinen Augen das sehen, was ich sehen muß!"

Boten überbringen Nachrichten mit der Knotenschnur. Malerei auf einer Tonvase aus dem 6. Jahrhundert

1 Westafrikanische Reiche während der Zeit des europäischen Mittelalters

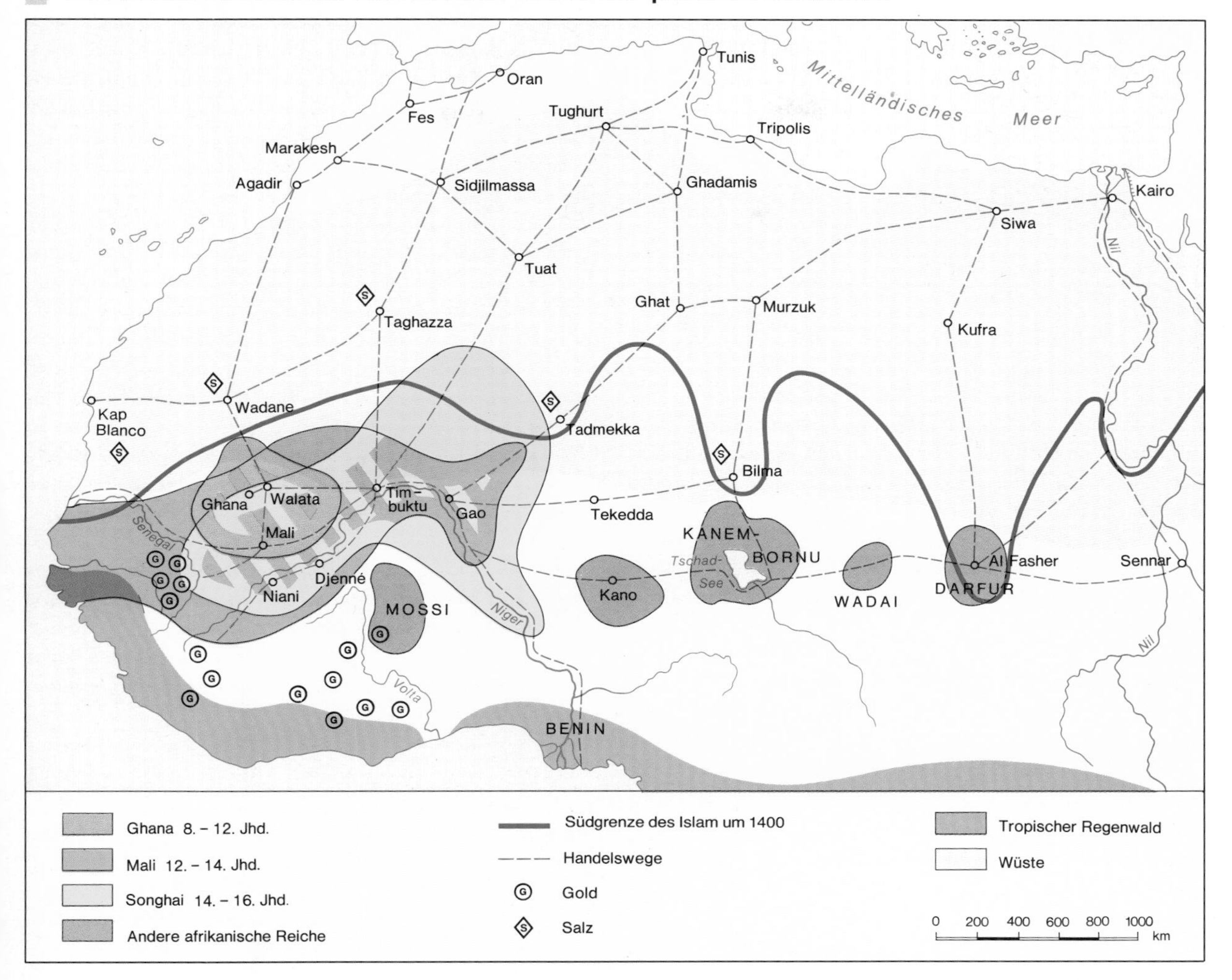

1. *Beschreibe die Ausdehnung und zeitliche Abfolge der westafrikanischen Reiche.*
2. *Was sagt die Karte über Lebensbedingungen und Wirtschaft in diesem Gebiet aus?*
3. *Beschreibe die wichtigsten Handelswege zwischen Nordafrika und den westafrikanischen Reichen. Welche Waren wurden hauptsächlich gehandelt?*
4. *Vergleiche diese Karte mit Abbildung 3.*

2 Eine Reise ins Mali-Reich

Der Weltreisende Ibn Battuta aus Tanger berichtete von einer Reise ins Mali-Reich 1352/53:

Q Über Fez kamen wir nach Sidjilmassa, der letzten größeren Station vor der Wüste, die zwischen uns und den Negerreichen in Afrika lag. Ich hatte mich einer Karawane muslimischer Händler angeschlossen, die jene alten Wege benutzte, die schon seit früheren Zeiten bekannt sind und auf denen sich immer wieder in entsprechenden Abständen Oasen befinden, die man zu

Rast und Erholung für Mensch und Tier benötigt. Zwei Monate lang zogen wir mit unseren Kamelen durch die endlose Wüste … In den Wüstenplätzen Taghazza und Wadane hielten wir uns nicht lange auf, da die Händler immer wieder schnell zum Aufbruch drängten, um möglichst bald ihre Geschäfte tätigen zu können. Schließlich erreichten wir die Stadt und das Land Mali.
Es ist eines der größten Reiche der Erde. Sultan Kankan Musa, der Sohn von Abu Bakari, ein tapferer und kluger Herrscher, hat sein Land durch Feldzüge und Weisheit ausgedehnt und seinen Untertanen zu Reichtum verholfen …
Als ich in die Hauptstadt kam, herrschte dort der zweite Sohn Kankan Musas, Suleyman. Er ist ein weiser und großer Herrscher und erlaubte mir, bei ihm zur Audienz zu erscheinen. Als er mich empfing, saß Sultan Suleyman auf einem Thron, mit einem roten Gewand aus den Ländern der Christen bekleidet, und ließ sich mit einem großen Schirm, auf dessen Spitze ein Vogel aus reinem Gold befestigt war, vor der Sonne schützen. Er ist ein strenger, aber gerechter Herrscher. Die Neger von Mali haben mehr als alle anderen Abscheu vor Ungerechtigkeit. So ist der Sultan unerbittlich, wenn sich jemand eines Vergehens der Ungerechtigkeit schuldig macht. In der Hauptstadt Malis kommen Sudanesen, Ägypter und Marokkaner zusammen. Sie haben die schwarzen, mit großen Ohrringen geschmückten Menschenfresser unterrichtet und ihnen einige gute Sitten beigebracht … Auch der Götzendienst ist noch weit verbreitet. Als ich zum Empfang beim Sultan war, traten Djulatänzer auf, die vor dem Gesicht abscheuliche Masken trugen, die mit bunten Federn geschmückt waren und vorne in einem häßlichen roten Schnabel endeten. Sie tanzten vor Sultan Suleyman und sprachen eigenartige Verse …
Das Land hat viele und fruchtbare Felder. Die Menschen treiben Handel; denn von überall kommen Karawanen hierher. Die Bewohner leben einfach; ihre Hauptmahlzeit ist ein mit saurer Milch verdünnter und mit Honig gesüßter Hirsebrei … In diesem Land fühlt man sich vollkommen sicher. Weder die Eingeborenen noch die Reisenden haben Überfälle oder Gewalttaten zu befürchten. Der Reisende kann immer gewiß sein, Nahrung kaufen zu können und eine gute Unterkunft für die Nacht zu finden.

Ibn Battuta, Reisen ans Ende der Welt, neu hg. v. H. D. Leicht, Tübingen 1974, S. 298–300.

1. *Beschreibe den Weg, den die Karawane Ibn Battutas zurückgelegt hat, anhand der Karte 1. Von welchen Gefahren und Schwierigkeiten spricht er?*
2. *Was erfährst du über das Leben im Mali-Reich? Was wird über Herrschaft, Religion und Wirtschaft berichtet?*

3 Mansa Musa von Mali

Ausschnitt aus dem Katalanischen Atlas von Abraham Cresques aus dem Jahr 1375

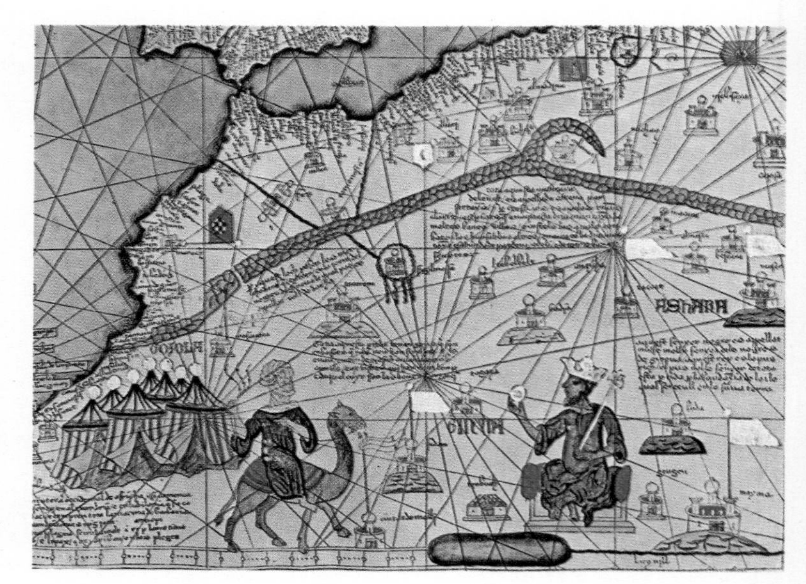

1. *Vergleiche die Darstellung des Mali-Herrschers mit Quelle 2.*
2. *Wie erklärst du dir, daß ein katalanischer Kartograph Mansa Musa auf einer Karte darstellte?*

Die Europäer entdecken und erobern die Welt

Die großen Entdeckungsfahrten

Vier Pioniere bereiteten den Weg: Bartolomeo Diaz umsegelte die Südspitze Afrikas und eröffnete den Seeweg nach Fernost. Vasco da Gama führte die erste europäische Handelsflotte nach Indien und schuf damit die Voraussetzung für den Aufstieg Portugals zu einer weltweiten Handelsmacht. Kolumbus entdeckte Amerika und stieß das Tor zur Eroberung der westlichen Erdhalbkugel auf. Magellan schließlich bewies mit seiner Überquerung des Pazifiks, daß man die Erde umrunden kann. Warum fanden die großen Entdeckungen gerade in dieser Zeit statt? Warum nahmen sie von Westeuropa ihren Ausgang und nicht von einer anderen Hochkultur?

Die Ursachen des Aufbruchs

Ein auslösendes Moment war sicherlich die Gier der Europäer nach Gold und ihre Vorliebe für Gewürze, die aus Afrika und Indien kamen. Der steigenden Nachfrage in Europa stand ein beschränktes, sich ständig verteuerndes Angebot gegenüber. Und so wie heute das knapper werdende Erdöl die Suche nach alternativen Energien anregt, so richtete man im 15. Jahrhundert die Anstrengungen darauf, den direkten Zugang zu den Gewürz- und Goldländern zu finden. Der teure, von den muslimischen Glaubensfeinden beherrschte Zwischenhandel in Afrika, Ägypten und Arabien sollte umgangen werden.

Es kam aber noch mehr hinzu: In der Renaissance waren die Menschen von einer geistigen Aufbruchstimmung ergriffen worden (siehe S. 145–147). Sie waren mit dem hergebrachten Wissen nicht mehr zufrieden. Die Neugier, die Welt, in der sie lebten, zu ergründen, trieb die Menschen zu ihren Entdeckungsreisen. Und diese waren möglich, weil sich die Schiffbautechnik hoch entwickelt hatte. Mit Karavelle und Karracke hatte man sturmerprobte, wendige Schiffstypen zur Verfügung, die mit geringerer Mannschaft als früher auch gegen den Wind segeln konnten. Die Navigation war weiterentwickelt worden, man konnte mit Hilfsinstrumenten, z. B. dem Kreiselkompaß, auch außer Sichtweite des Landes den richtigen Kurs steuern.

Die wichtigsten Entdeckungsreisen um 1500

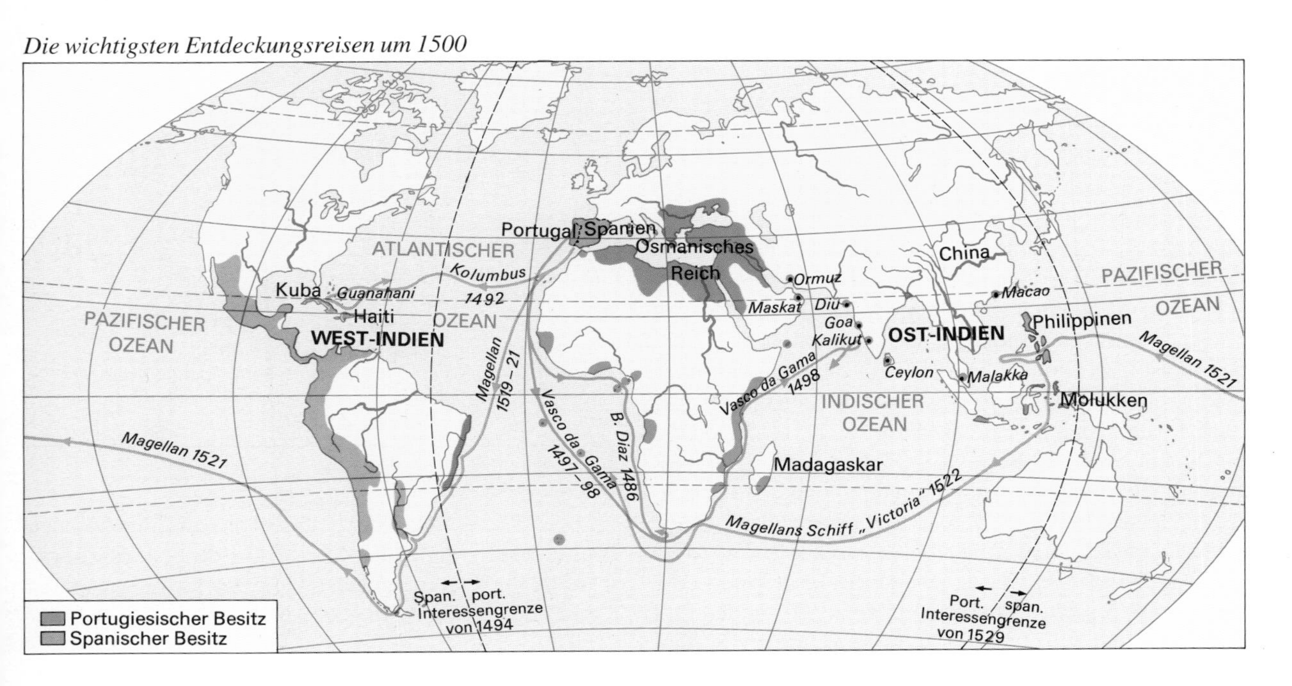

Kolumbus bricht nach Indien auf

Kolumbus stammte aus Genua und war im Mittelmeer und im Atlantik zur See gefahren. Wie viele humanistisch Gebildete seiner Zeit war auch er zu der Überzeugung gekommen, daß die Erde rund sei und daß man durch direkte Fahrt nach Westen um den Globus herum den Seeweg nach Indien finden müsse.
Hartnäckig drängte er das spanische Königspaar, Isabella von Kastilien und Ferdinand von Aragon, ihn mit einer Entdeckungsreise zu beauftragen. Am 3. August 1492 brachen drei Schiffe auf. Nach einem Zwischenaufenthalt auf den Kanarischen Inseln und nach 39 Tagen auf See sichtete man am 12. Oktober 1492 morgens um drei Uhr die Küste einer kleinen Insel. Am Vormittag ging Kolumbus an Land, kniete nieder und dankte Gott. Im Namen der spanischen Könige nahm er von der Insel Besitz und nannte sie zu Ehren des Erlösers San Salvador. Er hatte die zu der Bahama-Gruppe gehörende heutige Watling-Insel erreicht. Auf weiteren Erkundungsfahrten entdeckte er auch Kuba und Haiti. Im Januar 1493 trat er die Rückreise an und landete am 16. März wieder auf spanischem Boden. Bis an sein Lebensende glaubte Kolumbus, Indien erreicht zu haben. Die wirkliche Bedeutung seiner Tat erkannte er nie.

Magellan umsegelt die Erde

27 Jahre später erhielt der Portugiese Ferdinand Magellan vom spanischen König den Auftrag, auf den Spuren des Kolumbus die entdeckten Länder südlich zu umfahren, um so die Gewürzinseln doch noch auf westlichem Wege zu erreichen. Am 20. September 1519 segelte Magellan mit fünf Schiffen auf den Atlantik hinaus.
Die Reise wurde zu einer entsetzlichen Leidensgeschichte. Immer tiefer stießen die Schiffe an der südamerikanischen Küste entlang nach Süden vor. Trotz Meuterei und einem grimmigen Winter gelang die Umrundung Südamerikas. Drei Monate und 20 Tage dauerte dann noch die Fahrt durch den Pazifik. Solange blieben die Männer ohne frische Nahrung, sie ernährten sich von Sägemehl und gefangenen Schiffsratten, tranken gelbes, fauliges Wasser. Skorbut, eine Vitaminmangelkrankheit bei weiten Seereisen, ließ die Gaumen verfaulen und die Beine schwarz und brandig werden. Viele starben. Erst im März 1521 erreichten die Überlebenden die Insel Guam und konnten die Vorräte ergänzen. Ein einziges von den fünf ausgefahrenen Schiffen, die Victoria, kehrte am 8. September 1522 zurück – doch ohne den von Eingeborenen erschlagenen Magellan. Der Erlös der Gewürzfracht aber, die die Victoria geladen hatte, deckte die gesamten Kosten der dreijährigen Reise und den Verlust der vier Schiffe.

Proviantliste

Bei einer dreimonatigen Schiffsreise wurden für eine Besatzung von ca. 190 Mann folgende Vorräte mitgeführt:

8500 Pfund gesalzenes Rindfleisch
3000 Pfund gesalzenes Schweinefleisch
einige Rinderzungen
660 Pfund Kabeljau
15000 braune Zwiebäcke
5000 weiße Zwiebäcke
30 Scheffel Hafermehl
40 Scheffel getrocknete Erbsen
1½ Scheffel Senfsamen
1 Faß Salz
110 Pfund Talg
1 Faß Mehl
11 kleine Fässer Butter
1 Faß Essig
500 Hektoliter Bier
160 Hektoliter Wasser
2 Fässer Apfelwein

Besonderer Kapitänsvorrat:
Käse, Pfeffer, Korinthen, Gewürznelken, Zucker, Aqua Vitae, Ingwer, Backpflaumen, Speck, Marmelade, Mandeln, Zimt, Wein, Reis

Die Europäer erobern die Welt

Die Eroberung der indianischen Reiche

Die reichen Schätze, die Kolumbus sich erhofft und nicht gefunden hatte, fielen zwei Eroberern zu, Hernando Cortez und Francisco Pizzaro. 25 Jahre nachdem Kolumbus erstmals den Fuß auf amerikanischen Boden gesetzt hatte, hörten die Spanier von einem Kaiser Montezuma und seinem mächtigen Aztekenreich in Mexiko. 1519 brach unter der Führung von Hernando Cortez eine kleine Armee mit 600 Fußsoldaten und Reitern von Kuba zur mexikanischen Küste auf. Innerhalb von drei Jahren hatten die Spanier mit unerbittlicher Härte, Energie und Durchsetzungskraft und mit ihrer weit überlegenen Bewaffnung das mächtige Reich unterworfen. Von den Azteken erst kurz zuvor besiegte Völker hatten ihnen als Verbündete beigestanden. Unermeßliche Beute fiel den Eroberern in die Hände.

Ein Jahrzehnt später kam die Kunde von einem weiteren Reich. Unter der Führung des alten Haudegens Francisco Pizarro, der in seiner Jugend als bettelarmes Kind in Spanien Schweine gehütet hatte, machte sich eine Truppe von 168 Mann von Panama nach Süden auf. Die Männer stießen in das Herz des Inkareiches vor. Es gelang ihnen, den sorglosen Inkaherrscher Atahualpa inmitten seines Heeres gefangenzunehmen. Atahualpa wollte sich freikaufen und bot an, den Raum, in dem er gefangengehalten wurde, mit Gold bis zum Dach zu füllen. So ließ er 120 Zentner Gold und 135 Zentner Silber herbeischaffen. Obwohl er damit sein Versprechen hielt, wurde er erdrosselt. Pizarro und seine Gefolgsleute waren nun unvorstellbar reich und Herren des Inkareiches.

Die indianischen Reiche in Süd- und Mittelamerika waren politisch straff geführt und sozial streng gegliedert gewesen. Die Oberschicht, die von der Ausbeutung der Masse der übrigen Bevölkerung gelebt hatte, wurde nun von den Spaniern ausgerottet. Die Eroberer „enthaupteten“ die vorgefundenen Kulturen und setzten sich selbst an die Spitze. So konnten sie die an Unterordnung gewohnten Indianer als neue Herren regieren.

Spanier und Indianer

Die Herrschaft der Azteken und Inka, ihre Kriegsführung und die Formen der Unterjochung waren grausam, aber sie zerstörten die menschlichen Lebensgemeinschaften nicht. Genau dies erreichten die Spanier durch die Willkür und Grausamkeit, mit der sie die Indianer terrorisierten, folterten und töteten. Die Indianer wurden aus ihren althergebrachten menschlichen und wirtschaftlichen Gemeinschaften herausgerissen und zu unmäßiger Zwangsarbeit gepreßt. Seelisch und körperlich geschwächt, vereinsamt, der gewohnten Umgebung entrissen, als Arbeitstiere zu unmenschlichen Leistungen gezwungen, starben die Menschen aus Mangel an Lebenswillen und Lebensfähigkeit. Viele wurden von europäischen Krankheiten dahingerafft, gegen die sie keine Abwehrkräfte besaßen. Innerhalb einer Generation wurde z. B. die Bevölkerung der Insel Haiti ausgerottet.

Nicht alle Spanier waren mit dem Vorgehen der Eroberer in Südamerika einverstanden. Der Dominikanermönch Bartolomé de las Casas trat z. B. für eine menschliche Indianerpolitik ein. In seinem „Sehr kurzen Bericht“ geißelte er schonungslos die Verfolgung und Ausrottung der Indianer durch seine Landsleute. Führende spanische Juristen diskutierten die rechtliche Stellung der Indianer, Fragen der christlichen Mission und des „gerechten Krieges“. Immer wieder ging es um das Zentralproblem: Auf welchem Recht gründet die Herrschaft der Europäer?

Aufgrund dieser Auseinandersetzungen wurden schließlich Schutzgesetze erlassen. Die Indianer wurden als spanische Untertanen anerkannt. Zwar waren sie zu Tributen und Zwangsarbeit verpflichtet, aber sie sollten nicht mehr der Willkür der Weißen unterliegen. Die Ausführung dieser neuen Gesetze wurde zwar nur unzureichend überwacht, aber sie haben insgesamt doch zu einer rücksichtsvolleren Behandlung durch die spanischen Kolonisten beigetragen.

Die anderen Europäer kommen

Hundert Jahre lang gaben die Spanier und Portugiesen in Übersee den Ton an. Nach einem Schiedsspruch des Papstes hatten sie mit dem Vertrag von Tordesillas (1494) die Welt in zwei Einflußbereiche aufgeteilt. Um die Wende zum 17. Jahrhundert begannen Engländer, Franzosen und Holländer eine eigene Überseepolitik. Sie eroberten von den Spaniern die wichtigsten westindischen Inseln und gingen daran, Kolonien in Nordamerika zu errichten. 1608 gründeten die Franzosen Quebec, die Hauptstadt des französischen Besitzes „Neu-Frankreich“, das sich entlang des Sankt-Lorenz-Stroms aus-

dehnte. Die englische Besiedlung Nordamerikas nahm 1607 mit der Gründung von Jamestown in Virginia ihren Anfang.
Im Fernen Osten bauten Holländer und später Engländer mit neuartigen Methoden Handelsimperien auf. Private Aktiengesellschaften betrieben Kolonialpolitik. Sie konnten im Kolonialhandel üppige Gewinne erzielen, mußten aber dafür Aufgaben übernehmen, die in Europa der Staat wahrnahm: Festungen bauen, Krieg führen und Verträge mit einheimischen Fürsten schließen. Im 17. Jahrhundert hatte die niederländische Vereinigte Ostindische Kompanie die bis dahin im Fernen Osten unangefochtenen Portugiesen verdrängt. Doch die neuen Herren eroberten keine Territorien. Sie schufen lediglich ein System befestigter Stützpunkte zur Sicherung des Handels gegen einheimische Fürsten. Man wollte keine Länder erobern, sondern mit Handel viel Geld verdienen.

Die wirtschaftlichen Folgen der Ausbreitung

Gold und Silber

„Wir Spanier", sagte Hernando Cortez, „leiden an einer Krankheit, die nur durch Gold geheilt werden kann." Um sich von dieser Krankheit zu heilen, raubten und plünderten die Spanier, was andere Menschen in Jahrhunderten zusammengetragen hatten. Bei der Eroberung der indianischen Reiche erbeuteten die Abenteurer zentnerweise Gold, Silber, Edelsteine und andere wertvolle Dinge. Was an Kunstschätzen nicht eingeschmolzen wurde, erregte in Europa Bewunderung. So sah Albrecht Dürer 1520 in Brüssel Gegenstände, die aus Mexiko an Karl V. gesandt worden waren, und notierte in sein Tagebuch: „Ich hab' gesehen wunderbare kunstvoll Ding, und ich hab' mich verwundert der subtilen Ingenia (Begabung) der Menschen in fremden Landen."
Raub und Plünderungen waren keine dauerhafte Einkommensquelle. Die Spanier aber hatten Glück: Sie fanden unermeßliche Silbervorkommen im Hochland der Anden und in Mexiko. Die Stadt Potosì wurde 1545 gegründet. Im heutigen Bolivien 4000 Meter hoch gelegen, zählte sie im 17. Jahrhundert um 150 000 Einwohner, so viele wie das zu den größten Städten Europas zählende Venedig. Zwei Drittel des Weltsilbers wurde in Potosì von zwangsarbeitenden Indianern unter mörderischen Bedingungen gefördert. Der Silberreichtum ermöglichte der spanischen Monarchie, in Europa gegen Frankreich, England und die Niederlande ständig Krieg zu führen. Aber dieser Reichtum wurde mit dem Tod unzähliger Indianer erkauft. Das nach Spanien strömende Edelmetall trug auch zur Entwertung der spanischen Währung bei und führte zu schweren Wirtschaftskrisen.

Die Siedler in den Kolonien

Die Spanier haben jedoch nicht nur erobert und zerstört, sie haben auch auf den Trümmern eine neue Welt aufgebaut und sie nach einheimischem Vorbild geprägt. Die Zuwanderer erweckten in Amerika viele Züge eines Feudalismus zu neuem Leben, der in Europa schon die ersten Schläge erlitten hatte. Der amerikanische Feudalismus gründete auf dem Besitz großer Ländereien und der Arbeit der persönlich abhängigen Bevölkerung. *Encomienda* nannte man diese Siedlungs- und Verwaltungseinheit, deren indianische Bewohner zu Tribut- und Arbeitsleistung verpflichtet waren. Die Politik des Mutterlandes sorgte dafür, daß nur eine schmale Herrenschicht große Gewinne erzielen und Kapital ansammeln konnte. Diese Schicht schloß sich gesellschaftlich streng ab, ihr herrschaftlicher Lebensstil beruhte auf der Ausbeutung der Indios. Dieser Grundzug ist in weiten Gebieten Lateinamerikas bis heute erhalten geblieben.
Die spanischen Einwanderer überzogen ihre neue Heimat mit einem Netz von Verwaltungs- und Ackerbürgerstädten. Das Straßennetz wurde schachbrettartig angelegt. In der Mitte der Stadt wurden einige Häuserblocks ausgelassen, um Raum für den Hauptplatz zu schaffen, an dem man die Kirche, das Rathaus und die Häuser der Kaufleute erbaute. Diese ganz neuartige Weise, eine Stadt zu planen und nach einem Modell zu bauen, wurde im 17. und 18. Jahrhundert von den Franzosen und Engländern in Nordamerika übernommen.

Handel umspannt die Welt

Die Entdeckungsreisenden wollten den Handel mit fernöstlichen Gewürzen in die Hand bekommen, denn er versprach riesige Gewinne. Als erster hat der Portugiese Vasco da Gama 1497 den Seeweg in „das Land, wo der Pfeffer wächst", erschlossen. In den folgenden Jahrzehnten gelang es seinen Landsleuten, ein weltumspannendes Handelssystem unter ihre Kontrolle zu bringen.

Der Handel zwischen Europa, Afrika und Amerika im 17. und 18. Jahrhundert

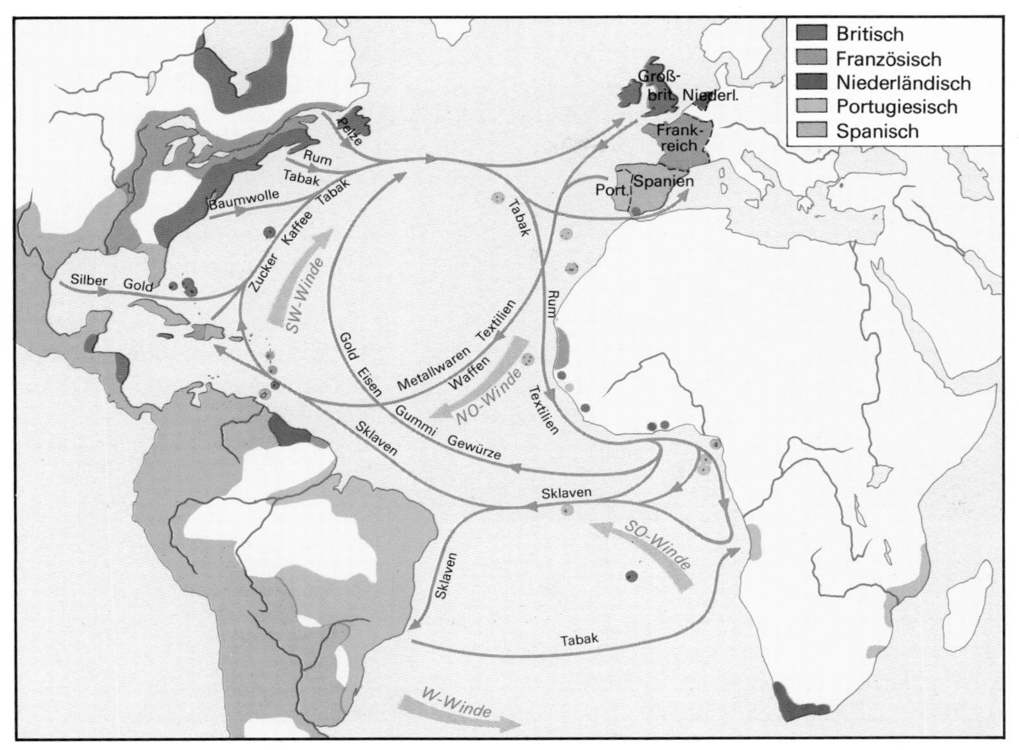

Bis zum Beginn des 17. Jahrhunderts beherrschten die Portugiesen den Handel mit Pfeffer, Muskat, Zimt und Nelken. Danach wurden sie von den Niederländern verdrängt.

Im letzten Drittel des 17. Jahrhunderts begann die große Zeit des Handels mit Textilien, bei dem die Niederländer und Engländer führend waren. In Europa hatte sich die Kleidermode revolutioniert. Man wollte keine schweren Wolltuche mehr tragen, sondern bevorzugte die leichten, luftigen Baumwollstoffe. Diese wurden in Indien in einer Qualität hergestellt, die das Entzücken der Verbraucher in Europa erweckte.

Im 18. Jahrhundert wurden dann die „Kolonialwaren“ – Tee, Schokolade, Tabak, Kaffee und Zucker – zur Quelle des überseeischen Reichtums in Europa. Die neuen Genußmittel veränderten den europäischen Geschmack grundlegend. Bis in die frühe Neuzeit war der Speisezettel in Europa durch Brot, Fleisch, Wein und Bier geprägt. Bei den Adligen und im aufstrebenden Bürgertum der protestantischen Länder kamen nun die neuen Genußmittel der Nüchternheit hinzu: Kaffee und Tee regten geistig an, förderten die Konzentration und wirkten der unmäßigen Trunksucht entgegen. Kakao wurde in katholischen Ländern zu einer Fastenspeise und entwickelte sich zu einem Modegetränk des Adels.

Die neuen Produkte wurden von Europäern in Übersee angebaut und in Europa vermarktet. Tabak kam aus Kuba und Virginia in Nordamerika. Die Holländer bauten Kaffee vor allem in ihrer ostindischen Besitzung Java an, die Franzosen auf den westindischen Inseln. Kakao kam aus Spanisch-Amerika. Alle diese Produkte aber wurden in ihrer Bedeutung bei weitem vom Zucker übertroffen. Zu einer ersten Blüte gelangte der Zuckerrohranbau in der neuen Welt seit der Mitte des 16. Jahrhunderts in Brasilien. Von dort wurde er auf die französischen, englischen und holländischen Inseln in Westindien übertragen. Da auf den Inseln selbst nicht genügend Arbeitskräfte zur Verfügung standen, wurden Menschen aus Afrika in Millionenzahl als Sklaven nach Amerika gebracht, um dort die nötige Landarbeit zu verrichten.

1 Von Afrika nach Amerika

1a *Sklavenverkauf an der Küste Westafrikas*

1b *Ein ehemaliger Sklave berichtete:*

Q Das erste, was meine Augen erblickten, als ich die Küste erreichte, waren die See und ein Sklavenschiff, das vor Anker lag und seine Ladung erwartete. Es erfüllte mich mit Staunen, das sich bald in Schrecken wandelte, als ich an Bord gebracht wurde. Ich wurde sofort von einem Besatzungsmitglied befühlt und hin und her gestoßen, um zu sehen, ob ich gesund sei.
Und nun war ich überzeugt, in eine Welt böser Geister geraten zu sein, daß sie darangingen, mich zu töten. Auch ihre Gesichtszüge, die sich so sehr von den unseren unterschieden, ihr langes Haar und die Sprache, die sie sprachen, die sehr verschieden war von irgendeiner, die ich je gehört hatte, wirkten zusammen, mich in diesem Glauben zu bestärken. In der Tat, so groß waren die Schrecken und die Ängste, die mir meine Vorstellungen verursachten, daß, wenn ich auch 10 000 Welten mein eigen gezählt hätte, ich mich freudig von ihnen allen getrennt hätte, um meine Lage mit der des niedrigsten Sklaven in meinem Heimatlande zu tauschen. Als ich auf dem Schiff herumblickte und ein großes Feuer beziehungsweise einen großen kochenden Kupferkessel und eine Menge schwarzer Menschen aller Art aneinandergekettet sah, von denen jeder in seinem Angesicht den Ausdruck von Sorge und Niedergeschlagenheit zeigte, zweifelte ich nicht länger an meinem Schicksal, und völlig überwältigt von Schrecken und Qual fiel ich bewegungslos auf das Deck und wurde ohnmächtig.

Black Voyage, Eyewitness account of the Atlantic slave trade, hg. v. R. Howard, Boston 1971, S. 20. Übers. d. Verf.

1. *Beschreibe den Kauf und die Überfahrt nach Amerika aus der Sicht eines Sklaven.*
2. *Warum brauchten die Sklavenhändler nicht zu befürchten, daß die Sklaven Widerstand leisteten?*

2 Der Sklavenhandel der Kolonialmächte

2a *Der Kaufpreis für Sklaven an der Küste Afrikas im Jahr 1784:*

Q Der Preis eines Sklaven ist in diesem Jahr auf 130 Barren[1] oder 650 Livres[2] (1 Barren zu 5 Livres) getrieben worden, nämlich:

2 Rollen blaues Baumwolltuch	20 Barren
2 Rollen bunter Baumwollstoff	20 Barren
1 Flinte mit 2 Läufen	20 Barren
2 gewöhnliche Flinten	12 Barren
1 Paar Pistolen	6 Barren
12 Pinten Branntwein	4 Barren
400 Kugeln	4 Barren
24 Pfund Jagdblei	12 Barren
24 Pfund Kanonenpulver	12 Barren
2 gewöhnliche Säbel	2 Barren
3 Schnüre Bernstein	3 Barren
3 Glaskorallen	3 Barren
2 Rollen französische Leinwand	4 Barren
6 Stapel Papier	1 Barren
1/8 Rolle Scharlach-Baumwolltuch	1 Barren
8 Pfund Tabak	2 Barren
4 Vorlegeschlösser	1 Barren
8 flämische Messer	1 Barren
1 gewöhnlicher Spiegel	1 Barren
1 Messingtopf	1 Barren
	130 Barren

Ein erwachsener Neger, gewöhnlich ein Stück von Indien genannt, muß 15 bis 30 Jahre alt sein, von guter Gesundheit und alle Zähne haben; ältere Neger werden wohlfeiler verkauft; 3 Kinder von 10 Jahren machen 2 Stücke von Indien aus, und 2 Kinder zwischen 5 und 10 Jahren werden für 1 Stück gerechnet. Ein Neger bringt in einem fruchtbaren Lande durch seine Arbeit 6000 westindische oder 400 französische Livres ein, so daß er in 4 bis 5 Jahren bezahlt ist.

[1] Eisenstangen von bestimmter Form und Größe, die als Geldeinheit dienten
[2] Livre: französische Silbermünze (Mehrzahl: Livres)

G. Lajaille, Reise nach Senegal in den Jahren 1784 und 1785, hg. v. Herrn la Barthe, Weimar 1802, S. 50f.

2b *Ein Sklavenhändler berichtete über den Verkauf der Sklaven in Amerika:*

Q Nach der üblichen Aufwartung bei dem Gouverneur begannen wir den Verkauf der Sklaven zu ungefähr 7000 Pfund braunen Zucker für ein Stück von Indien[1], zu bezahlen spätesten im Juni des folgenden Jahres … Am 14. 5 Mai verkauften wir beinahe 100 Sklaven …, von denen jeder zur Hälfte mit in Paris und La Rochelle einzulösenden Wechseln, den Rest mit Farbstoff, verschiedenen Zuckersorten und Bargeld zu bezahlen war.

[1] siehe Quelle 2a

Documents illustrative of the history of the slave trade to America, hg. v. E. Donnan, Bd. 3, New York 1969, S. 301ff. Übers. d. Verf.

1. *Welche Art von Waren diente zum Kauf von Sklaven in Afrika? Man hat behauptet, daß die Sklaven in Afrika gegen billigen Tand eingetauscht wurden. Widerlege diese Behauptung.*
2. *Womit wurden die Sklaven in Amerika bezahlt?*
3. *Warum lohnte sich für die Plantagenbesitzer die Einfuhr von Negersklaven?*

2c *Geschätzte Sklavenimporte in Amerika und Europa 1451–1870 (in Tsd.):*

	1451 bis 1600	1601 bis 1700	1701 bis 1810	1811 bis 1870	insgesamt
Brit.-Nordamerika	–	–	348,0	51,0	399,0
Span.-Amerika	75,0	292,5	578,6	606,0	1552,1
Brit.-Westindien	–	263,7	1401,3	–	1665,0
Franz.-Westindien	–	155,8	1348,4	96,0	1600,2
Holl.-Westindien	–	40,0	460,0	–	500,0
Span.-Westindien	–	4,0	24,0	–	28,0
Brasilien (port.)	50,0	560,0	1891,4	1145,4	3646,8
Europa und atlantische Inseln	149,9	25,1	–	–	175,0
insgesamt	274,9	1341,1	6051,7	1898,4	9566,1

1. *Stelle aus Tabelle 2c am Sklavenhandel beteiligte Länder zusammen und zeichne auf einer Zeitleiste ein, welche Länder zu welcher Zeit die Spitzenstellung im Sklavenhandel hatten.*
2. *Welcher Zusammenhang bestand zwischen der Entwicklung der europäischen Kolonialmächte und dem Sklavenhandel?*

3 Das Schicksal der Sklaven in Amerika

3a *Zuckerrohrplantage und -verarbeitung in Brasilien. Niederländischer Kupferstich um 1700*

3b *Mißhandlung von Sklaven in Brasilien*

3c *Ein englischer Reisender berichtete Anfang des 19. Jahrhunderts über das Sklavendasein in Brasilien:*

Q Die Kreolen-Neger[1] werden gewöhnlich als Handwerker und als Sklaven im Haushalt gebraucht, die Feldarbeit bleibt hauptsächlich den Afrikanern vorbehalten. Sowie die Sonne aufgeht, müssen die Neger an die Arbeit. Weit entfernt, daß sie in den kühlen Morgenstunden aufgelegter zur Arbeit seien als während der Mittagshitze, sind die Afrikaner lässig und kraftlos, bis die zunehmende Gewalt der Sonnenstrahlen die Kälte von ihnen entfernt, welche die Morgenluft für sie hat. Oft verlassen sie ihre Hütten ganz eingehüllt in ihre wollenen Lagerdecken, äußerst empfindlich, wie es scheint, gegen die Kälte. Um 8 Uhr frühstücken sie, und dazu wird ihnen eine halbe Stunde oder noch weniger vergönnt. Einige Herren verlangen, daß sie frühstücken sollen, ehe die Arbeit beginnt, also vor Sonnenaufgang.
Zu Mittag haben sie zweistündige Pause, von 12 bis 2 Uhr, und dann geht die Arbeit wieder fort bis halb 6 Uhr, wo sie gewöhnlich zum Grasholen für die Sattelpferde auf die nahen Wiesen gehen, oder wo dies nicht von ihnen verlangt wird, die Arbeit bis 6 Uhr, welches Sonnenuntergang ist, fortsetzen. Nach ihrer Rückkehr werden sie zuweilen noch eine oder ein paar Abendstunden mit dem Schälen des Manioks[2] beschäftigt. Da aber die reichen Pflanzer mit dem Maniokmehlhandel sich nicht abgeben, sondern bloß das für die Sklaven Nötige machen lassen, so kommt diese Arbeit nur etwa einmal in der Woche vor oder noch seltener. In der Erntezeit machen nur die Sonn- und Feiertage eine Unterbrechung der Arbeit, und die Neger lösen sich einander zu bestimmten Stunden in ihr ab, wie es auf den Schiffen gewöhnlich ist. Die im Felde arbeitenden Neger sind von einem Feitor[3] oder Treiber begleitet, der zuweilen ein Weißer ist. Am häufigsten wird ein freier Mulatte[4] dazu genommen, zuweilen aber auch ein Kreole-Neger oder selbst ein Afrikaner. Auf einen Feitor, der selbst Sklave ist, kann man sich mehr verlassen als auf einen freien Farbigen. Denn der erstere muß seinem Herrn für die Arbeit haften, die getan werden soll, und sieht daher sehr darauf, daß jeder seine Pflicht tut. Es ist eine allgemein gemachte Bemerkung, daß man auf die Feitores, welche Sklaven sind, selbst achthaben muß, um sie an zu grausamer Behandlung derer, die sie kommandieren, zu hindern, denn sie zeigen gewöhnlich weit mehr Härte als die Freien. Nächst ihnen aber sind die europäischen Feitores die tyrannischsten.

[1] in Amerika geborener Nachkomme afrikanischer Sklaven
[2] Knollenpflanze, aus der ein Speisemehl gewonnen wird
[3] Aufseher
[4] Nachkomme eines weißen und eines schwarzen Elternteils

H. Koster, Reisen in Brasilien, Weimar 1817, S. 599f.

1. *Beschreibe mit Hilfe der Bilder und des Berichtes die Lebensbedingungen der Sklaven in Amerika.*
2. *Wozu wurden die Sklaven in Amerika vor allem gebraucht?*
3. *Beschreibe die Zuckerrohrplantage und die Rohrzuckerverarbeitung: Welchem Zweck dienten die einzelnen Gebäude und Einrichtungen?*
4. *Welches Verhältnis hatten die unterschiedlichen Menschengruppen zueinander, die auf einer Plantage arbeiteten?*
5. *Welche Einstellung hatte der englische Reisende zu den Sklavenarbeitern in Brasilien?*

Die Europäer und die anderen: Der Mensch erkennt sich selbst

Durch die Entdeckungen und Eroberungen hat sich die politische, militärische und wirtschaftliche Stellung Europas in der Welt gewaltig verändert. Heute nennt man deshalb den Zeitraum vom 16. bis zum 18. Jahrhundert auch die Epoche der „Europäisierung der Welt“. Haben sich durch die Kontakte mit den außereuropäischen Kulturen auch die Vorstellungen der Europäer von der Welt, den Menschen in anderen Kontinenten und vielleicht auch von sich selbst verändert?

Die „Fremden“ im Mittelalter: Fabelwesen?

Im Mittelalter war der Horizont der Europäer fast ganz auf ihren eigenen Kontinent beschränkt. Die Kontakte zu den fernen Völkern waren gering. Wenn die Gelehrten jener Zeit etwas über sie erfahren wollten, lasen sie die mehr als tausend Jahre alten Berichte griechischer und römischer Geographen.
Diese enthielten die abenteuerlichsten Vorstellungen: Sie erzählten von würfelköpfigen Menschen und solchen ohne Kopf, die ihre Augen in der Brust hatten. Ja, es gab Erzählungen von Menschen, die nur ein Bein hätten, deren Fuß aber so groß sei, daß sie ihn als Sonnenschirm benutzen könnten. Von den sagenhaften Pygmäen lehrte der große Naturforscher Albertus Magnus im 13. Jahrhundert, daß sie ellengroß seien und in ihren geistigen Fähigkeiten zwischen Affe und Mensch stünden. Um diese sagenhaften Wesen mit den Berichten der Bibel in Einklang zu bringen, wurde überlegt, ob sie von Adam und Eva abstammten oder ob sie von Gott geschaffene Neubildungen darstellten. Auch über die körperliche Ähnlichkeit zwischen Affe und Mensch diskutierte man. Als Zerrbild des Menschen hielt man den Affen für ein teuflisches Wesen. Manche sagten auch, der Affe sei der erste, mißratene Versuch Gottes gewesen, den Menschen zu erschaffen.
Die Kreuzzüge erweiterten dann den Gesichtskreis der Europäer. Mediziner, Naturwissenschaftler und Philosophen konnten von den Arabern viel lernen, weil diese die wissenschaftlichen Errungenschaften der Antike viel besser kannten und weiterentwickelt hatten. Seit der Mitte des 13. Jahrhunderts lernten die Europäer auch den Fernen Osten besser kennen. Durch die Eroberungszüge der

Vorstellungen der Europäer im Mittelalter von den Bewohnern unbekannter Länder.
Aus einer französischen Handschrift im 14. Jahrhundert

Mongolen und durch Fernhandelskaufleute waren sie in Berührung mit dieser Region gekommen. Um 1250 schickte der Papst sogar Diplomaten und Missionare zum mongolischen Herrscher, um ihn für das Christentum zu gewinnen. Diese Hoffnung aber wurde enttäuscht. Wie unbegreiflich die Mongolen für die Europäer waren, zeigt sich darin, daß sie deren damaligen Namen „Tartaren" vom griechischen Wort „tartarus" – d. h. Unterwelt – ableiteten, die Mongolen also mit Teufeln verglichen.

Nach den Entdeckungen: Sind die Fremden „Wilde"?

Durch die Entdeckung Amerikas und die Erdumseglungen lernten die Europäer Völker kennen, die in den alten Berichten nicht erwähnt wurden und nicht in ihr Weltbild paßten. Im Unterschied zu den Arabern, Mongolen und Chinesen, die als Angehörige alter, „zivilisierter" Kulturen betrachtet wurden, nannte man diese Eingeborenen jetzt „Wilde".

Viele Überlegungen wurden angestellt, um die Indianer in das bisherige Wissen einzuordnen. Fand vielleicht die alte Lehre, daß es Lebewesen gäbe, die zwischen Mensch und Tier stünden, ihre Bestätigung? Die Sprache der Indianer, so wurde in Europa erzählt, habe mehr Ähnlichkeit mit tierischen Lauten als mit allen bisher bekannten Sprachen. Wies die Tatsache, daß bei manchen Stämmen die Frau eine bessere Stellung hatte als bei den Europäern, vielleicht auf Verwandtschaft mit den sagenumwobenen Amazonen hin?

Die Theologen suchten in der Bibel nach Hinweisen auf die neuentdeckten Völker. Manche nahmen eine zweite Schöpfung an. Dann wären die Bewohner Amerikas mit Adam und Eva nicht verwandt. Andere hielten die Indianer für einen ausgewanderten jüdischen Stamm, der unter den harten Lebensbedingungen verwildert sei.

Man könnte meinen, dies seien unwichtige Spekulationen von Gelehrten gewesen. Die Vorstellungen von den Menschen in den anderen Kontinenten hatten jedoch praktische Konsequenzen: Diejenigen Theologen und Juristen, die an die Wildheit der Indianer glaubten, waren für eine harte Behandlung. Zwangsmaßnahmen zur Christianisierung hielten sie für erlaubt, auch die Versklavung der Indianer verteidigten sie.

Der Dominikanerpater Bartolomé de las Casas (siehe S. 199) betonte dagegen, daß die Indianer vernünftige Menschen seien, stellte ihre Tugenden heraus und prangerte ihre Mißhandlung an. 1537 stellte der Papst fest, daß die Indianer „wahre Menschen" seien und die Grundwahrheiten des christlichen Glaubens erfassen könnten. Um das Wissen über die Eingeborenen zu erweitern, wurden sie häufig nach Europa gebracht. Oft war dabei pure Neugier im Spiel, wenn sie z. B. an Fürstenhöfen vorgeführt und wie seltene Tiere bestaunt wurden. Ernster war das Interesse von Gelehrten, die die Indianer auf ihre Fähigkeiten hin untersuchten oder die Verwandtschaft mit bekannten Völkern klären wollten. Ihnen wurde bald klar, daß viele Bräuche der neuentdeckten Völker sinnvoll waren und daß es sich bei diesen Menschen nicht um kulturlose „Wilde" handelte. Ein französischer Schriftsteller stellte z. B. im 16. Jahrhundert fest, der Kannibalismus mancher Indianerstämme sei nicht so schlimm wie die in Europa übliche Folter.

Im 17. Jahrhundert bemühten sich vor allem Missionare des Jesuitenordens um ein besseres Verständnis der Völker, die sie bekehren wollten. Sie lernten deren schwierige Sprache, nahmen deren Lebensweise in Kleidung, Wohnung und Speise an. 1659 wurde den Missionaren von Rom aus befohlen: „Hütet euch, diese Völker auf irgendeine Weise zu bestimmen, ihre Zeremonien, Gebräuche und Sitten zu ändern, sie müßten denn offenkundig gegen Religion und Tugend verstoßen." In der Praxis behandelten aber auch viele Jesuiten die Indianer oft wie unmündige Kinder.

Sind die Europäer die „Wilden"?

Im 18. Jahrhundert wurde immer häufiger über den Charakter der „Wilden" diskutiert. Dies war kein Zufall. Einerseits hatte es in Europa seit dem 16. Jahrhundert auf vielen Gebieten große Fortschritte gegeben, neue Kenntnisse in den Naturwissenschaften hatten die europäische Kultur weiterentwickelt. Auch in der Kunst war man – nach der Meinung vieler – über die Griechen und Römer, die in der Renaissance noch als Vorbilder gegolten hatten (siehe S. 145), hinausgewachsen. Andererseits glaubten manche, Entartungserscheinungen in Europa feststellen zu können. Vor allem an den Residenzen mächtiger Fürsten hatte sich das Leben verändert. Hier wurde in ungeheurem Luxus geschwelgt. Man hatte keine Skrupel, auf Kosten des Volkes in Saus und Braus zu leben. Stach gegen diese verderbten Sitten das Verhalten der Eingeborenen nicht vorteilhaft ab?

1703 veröffentlichte ein um sein Erbe gebrachter französischer Adliger, der nach Amerika ausgewandert war, ein Streitgespräch zwischen sich und einem Indianer. Der Indianer pries darin die Vorteile seiner eigenen, der Franzose die der europäischen Lebensweise. Doch tat er dies nur scheinbar, denn er ließ den Indianer das Streitgespräch gewinnen. Dieser argumentierte, daß von seinem Volk die Bekehrung zum Christentum angesichts der unchristlichen Lebensweise der Europäer nicht verlangt werden könne. „Das Bild, das die Franzosen abgeben, wird mich mein Leben lang alle ihre Handlungen als eines Menschen unwürdig betrachten lassen.“ Er protestierte dagegen, daß die Indianer von den Missionaren wie Narren und Dummköpfe behandelt würden. „Dasselbe denken wir auch von euch, allerdings mit dem Unterschied, daß wir uns damit begnügen, euch zu bedauern, ohne euch zu beschimpfen.“ Der Indianer hielt seinem Gesprächspartner vor, das Geld verderbe die Europäer, die Fähigkeit des Lesens und Schreibens – die ihnen als große Errungenschaft vorgehalten wurde – führe nur zu Prozessen und zu Lügen. Bücher würden nur den Geist verwirren, weil sie sich alle widersprächen.

Dieses Zwiegespräch zeigte, daß der Kontakt mit fremden Völkern nicht nur zu Verachtung führte, sondern auch Zweifel an den Sitten und Gebräuchen der Europäer geweckt hatte. Die Vorstellung vom „edlen Wilden“ kam auf.

Die größten Philosophen und Wissenschaftler des 17. und 18. Jahrhunderts griffen in die Debatte ein, ob die Eingeborenen schlechter oder edler als die Europäer seien. Die einen sahen die europäische Kultur ihrer Zeit als Gipfelpunkt der Menschheit an. Man behauptete, daß die vorzüglichste Menschenrasse sich nur in gemäßigtem Klima entwickeln könne und es in besonders heißen und kalten Regionen auch keine Entwicklung zu höheren Kulturen geben könne. Die Europäer waren – so sagte man – aus diesem Grund nicht nur die schönsten Menschen, sondern hatten es auch in Kunst und Wissenschaft am weitesten gebracht. Die kritischen Geister hielten dem den moralischen Verfall in Europa entgegen.

Ein neues Bild vom Menschen entsteht

Manche Gelehrte versuchten, die Gegensätze zu verbinden. Sie entwarfen ein Entwicklungsschema der Menschheitsgeschichte: Das erste Stadium – so wurde vermutet – war das der Sammler und Jäger gewesen, das zweite das der Hirtenvölker. Dies konnte sich nur dort entwickeln, wo es zähmbare Tiere gab. Die dritte Stufe begann mit dem Ackerbau, der die Entwicklung von Handel und Städten ermöglichte. Erst zu dieser Zeit konnte es Menschen geben, die nicht selbst für ihre Nahrung sorgen mußten, sondern diese von anderen erhielten. Sie konnten sich dem Handwerk, der Kunst und der Wissenschaft widmen. Diese Entwicklung war nur in Regionen mit fruchtbaren Böden möglich.

Nach dieser Theorie waren viele Indianerstämme nicht deswegen auf der Stufe der Sammler und Jäger geblieben, weil es ihnen an Intelligenz mangelte, sondern weil ihre Umwelt nicht so günstig geschaffen war wie die der Europäer. Indirekt hatte so die Entdeckung Amerikas zu einem ganz neuen Geschichtsbild geführt: daß nämlich die gesamte Menschheit eine Einheit bildete und die Unterschiede nicht das Recht zur Unterdrückung der Menschen eines Kulturkreises durch die eines anderen begründen können.

Europa, von Afrika und Amerika gestützt. Kupferstich von W. Blake, um 1795

1 China von der Mitte des 14. bis zum Ende des 18. Jahrhunderts

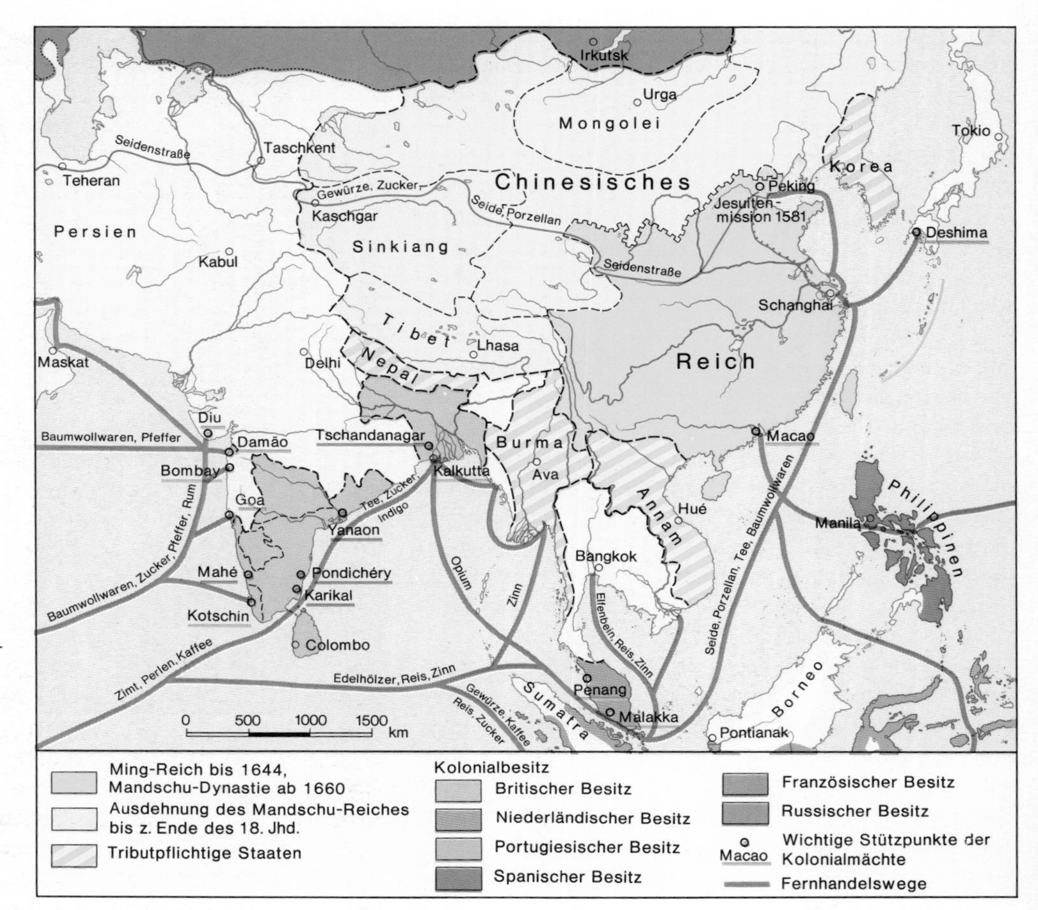

1. *Beschreibe die Entwickung Chinas vom 14. bis 18. Jahrhundert.*
2. *Stelle die aus der Karte abzulesenden Beziehungen zwischen China und Europa zusammen.*

2 Kulturelle Ereignisse und technische Erfindungen in China:

um 100 v. Chr.	Erfindung der Papierherstellung, Prägung von Geldmünzen
226 n. Chr.	Oströmische Kaufleute in Nanking
um 500	Erfindung des Verfahrens zur Porzellanherstellung
580	Bau einer Hängebrücke mit Eisenketten
740	Erfindung des Buchdrucks
840	Erfindung des Schießpulvers
um 900	Einführung von Papiergeld
1045	Einführung beweglicher Buchstaben beim Druck
im 12. Jh.	Beginn des Bank- und Kreditwesens
1190	Erfindung des Kompasses
im 13. Jh.	Erfindung schießpulvergetriebener Raketen und Sprengkörper, Erfindung des Fernrohrs, Errichtung von Porzellanmanufakturen
um 1250	Päpstliche Gesandte beim mongolischen Herrscher
1271–1295	Marco Polo in China
1516	Kanton erste portugiesische Handelsniederlassung
seit 1581	Jesuitenmission in China, Jesuiten als Astronomen, Kartographen und Wissenschaftler am chinesischen Kaiserhof

1. *Was sagt die Tabelle über die kulturelle Entwicklung in China aus? Welche Verbindungen zu Europa gab es?*
2. *Schlage in einem Lexikon nach, wann die Erfindungen in Europa bekannt oder neu erfunden wurden.*

3 China und Europa – Gemeinsamkeiten oder Verständnislosigkeit?

3a *Der deutsche Gelehrte und Philosoph Gottfried Wilhelm Leibniz (1646–1716) schrieb über das Verhältnis von Europa zu China:*

Q Durch einen gewissen einzigartigen Plan des Schicksals, glaube ich, ist es gekommen, daß die größte Kultur und die Zierde des Menschengeschlechts sich heute gleichsam auf die beiden äußersten Gebiete unseres Kontinents konzentriert, auf Europa und Tschina (so sprechen sie es nämlich aus): Dieses schmückt, gleichsam ein orientalisches Europa, den entgegengesetzten Rand der Erde. Vielleicht sorgt die höchste Vorsehung dafür, daß, indem die kultiviertesten und zugleich voneinander entferntesten Völker sich die Arme entgegenstrecken, allmählich all das, was dazwischenliegt, zu einer höheren Zivilisationsstufe übergeführt wird ...
Wer aber hätte je geglaubt, daß es ein Volk auf dem Erdkreis gibt, das uns, die wir – wenigstens nach unserer Meinung – in allen Lebensbereichen so sehr vorangeschritten sind, mit seinen Regeln für ein zivilisiertes Leben dennoch überlegen ist. Gerade das aber erleben wir bei den Chinesen, seitdem uns jenes Volk bekannt geworden ist. Wenn wir ihnen daher in Handwerkskünsten gleichkommen und sie in theoretischen Wissenschaften sogar übertroffen haben, so sind wir doch unbestreitbar in der praktischen Philosophie (was schäme ich mich, es zu gestehen) von ihnen übertroffen. Gemeint sind die Vorschriften über Ethik und Politik, die sich auf das Leben selbst und den Verkehr unter den Menschen beziehen. Man kann es nämlich nicht mit Worten ausdrücken, wie sehr bei ihnen – weit mehr als in Gesetzen anderer Völker – alles im Hinblick auf öffentliche Ruhe und Ordnung angelegt ist, damit sie sich selbst möglichst wenig belästigen. Denn es ist erwiesen, daß die größten Übel der Menschen durch diese selbst und durch das, was sie einander antun, entstehen, und daß der Mensch den Menschen ein Wolf sei, ist nur allzu wahr gesagt worden ...
So groß ist (in China) der Gehorsam gegenüber Höhergestellten, so groß die Ehrerbietung gegenüber Älteren und beinahe religiös die Verehrung der Kinder gegenüber ihren Eltern, daß schon die Absicht eines Angriffs gegen diese – und sei es auch nur mit Worten – bei den Chinesen fast unbekannt ist und beinahe wie bei uns der Elternmord als verbrecherische Tat betrachtet wird. Außerdem herrscht zwischen Gleichgestellten oder solchen, die einander weniger verbunden sind, eine wunderbare gegenseitige Achtung und eine vorgeschriebene Ordnung der Pflichten.

Die Entdeckung und Eroberung der Welt, hg. v. U. Bitterli, Bd. 2, München 1981, S. 148–150.

1. *Welche Eigenschaften sah Leibniz bei den Chinesen, die die Europäer übernehmen sollten? Wie begründete er diese Auffassung?*
2. *Worin war seiner Meinung nach Europa China überlegen?*

3b *Auf ein Gesuch des englischen Königs, eine Handelsmission nach China schicken zu dürfen, antwortete der chinesische Kaiser im Jahr 1793:*

Q „Die in Deinem Gesuch, König, ausgedrückte Bitte, es möge einem Angehörigen Deines Landes gestattet werden, sich am Himmlischen Hof aufzuhalten, um sich des Handels Deines Landes mit China anzunehmen, ist nicht in Harmonie mit dem staatlichen System unserer Dynastie und kann nicht erfüllt werden. Es ist Angehörigen europäischer Nationen, die dem Himmlischen Hof Dienste zu leisten wünschen, seit alters her gestattet worden, in die Hauptstadt zu kommen. Nach ihrer Ankunft müssen sie jedoch chinesische Hofkleidung anlegen, man weist ihnen eine Unterkunft zu, und niemals wird ihnen erlaubt, in ihr Land zurückzukehren ...
Der Himmlische Hof hat das Territorium innerhalb der vier Meere befriedet und in Besitz genommen. Sein einziges Ziel ist es, sein Äußerstes zu tun, um eine gute Herrschaft auszuüben und die politischen Geschäfte zu erledigen ... In der Tat kommen, da die Tugend und das Ansehen der Himmlischen Dynastie weithin bekannt sind, die Könige der unzähligen Völker mit allen erdenklichen Kostbarkeiten über Land und Meere. Es mangelt uns daher an nichts, wie der oberste Gesandte und andere selbst bemerkt haben. Wir haben nie großen Wert auf seltsame oder kunstreiche Gegenstände gelegt, und wir brauchen auch nichts mehr von den Erzeugnissen Deines Landes."

M. Loewe, Das China der Kaiser, Wien/Berlin 1966, S. 330.

1. *Wie wurden die Fremden in China beurteilt?*
2. *Welche Grundsätze verfolgte der chinesische Kaiser in den Beziehungen zu anderen Ländern?*
3. *Vergleiche mit Quelle 3a. Wie erklärst du dir die unterschiedlichen Haltungen?*

Europa und die Welt: Entdeckungen, Eroberungen, Kolonialherrschaft

Um 1450 lebten die Menschen in Europa noch von dem Rest der Welt getrennt. Zu dieser Zeit gab es in den ihnen unbekannten Kontinenten blühende Hochkulturen, z. B. das Inka- und Aztekenreich in Amerika; auch Indien und China erlebten eine Blüte.
Die Erschließung der Welt für die Europäer begann als Werk einiger **Entdecker**: Christoph Kolumbus entdeckte 1492 auf seiner Westpassage nach Indien Amerika und öffnete damit das Tor zur europäischen Eroberung dieses Kontinents. Der Portugiese Vasco da Gama führte 1497/98 die erste europäische Handelsflotte nach Indien und schuf damit die Voraussetzungen für den Aufstieg Portugals zu einer weltweiten Handelsmacht. Der Spanier Ferdinand Magellan bewies mit seiner Überquerung des Pazifiks 1521, daß man die Erde umrunden kann.
Den Entdeckern folgten die **Eroberer**: Hernando Cortez unterwarf mit Grausamkeit das Aztekenreich im heutigen Mexiko. Fancisco Pizarro überlistete und tötete den Inkaherrscher Atahualpa. In ihrer Gier nach Reichtum zerstörten die Eroberer diese alten amerikanischen Kulturen. Ihnen folgten die **Kolonisten** nach Nord- und Südamerika. Um die Reichtümer des neuen Kontinents ausbeuten zu können, unterwarfen die Europäer die einheimische Bevölkerung und brachten auch noch Millionen von Sklaven aus Afrika dahin.
An den Entdeckungen und Eroberungen im 16. Jahrhundert waren hauptsächlich die Königreiche **Spanien** und **Portugal** beteiligt. Um die Wende zum 17. Jahrhundert begannen dann **England**, **Frankreich** und die **Niederlande**, den alten Kolonialmächten die Vorherrschaft in Übersee mit Erfolg streitig zu machen. Weitere 150 Jahre später war die **„Europäisierung der Welt“** so weit fortgeschritten, daß im **Siebenjährigen Krieg** (1756–1763) die militärischen Konflikte der europäischen Staaten auch auf den anderen Kontinenten ausgetragen wurden.

500 Jahre Entdeckung Amerikas

Sevilla rüstet sich zu einer großen Feier mit einer Ausstellung. Vor 500 Jahren, am 31.3.1492 war Kolumbus mit den drei Schiffen Santa Maria, Nina und Pinta von seiner ersten Entdeckungsreise aus Amerika zurückgekehrt. Was er damals mitgebracht hat, soll nachgestellt werden: Masken aus purem Gold, sieben Indianer mit Falken in der Hand, viele Gewürze und fremdartige Pflanzen wie Tabak und Kartoffeln. Schauspieler stellen die politischen Größen der damaligen Zeit dar: Ferdinand von Kastilien, seine Gemahlin Isabella und den spanischen König Karl V.
Eine der vielen Dokumentationstafeln verweist auf die großen Seefahrer und Entdecker. Da ist Heinrich der Seefahrer zu sehen, da ist die Route von Bartolomé Diaz um die Südspitze Amerikas eingetragen, außerdem der Seeweg, den der Spanier Vasco da Gama nahm, als er als erster eine Flotte nach Indien führte. Eine Gedenktafel ist dem Portugiesen Magellan gewidmet, der auf der Insel Guam an Skorbut starb. Und eine zeigt Kolumbien, wo Kolumbus zuerst an Land gegangen war.
Eine Tafel beschäftigt sich mit denen, die in Mittelamerika das spanische Imperium errichtet haben. Zu sehen sind Francesco Pizzaro, Sohn eines andalusischen Fürsten, der mit dem Aztekenkönig den Vertrag von Tordesillas zur wirtschaftlichen Zusammenarbeit geschlossen hat; neben ihm hängt das Bild von H. Cortez, der Montezuma, den König der Inka, den Nachkommen des Sonnengottes, besiegt hat. Selbst die Kritiker der damaligen spanischen Politik werden erwähnt. So wird an den Franziskanermönch Bartolomé de las Casas erinnert, der vor den Folgen der spanischen Politik für die Einheimischen gewarnt hat.
Letztlich beschäftigt sich die Dokumentation auch mit der wissenschaftlichen und technischen Seite, die die Entdeckung Amerikas überhaupt erst ermöglicht hat. Astrolabium und Kreiselkompaß dokumentieren die Fortschritte in der Navigation. Man kann auch eine Karavelle oder eine Karracke mit der Mastanordnung und dem Innenaufbau bewundern, mit den Laderäumen, der Pulverkammer und den Stauräumen für Frischwasser und die Kohlevorräte. Am Schluß begegnet man dem Portugiesen, nach dem der Kontinent seinen Namen erhalten hat, Amerigo Vespucci, dessen Berichte über die „Neue Welt“ damals die literarischen Renner waren.

Ob die Ausstellung bei diesen vielen Fehlern ein Erfolg wird? Mindestens 15 sollst du finden!

Familienleben bei den Azteken

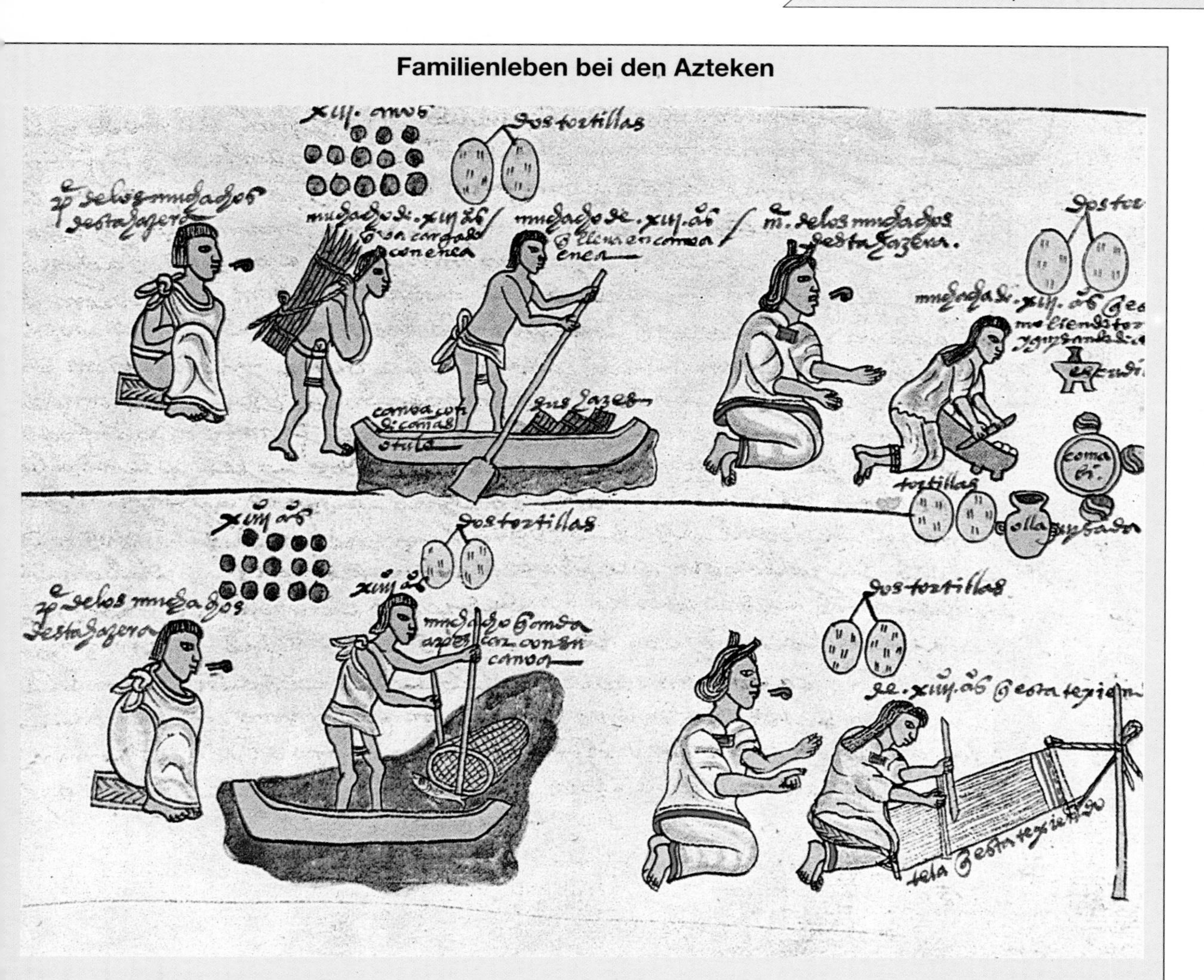

Einen kleinen Einblick in die Erziehung von Mädchen und Jungen bei den Azteken kannst du dir anhand der oben abgebildeten Szenen verschaffen. Die Darstellungen sind Teil eines Berichtes über die aztekische Gesellschaft, die der spanische Vizekönig Antonio de Mendoza 1541 anfertigen ließ, um Karl V. über die soziale Ordnung seiner neuen Untertanen zu informieren. Der Text stammt von einem spanischen Priester, die informativen Zeichnungen ergänzte ein aztekischer Künstler.

Der Bericht gibt darüber Auskunft, daß die Kindererziehung bei den Azteken einer recht strengen Ordnung unterworfen war. Eine gute Ausbildung ihrer Kinder lag den Eltern auch damals schon am Herzen. Bereits mit drei Jahren mußten die Kinder schon kleinere Aufgaben im Haushalt übernehmen. Die Schule begann für Mädchen und Jungen erst mit fünfzehn Jahren.

Auf der oberen linken Bildhälfte ist zu sehen, wie ein Vater seinem Sohn das Transportieren von Schilf mit dem Kanu beibringt. Ein Jahr später lehrt er ihn das Fischen mit dem Netz. Das Mädchen auf der rechten Bildhälfte wird von seiner Mutter im Mahlen von Mais und im Weben unterrichtet. An der Zahl der Kugeln kannst du das jeweilige Alter der Kinder ablesen. Die Ovale geben Aufschluß über ihre Tortilla-Rationen.

Coupons
Arbeit.
Schlaf.
Erholung
Acht Stunden Arbeit, Erholung, Schlaf
Hält Leib und Seele gesund und brav.

Arbeit und Freizeit in der Geschichte

1. Mai 1990: An diesem „Tag der Arbeit" fordern Rednerinnen und Redner der Maikundgebung der Gewerkschaften in Hamburg eine Verkürzung der Arbeitszeit auf 35 Stunden in der Woche; auf Demonstrationen werden Parolen wie „Arbeitszeit verkürzen – Arbeitsplätze schaffen" gerufen. Doch die Teilnehmerzahlen bei Kundgebungen und Demonstrationen halten sich in Grenzen. Viele Menschen nutzen diesen sonnigen Frühlingstag zu einem Ausflug ins Grüne. Häufig hat man auch das freie Wochenende und den Feiertag noch durch einen Urlaubstag verbunden, um einen Kurzurlaub machen zu können.
1. Mai 1890: In Hamburg versammeln sich tausende Arbeiterinnen und Arbeiter unter der Losung „Acht Stunden Arbeit, acht Stunden Erholung, acht Stunden Schlaf!" Sie sind dem Aufruf ihrer Organisationen gefolgt, die ein Jahr zuvor beschlossen hatten, den 1. Mai zu einem Demonstrationstag für den Acht-Stunden-Tag und die Rechte der Arbeiter zu machen. Von Polizei und Militär bewacht, verlaufen die Demonstration und das abendliche Maifest friedlich. Doch am nächsten Tag reagieren die Arbeitgeber: Arbeiter, die am 1. Mai nicht zur Arbeit erschienen sind, werden ausgesperrt. In den Betrieben verlangen die Unternehmer, daß die Arbeiter ihren Austritt aus der Gewerkschaft erklären.
In der hundertjährigen Geschichte des 1. Mai stand immer der Kampf um die Arbeitszeit im Mittelpunkt. Und doch können wir an diesen beiden Beispielen sehen, daß sich die Bedingungen und die Bedeutung von Arbeit und Freizeit grundlegend gewandelt haben. Für uns ist es heute selbstverständlich, daß der 1. Mai ein Feiertag ist, daß in der Regel die Fünf-Tage-Woche eingeführt ist und daß gesetzlich festgelegte Arbeitszeiten und Urlaubsansprüche eingehalten werden. Vor 100 Jahren dagegen mußten die Arbeiterinnen und Arbeiter um die Anerkennung ihrer lebensnotwendigen Rechte kämpfen; oft riskierten sie bei diesem Kampf den Verlust ihres Arbeitsplatzes und damit die Existenzgrundlage für die ganze Familie.

Titelblatt aus der Maifestnummer des „Süddeutschen Postillions" aus dem Jahr 1894

Gehen wir noch einmal 100 Jahre zurück, so lernen wir wiederum eine ganz andere Arbeits- und Lebenswelt der Menschen kennen: Auf dem Land lebten die Bauern noch größtenteils in persönlicher Abhängigkeit zu einem Guts- oder Grundherrn, dem sie zu Abgaben und Diensten verpflichtet waren; in der Stadt bestimmten noch Zünfte und Gilden das Leben der Handwerker und Händler. Soziale Absicherung, geregelte Arbeitszeit, Urlaub, freie Berufswahl – alle diese Begriffe wären den Menschen unverständlich gewesen. Die Familie, die Dorfgemeinschaft und die Kirche bildeten den Rahmen, in dem sich das Leben der „kleinen Leute" abspielte; äußere, von den Menschen nicht zu beeinflußende Bedingungen – der Wechsel der Jahreszeiten, Krankheiten, Seuchen und Mißernten – bestimmten den alltäglichen Kampf ums Überleben.
Diese Arbeits- und Lebenswelt, die in Deutschland noch am Ende des 18. Jahrhunderts vorherrschte, hatte sich seit dem Mittelalter nicht grundlegend geändert. Denn ständiger Wandel war den Menschen vor der Industrialisierung mit ihrem rapiden technischen Fortschritt und der dauernden Umwälzung des Arbeits- und Produktionsprozesses unbekannt. In der Geschichtswissenschaft wird sogar die These vertreten, daß es in der Geschichte der Menschheit nur zwei Vorgänge gab, die die Arbeits- und Lebensbedingungen völlig veränderten: die „Neolithische Revolution" und die „Industrielle Revolution". Die *Neolithische Revolution*, die im Vorderen Orient vor etwa 10 000 Jahren begann, machte aus Jägern und Sammlern Ackerbauern und Viehzüchter. Durch sie wurden die Menschen seßhaft, es entstanden Arbeitsteilung und Vorratswirtschaft und so die Voraussetzungen für die Entwicklung der frühen Hochkulturen. Mit der *Industriellen Revolution* beginnt das Maschinenzeitalter, in dem wir heute leben.
Im folgenden Kapitel wird die alltägliche Arbeits- und Lebenswelt – schlaglichtartig in der Form von erfundenen Berichten und Dokumenten – vom Anfang der Menschheit bis heute betrachtet. Ihr werdet rasch erkennen, wie groß in manchen Bereichen der Fortschritt war, wie wenig sich aber in anderen Bereichen geändert hat. Fortschritt ist aber nur ein Kriterium. Genauso wichtig ist zu fragen, wie die Menschen miteinander umgegangen sind und welche unterschiedlichen Rollen Frauen und Männer spielten.

Arbeit und Freizeit in der Steinzeit

Der Mann war lange durch den dichten Wald geirrt. Zusammen mit anderen Jägern seiner Horde hatte er einem Rudel Wildschweinen aufgelauert, als sie plötzlich von einem Knacken aufgeschreckt wurden. Ein riesiger Bär fauchte sie zornig an. Die Horde war auseinandergestoben, der Mann war beim Sprung über einen Graben schwer gestürzt und hatte lange bewußtlos gelegen. Er versuchte aufzustehen und weiterzugehen – aber wohin? Hunger und Durst quälten ihn. Einen Pfeil mit einer Spitze aus Feuerstein hatte er noch, der Bogen war verloren. Baumrinden und eine Handvoll Beeren, das war alles, was er zu sich nehmen konnte. Da – Laute drangen zu ihm, keine Tierlaute. Mühsam versuchte er, sich in die Richtung, woher sie kamen, zu bewegen. Er sah Wasser und Menschen …

Als er wieder zu sich kam, lag er auf einem Tierfell, sein Bein war mit Blättern verbunden, eine Frau mit einem kleinen Mädchen stand neben seinem Lager und gab ihm etwas zu essen. Es war eine Speise aus weichgekochten Körnern, die er nicht kannte. Zwar hatte er auch schon Körner aus wildwachsenden Ähren gegessen, aber diese hier waren irgendwie zerkleinert und weichgekocht. Die Sonne ging noch viele Male auf, bis der Mann wieder bei Kräften war und sich umsehen konnte, wo er so freundlich aufgenommen worden war. Alles war ganz anders als das, was bisher sein Leben bestimmt hatte.

Hier lebten viele Menschen zusammen, kleine Gruppen von Mann, Frau und Kindern in Wohnplätzen, die feste Wände und Dächer aus Holz hatten. Er sah Männer, die mit Steinbeilen die Baumstämme bearbeiteten. Zwei Männer waren dabei, mit einem Holzstab durch dauerndes Drehen eine Steinaxt zu durchbohren. Auf den Feldern um die Siedlung herum waren Frauen und Männer dabei, Ähren zu schneiden. Sie benutzten dazu krumme Messer mit gezähnten Feuersteinschneiden.

Vor einem Haus saß eine Frau, die aus Lehmklumpen Gefäße formte. Mit einem kleinen flachen Stein glättete sie den Ton, dann nahm sie ein gedrehtes, dünnes Seil und drückte es in den noch weichen Ton, das ergab ein hübsches Muster. Danach brannte sie die Töpfe, Krüge und Schalen im Feuer. In den Häusern standen solche Gefäße, darin wurden Körner, getrocknete Beeren, Pilze und Hülsenfrüchte aufbewahrt. Um die Häuser herum wuchsen, nicht wild, wie er es gewohnt war, Erbsen, Linsen, Mohnblumen und andere Feldfrüchte. Zum Haus gehörten auch Rinder, Ziegen, Schweine, Schafe und Hunde.

Männer, Frauen und Kinder waren anders gekleidet, als er es kannte. Er sah, wie die Frauen aus Flachs Garn drehten und mit dem Garn ein Tuchstück woben. Außerdem spannen sie Wolle. Noch trug er seinTierfell, aber vielleicht würde er einen der Eberzähne, die er um den Hals trug, gegen ein gewebtes Kleidungsstück eintauschen. Das Essen, anfangs ungewohnt, schmeckte ihm zunehmend besser. Mit Handmühlen mahlten die Frauen das Getreide, das sie mit Öl und Wasser vermischten und zu Fladen backten. Es gab getrocknetes und geröstetes Fleisch und in der Glut gebratenen Fisch. Dazu aßen sie Gemüsebrei und Obst: Äpfel, Birnen, Nüsse und Schlehen.

Manchmal packte ihn die Sehnsucht nach seinem alten Leben, besonders wenn er mit den Männern auf Jagd gegangen war und sie einen Wolf oder ein Wildschwein erlegt hatten. Tag für Tag wurde im Dorf gearbeitet, Werkzeuge wurden hergestellt und ausgebessert, vom Brand zerstörte Häuser aufgebaut. Die Menschen säten und bearbeiteten den Boden. Manchmal aber ruhte für kurze Zeit dieses tätige Leben. Dann wurde im Dorf ein Fest gefeiert, etwa, wenn die Sonne den längsten Tag bescherte oder wenn es einen neuen Dorfältesten gab. Dann schmückten sich Frauen, Männer und Kinder, man aß und trank und tanzte. Und der Fremdling, der schon lange keiner mehr war, erzählte von dem Leben, das er in seiner Jägergemeinschaft geführt hatte, vom Jagdzauber, von den Gefahren und Freuden seines ungebundenen Jägerdaseins, von der Sorge um den nächsten Tag, von Unrast und Abenteuern.

Zusammenfassende Arbeitsfragen:

1. *Stelle zusammen, welche Arbeiten die Menschen in dem jungsteinzeitlichen Dorf verrichteten.*
2. *Erläutere, was sich in der Arbeits- und Lebensweise der Menschen in diesem Dorf verändert hat und beurteile den Fortschritt gegenüber der Altsteinzeit.*

Arbeit und Feste in der Jungsteinzeit

Arbeit und Freizeit im alten Rom

Auf der Via Appia fährt ein Reisewagen nach Rom. „Wieviele Meilen sind es denn noch", fragt Marcus, der Sechsjährige. Vor drei Stunden sind sie von ihrem Bauernhof aufgebrochen, seine Eltern, Bruder und Schwester und die sechzehnjährige Sklavin Philomena aus Gallien, die seit einigen Monaten bei ihnen ist. Ihr Vater hatte in Gallien einen großen Hof mit Knechten und Mägden; in der Landwirtschaft kennt sie sich etwas aus, obwohl vieles auf einem römischen Landgut anders ist als in Gallien. Eine Stadt aber hat sie noch nie gesehen.

Die Familie wird zwei Tage bei Verwandten, die eine gutgehende Bäckerei in Rom betreiben, wohnen und zusammen mit ihnen einen Feiertag verbringen. Einkäufe sind geplant, man wird vielleicht ein Theater oder ein Wagenrennen im Circus besuchen. „Sieh mal", sagt der Vater gerade, „hier auf dem Meilenstein steht, daß wir noch drei Meilen von Rom entfernt sind." Nun wird der Verkehr immer dichter, am Stadttor gibt es Stau und Geschrei. Der Vater parkt den Wagen, das Pferd wird untergestellt und versorgt. Tagsüber nämlich dürfen keine Pferdewagen oder Eselskarren durch die Straßen Roms fahren, da die Straßen zu eng sind.

Philomena hört den Lärm, den die Händler, die Käufer, die Hausfrauen, die Handwerker machen, und überlegt sich, was für ein Geräuschpegel auch in der Nacht herrschen muß, wenn die Wagen all das in die Stadt bringen, was auf den Märkten verkauft werden soll. Ängstlich blickt sie in die Höhe. Die Häuser sind mehrere Stockwerke hoch – bis zu vier zählt sie. Zu ebener Erde sieht sie vielerlei Handwerksbetriebe und Läden. Hier arbeiten Schuhmacher, Sandalenhersteller, Weber, Gold- und Kupferschmiede, Elfenbeinschnitzer, Drechsler, Juweliere, Tuchmacher. Allein oder mit mehreren Sklaven stellen sie ihre Waren her und verkaufen sie in den Läden, die zur Werkstatt gehören.

Die Familie geht an einem großen Platz vorbei, auf welchem zwei mächtige Hallen und schlichte Tempel neben kleinen Buden stehen und wo sich Menschen aller Farben und Sprachen begegnen. Die Mutter nimmt die eingeschüchterte Philomena an die Hand. „Dies hier", sagt sie, „ist der große Marktplatz von Rom, das Forum Romanum. Dort oben steht der Tempel des obersten Gottes, Jupiter. Hier unten wird im Rathaus Politik gemacht, auf der Tribüne dort werden Reden vor dem Volk gehalten, in dieser großen Halle dort werden Gerichtsprozesse geführt oder große Geschäfte abgewickelt. Hier kann man viele Leute treffen, auch Taschendiebe. Nimm dich in acht! Laß dir dein Taschengeld nicht stehlen!"

„Ich fühle mich nach der Fahrt und dem Fußmarsch schon richtig schmutzig", sagt der Vater. „Wie wärs, ihr Jungen, sollen wir in die Thermen gehen? Das ist etwas anderes als die Badestube zu Hause. Da gibt es Warm- und Kaltbaderäume, einen Schwitzraum und Gelegenheit für euch zum Ballspielen und Schwimmen. Mal sehen, was mein Bruder nach Feierabend dazu sagt."

Der Duft von frischgebackenem Brot kündigt ihnen das Haus des Onkels an. Alle gehen in die Bäckerei hinein, wo viele Leute die unterschiedlichen Arbeiten verrichten: Die einen waschen das Getreide, andere sieben es; dann wird es in Mühlen gemahlen. Unter der Aufsicht eines Sklaven bewegt ein Esel einen Behälter, in dem der Teig geknetet wird. Wieder andere Männer nehmen den Teig, rollen ihn aus, formen ihn zu Fladen und schieben sie in den Ofen. Im Laden stehen Leute an, die die frischen Brote kaufen wollen. Der Onkel selbst geht von Ort zu Ort und gibt Anweisungen; dann geht er mit seinen Verwandten ins Wohnhaus.

Nach einem Imbiß werden Pläne geschmiedet. Die Männer werden über einen Erweiterungsbau für die Bäckerei sprechen, die Frauen werden einkaufen und das Essen vorbereiten, die Jugend soll ruhig nochmals übers Forum bummeln. „Vielleicht kommt ihr an einer Schule vorbei, ihr Landkinder", sagt die Tante. „Ihr könnt sie nicht überhören. Da werdet ihr sehen, wie streng hier die Lehrer sind und wie gut ihr es mit dem griechischen Sklaven, eurem Hauslehrer, habt." Philomena staunt und staunt.

Am nächsten Tag wird einer der vielen Feiertage zu Ehren eines Gottes begangen. Dann gibt es Wagenrennen, und alle machen sich auf, sie zu sehen.

Zusammenfassende Arbeitsfragen:

1. *Welche Möglichkeiten der Freizeitgestaltung bot Rom wie auch andere Städte im Römischen Reich?*
2. *Worüber staunte die Sklavin Philomena, die aus einer ganz anderen Welt kam?*
3. *Worin siehst du den Fortschritt für das Leben der Menschen in der Stadt Rom?*

1 *Römisches Ladenschild einer Walkerei. Malerei aus Pompeji im 1. Jahrhundert n. Chr. Abgebildet sind Wollkämmer, Färber und der Geschäftsinhaber.*

2 *Brotverkauf in Rom. Malerei aus Pompeji, 1. Jahrhundert n. Chr.*

3 *Forum Romanum zu Beginn des 3. Jahrhunderts. Farbdruck, 1901*

4 *Wagenrennen im Circus Maximus in Rom*

Arbeit und Freizeit im Mittelalter

Arbeit und Freizeit im Mittelalter und der frühen Neuzeit werden in diesem Buch an sehr vielen Stellen und unter den unterschiedlichsten Gesichtspunkten behandelt. Mit Hilfe dieser Doppelseite kannst du dir einen Überblick verschaffen. Du kannst dir hier aber auch einen Aspekt heraussuchen, um nur diesen zu vertiefen.

Feste auf dem Land
Seite 140 bis 142

Arbeit auf dem Land
Seite 12 bis 18
Seite 140 bis 144

Höfisches Leben
Seite 19 bis 24
Seite 58
Seite 138 bis 139

Arbeit und Bildung im Kloster
Seite 78 bis 85
Seite 163

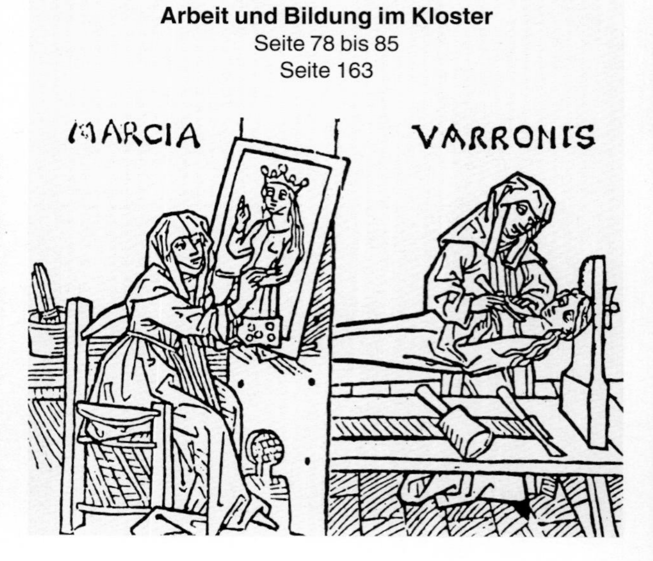

und der frühen Neuzeit

Frühkapitalismus und Fernhandel
Seite 45 bis 48
Seite 126 bis 133

Frauenarbeit
Seite 15 bis 16
Seite 39, Seite 141
Seite 179 bis 181

Arbeit und Handel in der Stadt
Seite 37 bis 39

Zusammenfassende Arbeitsfragen:

1. *Welche Bereiche sind vom Wandel der Arbeit stark betroffen? Wo hat kaum ein Wandel stattgefunden?*
2. *Stelle zusammen, welche Arbeiten typische Frauenarbeiten waren. Zu welchen Arbeitsbereichen fanden Frauen keinen Zugang?*
3. *Versuche herauszufinden, welche Bräuche und Feste die Freizeit und das Zusammenleben der Menschen bestimmt haben. Welche heutigen Feste beruhen auf mittelalterlichen Traditionen?*
4. *Wie erklärst du dir, daß auf den Abbildungen, die das Arbeitsleben in diesem Buch darstellen, kaum Adlige vorkommen?*

Industrialisierung und Arbeit im 19. Jahrhundert

Als der junge Handwerker in der Frühe vor den Toren von Chemnitz anlangte, konnte er von der Stadt selbst kaum etwas entdecken, da sie vollständig in einen dichten Schleier von Rauch und Ruß gehüllt war. Das hatte er, der aus einer ländlichen Kleinstadt kam, nicht für möglich gehalten: Fasziniert und fast ein wenig verängstigt starrte er auf die riesigen Fabrikschornsteine. Hier sollte es für ihn in einer dieser neuartigen Fabriken Arbeit geben, hatte ihm sein Handwerksmeister gesagt.
In Chemnitz fand er schnell Arbeit, weil er bereit war, für wenig Lohn zu arbeiten. Die ersten Tage in der Fabrik waren allerdings hart und enttäuschend verlaufen. Die riesige Halle, die vielen Maschinen mit ihrem ununterbrochenen Lärm, der in den Ohren schmerzte und jede Unterhaltung unmöglich machte, der Staub und Gestank in Augen und Nase, die rasenden Treibriemen, die einen immer wieder zusammenfahren ließen – all dies verlor schnell den Reiz des Modernen und wirkte eher beängstigend.
Auch die Arbeit an der Maschine war härter, als er es sich vorgestellt hatte. Sicher, mancher Handgriff erforderte weniger Kraft, als er es von seinem Handwerksbetrieb gewohnt war, aber dafür war die Geschwindigkeit, mit der er nach dem Takt der Maschine arbeiten mußte, enorm hoch. Das Arbeitstempo war höllisch, Akkord nannte man das, und das hieß, daß man nur nach der Stückzahl, die man angefertigt hatte, bezahlt wurde. Pausen durfte er nur einlegen, wenn der Aufseher dazu pfiff. Außerdem stand fast ständig ein Werkführer in seinem Rücken und kontrollierte, ob er etwas machte oder zu langsam war. Jeden kleinsten Fehler, den er beging, jede Beschädigung des Materials oder Handwerkszeugs wurde in ein Arbeitsbuch eingetragen. Und wenn man seinen – immerhin regelmäßig ausgezahlten – Lohn am Ende der Woche erhielt, wurde nach dem Buch ein nicht unbeträchtlicher Teil abgezogen. Allerdings verdiente er trotzdem noch mehr als früher im Handwerksbetrieb. Was ihn bedrückte, war die hohe Arbeitszeit von 12 Stunden täglich, vom Morgengrauen bis in die Abendstunden. Nur im Sommer blieb ihm noch ein wenig vom Tag. Im Handwerksbetrieb hatte man auch nicht gerade wenig gearbeitet, aber man sah doch zwischendurch einmal Sonne und Natur.
Kontakt mit anderen hatte er nur wenig. Nach der Arbeit ergab sich manchmal die Gelegenheit zu einem Gespräch, und da traf man auch mit Frauen von der benachbarten Textilfabrik zusammen, die dort vor allem an den Webmaschinen arbeiteten. Sie hatten meist kaum Zeit, da sie schnell nach Hause eilten, um zu kochen oder andere häusliche Arbeiten zu verrichten. Auch sie klagten vor allem darüber, daß die Maschinen das Arbeitstempo bestimmten und jede Unauf- merksamkeit zu Fehlern bei der Herstellung der Waren führte. Manchmal brauchte man dann eine halbe Stunde, um ihn auszubessern, und das bedeutete, daß der ohnehin geringere Verdienst, den die Frauen erhielten, weg war. Nach solchen Gesprächen war er manchmal sogar froh über seine Arbeit, weil sie sich nicht auf so monotone Handbewegungen beschränkte.
Natürlich sah er durchaus auch Vorteile in der neuen Arbeitsweise. Es gab Produkte, die ihn mit Stolz erfüllten, vor allem weil manche Waren einfach besser und schöner waren. Betrüblicher war die Lebensweise. Da er am Rande der Stadt wohnte, mußte er immer schon um halb 6 Uhr früh aufbrechen und kam abends erst nach 8 Uhr zurück in seine feuchte und dunkle Kellerwohnung.
Dafür freute er sich auf den Sonntag und auf die Feiertage, die allerdings in der Stadt längst nicht so schön waren wie früher zu Hause. Aber immerhin, jetzt traf er sich schon mit den anderen Arbeitern, organisierte gemeinsame Wanderungen, zu denen auch die Frauen und Kinder dazukamen, und sie feierten manchmal zusammen. Auch von einem Gesangs- und Sportverein hatte er gehört, wo sich die Arbeiter aus dem Wohnviertel einmal wöchentlich zu gemeinsamen Proben oder zum Fußballspiel trafen. Und wegen der Verbesserung der Arbeitsbedingungen wollte man auch miteinander reden. Sie durften sich bei diesen Fragen, die sie alle gleichermaßen betrafen, gegenseitig nicht ausspielen lassen. Gemeinsam galt es, für den 8-Stunden-Tag zu kämpfen!

Zusammenfassende Arbeitsfragen:

1. *Welche Veränderungen ergaben sich durch die Industrialisierung für die Arbeits- und Lebensweise der Menschen?*
2. *Was erfährst du über die Unterschiede zwischen Frauen- und Männerarbeit?*
3. *Betrachte den Alltag der Arbeiterinnen und Arbeiter unter dem Gesichtspunkt Arbeit und Freizeit. Vergleiche ihn mit heute.*

1 *Maschinensaal der Hartmannschen Maschinenbaufabrik in Chemnitz. Kupferstich aus der 2. Hälfte des 19. Jahrhunderts*

2 *Ansicht des Eisenwalzwerks in Hagen, um 1860*

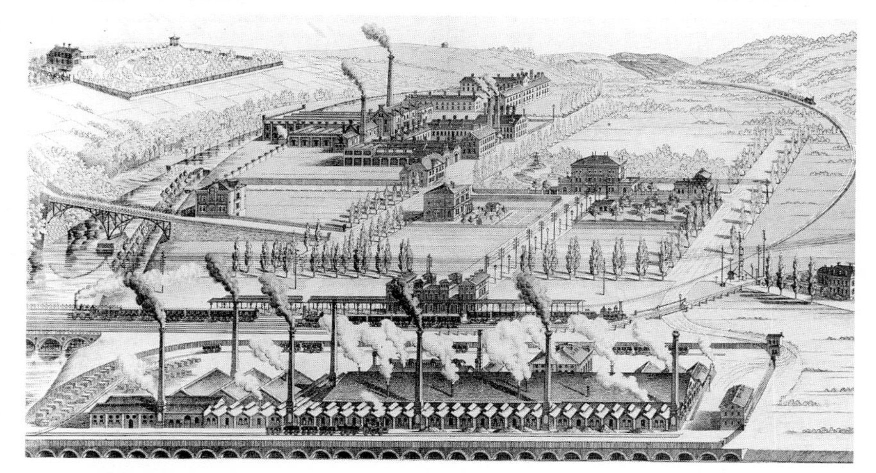

3 *Lombardsbrücke in Hamburg, um 1890*

Aus fremder Sicht: Arbeit und Freizeit bei uns

In dem Buch „Der Papalagi. Die Reden des Südsee-Häuptlings Tuiavii aus Tiavea“ wird die europäische Art zu denken und zu leben aus der Sicht eines Eingeborenen in erfundenen Reden dargestellt und bewertet. Papalagi ist dabei die Bezeichnung für den Menschen, der heute in den Industriestaaten Europas lebt. Die folgenden Textstellen sind stark gekürzt und beziehen sich vor allem auf die Art, wie die Europäer über Arbeit und Fortschritt denken und wie sich ihr Leben dadurch verändert hat. – In der Einleitung heißt es: „Reden stellen in sich nichts mehr und nichts weniger dar als einen Aufruf an alle primitiven Völker der Südsee, sich von den erhellten Völkern des europäischen Kontinents loszureißen.“

Der Papalagi wohnt wie die Seemuscheln in einem festen Gehäuse. Steine sind rings um ihn, neben ihm und über ihm. Seine Hütte gleicht einer aufrechten Truhe aus Stein. Einer Truhe, die viele Fächer hat und durchlöchert ist.
Zwischen diesen Truhen verbringt nun der Papalagi sein Leben. Er ist bald in dieser, bald in jener Truhe, je nach Tageszeit und Stunde. Hier wachsen seine Kinder auf, hier, hoch über der Erde, oft höher wie eine ausgewachsene Palme – zwischen Steinen. Von Zeit zu Zeit verläßt der Papalagi seine Privattruhen, wie er sie nennt, um in eine andere Truhe zu steigen, die seinen Geschäften gilt, bei denen er ungestört sein will und keine Frauen und Kinder gebrauchen kann. Während dieser Zeit sind die Mädchen und Frauen im Kochhause und kochen oder machen Fußhäute blendend oder waschen Lendentücher. Wenn sie reich sind und sich Diener halten können, machen diese die Arbeit, und sie selber gehen auf Besuche oder neue Essensvorräte zu holen.
Diese Steintruhen stehen nun jeweils in großer Zahl dicht beieinander, kein Baum, kein Strauch trennt sie, sie stehen wie Menschen Schulter an Schulter, und in jeder wohnen so viele Papalagi wie in einem ganzen Samoadorfe. Ein Steinwurf weit, auf der anderen Seite, ist eine gleiche Reihe Steintruhen, auch wieder Schulter an Schulter, und auch in diesen wohnen Menschen. So ist zwischen beiden Reihen nur ein schmaler Spalt, welchen der Papalagi die „Straße“ nennt. Diese Spalte ist oft so lang wie ein Fluß und mit harten Steinen bedeckt. Man muß lange laufen, bis man eine freiere Stelle findet; doch hier münden wieder Häuserspalten.
Dies alles zusammen nun: die steinernen Truhen mit den vielen Menschen, die hohen Steinspalten, die hin- und herziehen wie tausend Flüsse, die Menschen darin, das Lärmen und Tosen, der schwarze Sand und Rauch über allem, ohne einen Baum, ohne Himmelsblau, ohne klare Luft und Wolken – dies alles ist das, was der Papalagi eine „Stadt“ nennt …
Der Papalagi macht viele Dinge, die wir nicht machen können, die wir nie begreifen werden, die für unseren Kopf nichts sind als schwere Steine. Dinge, nach denen wir wenig Begehren haben, die den Schwachen unter uns wohl in Erstarren bringen können und in falsche Demut. Darum laßt uns ohne Scheu die wunderbaren Künste des Papalagi betrachten.
Der Papalagi hat die Kraft, alles zu seinem Speere und zu seiner Keule zu machen. Er nimmt sich den wilden Blitz, das heiße Feuer und das schnelle Wasser und macht sie seinem Willen gefügig. Er sperrt sie ein und gibt ihnen seine Befehle. Sie gehorchen. Sie sind seine stärksten Krieger. Er weiß das große Geheimnis, den wilden Blitz noch schneller und leuchtender zu machen, das heiße Feuer noch heißer, das schnelle Wasser noch schneller. Der Papalagi scheint wirklich der Himmelsdurchbrecher zu sein, der Bote Gottes, denn er beherrscht den Himmel und die Erde nach seiner Freude. Er ist Fisch und Vogel und Wurm und Roß zugleich. Er bohrt sich in die Erde. Durch die Erde. Unter den breitesten Süßwasserflüssen hindurch. Er schlüpft durch Berge und Felsen. Er bindet sich eiserne Räder unter die Füße und jagt schneller als das schnellste Roß. Er steigt in die Lüfte. Er kann fliegen. Ich sah ihn am Himmel gleiten wie die Seemöwe. Er hat ein großes Canoe, damit auf dem Wasser zu fahren, er hat ein Canoe, um unter dem Meere zu fahren. Er fährt mit einem Canoe von Wolke zu Wolke …
Die Maschine, sie ist es, welche die große Kraft in sich birgt. Dies zu sagen, was eine Maschine ist, dazu reicht die Kraft meines Kopfes nicht. Ich weiß nur dies: Sie frißt schwarze Steine und gibt dafür ihre Kraft. Eine Kraft, die nie ein Mensch haben kann.
Die Maschine ist die stärkste Keule des Papalagi. Gib ihm den stärksten Ifibaum des Urwaldes – die Hand der Maschine zerschlägt den Stamm, wie eine Mutter ihren Kindern die Tarofrucht bricht. Die Maschine ist der große Zauberer Europas. Ihre Hand ist stark und nie müde.

„Homo sapiens". Gemälde von Michael Sowa, 1991

Wenn sie will, schneidet sie hundert, ja tausend Tanoen an einem Tage. Ich sah sie Lendentücher weben, so fein, so zierlich, wie von den zierlichsten Händen einer Jungfrau gewoben. Sie flocht vom Morgen bis zur Nacht. Sie spie Lendentücher, wohl einen großen Hügel voll. Schmachvoll und ärmlich ist unsere Kraft gegen die gewaltige Kraft der Maschine …

Jeder Papalagi hat einen Beruf. Es ist schwer zu sagen, was dies ist. Es ist etwas, wozu man viel Lust haben sollte, aber zumeist wenig Lust hat. Einen Beruf haben, das ist immer ein und dasselbe tun …

Es gibt männliche und weibliche Berufe. Wäsche in der Lagune waschen und Fußhäute blank machen ist Frauenberuf, ein Schiff über das Meer fahren oder Tauben im Busch schießen ist Mannesberuf.

Aus diesem Grunde muß jeder Papalagi lange vor der Zeit, da ein Jüngling sich tätowieren läßt, entscheiden, welche Arbeit er sein Leben lang tun will. Man heißt das: seinen Beruf nehmen. Dies ist eine sehr wichtige Sache, und die Aiga[1] spricht ebensoviel davon, als was sie am anderen Tage essen möchte. Nimmt er nun den Beruf des Mattenflechtens, so bringt der alte Alii den jungen Alii zu einem Manne, der auch nichts tut als Matten flechten. Dieser Mann muß dem Jüngling zeigen, wie man eine Matte flicht. Er muß ihn lehren, eine Matte so zu machen, daß er sie macht, ohne hinzuschauen. Dies geht oft eine lange Zeit, sobald er das aber kann, geht er von dem Manne wieder fort, und man sagt nun: Er hat einen Beruf. Wenn nun der Papalagi später einsieht, daß er lieber Hütten bauen als Matten flechten würde, sagt man: Er hat seinen Beruf verfehlt; das heißt so viel wie: Er hat vorbeigeschossen. Dies ist ein großer Schmerz, denn es ist gegen

die Sitte, nun einfach einen anderen Beruf zu nehmen. Es ist gegen die Ehre eines rechten Papalagi zu sagen: Ich kann dies nicht – ich habe keine Lust dazu; oder: Meine Hände wollen mir dazu nicht gehorchen.
Der Papalagi hat so viele Berufe, wie Steine in der Lagune liegen. Aus allem Tun macht er einen Beruf. Wenn jemand die welken Blätter des Brotfruchtbaumes aufsammelt, so pflegt er einen Beruf. Wenn einer Eßgeschirre reinigt, so ist auch dies ein Beruf. Alles ist ein Beruf, wo etwas getan wird. Mit den Händen oder dem Kopfe. Es ist auch ein Beruf, Gedanken zu haben oder nach den Sternen zu schauen. Es gibt eigentlich nichts, das ein Mann tun könnte, aus dem der Papalagi nicht einen Beruf macht …
Es gibt in Europa wohl mehr Menschen, als Palmen auf unseren Inseln sind, deren Gesicht aschgrau ist, weil sie keine Freude an ihrer Arbeit kennen, weil ihr Beruf ihnen alle Lust verzehrt, weil aus ihrer Arbeit keine Frucht, nicht einmal ein Blatt wird, sich daran zu freuen …
Dies bringt den Menschen in Wirrnis, Verzweiflung oder Krankheit …
Ohne Geld bist du in Europa ein Mann ohne Kopf, ein Mann ohne Glieder. Ein Nichts. Du mußt Geld haben. Du brauchst das Geld wie das Essen, Trinken und Schlafen. Je mehr Geld du hast, desto besser ist dein Leben. Wenn du Geld hast, kannst du Tabak dafür haben, Ringe oder schöne Lendentücher …
Wie kannst du viel Geld bekommen? O auf vielerlei, auf leichte und schwere Weise. Wenn du deinem Bruder das Haar abschlägst, wenn du ihm den Unrat vor seiner Hütte fortträgst, wenn du ein Canoe über das Wasser lenkst, wenn du einen starken Gedanken hast …
Du brauchst nur ein Tun zu machen, was sie in Europa „Arbeiten“ nennen. „Arbeite, dann hast du Geld“, heißt eine Sittenregel in Europa.
Dabei herrscht nun eine große Ungerechtigkeit, über die der Papalagi nicht nachdenkt, nicht nachdenken will, weil er seine Ungerechtigkeit dann einsehen müßte. Nicht alle, welche viel Geld haben, arbeiten auch viel. (Ja, alle möchten viel Geld haben, ohne zu arbeiten.) Und das kommt so: Wenn ein Weißer soviel Geld verdient, daß er sein Essen hat, seine Hütte und Matte und darüber hinaus noch etwas mehr, läßt er sofort für das Geld, was er mehr hat, seinen Bruder arbeiten. Für sich. Er gibt ihm zunächst die Arbeit, welche seine eigenen Hände schmutzig und hart gemacht hat … Ist er ein Bootsbauer, so muß ihm der andere helfen, Boote zu bauen. Von dem Gelde, das dieser durch das Helfen macht und daher eigentlich ganz haben sollte, nimmt er ihm einen Teil ab, den größten, und sobald er nur kann, läßt er zwei Brüder für sich arbeiten, dann drei, immer mehr müssen für ihn Boote bauen, schließlich hundert und noch mehr. Bis er gar nichts mehr tut als auf der Matte liegen …
Es gibt viele Weiße, die häufen das Geld auf, welches andere für sie gemacht haben, bringen es an einen Ort, der gut behütet ist, bringen immer mehr dahin, bis sie eines Tages auch keine Arbeiter mehr für sich brauchen, denn nun arbeitet das Geld selbst für sie. Wie dies möglich ist ohne eine wilde Zauberei, habe ich nie ganz erfahren, aber es ist in Wahrheit so, daß das Geld immer mehr wird …
Er ist krank und besessen, weil er seine Seele an das runde Metall und schwere Papier hängt und nie genug haben und nicht aufhören kann, möglichst vieles an sich zu reißen. Er kann nicht so denken: Ich will ohne Beschwerde und Unrecht aus der Welt gehen, wie ich hineingekommen bin; denn der große Geist hat mich auch ohne das runde Metall und schwere Papier auf die Erde geschickt. Daran denken die wenigsten.

[1] Familie, Sippe

In: Der Papalagi. Die Reden des Südseehäuptlings Tuiavii aus Tiavea. Zürich 1985.

Zusammenfassende Arbeitsfragen:

1. *Erläutere, welche Lebensformen und technischen Errungenschaften des Papalagi (= Europäer) in dem Text kritisiert werden.*
2. *Erkläre, was nach Ansicht des Redners Arbeit für den Europäer bedeutet. Was hat er durch seine Auffassung von der Arbeit erreicht, was verloren?*
3. *Wie verstehst du die Zeile: „Es gibt männliche und weibliche Berufe.“ – Belege dies mit Beispielen aus deiner Lebenswirklichkeit. Diskutiere die Folgen dieser Trennung und die Frage, ob man sie hinnehmen darf.*
4. *Überlege, welche Unterschiede es in den Lebensgewohnheiten beim Eingeborenen und beim Europäer gibt.*
5. *Nimm Stellung zu den Vorwürfen des Eingeborenen. Geh dabei darauf ein, welche positiven Errungenschaften der technischen Entwicklung in Europa in dem Text nicht beachtet sind. Ziehe dabei deine Kenntnisse aus dem Längsschnitt heran.*

Lexikon

Adel ist der führende und mit erblichen Vorrechten (→ Privilegien) ausgestattete → Stand eines Volkes. Seine Macht beruhte im Mittelalter auf dem Grundbesitz und der Tüchtigkeit im Krieg. In der Karolingerzeit statteten die Könige die Adligen mit Land aus (→ Lehen) und verpflichteten sie – als Gegenleistung – zur Heeresfolge als berittene Krieger. Die Bauern auf diesem Land waren zu Abgaben und Diensten an die adligen → Grundherren verpflichtet. Dafür übernahmen die Adligen Verwaltungsaufgaben, sprachen Recht und hatten für den Schutz der Bauern zu sorgen. Der Adel lehnte Handarbeit und Handel als Tätigkeit für sich ab. Wegen der besonderen Aufgaben zahlte er keine Steuern. Zum Adel gehörte, wer aus einer Adelsfamilie stammte (= Geburtsadel) oder durch Dienst im königlichen Auftrag tätig war (Dienst- bzw. Amtsadel). Seit dem 12. Jh. unterschied man zwischen dem Hochadel (→ Graf, → Herzog), an dessen Spitze die Kurfürsten standen, und dem niederen Adel, zu dem die meisten Ritter, die → Ministerialen und der Stadtadel (Patrizier) gehörten. Seit Beginn der Neuzeit wurden die Aufgaben der Adligen als Krieger, Richter und Verwalter allmählich von dem entstehenden modernen → Staat und seiner Beamtenschaft übernommen. König und → Landesherren adelten ihre bürgerlichen Beamten. Die Bedeutung des Adels nahm ab, aber er versuchte, seine Vorrechte zu erhalten; er grenzte sich deshalb streng nach unten und innerhalb seiner Ränge ab.

Arbeitsteilung. Wenn man Arbeit auf verschiedene Berufe aufteilt oder in einzelne Arbeitsgänge zerlegt, spricht man von Arbeitsteilung. Sie ermöglicht eine bessere, schnellere und billigere Produktion. In der mittelalterlichen Stadt entwickelten sich drei Formen: Es entstanden verschiedene Berufe (z. B. Schmied, Bäcker); es spezialisierten sich einzelne Handwerke (z. B. Sensenschmied, Harnischmacher); die Herstellung eines Produkts wurde in einzelne Arbeitsgänge aufgeteilt (z. B. wurde die Sense von verschiedenen Arbeitern hergestellt und geschliffen).

Bürger. Im Mittelalter gab es Bürger nur in der Stadt. Ursprünglich besaßen nur die wohlhabenden Kaufleute und Handwerksmeister das *Bürgerrecht*; sie allein wählten den Rat und besetzten die städtischen Ämter. Im Gegensatz zur Landbevölkerung wurden im Laufe des Mittelalters die Stadtbewohner persönlich frei, konnten über ihren Besitz ungehindert verfügen und unterstanden einem eigenen Richter. Die wichtigsten Pflichten der Bürger waren Steuerzahlung und Stadtverteidigung. Die Frauen nahmen an den Rechten und Pflichten nur durch ihre Männer teil.

Dreifelderwirtschaft. Bei dieser landwirtschaftlichen Nutzung des Bodens wird das Ackerland eines Dorfes dreigeteilt. Auf einem wird Wintergetreide und auf einem anderen Sommergetreide angebaut; der dritte Teil bleibt ungenutzt *(Brache)*. Auf jedem Feld wechseln diese Anbauformen im festen Rhythmus; es kann sich also in jedem dritten Jahr erholen. In der frühen Neuzeit verzichtete man immer mehr auf die Brache und baute alle 3 Jahre Futterpflanzen (Klee) oder Hackfrüchte (Kartoffeln, Rüben) an (Fruchtwechselwirtschaft).

Erbrecht regelt, wie der Besitz eines Menschen nach seinem Tode an die Erben verteilt wird. Ein bevorrechtigtes Kind kann alles erben (Anerbenrecht), das Erbe kann aber auch unter mehreren Kindern aufgeteilt werden (Erbteilung). Beim bäuerlichen Anerbenrecht geht der Hof meist an den ältesten Sohn, in manchen Gegenden jedoch an den jüngsten. Die Geschwister erhalten eine Abfindung (Geld oder andere Güter). Auch bei den Adligen gab es beide Formen des Erbrechtes. Meist übernahm der älteste Sohn den Familienbesitz und den Herrschertitel. Die Töchter waren meist von der Erbfolge ausgeschlossen.

Exkommunikation → Kirchenbann

Familie. Im Mittelalter hatte das Wort Familie eine andere Bedeutung als heute: Es bezeichnete die Gemeinschaft aller Menschen eines Fronhofes (vom → Grundherren bis zum → Hörigen); eine „familia“ konnte also über 100 Menschen umfassen. In der Stadt sprach man vom „ganzen Haus“ und meinte damit alle in einem Haushalt zusammenlebenden Menschen, z. B. den Handwerksmeister, seine Frau, seine Kinder, sein Gesinde, seine Gesellen und seine Lehrlinge. Die Familie bezeichnete also eine Gemeinschaft, die durch Leben und Arbeiten entstanden war. Für Familie in unserem heutigen Sinn gab es im Mittelalter keinen Begriff, sondern Umschreibungen (z. B. „Weib und Kind“). Der Adel und die reichen Bürger legten auf die Abstammung von einem bedeutenden Ahnherrn sowie auf die weiteren verwandtschaftlichen Beziehungen Wert, da sie für das Ansehen, die Geschäftsverbindungen und die Wahl des Heiratspartners entscheidend waren.

Feudalismus → Lehen

Frondienst ist die unbezahlte Arbeit, die der → Hörige seinem → Grund- oder Gutsherren leistete. Das konnten Handdienste wie Ernten und Hilfe beim Wegebau oder auch Spanndienste wie Pflügen und Transportieren sein.

Fronhof. Haupthof und Mittelpunkt einer → Grundherrschaft. Er umfaßt das Herrenhaus, die Wirtschaftsgebäude sowie Äcker, Wiesen und Wälder. Auf dem Fronhof tagte das Hofgericht des Grundherren, dem alle Angehörigen des Fronhofes unterworfen waren (→ Hörige). Vom 12. Jh. an wurden die Fronhöfe meist aufgelöst und das Land an die Bauern verpachtet.

Frühkapitalismus. Die Epoche des Frühkapitalismus (16.–18. Jh.) ist dadurch gekennzeichnet, daß einzelne Unternehmer, Unternehmerfamilien und Handelsgesellschaften alle für Produktion und Handel erforderlichen Mittel besaßen, nämlich Geld, Gebäude und Arbeitsgeräte (Kapital). Sie versuchten häufig, eine marktbeherrschende Stellung für bestimmte Waren durchzusetzen, d. h. *Monopole* zu erreichen.

Geistliche → Klerus

Geld. Im frühen Mittelalter tauschten Menschen ihre Erzeugnisse gegenseitig aus (= Tausch- oder Naturalwirtschaft), so daß Geld kaum eine Rolle spielte. Seit dem 12. Jh. nahm mit dem Aufschwung der Städte und des Handels die Bezahlung mit Geld immer mehr zu *(Geldwirtschaft).* Am meisten verbreitet war der silberne Pfennig, von dem 12 einen Schilling ergaben: 20 Schillinge waren ein Pfund. Viele Städte und Fürsten besaßen das Recht, eigene Münzen zu prägen (Münzrecht); dadurch entstanden zahlreiche unterschiedliche Währungen, die den Handel erschwerten. Seit dem 13. und 14. Jh. erlangten der silberne Heller und der goldene Gulden allgemeine Gültigkeit im Deutschen Reich. Mit der Einführung des Talers versuchte das Reich im 16. Jh. eine Münzvereinheitlichung. Papiergeld gab es erst vom 18. Jh. an.

Genossenschaft. Wenn gleichberechtigte Personen sich freiwillig vereinigt haben, um gemeinsame Angelegenheiten zu regeln, so nennen wir das eine Genossenschaft. Im Mittelalter organisierten z. B. die Bauern eines Dorfes die Nutzung der gemeinsamen Wälder und Weiden *(Marktgenossenschaft).* Auch die → Zünfte und die Kaufmannsgilden waren Genossenschaften.

Gerichtsbarkeit bedeutete das Recht, Gerichte zu halten. Sie war im Mittelalter häufig auf verschiedene Herren aufgeteilt. Die hohe Gerichtsbarkeit (Blutsgerichtsbarkeit), die Totschlag, Brandstiftung, Raub und Notzucht umfaßte, wurde vom König, Herzog und Grafen ausgeübt. Sie ging im Laufe des Mittelalters an die → Landesherren und Reichsstädte über. Die niedere Gerichtsbarkeit (bei leichteren Vergehen) besaßen auch andere Herren (→ Grundherr). Manche → Genossenschaften und → Stände hatten eine eigenständige Gerichtsbarkeit, so z. B. → Zünfte, Universitäten und der → Klerus. Letzterer unterstand nicht weltlichen, sondern kirchlichen Gerichten, die auch für Laien, z. B. in Ehesachen, wichtig waren. Im Spätmittelalter und der frühen Neuzeit gelang es dem Staat vielfach, die verschiedenen Gerichtsbarkeiten unter seine Kontrolle zu bringen.

Graf hieß im frühen Mittelalter der königliche Amtsträger, der in seinem Bereich (Grafschaft) die hohe → Gerichtsbarkeit ausübte, zur Heeresfolge aufrief und den Frieden im Inneren sicherte. Das Amt wurde im 9. Jh. erblich und vom örtlichen → Adel übernommen, der selbst neue Grafschaften gründete. Einige Grafen bauten ihre Herrschaftsbereiche seit dem 12. Jh. zu eigenständigen Gebieten aus und wurden damit zu → Landesherren. Vom 14. Jh. an wurde die Grafenwürde als bloßer Titel ohne Rechte vom Kaiser verliehen.

Grundherr war z. B. ein Adliger oder ein Kloster. Er verfügte über das Obereigentum an Grund und Boden und gab ihn an abhängige, oft unfreie Untereigentümer (→ Hörige, → Leibeigenschaft) zur Bewirtschaftung aus. Für den Schutz, den der Grundherr zu gewähren hatte, waren die Hörigen zu Abgaben und Diensten (→ Frondienste) verpflichtet. Die Grundherrschaft bestimmte weitgehend die Wirtschaftsweise und das gesamte Leben der Bauern bis ins 19. Jh. (→ Lehen).

Hausmacht. Gebiete, die ein Fürst besitzt und die ihm dazu dienen, im Reich Macht auszuüben, nennt man Hausmacht. Seit dem 14. Jh. versuchten die Kaiser, den Aufstieg der → Landesherren durch Ausweitung ihrer Hausmacht auszugleichen. Die Habsburger konnten sich dank ihrer Hausmacht, die im 15. und 16. Jh. außerordentlich anwuchs, bis zum Anfang des 19. Jh. als Kaiser behaupten.

Herzog. Ursprünglich waren Herzöge Anführer ihres Stammes. Als im 9. Jh. die Herrschaft der fränkischen Könige schwächer wurde, entwickelten sich in den Gebieten der einzelnen Stämme (Bayern, Schwaben, Sachsen, Franken, Lothringen) Adelsfamilien zu mächtigen Anführern. Macht und Stellung dieser Stammesherzöge waren der des Königs vergleichbar: Sie waren oberste Richter (→ Gerichtsbarkeit), erließen Gesetze, riefen zur Heeresfolge auf und sicherten den Frieden ihres Stammes. Bis in die Zeit Kaiser Friedrichs I. (1152–1190) bildeten die *Stammesherzogtümer* eine wichtige Grundlage des Deutschen Reiches, dann wandelten sie sich durch Auflösung und Teilung zu *Gebietsherzogtümern,* zu denen zahlreiche Neugründungen hinzukamen. Die Herzöge herrschten jetzt über ein bestimmtes Gebiet unabhängig von der Stammeszugehörigkeit der Bewohner; vom 13. Jh. an wurden sie zu → Landesherren.

Hof ist der Haushalt und Regierungssitz eines Herrschers. Im frühen und hohen Mittelalter bildeten die Adligen, die den König auf seinen Reisen begleiteten, seinen Hof. Es entwickelten sich feste Hofämter (z. B. Mundschenk) heraus; besonders wichtig war der Kanzler, der für das „Büro" des Königs verantwortlich war (→ Reichskirchenordnung). Seit dem Spätmittelalter wurde der Hof einerseits immer mehr zum Zentrum einer ausgedehnten, von Beamten getragenen Verwaltung; andererseits wurde das Hofleben zum gesellschaftlichen Mittelpunkt für die adlige Oberschicht; Feste wurden häufig und prunkvoll gefeiert. Manche Höfe wurden zu Zentren der Kultur, an denen bedeutende Musiker und Dichter wirkten (→ Minnesang).

Hörige sind von einem → Grundherrn abhängige Bauern, denen der Herr gegen Abgaben und Dienste (→ Frondienst) Land zur selbständigen Bewirtschaftung überläßt. Sie waren an den von ihnen bearbeiteten Boden gebunden und konnten mit ihm zusammen verkauft oder verschenkt werden. Die Unfreiheit der Hörigen darf man nicht mit der → Sklaverei oder der → Leibeigenschaft verwechseln.

Insignien = Herrschaftszeichen (z. B. die Amtskette des Bürgermeisters). Der deutsche König besaß als Insignien die Krone, das Zepter, den Reichsapfel und das Schwert. Der Papst trägt die Tiara (weiße Haube mit 3 Kronreifen), der Bischof ist an der Mitra (spitze weiße Haube) und dem Krummstab zu erkennen.

Islam (arabisch = sich völlig Gott anvertrauen) ist eine der großen Weltreligionen. Seine Anhänger (Muslime) erkennen nur einen einzigen Gott (Allah) an und richten sich nach einer heiligen Schrift (Koran). Der Islam wurde zu Beginn des 7. Jh. durch den Propheten Mohammed begründet. Durch die arabische Völkerwanderung und die Errichtung des arabischen Großreichs im 7. und 8. Jh. wurden die Grundlagen für die Ausbreitung des Islam in Asien, Afrika und Europa gelegt.

Kirchenbann. Begeht ein Mensch ein schweres Verbrechen oder weicht er von der rechten Lehre ab (Häresie), so kann die Kirche als schärfste Strafe über ihn den Kirchenbann (= Exkommunikation) verhängen, so wie die weltliche Gewalt die → Reichsacht aussprechen kann. Damit wird er von den Sakramenten (z. B. Abendmahl) und aus der christlichen Gemeinschaft ausgeschlossen, d. h. kein Christ darf mit ihm sprechen, Geschäfte betreiben usw. Der Kirchenbann kann nach auferlegter Buße wieder aufgehoben werden. Vom Spätmittelalter an verlor er an Wirkung.

Klerus. Zum Klerus gehören alle Personen, die durch eine kirchliche Weihe in den Dienst der Kirche getreten sind (= Geistliche). Die Geistlichen besaßen als eigener → Stand bis ins 19. Jh. den Nichtklerikern (Laien) gegenüber Vorrechte (→ Privilegien): Sie unterstanden eigenen Richtern (→ Gerichtsbarkeit), zahlten meist keine Steuern und erhielten den → Zehnt. An der Spitze des katholischen Klerus stehen der Papst mit weltweiter Amtsgewalt und die Bischöfe als Vorsteher eines begrenzten Amtsbezirks (= Diözese). Die Diözese ist aufgeteilt in einzelne Pfarrbezirke unter einem Priester. Die hohen wie die niederen Kleriker nennt man *Weltgeistliche,* weil sie – im Gegensatz zu den zurückgezogen im Kloster lebenden Mönchen und Nonnen (→ Orden) – in der Welt der Laien leben.

Kolonie ist ein abhängiges, in der Regel überseeisches Gebiet eines Staates, in dem sich dessen Angehörige niedergelassen und die eingesessene Bevölkerung unterworfen haben. Unter Kolonialismus versteht man eine Politik, die sich Rohstoffe, Absatzmärkte und Siedlungsgebiete durch Eroberung und Aneignung von Kolonien zu verschaffen sucht. Diese seit dem 15. Jh. von vielen europäischen Staaten verfolgte Politik diente in erster Linie dazu, die Macht zu vergrößern.

König → Monarchie

Konfession = Glaubensbekenntnis. Katholiken und Protestanten unterscheiden sich im Glaubensbekenntnis; sie gehören verschiedenen Konfessionen an. Der Augsburger Religionsfriede (1555) gab den Landesherren das Recht, über die Konfession ihres Landes zu entscheiden.

Konzil ist eine Versammlung von Bischöfen und anderen hohen Geistlichen (→ Klerus) zur Beratung und Entscheidung von Glaubensfragen und kirchlichen Angelegenheiten. Konzile werden auch als *Synoden* bezeichnet; oft allerdings sind Synoden Kirchenversammlungen begrenzter Gebiete (z. B. Reichssynoden). Auch die Kaiser als oberste Schutzherren der Kirche beriefen Konzile ein. Seit dem Investiturstreit beanspruchten die Päpste diese Befugnis ausschließlich für sich. Im 14./15. Jh. vertraten viele Theologen die Auffassung, nicht der Papst, sondern das allgemeine Konzil sei die höchste Instanz der Kirche und für ihre Reform verantwortlich. Diese Lehre (Konziliarismus) wurde von den Päpsten verurteilt. In der evangelischen Kirche werden damit auch Versammlungen von Geistlichen und Laien bezeichnet.

Landesherr ist ein Herr über ein festumrissenes Gebiet (= Territorium) des Reiches. Seit dem 11. Jh. entstand im Deutschen Reich durch Zusammenfassung der verschiedenen Herrschaftsrechte die Herrschaft über ein Gebiet. Während sich vor dem Aufkommen der Landesherren Herrschaft in erste Linie auf Personen, unabhängig von deren Wohnsitz, richtete (→ Lehen), sind nun die Bewohner eines Territoriums der Gewalt des Landesherrn unterworfen (→ Gerichtsbarkeit, → Verwaltung). Jeder Landesherr (z. B. ein → Graf oder → Herzog) mußte sich beim Ausbau seiner Herrschaft gegen benachbarte Herren durchsetzen, die dasselbe Ziel verfolgten. Vom 13. Jh. an gelang es großen Herren, sich wichtige Befugnisse vom König übertragen zu lassen oder an sich zu reißen.

Lehen, Feudalismus. Im Mittelalter vergab der König an Adlige, die Kriegs- und Verwaltungsaufgaben übernahmen, Lehen, d. h. Ländereien oder nutzbare Rechte (z. B. Zolleinnahmen). Bei der Übergabe des Lehens verpflichteten sich der König als Lehnsherr und der Adlige als Lehnsmann *(Vasall)* durch Eid zu gegenseitiger → Treue. Der Vasall war zu Gefolgschaft, d. h. zur Unterstützung seines Herrn in Krieg und Frieden verpflichtet. Wie der König vergaben auch die Adligen Lehen an eigene Vasallen, so daß eine ganze Lehnspyramide entstand. Der mittelalterliche Staat ruhte im wesentlichen auf diesen persönlichen Beziehungen zwischen Herren und Vasallen. Da die Lehen eine so entscheidende Rolle spielten, bezeichnet man die politische Herrschaftsordnung des Mittelalters als Lehnssystem oder Feudalismus (abgeleitet vom lat. Wort feudum = Lehen). Man spricht von Feudalismus auch in einem weiteren Sinn und bezieht die → Grundherrschaft mit ein, weil sie die wirtschaftliche Grundlage von Lehnsherren und Vasallen war. So verstanden kann man das gesellschaftlich-wirtschaftliche System des 8. bis 18. Jh. als Feudalsystem und diesen Zeitraum als Epoche des Feudalismus bezeichnen.

Leibeigenschaft ist die persönliche Abhängigkeit eines Menschen von seinem Herrn (Leibherrn). Sie war nicht notwendigerweise mit der Abhängigkeit eines → Hörigen von seinem → Grundherrn verknüpft. Die Leibeigenen konnten ohne Zustimmung des Herrn nicht heiraten; sie mußten an ihn eine jährliche Kopfsteuer (vielfach 1 Huhn) entrichten. Nach dem Tod hatten die Erben eine beträchtliche Vermögensabgabe zu leisten: das beste Stück Vieh oder das beste Kleidungsstück oder sogar die Hälfte der beweglichen Habe. Im östlichen Deutschland entwickelte sich vom 15./16. Jh. an eine Form der Leibeigenschaft, die durch besonders hohe → Frondienste an den Grundherren gekennzeichnet war, der damit Teile seines Besitzes selbst bewirtschaftete (→ Gutsherrschaft). In Deutschland begann die Abschaffung der Leibeigenschaft im 18. Jh.

Manufaktur (von lat. manu factum = mit der Hand gemacht) bezeichnet eine Betriebsform, die es erlaubt, große Mengen von Waren an einer Produktionsstätte arbeitsteilig (→ Arbeitsteilung) herzustellen. Der Besitzer der Manufaktur mußte das erforderliche Kapital, die staatliche Genehmigung, die Gebäude und die Werkzeuge bereitstellen; er beschaffte die Rohstoffe und sorgte für den Absatz der Waren. Die Rechte der in der Manufaktur Arbeitenden waren weniger gesichert als in den → Zünften.

Ministeriale (= Dienstmannen) waren ursprünglich Unfreie (→ Hörige, → Leibeigenschaft). Seit dem 10. Jh. wurden sie von ihren Herren mit Verwaltungs- und Kriegsdiensten beauftragt. Sie waren für Könige, Fürsten, Bischöfe oder Äbte unentbehrlich. Seit der Stauferzeit im 12. Jh. verbanden sie sich mit dem → Adel zum Ritterstand. Im Spätmittelalter verloren sie die Unfreiheit und gehörten zum niederen Adel.

Minnesang. Im 13. Jh. dichteten und komponierten Ritter Lieder, in denen sie die Liebe (= Minne) zu einer von ihnen verehrten Frau und die ritterlichen Tugenden (wie Tapferkeit, Gerechtigkeit, Treue) besangen. An den Höfen der Fürsten und auf Ritterburgen trugen sie diese Minnelieder vor. Sie schufen damit das Idealbild des christlichen Ritters.

Monarchie bedeutete Herrschaft eines einzelnen. Im Mittelalter verstand man darunter überwiegend die Weltherrschaft. Diese wurde dem Anspruch nach vom Kaiser ausgeübt, unter dem Könige über ihre Reiche herrschten. Seit der Schwächung der kaiserlichen Herrschaft im Spätmittelalter (→ Landesherr, → Hausmacht) bezeichnete Monarchie auch die Herrschaft von Königen. Es wurde unterschieden zwischen *Wahlmonarchie,* in der der Herrscher gewählt wurde, und *Erbmonarchie,* in der meistens der älteste Sohn die Herrschaft erbte.

Nation (von lat. nation = Abstammung, Herkunft) bezeichnet die Menschen, die durch Sprache, Sitten, Gebräuche und Geschichte eine gemeinsame „Herkunft" haben. Seit dem 12. Jh. stimmten auf den größten → Konzilen die Teilnehmer nach Nationen ab; an vielen Universitäten organisierten sich die Studenten nach Nationen. Der Begriff wurde später auf ganze Völker übertragen. Zunehmend erstarkte das Selbstbewußtsein der Nationen, und einzelnen Nationen wurden bestimmte Eigenschaften zugeschrieben; daraus entstanden gegenseitige Vorurteile.

Orden ist eine Gemeinschaft von Männern (Mönchen) oder Frauen (Nonnen), die sich in einem Gelübde feierlich verpflichten, ihr Leben in den Dienst Gottes zu stellen. Sie geloben Gehorsam, Armut und ein eheloses Leben. Sie ziehen sich aus der Welt zurück und leben nach festen Regeln in einem Kloster. Seit der Spätantike entstanden überall in Europa einzelne Klöster. Viele übernahmen die von Benedikt v. Nursia im 6. Jh. aufgestellte Regel. Sie verpflichtete zu regelmäßigem Gebet und Gottesdienst und zum Gehorsam gegenüber dem Abt bzw. der Äbtissin. Seit dem 10. Jh. schlossen sich die Klöster zu festeren Gruppen zusammen, die sich um → Reform bemühten (z. B. die Cluniazenser und die Zisterzienser). Noch enger wurde der Zusammenhalt bei den neu gegründeten Orden wie den Franziskanern und Dominikanern (12./13 Jh.) oder dem Jesuitenorden (16. Jh.). Neben den regulären Orden gab es eine Vielzahl ordensähnlicher Lebensformen, z. B. Einsiedler oder die sog. Dritten Orden, d. h. Laiengemeinschaften. Zu ihnen zählten auch die Beginen, Frauengemeinschaften, die ihren Lebensunterhalt durch Krankenpflege und Handarbeit sicherten.

Parlament (von frz. parler = reden) ist heute die Versammlung gewählter Vertreter des Volkes, die den Haushalt bewilligt, die Gesetze verabschiedet und die Regierung wählt und kontrolliert. Im Mittelalter und in der frühen Neuzeit waren Parlamente Ständevertretungen (→ Stände), die nicht auf allgemeinem Wahlrecht (→ Wahl) beruhten. Das älteste Parlament, das englische, entwickelte sich im Spätmittelalter aus einem Beratergremium und einem Gerichtshof. Es bestand aus zwei Häusern: Im Oberhaus saß der Hochadel, im Unterhaus saßen die Vertreter des niederen Adels und die der Städte. In der frühen Neuzeit wurde das Gewicht des englischen Parlaments immer größer und überwog schließlich das des Königs. Seine wichtigsten Aufgaben waren die Gesetzgebung und die Bewilligung von → Steuern.

Privilegien sind Sonderrechte bestimmter Personen, → Genossenschaften oder → Stände, z. B. des Adels oder des Klerus. Sie wurden von Herrschern verliehen und legten z. B. die Befreiung von Zöllen, → Steuern und Gerichten (→ Gerichtsbarkeit) fest.

Reform, Reformation = Wiederherstellung eines ursprünglichen Zustandes. Im Mittelalter und der frühen Neuzeit wurde darunter die Beseitigung von Mißständen in Staat und Kirche verstanden. In den Auseinandersetzungen über die → Verfassung des Reiches und der Kirche bedeutete Reform auch Erneuerung, wobei der Zustand der Vergangenheit als Vorbild diente. Auch die kirchliche *Reformation* des 16. Jh. hatte den Zweck, die ursprüngliche Reinheit des Glaubens wiederherzustellen. Erst im 18. Jh. kam in Deutschland der Ausdruck Reform im Sinne einer Wendung zu etwas ganz Neuem, in der Vergangenheit noch nicht Dagewesenem auf.

Reich war im Mittelalter Herrschaftsgebiet eines Königs (→ Monarchie). Von anderen Reichen unterschied sich das Deutsche Reich dadurch, daß es den Anspruch erhob, als Kaiserreich den europäischen Königreichen übergeordnet zu sein. Die Kaiser, die auch in besonderer Weise zum Schutz der Kirche verpflichtet waren, sahen sich als Nachfolger der römischen Kaiser, weswegen ihr Reich „Heiliges Römisches Reich" genannt wurde. Es ging weit über die heutigen Grenzen Deutschlands hinaus und umfaßte z. B. auch Burgund und Oberitalien. Im 15. Jh. erhielt der Name den Zusatz „Deutscher Nation".

Reichsacht. Bei schweren Verbrechen (z. B. Mord) konnten der König oder ein von ihm beauftragter Richter (→ Gerichtsbarkeit) den Täter ächten. Dieser war damit aus der Gemeinschaft ausgestoßen und im gesamten Reich vogelfrei, d. h., jeder hatte das Recht, ihn zu töten. Er verlor seinen Besitz, seine Kinder wurden als Waisen, seine Frau als Witwe betrachtet. Wer einen Geächteten aufnahm, verfiel selbst der Reichsacht. Eine Lösung aus der Reichsacht war möglich, wenn sich der Geächtete dem Gericht stellte.

Reichskirchenordnung bezeichnet eine Form der Herrschaft, bei der hohe Geistliche (→ Klerus) wichtige Aufgaben und Ämter im Reich übernahmen. Seit der Karolingerzeit überließen die Könige den Bischöfen und Äbten große Gebiete, zahlreiche Herrschaftsrechte und hohe Reichsämter, denn bei ihnen war die Gefahr nicht so groß, daß das Übertragene dem königlichen Zugriff entzogen würde. Die Geistlichen konnten ihre Ämter ja nicht vererben, während die weltlichen Großen sich bemühten, die übertragenen Ämter und Gebiete ihren Nachkommen zu erhalten. Die Bischöfe und Äbte waren nicht nur zur Mitarbeit in der Reichsverwaltung, sondern auch zur Stellung von Heeresabteilungen verpflichtet; als Mitglieder der Kanzlei (→ Hof) verfaßten sie die königlichen → Urkunden; der Erzbischof von Mainz war als Reichskanzler höchster Würdenträger nach dem König. Diese Ordnung der Reichskirche funktionierte so lange, wie der König Bischöfe und Äbte nach seiner Wahl einsetzen konnte. Das war nach dem Investiturstreit nicht mehr möglich. Den Bischöfen und Äbten verblieben aber viele Ämter und Rechte, so daß sie bis ins 19. Jh. als weltliche und geistliche Herrscher (z. B. als Fürstbischof) tätig waren.

Republik (von lat. res publica = Angelegenheit des Volkes) ist ein Staat ohne → Monarch. Im Spätmittelalter waren viele italienische Stadtstaaten Republiken. Auch die Schweiz und die Niederlande wurden zu Republiken.

Ritter → Adel, → Ministerialen

Schisma bedeutet Spaltung der Kirche. Seit 1054 besteht ein Schisma zwischen der römisch-katholischen und der byzantinisch-orthodoxen Kirche. Auch innerhalb der abendländischen Kirche gab es mehr als einmal ein Schisma. Beim „Großen Abendländischen Schisma" (1387–1415) waren in Rom und Avignon gleichzeitig Päpste im Amt, und jeder von ihnen betrachtete sich als rechtmäßiges Oberhaupt der Kirche.

Sklave ist ein Mensch, der völlig fremder Verfügungsgewalt unterworfen ist. Im Mittelalter gab es neben der → Grundherrschaft und der → Leibherrschaft auch Sklaverei; sie spielte allerdings eine viel geringere Rolle als in der Antike. Eine neue Form der Sklaverei entstand im Zeitalter der Entdeckungen. In großer Zahl wurden Negersklaven in Afrika erworben und nach Amerika in die → Kolonien gebracht. Dort setzte man sie in den landwirtschaftlichen Großbetrieben (Plantagen) als Arbeitskräfte ein.

Staat ist ein Gebiet mit festgelegter Grenze, in dem die Ausübung von Gewalt ausschließlich der Regierung und Verwaltung übertragen ist und in dem der Träger der Souveränität Recht setzen kann. Im Mittelalter gab es noch keinen Staat in diesem Sinne, da noch keine klaren Grenzlinien vorhanden waren und bestimmte Bevölkerungsgruppen das Recht hatten, Unrecht selbst zu rächen (Fehde). Der moderne Staat entstand in Deutschland am Ende des Mittelalters mit der Durchsetzung der → Landesherrschaft und mit der Aufhebung des Fehderechts. Im 16. Jh. wurde die Lehre von der *Staatsraison* entwickelt; sie besagt, daß im Interesse des Staates gegen die Gesetze der Moral verstoßen werden dürfe.

Stand, Stände. Im Mittelalter und in der frühen Neuzeit bestimmte die Geburt, wo der Mensch in der Gesellschaft stand, zu welchem *gesellschaftlichen Stand* er gehörte. Nur in Ausnahmefällen konnte man in einen anderen Stand wechseln, z. B. durch Eintritt in den → Klerus. Im Frühmittelalter war die Einteilung in → Adlige, Freie und Unfreie bestimmend. Im Hochmittelalter veränderte sich der Aufbau der Gesellschaft: der geistliche Stand wurde dem Rang nach der erste und der Adel der zweite Stand; die Bauern, nun zum größten Teil unfrei, zu einem weiteren Stand. Mit dem Entstehen der Städte bildeten die → Bürger einen neuen Stand. Seit dem Spätmittelalter wurden in den → Territorien des Reiches die Stände zu Trägern politischer Rechte. Eine ihrer wichtigsten Aufgaben war die Bewilligung der → Steuern. Sie vertraten ihre Interessen gegenüber dem Fürst auf Landtagen; in der Regel hatten nur der Klerus (1. Stand), der Adel (2. Stand) und die Städte (3. Stand) das Recht, dorthin Vertreter zu entsenden *(Landstände)*. Der Klerus und die Städte wählten in der Regel ihre Vertreter, während jeder (männliche) Besitzer einer Ritterburg das Recht hatte, persönlich auf dem Landtag zu erscheinen. Bei der Abstimmung hatte jeder Stand eine Stimme. Im Deutschen Reich vertraten die *Reichsstände,* d. h. die Kurfürsten, die Fürsten und Herren sowie die Reichsstädte, die dem Kaiser unmittelbar unterstellt waren, ihre Interessen auf dem Reichstag gegenüber dem Kaiser. Die Bauern als der zahlenmäßig größte Stand konnten nur in ganz wenigen Territorien Vertreter in den Landtag entsenden, zum Reichstag waren sie nicht zugelassen.

Steuern sind einmalige oder regelmäßige Abgaben an die Obrigkeit. Im Mittelalter mußte ein Fürst die Ausgaben aus eigenen Einnahmen (z. B. grundherrliche Abgaben, Zölle, Geldstrafen) bestreiten. Reichten diese nicht aus, z. B. im Kriegsfall, mußte der Fürst seine Untertanen oder deren Vertreter (→ Stände, → Parlament) bitten, ihm Gelder zu bewilligen. Eigenmächtig durfte der Fürst nicht in das Vermögen seiner Untertanen eingreifen.

Synode → Konzil

Territorium → Landesherr

Toleranz bedeutet die Duldung anderer Überzeugungen. Im Mittelalter rottete man vielfach Irrlehren mit Zwang aus. Die Reformatoren wandten sich zunächst gegen den Gewissenszwang in geistlichen Angelegenheiten, verließen sich bei der Ausbreitung ihrer → Konfessionen jedoch immer stärker auf die Reichsfürsten. Im Augsburger Religionsfrieden (1555) erhielten katholische und lutherische Reichsfürsten das Recht, die Konfession ihrer Untertanen zu bestimmen, allerdings waren nur die lutherische und die katholische Konfession erlaubt.

Treue beruht nach heutigem Verständnis auf gegenseitiger Zuneigung, Liebe oder Freundschaft und äußert sich darin, daß man sich aufeinander verlassen kann. Im Mittelalter war diese Verläßlichkeit ebenfalls wichtig, aber Treue hatte nichts mit persönlichen Gefühlen zu tun: So schworen ein König und ein Adliger im Lehnseid (→ Lehen) sich wechselseitig die Treue, d. h., sie verpflichteten sich, nichts zum Schaden und alles zum Nutzen des anderen zu tun. Verletzte der König diese Treue, so war der Adlige zum Widerstand berechtigt. Da diese Lehnsverhältnisse zwischen einzelnen Personen weitgehend den Aufbau des Deutschen Reiches bestimmten, war die Treue von großer Bedeutung im mittelalterlichen Staat.

Unehrliche Berufe nannte man im Mittelalter und in der frühen Neuzeit solche Berufe, deren Tätigkeit verachtet wurde. Wer sie ausübte, dem fehlte die „Ehre“ eines angesehenen Berufes. Mitglieder dieser Berufe konnten keine → Zunft gründen und keine städtischen Ämter übernehmen. Unehrlichkeit war oft erblich. Die Gründe der Verachtung für bestimmte Berufe sind für uns vielfach unklar; so gehörten neben dem Totengräber, dem Henker und dem Abdecker (Verwerter von Tierkadavern) auch Müller und fahrende Sänger, in manchen Gegenden auch Weber dazu.

Urkunde ist ein Schriftstück, das ein Gesetz, einen Vertrag oder ein → Privileg enthält. Im Mittelalter konnten nur wenige Menschen lesen und schreiben, deshalb wurden viele Vereinbarungen zwischen Menschen mündlich getroffen. Schriftlichkeit war besonders dann notwendig, wenn der Rechtsinhalt viele Menschen betraf oder über mehrere Generationen gültig sein sollte, so z. B., wenn ein König ein Gesetz erließ oder wenn ein Graf einem Kloster Land schenkte. Da im Mittelalter viele Urkunden gefälscht wurden, war der Beweis der Echtheit wichtig: Dazu wurden am Schluß der Urkunde Zeugen aufgeführt, ein Siegel angebracht und (im Spätmittelalter) Unterschriften hinzugefügt. Das Siegel wurde aus Wachs, manchmal aber auch aus Blei oder Gold gefertigt; nach dessen Schutzkapsel (lat „bulla“) wurde auch die ganze Urkunde als *Bulle* bezeichnet.

Vasall → Lehen

Verfassung. Eine Verfassung bestimmt die grundlegende Ordnung eines Staates, die Aufgaben und Rechte seiner Organe sowie die Rechte und Pflichten der Bürger. Seit dem 18. Jh. forderte man, daß die Regeln schriftlich niedergelegt würden. Auch bevor es eine Verfassung in diesem modernen Sinn gab, waren die Rechte und Zuständigkeiten von Herrschern und → Ständen durch Herkommen und Privilegien festgelegt. Die Herrscher konnten durch Erteilung neuer Rechte die Verfassung ändern; fortgebildet wurden sie auch durch Verträge zwischen Herrscher und Ständen, z. B. durch die Magna Charta. Eine wichtige Verfassungsurkunde des Deutschen Reiches war die Goldene Bulle, welche die Königswahl regelte.

Verlagssystem. Verlag kommt von „vorlegen“, d. h. Geld und Arbeitsmaterialien vorstrecken. Im Spätmittelalter und in der frühen Neuzeit beschafften in vielen wichtigen Gewerberegionen Europas kapitalkräftige Kaufleute („Verleger“) die Rohstoffe und sorgten dafür, daß die fertigen Waren (z. B. Stoffe, Metallgeräte) verkauft wurden. Die Ware selbst wurde von einzelnen Handwerkern und Heimarbeitern zu Hause hergestellt.

Verwaltung nennt man die Wahrnehmung der Aufgaben des → Staates durch Amtsträger. Im Mittelalter gab es Ansätze einer solchen Verwaltung erstmals im Sizilien der normannischen und staufischen Könige. Sie verließen sich nicht mehr bloß auf ihre Vasallen, sondern bevorzugten Amtsträger, die sie einsetzen, besolden und abberufen konnten. In Deutschland zogen die Kaiser → Ministeriale und Geistliche (→ Reichskirchenordnung) als Helfer heran. Eine Verwaltung im modernen Sinn entstand jedoch erst in den Fürstentümern des späten Mittelalters; vom → Landesherrn abhängige, juristisch gebildete und oft aus dem Bürgertum stammende Räte verdrängten den Adel als Ratgeber der Fürsten.

Wahl. Im Mittelalter entschied bei einer Wahl nicht die zahlenmäßige Mehrheit, sondern das Ansehen und der Rang der Wähler. So konnte z. B. eine Minderheit angesehener Männer sich bei einer Wahl durchsetzen; man ging davon aus, daß ihre Stimmen gewichtiger waren, weil sie den „besseren Teil" der Wähler darstellten. Es kam allerdings vielfach zu strittigen Wahlergebnissen. Durch festgelegte Verfahren und eingegrenzte Wählerschaft vesuchte man, dieses Problem zu lösen: So wurde durch das Papstwahldekret (1059) festgelegt, daß nur die Kardinäle den Papst wählen durften; die „Goldene Bulle" (1356) bestimmte, daß nur die sieben Kurfürsten den deutschen König wählten. Dabei setzte sich im 16. Jh. immer mehr durch, daß der Kandidat vor der Wahl versprechen mußte, bestimmte Forderungen seiner Wähler zu erfüllen (Wahlkapitulationen).

Zehnt war eine regelmäßige Abgabe an die Kirche, die ursprünglich ein Zehntel des landwirtschaftlichen Ertrages (Getreide, Vieh, Wein, Früchte) betrug. Der Zehnt wurde zwischen dem Bischof, dem Pfarrer und der Armenfürsorge aufgeteilt und außerdem für den Kirchenbau verwendet.

Zunft ist eine Vereinigung (→ Genossenschaft) von Handwerkern eines Berufes in einer Stadt. Jeder Meister mußte der Zunft beitreten *(Zunftzwang)*. Die Zunft beschränkte die Anzahl der Meister, Gesellen und Lehrlinge, regelte Produktionstechnik und Arbeitszeit, kontrollierte die Erzeugnisse und legte deren Preise fest *(Zunftordnung)*. Sie prägte die Lebensführung ihrer Mitglieder (z. B. gemeinsame Gottsdienste, besondere Festtage); sie war außerdem eine Hilfsgemeinschaft bei Krankheit und Tod.

Sach- und Personenverzeichnis

Die mit → Lex. versehenen Begriffe werden im Lexikon näher erklärt.

Aachen 56f., 58, 82
Abgaben 13ff., 17f., 19, 26, 40, 66, 82, 127, 135, 165, 170
Ablaß 92, 111, 159f., 188
Adel(s) → Lex. 8, 11, 13ff., 19, 26, 38, 55, 62, 80, 83, 134, 157, 164f., 178, 193
-familie 45, 80, 87
Ägypten 101, 109, 197
Afrika(ner) 73, 98, 151, 191, 192, 195f., 197, 201f., 210
Agricola, Georg (1494–1555) 133
Alba, Fernando, Herzog von (1507–1582) 157, 177
Albertus Magnus (1193–1280) 205
Albigenser 109
Albrecht V., Herzog von Bayern (1528–1579) 166
Albrecht von Hohenzollern, Kurfürst (1490–1545) 159
Allah 97, 101ff.
Allmende 15, 30, 170
Alltag 6, 30, 57, 125, 140ff., 147, 151
Amerika(ner) 7, 154, 1919, 192ff., 197ff. 202ff., 206f., 210
Antike 7f., 54, 91, 122, 125, 145f., 151f., 205
Anno von Köln, Erzbischof (um 1010–1075) 89
Antwerpen 132, 177
Araber/Arabien 9, 76, 99, 101ff., 197, 205f.
Arbeitsteilung →Lex. 37, 50
Aristoteles (384–322 v.Chr.) 9, 112, 146
Asien 7, 73, 107, 151, 191
Atahualpa (gestorben 1533) 194, 199, 210
Augsburg 32f., 127ff., 131f., 158, 171
Reichstag von – 167
Religionsfrieden von – 168, 173, 176, 182, 188
Australien 7, 192
Azteken 191, 192, 199, 210f.
Bank(wesen) 45, 49, 128, 131, 177, 178, 208
Bann →Kirchenbann
Bauern 6f., 8, 11ff., 19, 26ff., 38, 41, 50, 66, 125ff., 135, 140ff., 151, 157, 160, 165, 193
Bauernkrieg 165f., 169ff., 188
Bayern 54f., 58, 166, 169, 171, 174, 182, 184
Beamte 41, 55, 137, 144, 165, 194
Beda, englischer Mönch (672–735) 81f.
Beginen 80, 83f.
Benedikt von Nursia (um 480–547) 81
Benediktregeln 80ff.
Bergbau 128ff.
Bernhard von Clairvaux, Abt (um 1090–1153) 93
Bevölkerung, Bevölkerungsentwicklung 15, 34, 40, 50, 125ff., 185
Bildung(swesen) 99, 111, 113, 145, 147, 218
Bistümer 66, 81, 87f., 182
Böhmen 8, 59f., 68f., 125, 134, 136, 168f., 182f.
Brandenburg 67, 184
Brasilien 201, 203f.
Braunschweig 41, 166
Brügge 46f.
Buchdruck 125, 127, 130, 147ff., 154, 208
Bürger →Lex. 20, 33, 34, 40ff., 125, 127, 137, 151, 157, 164f., 176
-kämpfe 41, 50
-krieg 56, 104, 172, 177, 194
Burg(en) 6f., 11, 21ff., 34, 67, 127, 188
Burgund 125, 134, 136f., 167, 185
Burschenschaften 140f.
Byzanz 87, 97ff., 102, 107, 109, 122
Calvin, Jean (1509–1564) 157, 172
Calvinismus 168, 172ff., 178, 182, 188
Canossa 90
Champagne 46, 48f., 127
China 45, 98, 103, 126, 192, 197, 206, 208ff.
Christen(tum) 8, 9, 42, 53f., 73ff., 83ff., 94, 97ff., 103, 107ff., 112ff., 115ff., 119f., 146f., 158, 206f.
Clermont, Konzil v. (1095) 107, 109
Cluny 87f., 94
Córdoba 97, 102, 112ff.
Cortez, Hernando (1485–1547) 199f., 210
Dänemark 53, 91, 183
Deutscher Orden 47, 67ff., 108, 134
Dienst(e) 13ff., 17f., 19, 26, 66, 82
Diaz, Bartolomé (um 1450–1500) 197
Dreifelderwirtschaft →Lex. 15, 30, 66
Dreißigjähriger Krieg (1618–1648) 157, 182ff., 188
Dürer, Albrecht (1471–1528) 125, 146, 200
Dynastie 192, 208f.
Eidgenossen(schaft) 36, 134, 169, 184
Elisabeth von Thüringen (1207–1231) 83, 85f.
Elsaß 169
England/Großbritannien 29, 53, 61ff., 70, 73, 91, 94, 115, 136f., 173, 178, 183, 199ff.
Entdeckungen 191ff., 197ff., 205, 210
Epidemien 126, 151
Erasmus von Rotterdam (1467/69–1536) 147
Erbrecht →Lex. 102, 104, 142
Erziehung 23, 25, 106, 138
Evangelium 53, 74, 119, 147, 165ff., 170, 172, 189
Familie →Lex. 12, 14, 42, 56f., 128, 193
Fehde 14, 20, 37, 45, 57, 80, 135, 164
Ferdinand II., König von Böhmen (1578–1637) 182
Feudalismus 27, 200
Flandern 46f., 50
Florenz 45, 145f.
Franken(reich) 8, 30, 54, 62, 66, 101ff., 108f., 114
Frankreich 61ff., 70, 76, 115, 119f., 125f., 134, 136f., 160, 167f., 172, 174, 182ff., 199ff.
Franz I., König von Frankreich (1494–1547) 130, 149, 167
Frauen 7, 12, 16, 21, 23, 27, 39, 42, 57, 64f., 74, 79f., 83ff., 104f., 140ff., 179ff., 206, 214, 216, 219, 220
Freizeit 213ff.
Frieden 7, 20, 26, 57, 70, 74, 100, 136, 182, 184
Friedrich I. Barbarossa, dt. Kaiser (1122/1124–1190) 53, 55, 57ff., 78
Friedrich II., dt. Kaiser (1194–1250) 53, 55, 62, 67, 108, 117, 134
Friedrich II., Kurfürst von Sachsen (1463–1525) 160

Frondienst →Lex., 13, 15, 21, 30, 127, 170
Frühkapitalismus 128, 131, 154, 219
Fugger, Jakob (1459–1525) 125, 128ff., 159
Gama, Vasco da (1468/69–1524) 197, 200, 210
Gegenreformation 172
Geißler 126
Geistliche →Klerus
Geld →Lex., 13, 15, 21, 33, 37, 45, 48f., 50, 115, 130, 223
Genf 172
Genossenschaft →Lex., 14f., 38
Genua 45, 111
Gericht(sbarkeit) →Lex., 14, 57, 61f., 74f., 164
Germanen 7, 13, 54, 73, 75, 101, 147
Geschlecht 45, 55f.
Gilde 14
Glaubensfrage 167, 173
Glaubensspaltung 168, 172ff.
Ghetto 42
Gleichheit 7, 28f., 165
Goldene Bulle 56, 70
Gotik 74, 153
Graf →Lex., 19, 21, 26, 70
Gregor V., Papst (972–999) 93
Gregor VI., Papst (1012–1047) 87
Gregor VII., Papst (um 1020–1085) 88ff., 107
Griechen(land) 7, 99, 103, 145, 206
Grundherr →Lex., 13ff., 19, 21, 26, 30, 38, 40, 50, 66, 79f., 94, 126f., 154, 165
Gutenberg, Johannes (um 1400–1468) 125, 147ff., 154
Gutsherr(schaft) 110
Habsburg(er) 53, 55, 125, 128, 136, 167, 174, 177, 182ff.
Hamburg 47
Handel/Händler 38, 45ff., 50, 125, 127ff., 137, 195, 200f., 207
  Fern- 38ff., 45ff., 128, 131ff., 206, 219
  Sklaven- 201ff.
Handwerk(er) 26, 33ff., 50, 127ff., 140, 145, 151, 160, 164, 176, 193, 207, 220
Hanse 41, 47, 50, 128
Hausmacht →Lex., 136
Heer 173, 177, 183, 187
Heinrich II., dt. Kaiser (973–1024) 53
Heinrich III., dt. Kaiser (1017–1076) 53, 87f.
Heinrich IV., dt. Kaiser (1050–1106) 53, 71, 88ff.
Heinrich V., dt. Kaiser (1086–1125) 53, 90
Heinrich IV., König von Frankreich (1553–1610) 172, 176
Heinrich der Löwe, Herzog von Sachsen und Bayern (um 1129–1195) 47, 55
Heiliges Römisches Reich Deutscher Nation (Deutsches Reich) 66ff., 87ff., 125, 134ff., 167f., 173f., 182ff., 188
Heiratspolitik 23, 57, 136
Herzog →Lex., 19, 21, 26, 54, 70
Hexen(verfolgung) 142ff.
Hildegard von Bingen (1098–1179) 84
Hirsau 88
Hof(staat) →Lex., 23, 57, 158, 209, 218
Hörige →Lex., 13, 30, 33, 40, 66
Holland →Niederlande
Hufe 13, 30
Hugenotten 172, 175f.
Humanisten/Humanismus 125, 145ff., 151, 154, 188, 192
Hundertjähriger Krieg (1339–1453) 63
Ignatius von Loyola (1491–1556) 172f.
Immunität 42
Indianer 191, 199f., 206f.
Indien 45, 98, 103, 122, 126, 132, 191, 192, 197f., 210
Inka 192ff., 199, 210
Innozenz III., Papst (1160/61–1216) 62
Inquisition 119, 144, 177
Insignien →Lex., 56
Investitur(streit) 88ff., 94
Iren/Irland 8, 54, 94, 174
Islam →Lex., 97, 101ff., 107, 112ff., 122f.
Italien, Italiener 45f., 48f., 54, 99, 115, 126, 130, 145ff., 154, 167, 174, 182
Jeanne d'Arc (1410–1431) 64, 136f.
Jerusalem 73, 97, 106ff., 118, 122, 151
Jesuiten 144, 172f., 206, 208
Johann, König von England, genannt „Ohneland" (1167–1216) 61f.
Juden 42, 50, 97, 103, 107, 110, 112f., 115ff., 123, 126
Kaiser(tum) 40ff., 54ff., 70, 87ff., 92, 94, 97ff., 100, 115, 125, 134ff., 154, 157, 160, 166ff., 183, 188
Kalif 102ff., 111, 112f.
Kapital 130, 132, 173, 200
Karl der Große, Kaiser (747–814) 53f., 58, 70f., 81, 87
Karl IV., dt. Kaiser (1316–1378) 53ff., 59f.
Karl V., dt. Kaiser (1500–1558) 53, 160, 164, 167f., 177, 184
Karl VII., König von Frankreich (1407–1461) 136f.
Katharer 63, 84, 109, 119ff.
Katholiken/Katholizismus 157, 166ff., 172ff., 182, 189
Karikaturen 162
Karolinger 54
Ketzer 97, 109, 119ff., 157, 159, 162, 166ff., 175, 177
Kinder/Kindheit 104, 106, 117, 140f., 186, 209, 211, 214, 220, 222
Kirche(n) 23, 73ff., 78ff., 87ff., 98ff., 119, 157ff.
  -reform 87f.
  -bann →Lex., 89f., 160
  -spaltung 99, 158ff.
  orthodoxe 97ff., 122f., 174
Klerus →Lex., 8, 26, 30, 76
Kloster 13, 23, 34, 42, 54, 78ff., 87, 94, 164f.
Köln 12, 34, 36, 58, 82, 84
König(tum) 7f., 13f., 19, 21, 30, 53ff., 61ff., 70, 87ff., 137, 176
Kolonie →Lex., 174, 177, 199f., 210
Kolonialherrschaft 191, 210
Kolumbus, Christoph (1451–1506) 152, 154, 193, 197ff., 210
Konfession →Lex., 157, 168, 172ff., 177, 182, 188
Konrad I. von Franken, dt. König (gestorben 918) 53
Konrad von Marburg (gestorben 1233) 85f.
Konsistorium 172, 175
Konstantinopel 9, 97ff., 102, 109, 122, 146
Konzil →Lex., 160, 168
  – von Trient (1545–1563) 172f.
Kopernikus, Nikolaus (1473–1543) 152
Koran 101ff., 114
Kreuzzüge 9, 45, 61, 63, 85, 99, 107ff., 115, 119, 122, 205
Kronvasallen 19, 30, 70
Kunst(werke) 99, 125, 145, 148, 153, 178, 191, 207
Landesfürsten(tümer) 134ff., 157, 163, 166ff.
Landesherr →Lex., 23, 34, 125, 154, 163, 165, 167

Landfrieden 136
Landsknecht(heer) 165, 171
Landwirtschaft 14f., 26, 126f., 154, 193, 216
Langobarden 8, 20, 54
Las Casas, Bartolomé (1474–1566) 199, 206, 210
Lechfeld, Schlacht auf dem (955) 9, 54
Lehen/Lehnswesen →Lex., 19, 27, 30, 55, 61f., 137, 154
Leibeigenschaft →Lex., 26, 30, 127, 154, 170
Leo IX., Papst (1002–1054) 88
Leo X., Papst (1475–1521) 159f.
Leonardo da Vinci (1452–1519) 125, 149f.
Liga, katholische 176, 182f.
Lippstadt 35f.
Löhne 44, 127, 130, 132
Lombardei 48, 59f.
London 46f., 63
Lothringen 88, 169, 185
Ludwig XI., König von Frankreich (1423–1483) 137
Ludwig XIII., König von Frankreich (1601–1643) 184
Lübeck 39, 47, 55
Luther, Martin (1483–1546) 157, 159ff., 164ff., 172, 188
Lutheraner/Luthertum 160f., 168, 172ff., 182, 184, 188
Machiavelli, Nicoló (1469–1527) 134, 139, 146
Machiavellismus 146
Magellan, Fernando (um 1480–1521) 152, 197f., 210
Magna Charta (1215) 62, 70
Mailand 45, 89, 149f., 167
Mainz 57, 59, 82, 84, 125, 147f., 159
Mali-Reich 195f.
Mansa Musa 196
Marienburg 67
Markt 33ff., 41f., 49
Maulbronn 78ff.
Maximilian I., dt. Kaiser (1459–1519) 128, 130, 136, 138f.
Mekka 97, 101ff.
Merowinger 115
Messen 37, 46ff., 50, 127, 131
Mexiko 199f.
Ministerialen →Lex., 21, 26, 42
Minnesang →Lex., 23, 26, 30
Mission(are) 73f., 94, 173, 199, 206f.
Mohammed (um 570–632) 97, 101ff.
Monarchie →Lex., 134, 146
Mönch(tum) 26, 38, 42, 74, 77, 78ff., 94, 145, 160
Mongolen 109
Monopol 130, 206
Montezuma II., Aztekenherrscher (1467–1520) 199
Moritz von Sachsen, Kurfürst (1521–1553) 168
Münster 35f., 185, 187
-Frieden von (1648) 184
Münzer, Thomas (um 1490–1525) 165f.
Muslime 9, 102ff., 107ff., 112ff., 174
Nantes, Edikt von (1598) 172, 176
Nation(en) →Lex., 8, 53
Naturwissenschaften 112f., 125, 145, 150, 152, 154, 205f.
Niederlande 53, 127, 130, 172, 174, 177ff., 182ff.
Nonnen 26, 42, 74, 78ff., 83ff., 94
Nördlingen 184, 185f.
Normannen 9, 61f., 99
Nürnberg 51, 59f., 127f.
Österreich(er) 125, 132, 167, 169, 182
Orden →Lex., 67, 79f., 81f., 83f., 94
Osmanisches Reich (→Türkei) 174, 192, 197
Osnabrück, Frieden von (1648) 184
Ostindische Kompanie, Niederländ. Vereinigte 200
Ostsiedlung 66ff.
Otto I. (der Große), dt. Kaiser (912–973) 53, 54, 57, 71, 87, 100
Otto III., dt. Kaiser (983–1002) 53, 66, 76, 87, 93
Ottonen 53ff.
Palästina 109
Papst(tum) 8, 53f., 56, 70, 85, 87ff., 91ff., 94, 100, 115, 125, 128, 147, 158ff., 172, 188
Parlament →Lex., 62, 70, 136
Patrizier 33, 40ff., 50, 164
Perser/Persien 45, 103, 191, 192, 208
Pest 67, 115, 125ff., 154, 186
Pfalz 34, 57, 58, 182
Philipp II. von Spanien, Kaiser (1527–1598) 174, 177f.
Philosophie 9, 103, 112, 125, 145, 205, 207, 209
Piasten 66
Pilger 27, 45, 91f., 107
Pisan, Christine de (1365–1437) 24f., 64f.
Pizarro, Francesco 199, 210
Pogrom 115f.
Polen 8, 66ff., 134, 168, 174
Polo, Marco (1254–1324) 45, 208
Portugal 112, 174, 191, 197ff., 210
Prag 56, 59, 69
Fenstersturz (1618) 182f.
Frieden von (1635) 184
Preis(entwicklung) 125, 127, 130
Preußen/Prussen 67ff., 108
Privilegien →Lex., 137
Protestanten/Protestantismus 160, 166ff., 173, 177, 182, 189
Ravensburger Handelsgesellschaft 128
Reconquista 112, 122
Reform/Reformation →Lex., 87f., 94, 136, 149, 157ff., 164ff., 172ff., 182, 188
Regensburg 34, 58f.
Reich(s) →Lex.
-acht →Lex., 55, 160, 182
-fürsten 55, 57, 158, 182, 184
-gericht 136
-kreise 136
-ritter 134ff., 164
-städte 127f., 134ff., 160, 164
-tage 58, 136, 160, 164
-verfassung 167f., 182
Reichskirchenordnung →Lex., 87
Religion 73ff., 83ff., 94, 97ff., 112f., 115, 123, 146, 148, 158ff., 167f., 173ff., 177, 182ff., 206
Religionskriege 157, 174ff., 177, 188
Rem, Lucas (1481–1541) 130ff.
Renaissance 125, 145ff., 152f., 154, 188, 192, 197, 206
Republik →Lex., 45, 146, 178
Richard Löwenherz, König von England (gestorben 1199) 61
Richelieu, Armand (1585–1642) 184
Ritter 6, 9, 11, 19, 21ff., 30, 53, 58, 61, 76, 80, 107ff., 112, 127, 135, 138f., 164, 169, 188
Rohstoffe 37, 130
Rom/Römer 7f., 48, 54, 56, 58f., 76, 87, 91ff., 97, 100, 107, 128, 145f., 158, 164, 206, 216f.
Römerstädte 34, 50
Römisches Reich 7f., 87, 98
Rußland 9, 68f., 99
Sachsen 53f., 58, 89, 166, 174, 184
Salier 53, 55
Salland 13, 15, 30
Sarazenen 110f.

Schisma →Lex., 99, 122
Schmalkaldischer Bund (1531) 167f.
Schottland 172
Schule 54, 106, 140, 143f., 147, 163, 173, 176
Schwaben 54f.
Schweden 173, 183f.
Seldschuken 99, 107
Sickingen, Franz von (1481–1523) 164
Siedler 15, 34, 47, 66f., 200
Siena 45, 48
Simonie 88
Sizilien 55, 99, 126
Skandinavien 61, 173
Sklave(n) →Lex., 100, 110, 112, 115, 201ff., 210, 216
Slawen 66ff.
Spanien/Spanier 9, 46, 53, 63, 76, 112ff., 115, 122, 125, 128, 130, 136, 172ff., 177f., 182ff., 197ff.
Staat(s) →Lex., 19, 125, 134ff., 146, 154, 193
 -kirche 172
 Kirchen- 158, 174
Stadt 6, 12, 32ff., 119, 127ff., 147, 151, 207
 -gründungen 34ff., 50, 67
 -recht 36, 50
 -staaten 45
 Ackerbürger- 200
Städtebund 47
Stämme
Stand/Stände 8, 11, 15, 26ff., 30, 86, 137, 165, 174, 183
 Landstände 135
 Reichsstände 134, 160, 167
Staufer 53ff., 57, 134
Steuer →Lex., 34, 40, 42, 50, 62, 110, 115, 127, 132, 135, 137, 164, 170, 177
Stralsund, Friede von (1370) 47
Straßburg 34, 117
Technik 26, 43, 125, 149, 197
Territorien 55f., 70, 115, 125, 127, 134ff., 154, 165
Thüringen 85f., 159, 165
Toleranz →Lex., 112, 122, 172, 178
Treue →Lex., 19, 55
Türken/Türkei 104, 122, 146, 167
Turnier 24, 30
Ulm 43f., 59, 127
Unehrliche Berufe →Lex., 11, 27
Ungarn 9, 54, 58, 85, 99, 125, 136, 174
Union (protestantische) 182f.
Universitäten 56, 113, 145, 148, 173, 176
Urban II., Papst (um 1035–1099) 107ff.
Urkunde →Lex., 57
Vasallen 19, 30, 62f.
Venedig 45, 64, 99, 108, 111
Verlag →Lex., 130f.
Verwaltung →Lex., 55, 61, 125, 135, 154, 173, 194
Völkerwanderung 7, 34, 66, 94, 98
Wahl(en) →Lex., 56
Waldenser 119
Wartburg 160, 188
Welfen 54f.
Weltbild 72ff., 94, 151f., 154
Westfalen 58
Westfälischer Frieden (1648) 157, 188
Wiedertäufer 168
Wien 167
Wissenschaft 81, 103, 111ff., 145, 148, 178, 207, 209
Wittelsbacher 55
Worms(er) 55, 59, 89
 -Edikt (1521) 160, 167
 -Konkordat (1122) 90, 94
 -Reichstag (1495) 136
 -Reichstag (1521) 160
Wüstungen 126
Zehnt →Lex., 21, 170, 176
Zeit 76f., 81, 101, 151f., 220
Zweifelderwirtschaft 12
Zisterzienser 80, 83, 94
Zölle 21, 38, 40, 170
Zunft →Lex., 33ff., 50, 84, 115, 117
Zwingli, Ulrich (1484–1531) 164

Tips zum Weiterlesen: Jugendbücher zur Geschichte

Baumann, Hans: **Die Barke der Brüder**,
Freies Geistesleben, Stuttgart.
(Spannende Abenteuererzählung um die Entdeckung der afrikanischen Westküste durch portugiesische Schiffe zur Zeit Heinrichs des Seefahrers.)

Beckman, Thea: **Der goldene Dolch**,
Urachhaus, Stuttgart.
(Ein spannendes Jugendbuch über den zweiten Kreuzzug, auf dem der junge Dorfschmied Jiri neben allen Abenteuern in Konstantinopel, in Damaskus und im Heiligen Land erleben kann, wie wahre Menschlichkeit die Gegensätze zwischen christlicher und islamischer Kultur überwindet.)

Beckman, Thea: **Karen Simonstochter**,
Urachhaus, Stuttgart.
(Die bewegte Lebensgeschichte einer holländischen Frau Ende des 15. Jahrhunderts, die um ihre Identität und Freiheit ringt.)

Fussenegger, Gertrud/Singer, Elisabeth: **Elisabeth**,
Tyrolia, Innsbruck.
(Die Geschichte der heiligen Elisabeth von Thüringen.)

Harnett, Cynthia:
Eine Ladung „Einhorn" verschwindet,
Freies Geistesleben, Stuttgart.
(Die abenteuerliche Geschichte von Londons erstem Drucker.)

Harnett, Cynthia: **Nicolas und die Wollschmuggler**,
Freies Geistesleben, Stuttgart.
(Eine abenteuerliche Geschichte aus der Zeit der großen englischen Kaufherren im 15. Jahrhundert.)

Hendry, Frances: **Die unheimliche Schwester**,
Freies Geistesleben, Stuttgart.
(Spannende Erzählung aus der Welt der schottischen Handwerker und Kaufleute im 13. Jahrhundert um ein Mädchen, das als Hexe angesehen wird.)

Hernandez, Xavier/Ballonga, Jordi:
Hambeck – eine Hansestadt im Norden,
Tessloff, Hamburg.
(Hambeck ist eine erdachte Stadt an der Nordsee, an deren Beispiel die Entwicklung einer Stadt im Laufe der Geschichte gezeigt wird. Die Anregungen zu den Texten und Bildern stammen von realen Vorbildern.)

Herzen, Frank: **Sohn der roten Flamme**,
Arena, Würzburg.
(Erzählung aus dem mittelalterlichen Irland um einen Jungen, dessen Mutter als Hexe verbrannt wird und der sich nach einer abenteuerlichen Flucht eine neue Zukunft aufbaut.)

Heyne, Isolde: **Jerusalem ist weit**,
Arena, Würzburg.
(Kinderschicksal im sog. Kinderkreuzzug von 1212.)

Kerner, Charlotte: **Alle Schönheit des Himmels**,
Beltz & Gelberg, Weinheim.
(Die Lebensgeschichte der Äbtissin und Heilkundigen Hildegard von Bingen [1098–1179].)

Kruse, Max: **Der Ritter**,
Ueberreuter, Wien.
(Nach dem Kreuzzug kommt ein junger Ritter nach Spanien, wo er die maurische Kultur, aber auch die religiösen Gegensätze kennenlernt.)

Ludwig, Christa: **Der eiserne Heinrich**,
anrich, Kevelaer.
(Erzählung um das Leben Heinrichs, der sich als deutscher König gegen seinen Vater Kaiser Friedrich II. auflehnte.)

Macdonald, Fiona: **Eine Kathedrale im Mittelalter**,
Tessloff, Hamburg.
(Das Bildersachbuch informiert in vielen Einzelheiten über den Bau einer großen mittelalterlichen Kathedrale.)

Oakes, Catherine: **Das Mittelalter**,
Carlsen, Hamburg.

Olsen, Lars-Henrik: **Stich um Stich**,
Arena, Würzburg.
(In der Entstehung des „Teppichs von Bayeux" spiegelt sich die Geschichte der Eroberung Englands durch Wilhelm den Eroberer.)

Peschke, Hans Peter von: **Geheimauftrag für Michael**, aare, Solothurn.
(Michael von Hoheneck erhält im Jahr 1208 den Geheimauftrag, zum jungen Friedrich von Sizilien nach Palermo zu reisen, um ihn vor einem Attentat zu warnen. Für ihn beginnt eine gefährliche Reise, die ihn über Genua nach Sizilien führt.)

Peschke, Hans Peter von:
Gertrud. Die Flucht in die Freiheit,
aare, Solothurn.

Peschke, Hans Peter von:
Gertrud und Michael. Auf den Spuren der Entführer,
aare, Solothurn.
(Ein Mädchen gerät 1228 in die Auseinandersetzungen zwischen Welfen und Staufern. Zusammen mit ihrem Bruder wird sie erst nach England, dann aber in den Orient und schließlich nach Byzanz verschlagen, wo sie ihre verschollene Mutter sucht.)

Pleticha, Heinrich: **Ritter, Bürger, Bauersmann**,
Arena, Würzburg.
(Alles über den Alltag im mittelalterlichen Kloster, das nicht immer angenehme Leben auf den Burgen, die Arbeit der Bauern und die Gepflogenheiten der Bürger. Ein farbiges Bild des Mittelalters.)

Sancha, Sheila:
Das Dorf. So lebte man im Mittelalter auf dem Lande,
Gerstenberg, Hildesheim.
(Die umfassende, faszinierend anschauliche Darstellung einer Siedlungs-, Arbeits- und Lebensgemeinschaft im späten Mittelalter.

Sancha, Sheila: **Die Stadt**,
Gerstenberg, Hildesheim.
(Der Alltag in einer ostenglischen Stadt im Jahre 1274 wird unterhaltsam und detailreich in Bild und Wort vorgestellt.)

Schreiber, Hermann: **Marco Polo**,
Ueberreuter, Wien.
(Reisen und Abenteuer des venezianischen Entdeckers im 13. Jahrhundert in China.)

Taschenbücher

Macaulay, David:
Es stand einst eine Burg, dtv junior 79503.
Sie bauten eine Kathedrale, dtv junior 79500.
(Instruktive Sachbücher über den Bau einer großen Burg und einer mittelalterlichen Stadt.)

McCaughrean, Gealdine:
Gabriele und der Meisterspieler,
Arena TB 1728.

Scott, Walter: **Ivanhoe**,
Arena AB 27.
(Ritter Ivanhoe kämpft für England und seinen König Richard Löwenherz.)

Stephan-Kühn, Freya: **Viel Spaß im Mittelalter!**
Arena TB 1757.
(Barbara und Johannes, zwei Kinder aus dem Köln des Jahres 1180, führen spielerisch durchs Leben im Mittelalter.)

Sutcliff, Rosemary: **Das Hexenkind**,
dtv junior 7494.
(Die Lebensgeschichte eines Jungen aus dem mittelalterlichen England, der als Krüppel von den verhetzten Bewohnern eines Dorfes vertrieben wird und bei Mönchen ein neues Leben beginnen kann.)

Sutcliff, Rosemary: **Randal, der Ritter**,
dtv junior 70122.
(Eine Erzählung aus dem englischen Mittelalter.)

Thadden, Wiebke von:
Brun, Geisel des Königs im Reiche der Franken,
dtv junior 79021.
(Das Frankenreich Karls des Großen mit den Augen einer sächsischen Geisel gesehen.)

Thadden, Wiebke von: **Judith, die junge Priorin**,
Arena TB 1809.
(Judith, die junge Kaufmannstochter, soll einen Mann heiraten, den sie nicht liebt. Sie tritt statt dessen in eine Gemeinschaft von Spitalerinnen ein. Wird es ihr gelingen, ein Kloster zu gründen?

Tully, John: **Das gläserne Messer**,
Gulliver TB 22.
(Sehr frei gestaltete Abenteuererzählung aus der Welt der Maya.)

Vos-Dahmen von Buchholz, Tonny:
Im Reich der vier Winde,
Bertelsmann TB 20058.
(Die Geschichte eines Indianerjungen im Reich der Inka.)

Waluszek, Christian: **Philipp der Pfeifer**,
dtv junior 70266.
(Armut, Krankheit und Hunger bestimmen das Leben des jungen Flötenspielers Philipp und seiner Schwester Maria im Deutschland des 13. Jahrhunderts.)

Zitelmann, Arnulf: **Jenseits von Aran**,
Gulliver TB 42.
(Abenteuererzählung aus der Geschichte Altirlands.)

Zitelmann, Arnulf: **Unter Gauklern**,
Gulliver TB 21.
(Leben und Abenteuer einer mittelalterlichen Gauklertruppe.)

Bildquellen: Akademie der Wissenschaften und der Literatur Mainz: Corpus Vitrearum Medii Aevi Deutschland, Freiburg i. B.: S. 50; American Museum of National: S. 194; Archiv Alinari, Rom: S. 217 (1); AKG: S. 84, 98, 128, 156, 160, 202; Artothek, Peissenberg: S. 155, 178; Artothek, Planegg: S. 141; S. 212 (aus: Illustrierte Geschichte des 1. Mai, Asso Verlag); Badische Landesbibliothek, Karlsruhe: S. 118; Bayerische Staatsbibliothek, München: S. 31 (2); Biblioteca Apostolica Vaticana: S. 79; Bibliothek der Rijksuniversität, Utrecht: S. 203; Bibliothek des ehem. Prämonstratenserklosters Strahov, Prag: S. 56; Bibliothèque de l'Arsenal, Paris/Photo Giraudon: S. 219 ; Bibliothèque Nationale, Paris: S. 49, 196, 205; Bildarchiv Bruckmann KG, München: S. 146; Bildarchiv Foto Marburg: S. 31, 86, 95, 218 (2); Bildarchiv Hansmann, Stockdorf: S. 143; Bildarchiv Preußischer Kulturbesitz:: S. 29, 30, 40, 52, 70, 123 (2), 138, 152 (2), 154, 161, 189 (3), 198, 204, 217 (2), 218, 219, 221 (2); Rainer Binder photo-conceptions, München: S. 96; Bodleian Library, Oxford: S. 211; British Library, London: S. 72; British Museum, London: S. 13, 62, 65, 153, 190, 219; Deutsche Presse-Agentur: S. 96, 106, 193; Deutsche Ausgabe © 1971 Droemer Knaur Verlag, München: S. 123 (aus: Talbot-Rice, Morgen des Abendlandes), © 1966 Droemer Knaur Verlag, München: S. 219 (aus: Blüte des Mittelalters, S. 251, 262); Edition Leipzig/Pinkert, Leipzig: S. 121; Evangelischer Pressedienst, Frankfurt/M.: S. 123 (4); Evangelisch-lutherische Kirchengemeinde Dessau-Mildensee: S. 166; Fürstlich zu Waldburg – Wolfegg'sche Hauptverwaltung, Schloß Wolfegg: S. 10/11; Fürstlich zu Waldburg – Zeil'sches Gesamtarchiv Schloß Zeil, Leutkirch: S. 165; Germanisches Nationalmuseum, Nürnberg: S. 157, 161; Hirmer Verlag, München: S. 43, 114; Historia-Photo, Hamburg: S. 218, 221; Interfoto, München: S. 96; Kapuzinerkloster Stans (Schweiz): S. 173; Kirchenvorstand der Kirchengemeinde St. Annaberg: S. 129; Klammet-Verlag, Ohlstadt: Titelfoto; Kunsthistorisches Museum, Wien: S. 140; Little, Brown and Co., Massachusetts: S. 15; Maximilian-Museum, Augsburg: S. 32/33; Morsak Verlag OHG, Grafenau: S. 126; Münzkabinett der Staatlichen Museen, Berlin: S. 54; Musee Historique des Tissus, Lyon: S. 190; Museum de Lakenhal, Leiden: S. 181; Museum der bildenden Künste, Leipzig: S. 158; Nationalmuseum, Prag: S. 29; Österreichische Nationalbibliothek, Wien: S. 16; Photographie Giraudon, Paris: S. 153; Rheinisches Landesmuseum, Bonn: S. 12; Rijksmuseum, Amsterdam: S. 180, 181; Royal Library, Windsor: S. 150 (Sammlung Windsor 19003v); Sammlung der Zentralbibliothek, Zürich: S. 162; Staatliche Graphische Sammlung, München: S. 124; Staatliche Kunstsammlungen, Kassel: S. 92; Staatliche Museen zu Berlin: S. 153; Staatsarchiv Nürnberg: S. 135; Sova, Michael, Berlin: S. 223; Staats- und Universitätsbibliothek, Hamburg: S. 116; Staatsarchiv, Stettin: S. 47; Stadtarchiv Ulm: S. 44; St. Bride's Printing Library: S. 148; S. 27 aus: Signs. Journal of Women in Culture and Society. Univ. of Chicago 1982, Vol. 4, S. 742; Universitätsbibliothek, Heidelberg: S. 24, 123; Universitätsbibliothek, Leipzig: S. 28; Vanetti Pietro SJ, Milano: S. 108; Verlag Hofstetter-Dia, Ried: S. 89: Victoria & Albert Museum, London: S. 190 (4); Westfälisches Landesmuseum für Kunst und Kulturgeschichte, Münster (Westfalia Picta): S. 36; Westminster City Libraries, London: S. 207; Elisabeth und Norbert Zwölfer, Freiburg: S. 75

Tabelle wichtiger Daten

England

seit 793	Einfälle der Normannen
9./10. Jh.	Festigung der angelsächs. Herrschaft
1066	Normann. Eroberung ganz Englands
1215	Magna Charta
1339 bis 1454	Hundertjähriger Krieg
1534	Gründung der anglikan. Staatskirche
1641–49	Bürgerkrieg zw. Königtum u. Parlament
1688/89	Glorreiche Revolution: Parlament. Monarchie (Bill of Rights)
1756–63	Siebenjähriger Krieg sichert Aufstieg zur führenden Kolonial-macht

Frankreich

732	Karl Martell besiegt Araber bei Tours u. Poitiers
843	Reichsteilung: Entstehung des westfränkischen Reichs
987 bis 1328	Herrschaft der Kapetinger
10. u. 11. Jh.	Cluny u. Gorze Zentren der Klosterreform
1309–78	Papsttum in Avignon
1339 bis 1453	Hundertjähriger Krieg
1461–83	Stärkung der königl. Zentralgewalt unter Ludwig XI.
1559–98	Religionskriege
1651 bis 1715	Absolutismus unter Ludwig XIV.

Deutsches Reich

768–814	Karl der Große König des Frankenreichs
772–804	Feldzüge gegen die Sachsen
843	Entstehung des ostfränk. Reichs
911	Wahl des Frankenherzogs Konrad I. z. König
955	Sieg über die Ungarn auf dem Lechfeld
962	Kaiserkrönung Ottos d. Großen
seit 1075	Investiturstreit zwischen Kaiser und Papst
1122	Wormser Konkordat beendet Investiturstreit
s. 13. Jh.	Aufstieg der Territorialstaaten
1356	Goldene Bulle regelt Königswahl
1517	Martin Luthers Kritik am Ablaßhandel. Beginn der Reformation
1521–55	Glaubensstreit führt zur Konfessionsspaltung
1524/25	Bauernkrieg
1618–48	Dreißigjähriger Krieg
1683	Türk. Belagerung Wiens
17./18. Jh.	Aufstieg Preußens zur europ. Großmacht
2. Hälfte d. 18. Jh.	Aufgeklärter Absolutismus unter Friedrich II. in Preußen und Joseph II. in Österreich

Polen

im 10. Jh.	Zusammenschluß po nischer Stämme
1000	Gründung des Erzbistums Gnesen
1230–83	Eroberung des Pruzzenlandes durch Deutschen Orden
1386	Personalunion Polen mit Litauen
1525	Ordensstaat unter poln. Lehnshoheit
1772	Erste Teilung Polens
1793	Zweite Teilung Polens
1795	Dritte Teilung Polens

Italien

756	Anfänge des Kirchenstaats
800	Kaiserkrönung Karls d. Großen in Rom
11.-14. Jh.	Aufstieg der oberitalienischen Städte
14.-16. Jh.	Blütezeit von Humanismus und Renaissance

Rußland

seit 9. Jh.	Einwanderung der n mann. Waräger, Rei von Kiew
um 1000	Christianisierung vo Byzanz aus
im 13./ 14. Jh.	unter Herrschaft der Mongolen
1462 bis 1505	Entstehung des russ Einheitsstaates unte Iwan III.
1689 bis 1725	Aufstieg z. europ. Gro macht unter Peter I.

Spanien

756 bis 1031	Kalifat von Córdoba; Ausbreitung der maurischen Kultur
12./ 13. Jh.	Kriegerische Rückeroberung Spaniens durch Christen
1494	Vertrag von Tordesillas grenzt port. u. span. Einflußbereiche bei Entdeckungen ab
1588	Niederlage der span. Armada gegen England

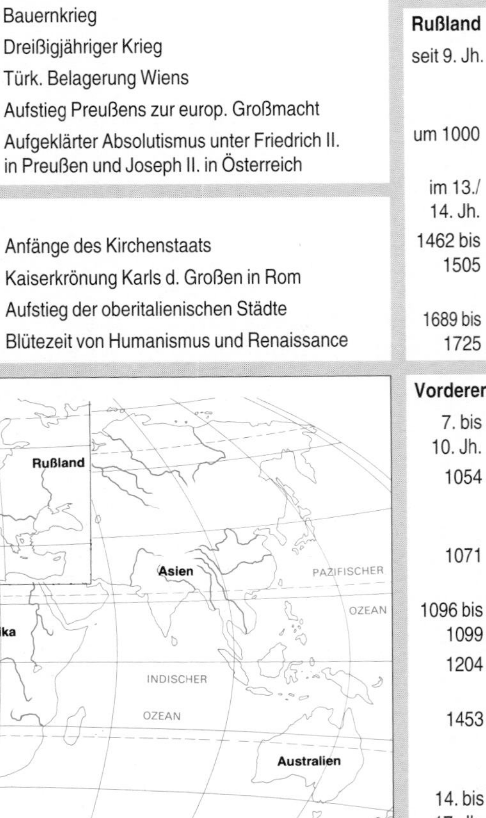

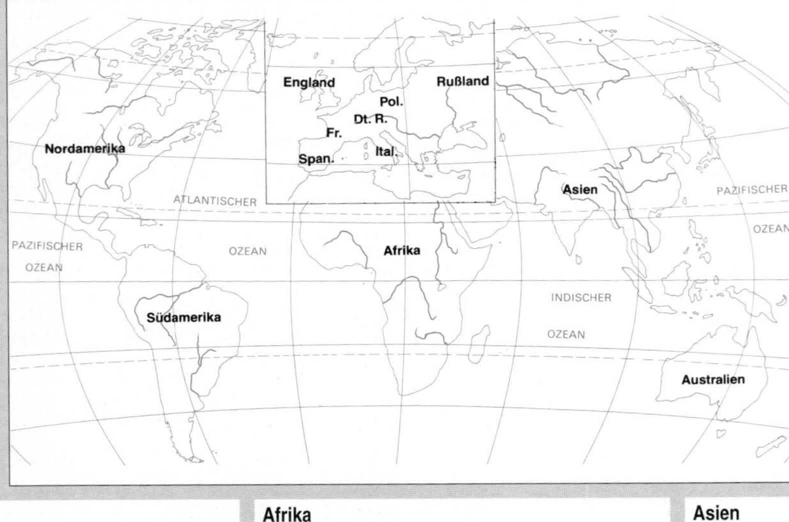

Vorderer Orient

7. bis 10. Jh.	Blütezeit des oström Reichs
1054	Trennung der griech orthodoxen von lat.-röm. Kirche
1071	Sieg der Seldschuke über oström. Reich
1096 bis 1099	Erster Kreuzzug und Einnahme Jerusalen
1204	Errichtung des latein Kaiserreichs
1453	Türk. Eroberung Kor stantinopels, Ende d oström. Reichs
14. bis 17. Jh.	Ausbreitung der türk Herrschaft über Süd osteuropa

Amerika

13.-16. Jh.	Reiche der Azteken, Maya und Inka
1492	Kolumbus entdeckt Amerika
1519–21	Eroberung des Aztekenreichs durch Cortez
1531–34	Eroberung des Inkareichs durch Pizarro
im 17. Jh.	Kolonisation Amerikas
1756–63	England erobert franz. Kolonien

Afrika

seit 7 Jh.	Ausbreitung arab. Herrschaft in Nordafrika
12. bis 16. Jh.	Königreiche der Mali und Songhai in Westafrika
1487	Bartolomé Diaz erreicht die Südspitze Afrikas
s. 16. Jh.	Europ. Sklavenhandel nach Amerika

Asien

1271–95	Chinareise Marco Polos
1497	Vasco da Gama entdeckt Seeweg na Indien
im 17. Jh.	Gründung niederländischer Handelsstützpunkte in Südostasien
1756–63	England erobert franz. Stützpunkte ir Indien